"十二五"普通高等教育本科国家级规划教材
国家精品课程配套教材

企业战略管理

（第二版）

蓝海林　编著

科学出版社

北京

内 容 简 介

  企业战略管理是一个以如何提高企业战略制定、实施、评价和控制活动有效性和效率为主要内容的管理学科。考虑到其所服务的对象及其对企业整体和长期绩效的影响,企业战略管理是工商管理学科体系中最为核心和重要的组成部分。为使我国企业战略管理的教学更加符合中国企业所嵌入的经营环境,本书以全球视野与中国情景、静态模式与动态模式、产业组织模式与资源基础模式的整合为编写视角,全面、系统地介绍国内外学者有关企业战略管理的基本理论、工具和方法的成果,在结构、内容和编写方式上做出了若干重要的创新。

  本书是"十二五"普通高等教育本科国家级规划教材和国家精品课程配套教材。本书的编者们多年来长期合作,先后共同完成了国家自然科学基金重点项目、教育部哲学社会科学研究重大攻关项目等重大研究项目,为20多家著名企业提供了战略咨询。全书凝聚了编者们近年来的研究成果,逻辑清晰、重点突出、富于哲理、通俗易懂,所有的开篇案例都是来自中国著名企业。本书主要适用于工商管理本科生的战略管理教学,同时也可供 MBA、EMBA 学生参考使用。

图书在版编目(CIP)数据

企业战略管理/蓝海林编著.—2版.—北京:科学出版社,2013

"十二五"普通高等教育本科国家级规划教材 . 国家精品课程配套教材

ISBN   978-7-03-038387-7

Ⅰ.①企…   Ⅱ.①蓝…   Ⅲ. 企业战略-战略管理-高等学校-教材   Ⅳ.①F272

中国版本图书馆 CIP 数据核字(2013)第 189886 号

责任编辑:王京苏/责任校对:包志虹
责任印制:霍   兵/封面设计:无极书装

科 学 出 版 社 出版
北京东黄城根北街 16 号
邮政编码:100717
http://www.sciencep.com

新科印刷有限公司 印刷
科学出版社发行 各地新华书店经销

*

2011年2月第 一 版   开本:787×1092 1/16
2013年8月第 二 版   印张:19
2017年5月第十五次印刷   字数:451 000

定价:32.00元
(如有印装质量问题,我社负责调换)

第二版序言

《企业战略管理》出版至今已有两年半，为了能及时补充新的研究成果和案例素材，在蓝海林教授的带领下，本书编写团队从2012年暑假开始进行修订工作。为了能更好地体现企业战略管理研究领域的最新研究成果和现阶段的企业实践，我们团队首先针对本书第一版在教学过程中的问题和不足进行了研讨，因为参与教材编写的成员都是企业战略管理课程的主讲教师。经过三次集中研讨之后，确定本次修订工作的要求：第一，本次修订继续保持第一版教材的结构和风格，但必须针对本科教学的特点修改部分文字和内容，以力求能更好地适应本科生学习的需要。要将第一版中没有讲透的地方尽量展开来叙述，选用中国的企业案例来解释相关的概念、理论和方法，文字和语言上要能让本科生看懂。第二，更新开篇案例。开篇案例要具有时代性以及中国情景等特点，要与本章内容密切相关。要尽量选择本科生耳熟能详的、有一定知名度的企业作为开篇案例，这样将有助于本科生深刻理解各章节的学习内容。第三，每章中至少要有两个以上的战略聚焦，要突出本章需要学生掌握的概念、理论或者模型、方法等，帮助学生理解和掌握本章的学习要点和内容。第四，要将开篇案例、文中的案例素材与教材内容有机结合，并对这些内容进行归纳，以突出本科生教材的要点和特征。

本次修订对一些概念进行了更正，例如，第一版中使用了"战略意图"的概念，这次修订中更正为"战略愿景"，与现有国内外教材中的概念保持一致。同时，也对部分章节的顺序进行了调整，例如，国际化战略一章中，将"国际化进入方式及其选择"一节调整到了"公司级国际化战略选择的影响因素"一节之后，使得这一章的内容更具有逻辑性。增加了部分章节的内容，比如，"战略的推进方式"一章中，"企业重组"一节增加了"重组的结果"和"如何有效实施重组战略"。"公司级战略"一章也做了比较大的改动。

本次修订工作进行了三个多月，在完成修订初稿之后，参与修订工作的老师又相互交换章节进行仔细阅读和再次修订，以确保相关概念的一致性和各章节之间在内容上的连贯性。

在第一版出版之后，为了能与国内其他高校同仁共同探讨企业战略管理课程的教学经验和收获，在科学出版社的大力支持下，我们于2011年11月在华南理工大学召开了企业战略管理教学研讨会，有来自香港中文大学、中山大学、上海交通大学、电子科技大学和华南理工大学等26所高校的40多位教师和学者参加。蓝海林教授以"企业战略管理的教材建设与使用"为主题发表了演讲，对"企业战略管理"课程的教材建设发展历程进行了深刻的剖析，提出了对未来教材建设的建议和方向。汕头大学商学院院长吕源教授也结合自身多年的教学和科研经验，针对"战略管理教学特点与课程设计"中的相关问题进行了演讲。蓝海林教授和黄嫚丽副教授分别就"公司级战略"和"国际化战略（双语）"两个章节向参会教师和学术展示了教学方法和过程。参会教师与学者共同对本科生"企业战略管理"课程的教学方法、教学案例和教材建设等内容进行了深入的交流和探讨。这次会议也为本书的建设和编写提出了非常好的意见和建议。希望新版教材出版后再举行类似的研讨活动，促进该课程教师之间的交流和学习，真正把该课程建设成为中国企业战略管理教育领域的优秀课程。

李卫宁

2013 年 7 月 10 日于华南理工大学

汕头校友楼 705 室

第一版序言

自从上一次编写教材到现在，整整 19 年过去了。当时，中国的工商管理教育才刚刚起步，企业战略管理还没有被列入全国工商管理本科教育的教学大纲，国内学者还没有编写和出版过一本企业战略管理的教材。为了完成国家自然科学基金项目——"中国外向型企业战略和战略管理研究"（项目编号：79070038），笔者编著了《企业战略管理理论与技术》（华南理工大学出版社，1993 年）的教材，其目的是引进、消化和推广西方企业战略管理的理论。得益于西安交通大学的汪应洛教授将这本教材列为全国 MBA《企业战略管理教学大纲》的重要参考资料（《全国MBA 教学大纲》，1993 年），这本教材后来被许多第一和第二批 MBA 教育试点院校的教师所使用。

在过去的 19 年中，中国企业的经营环境和战略管理实践都发生了极其重大的变化。随着改革开放的不断深入，中国经历了从供不应求向供过于求、从计划为主向市场为主、从相对封闭向高度开放三大转变，不仅已经融入全球经济体系，而且成为其中增长最快的新兴市场经济国家。在应对上述经营环境的变化中，中国企业已经深刻地体会了外部环境、竞争优势和企业战略之间的关系，理解了战略决策的重要性；体会了从产业组织模式向资源基础模式的思维模式转变，理解了建立和发挥核心专长的重要性；体会了承诺、决策和行动之间的关系，理解了战略管理的重要性；体会了经济、市场和竞争全球化的影响，理解了建立国际竞争力的重要性。中国已经出现了一批"世界级企业"，它们不仅在本行业的关键竞争力指标上进入了世界前列，而且正在以成本与创新相结合的方式，改变着全球的竞争规则。中国企业在战略管理方面的实践，已经引起了西方战略管理学者的高度关注，针对中国企业战略行为的研究正在成为西方战略管理学的研究热点，中国企业的案例正在被越来越多的西方企业和著名的商学院所使用。

在过去的 19 年中，中国商学院，尤其是那些比较著名的商学院所使用的战略管理教材主要是西方学者编写的。这些教材在下列几个方面表现出明显的优势：①视野开阔，能够比较全面地反映全球，尤其是西方企业经营环境的变化趋势和企业的战略选择；②视角独特，能够抓住推动企业经营环境变化的主要趋势，如全球化、资源整合等，形成自己对企业战略管理理论体系的独特看法；③更新迅速，能够按照每两年就全面更新一次的节奏连续更新，及时地反映企业战略管理最新的研究成果和企业实践；④编排科学，能够根据教学规律和学习心理去编排教材，逻辑清晰、重点突出、阅读方便；⑤服务周到，能够为使用教材的老师提供包括教材和教师辅导用书、案例和案例分析用书、试题和试题答案、教学投影和学生阅读材料等多种辅助教学材料，甚至还提供了在线服务等。但是，这些教材也存在着一种"硬伤"，那就是其所嵌入的情境与中国情境相差比较大，其所叙述的主要理论与方法并不完全适用于中国情境，其所采用的实例和案例与中国企业的战略管理实践相距太远。为了克服这种"硬伤"，西方学者和中国学者都做出了持续不懈的努力，并且取得了可喜的进步，例如，有些国外教材已经开始与国内学者合作，并且允许国内学者在翻译的过程中对其内容和案例进行一些必要的修改和补充。尽管如此，至今这些问题仍然没有得到根本性的解决。

在过去的 19 年中，华南理工大学中国企业战略管理研究中心的教师们，一直在为编写一本自己"满意"并能够持续更新的教材进行着各种的准备和努力。首先，一部"满意"的教材，应该向西方学者认真学习，尤其是他们编写教材的视角、逻辑、方式和方法。过去十多年来，本研究中心的教师们都在使用西方学者编写的企业战略管理教材，而且多数情况下是使用英文原版教材，就是希望不仅仅只是在形式上，而且更重要的是在思想理念上掌握西方学者的"套路"。其次，一部"满意"教材的编写者，应该对中国情境下的企业战略管理进行深入的实证研究，了解中国企业经营环境、决策方式和战略行为上的特殊性。在过去的十几年中，本研究中心的成员承担了几十个横向项目和二十几个纵向项目，其中有两个国家自然科学基金的重点项目和一个国家哲学社会科学研究重大攻关项目，所取得的研究成果还先后获得教育部高等学校人文社会科学优秀成果（管理学）一、二、三等奖。最后，一部"满意"的教材编写与不断完善要求建立一个高水平和高凝聚力的团队，从而能够将教材和教学辅助材料的编写看成一项事业，通过团队的明确分工与长期合作，使之获得可持续的发展。在过去的十几年中，华南理工大学中国企业战略管理研究中心已经从最初的四个人发展到现在的十几个人，全部成员都具有博士学位。您手上的这本教材就是本研究中心经过长期的积累，在至少自己满意的前提下编写出来的。

目标对象

本书目标使用对象是管理学各种专业的本科生，并且因此进入教育部"十一五"规划教材建设计划，得到国家精品课程建设基金的资助。考虑到本书能够全面反映中国情境，正视中国企业战略实践中的问题，我们认为本书也同样适合于在 MBA 和 EMBA 教学中使用。

企业战略管理是一门相对比较抽象、综合和具有艺术特点的课程。对于本科生而言，在开始学习自己的专业课之前或者之后，都需要搭建一个"框架"或者说形成一种"统筹"的能力。这不仅有利于他们将自己所学习的专业知识嵌入到整个战略管理知识体系之中，而且有利于他们在这个框架之下去主动整合其专业的知识，提高综合解决问题的能力。因此，本科生阶段的企业战略管理教学是以打基础、建框架为主要目的。能够在此基础上进一步培育学生"灵活"运用企业战略管理理论和技术的能力，将是本书追求的更高层次的目标。

相对于本科生而言，工商管理硕士（MBA）研究生中大多数具备三年以上的工作经验，考虑到有些人原来的专业不一定是管理学科，管理知识的基础可能没有专业本科生强，作为同样是第一次接触企业战略管理的学生，他们与本科生在这个阶段上的学习目的是基本相同的，同样需要搭建一个"框架"。所不同的是工商管理硕士研究生年龄更大、工作经验更丰富、社会阅历更广泛、问题解决导向更强烈，因此，使用本书将有利于培养他们在中国情境下"灵活"运用企业战略管理理论和技术的能力。

编写的视角

如果需要编写一本符合中国情境的企业战略管理教材，那么应该选择什么样的视角，或者说怎样才能抓住中国情境的特殊性呢？这是我们十几年来一直都在思考的问题。中国情境所有的特殊性都来自于中国是一个特殊的经济转型国家和新兴市场经济国家，其特殊性具体表现在：①中国的经济转型是在经济全球化的影响下进行；②其转型的具体内容主要在经济层面，包括从计划经济向市场经济转型，从相对封闭向相对开放转型，从农业社会向工业社会转型；③中国经济转型采取的是渐进式的和分权化的方式推进的。到目前为止，中国的经济转型仍然没有完成，在今后相当长的时间内，中国企业的经营环境仍然会呈现出相当复杂的局面。

全球视野与中国情境的整合

经过三十多年的不断对外开放，中国已经成为世界贸易组织（WTO）的正式成员，中国市场已经成为全球市场的有机组成部分，例如，绝大多数的行业和市场都已经对外开放，而且部分行业中占据领先地位的就是国外的跨国公司。从这个意义上说，中国未来的企业管理者需要有全球视野，包括了解全球市场经济体系、全球市场竞争的规则，全球化企业的战略行为，以及国内外企业在国际和国内两个市场上的互动，要具有建立和提升国际竞争力的战略导向思维。为了帮助学生建立全球视野，本书采取了以下具体措施：①准确、及时和全面地介绍企业战略管理的概念、模型和方法，包括国内外得到认可的最新的研究成果；②以全球化条件下中国企业和国外跨国企业在国内外市场上的互动为背景，选择相关的开篇案例；③在整个教材的编写中，我们突出地强调中国企业建立和提升国际竞争力的重要性、优势和路径。

此外，作为一个社会主义大国，中国十分关注独立自主和社会稳定。因此，中国一直将对外开放和改革限制于经济基础的层面，并且是在保证社会稳定和国家安全的前提下以渐进和放权的方式加以推进的。这就使得中国企业的经营环境呈现出复杂的特点，即在整个转型的过程中，稳定与发展的互动主导着企业经营环境的变化，政治与经济环境不同程度地影响着企业的战略行为。为了帮助学生了解中国情境，本书采取以下具体措施：①在教材的第 1 章中，全面、系统地介绍中国企业的经营环境，尤其是经济全球化的影响和经济转型的特点；②本书所选择的绝大多数开篇案例都是以中国情境为背景的；③针对中国企业当前所面临的主要战略问题——一是降低多元化程度，二是提升国际竞争力，本书在第6、7章从中国的制度演化和制度理论的角度对此进行分析；④本书的第9章中还专门针对中国企业如何实施当前所面临的三种特定的战略转型进行分析。

静态与动态模式的整合

从20世纪90年代初开始，尽管西方管理学者越来越关注企业经营环境动态化的趋势，以及在这种趋势影响下企业之间的竞争互动行为，但是，这种关于竞争互动行为的动态竞争战略研究，在西方战略管理学界还没有完全成为主流。首先，大多数的西方教材仍然没有将这一部分内容纳入教材中；其次，大多数西方教材还没有认真考虑动态环境和竞争互动对战略决策和战略管理模式的影响。受经济全球化和中国经济转型特点的影响，中国企业经营环境的动态化程度和竞争互动的频率都非常高，趋势也越来越明显。环境多变、恶性竞争和快速模仿等残酷的现实曾经使中国企业对建立竞争优势和实施战略管理失去信心。

基于对中国情境下经营环境动态化的认识，本书从著名战略学者亨利·明茨伯格（Henry Mintzberg）对战略思想演化的研究和"5个P"的战略定义出发，将动态环境和竞争互动的影响从竞争战略上升到一般战略决策和战略管理的全过程，从而在整个教材中全面充分地讨论环境从相对静态向相对动态的转变及其对企业战略决策和战略管理的影响：①在本书的第1章导论部分，我们考虑到动态环境和竞争互动对企业战略决策性质和特点的影响，使用明茨伯格所提出的战略定义，将战略不仅定义为一种计划，同时也看成是一种行为模式、愿景、定位、竞争策略或手法。我们强调战略应该包括事前计划好的战略行为，也包括事中反应性和创新性行为，包括制定阶段的点决策，也包括实施过程中的过程决策；战略制定既需要理性思维，也会受到非理性思维的影响；我们还介绍战略管理的动态模型。②在第3章内部环境分析中，我们特别强调竞争优势的可保持性问题。③在第5章中用一节的内容，专门介绍动态竞争与行业演化的有关研究成果和陈明哲教授关于"动态互动：进攻与反击"的模型。④在第9章战略实施部分，再一次考虑到动态环境和竞争互动对战略实施的影响，重点强调战略实施过程中战略决策，包括反应和创新性决策的恰当性，并强调建立相应的保障机制。

产业组织模式与资源基础模式的整合

长期和稳定地获得高于社会平均水平的收益是企业战略管理者在与环境互动中所追求的主要目标。总结和研究环境、战略与绩效的关系，战略管理学者提炼出了两种能够使企业获得高于社会平均收益的战略思维模式。其中，产业组织模式是在市场机会多而竞争不激烈的时代形成的，这种模式认为企业能够获得高于社会平均水平的收益主要是得益于外部环境，尤其是企业所选择的行业，而不是企业内部的资源和能力；资源基础模式是在市场机会少、竞争激烈的时代形成的，这种模式认为企业能够获得高于社会平均水平的收益主要是得益于企业内部的资源和能力，尤其是企业的核心专长。

　　当前在全球范围内，尤其是西方国家中，资源基础模式已经代替产业组织模式而成为战略制定的主导模式。但是，在转型期的中国市场上，企业到底采用哪一种模式更可能获得高于社会平均水平的收益呢？从表面上看，这个问题的回答对整个教材的逻辑框架有重要的影响，例如，究竟是外部环境分析在前，还是内部环境分析在前。但是，从本质上看，这个问题的回答代表着企业战略管理者对战略选择依据的根本看法，决定着企业的战略导向。相对过去来说，现在中国的市场机会是比以前少了，竞争也更激烈了，从这个趋势来看，资源基础模式正在兴起，这也就是越来越多的企业注重核心专长的建立和发挥的原因。但是，相对于西方国家来说，中国的市场机会还是比较多，有的机会是来自市场，如新兴产业或者被打破垄断的行业等；也有的来自政府，包括政府的扶持和保护。围绕新兴产业或者行业垄断打破所出现的机会，其竞争也许在一定阶段并不那么激烈；而围绕来源于政府扶持和保护的机会，其竞争可能相对不那么激烈。我们认为，当前采取上述两种战略模式的企业都有可能获得高于社会平均水平的收益，只是采取资源基础模式的企业更有可能持续获得高于平均水平的收益，因为他们对竞争优势的建立和发挥具有很强的主动性和控制力。

　　考虑到中国经济转型的长期发展趋势和工商管理教育的规律，我们认为，企业战略的制定应该以资源基础模式为主导。在此前提下，我们也并不否认目前这个特定的阶段上产业组织模式仍然适合于一些特定的行业和特定的企业。在本书逻辑结构的处理上，我们沿用了将外部环境分析在前（第2章）的传统做法，因为从逻辑上来说，"先外部后内部"更符合常规的思维逻辑。但是，本书认为从决策依据上看，"先内部后外部"的安排则更符合中国现在和未来的情境，即企业应该以内部资源、能力分析作为战略选择的主要依据。

创新点

战略决策与管理的特点　　本书从中国企业经营环境动态化的趋势出发，将动态条件下的战略决策看成是事前决策与事中决策、理性决策和非理性决策的结合，长期、重大、根本性决策与对抗性、博弈性谋略的结合。在此基础上，本书采用明茨伯格关于企业战略的"5个P"的定义，全面描述动态条件下企业战略的特点。对战略决策性质和特点的新认识，进一步形成本书对企业战略管理特点的看法：①战略制定、实施、评价与控制已经很难在时间上被划分为三个不同的独立阶段；②战略实施不再以严格实施事前决策为目的，而应该允许实施过程中对事前决策进行调整和创新。

市场与顾客需求分析　　在第2章外部环境分析中，绝大多数国内外战略管理教材都是在一般环境分析之后直接进入行业竞争分析。在迈克尔·波特（Michael Porter）的行业竞争结构模型中，对顾客分析的重点是顾客与企业讨价还价的权利，而不是市场和顾客的需求。这就很容易导致企业战略管理者只关注外部环境变化对行业竞争结构的影响，而忽视了对市场和顾客需求的影响；只把行业竞争而不是顾客需求的满足作为战略制定的起点，这就容易导致企业将竞争效率的提高当作竞争战略的重点，而忽视了发现、满足和保持目标顾客的需求，从而陷入了严重的同质化竞争。为了克服已有教材在这方面的局限和不足，在本书的第2章，在行业竞争分析之前，我们增加了市场与顾客需求分析，强调目标市场、顾客需求和商业模式在战略制定中的重要作用。

企业历史与现状的分析　中国经济转型是在全球化影响下不断推进的，也就是说中国企业的经营环境，尤其是制度环境处于快速变化之中。而在这个过程中，中国企业经营环境的变化比企业战略的变化快；企业战略的变化比企业管理模式的变化快；企业管理模式的变化比企业传统的变化快。在这种情况下，企业历史和现状的分析就具有特殊的重要性。越来越多的研究表明，中国企业在动态条件下的战略选择不仅取决于企业战略管理者理性分析的能力，而且在一定程度上，受制于企业性质与管理传统的影响。因此，本书在第3章内部环境分析中特别增加了"企业历史与现行战略分析"一节，因为只有通过企业历史与现状的分析，知道企业从哪里来，才有可能判断企业将会到哪里去。

战略意图、宗旨和目标　相对于国内外其他教材来说，本书所做的一个较大的改变就是将"战略意图、宗旨和目标"从一节变成了一章，即第4章。这主要是因为中国企业战略管理者在战略管理上存在着两个主要缺陷：第一，没有坚定的战略承诺。主要表现为：①他们没有把战略当作取舍，而是把战略看成是选择；②即使他们把战略看成是取舍，也是更偏好"取"而不是"舍"；③即使他们是将战略看成是"取"，也没有承诺感，而是"取"了一个行业之后又"取"一个行业，因此难以在一个行业中形成国际竞争力。第二，过于看重规模增长，尤其是数量化的规模增长目标。相当多的企业战略管理者容易因为要完成数量化的规模增长目标而导致战略上的取舍不清。

独特性定位战略　在竞争战略部分，国内外企业战略管理教材主要是介绍两种战略：一是波特的定位战略；二是动态竞争互动战略。但是，在理解和使用上述两种竞争战略的过程中，国内多数企业习惯于重视广泛市场，而忽视狭窄市场；习惯于将市场看成是无差异市场，而不是差异化的市场；习惯于在成本领先和差异取胜两种战略中取舍，而忽视了两种战略之间的整合；习惯于分别围绕着这两个位置进行争夺，忽视了通过发现新的市场需求去回避竞争，导致中国企业同质化竞争非常严重，以至于大家都想逃出"红海"，跳进"蓝海"。随着中国居民收入水平的不断提高，市场细分的程度和市场需求的差异性正在加大。只要企业战略管理者更新自己的竞争思维就会发现新的目标市场、聚焦独特顾客诉求和创造新的商业模式的机会其实是在急剧增加。真正的"蓝海"不是在"红海"之外，而是在"红海"之中，只要对"红海"市场进行细分，就会发现"蓝海"。因此，本书将独特性定位战略作为单独的一种竞争战略加以介绍，主要是为了指导中国中小企业在国内市场呈现差异化趋势的阶段上摆脱同质化竞争。

公司级战略制定的模式　　在国内外现有的战略管理教材中，竞争战略被看成是基础和核心内容，因此企业战略管理的全过程主要都是围绕着竞争战略的制定、实施、评价与控制而展开的。例如，在绝大多数国内外战略管理的教材中，内、外部环境分析的理论与方法基本上不适合公司级战略的制定；有关公司级战略的内容都是以多元化战略的分类和对主要战略类型利弊的经济学分析为主要内容，并没有说明公司级战略的性质、特点以及公司级战略制定的模式。

　　考虑到中国企业偏好集团化和多元化，并且在集团化和多元化上犯了很多的错误，本书认为系统和全面地介绍公司级战略更符合中国企业的实际需要，因此将古尔德（Michael Goold）等关于公司级战略的理论正式放入第6章，其核心思想包括：①公司级战略的主体是多元化企业的总部，它是伴随着企业多元化而产生和存在的。②多元化企业总部存在的理由和公司级战略的根本目的是一致的，那就是要通过行业组合与管理模式的匹配，实现净价值创造的最大化。③多元化企业总部实现组合效益最大化的主要战略决策有两个：一是行业组合战略决策，即根据内、外部环境而建立组合效益最大化的多元化组合；二是组合管理模式决策，即选择与行业组合匹配的管理模式，从而将行业组合中的组合效益发挥出来。④公司级战略选择的依据就是组合优势的建立和发挥，而组合优势就是行业组合与管理模式的匹配。⑤建立和发挥组合优势就是公司级战略制定的主要内容。

多元化战略推进的策略　　在中国改革开放的特定阶段上，中国企业是有理由实施多元化，甚至不相关多元化战略的。即使在今天，我们也不能否认一些实施高度多元化战略的企业取得了相当高的经济效益。但是，即使实施高度多元化战略是有理由的，也必须讲究推进多元化战略的策略，包括选择实施多元化发展的动机，掌握多元化的时机，控制实施多元化发展的节奏和速度等。基于本中心多年的研究成果和咨询经验，在本书的第6章中新增了一节，对实施多元化战略的策略问题进行了专门的论述。

国际化战略选择的影响因素　　中国企业，无论是内向型企业还是外向型企业，现在都已经直接或间接地开始面对国际化竞争，因为国内市场和国外市场的边界已经越来越模糊。为了提高国内和国外市场的国际竞争力，越来越多的企业需要实施国际化战略，需要在多国化、全球化和跨国化战略中做出选择。为此，本书在第7章中增加了一节，专门论述影响企业国际化战略选择的两个主要因素，一是行业特点，另一个是企业传统。通过这一节的学习，学生们将会更系统、更深入地了解跨国企业的国际化战略选择，掌握行业全球化潜力的分析模型，关注企业传统对企业国际化战略选择的影响。

动态条件下的战略实施 经营环境和竞争互动的动态化不仅影响了战略决策的方法，而且也影响了战略实施的方法。在相对静态的条件下，企业战略管理者需要采取目标管理、计划管理、调整职能战略的方法去推动和保证既定战略的实施。但是，在相对动态的环境下，仅仅采取上述以"严格性"为特点的方法是不够的，因为战略实施过程中企业外部环境和竞争对手的战略都在变化，企业战略管理者必须对这些变化做出快速和创新性的反应，才有可能在动态条件下取得成功。因此，保证战略实施中的"过程决策"正确或"反应性或者创新性行为"的恰当性，就成为战略实施管理中的另一个关键。本书在第 9 章中，将静态条件下的战略实施方法和动态条件下的战略实施方法有机整合起来，将理解战略实施的要求和建立过程决策的保障机制作为重点。

特点与使用要求

无论是对管理学专业的本科生还是工商管理硕士研究生，企业战略管理都是一门"最后和最为关键的课程"。从逻辑上来说，企业战略管理这门课程应该放在整个课堂教学的最后，不完成前面的专业基础课和专业课的学习，学生就缺乏理解这门课程的理论基础和相关知识，教师也就无法深入讲授战略管理的专业知识。为了集中介绍企业战略管理的核心内容和方法，本书假定使用者已经完成了大多数管理学专业基础课和专业课的学习，在涉及其他相关课程知识的时候，只需要点到为止。企业战略管理是一门情境嵌入式的综合性课程，通过这门课程的学习，学生应该能够依据不同的环境做出一系列相应的战略选择。在这一系列的"如果—那么"的决策过程中，学生应该形成从战略高度将各门专业课程的相关理论整合起来去解决企业宏观和复杂问题的能力。因而，将这门课程安排在整个教学计划的最后阶段，学习的效果会更好。

情境嵌入 本书在每章的前面都安排了"开篇案例"，其主要目的就是希望学生能够迅速地进入"情境"，发现问题，产生兴趣。在企业战略管理的教学中，让学生迅速进入"情境"是非常困难的，采取开篇案例可以迅速地将学生放到具体行业和企业的战略管理者的位置上，感受到战略决策者面临的环境、挑战和压力。另外，学生对全球化条件下中国企业所面临的战略问题缺乏了解，采取开篇案例就等于直接将中国企业所处的情境和问题呈现在学生面前，这将有利于增加学生的学习兴趣，形成学生情境嵌入的思维模式。我们建议教师能够在课前认真阅读和分析开篇案例，在课堂教学时应该从开篇案例分析着手，带着学生"不知不觉"地进去，期间不断地分析开篇案例描述的事实，回应开篇案例所呈现的问题，最后"敲锣打鼓"地从每一章中出来。

逻辑清晰 战略管理是一门思想深邃而富于哲理的课程，学生在理解其内容的时候存在着结构性理解的困难。因此，企业战略管理教材和课程教学都要逻辑清晰，让学生感受到逻辑推理的力量。本书非常注重整个课程体系中的内在逻辑，包括章与章之间、节与节之间的先后次序和逻辑过渡，同时也建议借助教师的思维和语言逻辑，将教材的内在逻辑最终转换成为学生战略思维的逻辑。

重点突出　　帮助学生抓住重点不完全取决于教材的写法，更取决于教材的编法。为了方便学生抓住重点，本书在每章的编写和编辑过程中，采取了以下方法帮助学生抓住重点：①"学习目的"，每章开头就明确告诉学生学习重点；②"本章要点"，每章结尾总结出本章的知识要点；③"思考题"，围绕每章学习重点进行设计，通过对问题的回答，达到学生把握学习重点的目的；④"能力拓展"，设计目的就是让学生通过自己的研究活动把握重点内容和知识要点。教师应该充分地利用每章中的上述四个环节，提高教学效果。

富于哲理　　对于学生而言，未来能够在企业管理这个职业上走多远、提升到什么地方，在很大程度上取决于其"统筹能力"（conceptual skill）和"整合能力"。而企业战略管理的教学目的就是帮助学生提高这两种能力的重要课程。无论是形成、提高统筹能力还是整合能力，关键是要让学生能够有战略意识，在处理企业内外部关系上，能够处理好轻重缓急、整体局部、上下左右等一系列重要的辩证关系。为了让学生能够建立和提高上述能力，本书有意在内容展开和关键问题分析上更富于哲理，同时也建议任课教师能够在使用本书的过程中，有意识地讲解这些重要的辩证关系。

通俗易懂　　目前，国内企业战略管理教材在内容的叙述上有些晦涩难懂，这给本科生的学习造成了很大的困难。导致这种情况的原因有三个：第一，国内教材的大部分内容直接或者间接来自于国外文献或者教材的翻译，以至于这些教材在语言上受到翻译水平的影响，多少有些外国语言的痕迹；第二，在企业管理领域，学术语言和实践语言呈现出了分化的现象，国内教材的编者在教材编写上过多地使用了学术语言；第三，教材的编写者心中缺乏对"使用对象"的关注，没有注意如何将复杂问题简单化。为了使本书能够做到言简意赅、通俗易懂，整个编写团队力图避免教材语言的晦涩，同时也建议任课教师能够在使用本书的过程中，要有意识地注意语言使用的针对性，尽可能将复杂的问题简单化。

能力导向　　与情境嵌入的导向相一致，本书还特别关注学生实践能力的提高，因此，专门增加了"能力拓展"这样一个项目实践环节。建议任课教师在课程开始的时候就将学生分成若干个"能力拓展"的项目小组，布置这些小组选择目标企业（最好是国内的上市公司），完成能力拓展项目。任课教师可以要求各个小组选择一个企业，长期跟踪研究，逐一完成每章的"能力拓展"，这样可以使学生们更好地收集企业信息，更深入地研究企业；任课教师也可以要求各个小组分别选择不同的企业去完成能力拓展项目，使学生接触更多的行业和企业。相对来说，后一种方法的实施难度更大，学生所需要付出的努力更多。

保留发挥的空间　　现在企业战略管理的教材越来越厚，所谓的"硬条条"越来越多，但是教学课时并没有增加，有的甚至还在减少。学校和学生期望教师完成教材内容的讲解，教师就会因为课时有限和"硬条条"太多而失去了"自由"发挥的空间。久而久之，老师就变成了教材的"奴隶"，学生就越来越觉得来不来听课都一样，因为他们感到老师讲的与教材上写的东西差不多。在本书编写的过程中，我们希望"留有余地"，给教师发挥的空间，可以根据自己的研究和特点去丰富课堂教学。例如，本书第9章提纲挈领地构建了一个相对比较完整的战略实施系统，其中包括了关注严格性和动态性两个方面的措施。简单完成第9章的讲解只需要3个学时，但是，如果老师对其中的要点加以发挥的话，可能就需要6～8个学时。

未来的发展

　　我们知道，满足教师和学生对教材的期望并不容易，而要让教师和学生持续对一本教材保持满意就更不容易。为此，笔者和华南理工大学中国企业战略管理研究中心的同事们希望将这部教材的不断完善和更新作为一个事业，持续地经营下去。首先，通过与出版社的合作和内部分工，尽快完成与本教材配套的案例书、教师指导书（包括案例分析指导、思考题答案、试卷和试题的答案）、教学投影（课件）的编写。之后，通过出版或者通过网站为使用本书的教师提供服务。其次，希望能够发挥本书编写团队成员稳定、凝聚力强的优势，长期分工协作，每两三年更新一次教材和相关的配套资料，争取能够为中国企业战略管理教育发展做一件非常有意义的事情。

蓝海林

2010 年 8 月于华南理工大学中国企业战略管理

研究中心

目录

第 3 章

内部环境分析 52

第 4 章

企业的愿景、宗旨和目标 78

第 5 章

经营级战略 106

第 6 章

公司级战略 ··· **149**

第 7 章

国际化战略 ··· **185**

第8章

战略的推进方式 ·· 222

战略管理导论

1

『本章学习目的』

1. 基于经济全球化和中国经济转型的情境，从环境、优势和战略的角度，理解企业战略的重要性。
2. 根据环境动态化的趋势，理解企业战略的定义和企业战略决策的性质。
3. 掌握两种战略思维模式及其相互关系，加深对企业战略理论体系的理解。
4. 认识战略管理的过程模型和层次模型，理解战略管理在企业中的实际应用。
5. 理解战略管理者的构成、角色定位及其对企业战略管理有效性和效率的影响。

苏宁的战略演进

1990 年，苏宁集团的前身"苏宁交家电"在南京宁海路开业。创始人张近东并没有选择火爆的彩电、冰箱、洗衣机等家电产品，而是独辟蹊径地选择了在当时看起来依然是奢侈品的空调产品销售作为主要业务。然而，苏宁高度重视服务的理念，并凭借"先收款，后付货"、"淡季订货"的经营模式等一系列的创新活动，逐渐赢得了空调生产企业与用户的认可，得到了稳步的发展。经历了 1993 年南京市 8 家国有企业卖场所展开从渠道、价格、媒体宣传等全方位围剿之后，苏宁不仅没有被封杀，反而大放异彩，并于当年被推上中国最大空调经销商的地位。

国内空调市场需求从 20 世纪 90 年代开始出现了爆发性增长，而各地过度上马空调制造企业形成的产能迅速将这一市场填满。空调市场的竞争导致厂家纷纷提出"渠道扁平化"的变革思路，空调批发这一环节面临着越来越尴尬的窘境。1996 年 2 月，苏宁明确提出"零售终端是新的立足点与价值之所在"，并于同年 3 月建立第一家空调零售店——扬州专营店。自此之后，苏宁凭借渠道变革所构建的终端优势，1993～1998 年连续 6 年取得中国最大空调经销商的桂冠。

空调是季节性销量差异的典型产品，单一销售空调受到季节波动的影响，同时也无法满足顾客一站式购物需求。为了解决该缺陷，苏宁 1999 年在南京新街口自建当时单店面积最大的综合家电卖场——18 层苏宁电器大厦。此后，苏宁全国的所有店面都转变成综合家电卖场，单店面积成倍增加，采用一站式打包购买模式满足客户连带消费需求，苏宁逐步实现了由单一空调销售向综合家电销售的战略转型。2000 年，苏宁发展进入了一个新的里程碑，该年 10 月，成就苏宁企业的大规模连锁化扩张正式拉开序幕。在此后的 6 年内，苏宁创造了平均 40 天一家新店开业，2006 年"十一"当天 52 家新店同时开业的业内神话。在快速扩张构建自身连锁零售终端网络的同时，苏宁薄利多销的模式日渐成熟，而物流、服务、人才等系统与店面建设的配套服务也日臻完善，取得了良好的绩效，2004 年 7 月，苏宁在深圳交易所上市，并在之后的 10 个月成为两市第一高价股。

通过 10 多年连锁经营的发展，苏宁在市场网络、供应商关系网络，内部制度流程等组织资源，以及物流、信息系统、基础建设等方面，构建了综合家电销售连锁经营领域的核心专长。然而，在国内家电销售行业发展所面对的"天花板约束"也越来越明显，国内一线市场的综合家电销售服务竞争越来越激烈，消费者需求多元化程度进一步上升，同时，电子商务、现代物流业等新业务形态的发展也提供了新的发展机遇。2011 年 6 月，由来自国务院发展研究中心、国内知名大学与研究机构多名专家学者组成的战略规划智囊团，参与了苏宁战略规划的研讨，并共同见证苏宁电器"2010～2020 年发展战略"的发布，未来 10 年苏宁的发展目标定位为：比肩全球一流企业，成为国际化的世界级企业。根据这一战略定位，苏宁将在市场开发方面着力构建线下（实体）与线上（电子商务）两个网络，通过填补全国一、二级市场所有空白区域、覆盖中国 1785 个"人口 10 万以上，且家电零售 1 亿元以上"的县级市场，并在 2009 年完成对日本 Laox 和香港镭射的收购的基础上，逐步进驻东南亚、欧美市场，形成海内外市场实体网络；通过投入大量资金、资源，加速网购平台建设，以形成线上网络，到 2020 年，实现线上 3000 亿元、线下 3500 亿元的销售规模目标。而在产品拓展方面，公司将在现有传统及 3C 产品（computer：计算机产品；communication：通信产品；consumer：消费类电子产品）的基础上，针对个人用户、家庭用户、中小企业、政企集团等各类消费者提供相应的系统集成服务和整体解决方案，并拓展电信充值、保险业务、票务预订、在线图书、娱乐咨询等虚拟产品业务，形成满足消费者多样化、个性化需求的"产品云"。

2011 年，作为苏宁的 B2C 网购平台的"苏宁易购"实际销售 59 亿元，增长速度超过 200％，远高于国内其他 B2C 网购平台的增长速度，至此，苏宁以（3C＋百货）×（实体店＋网购）为特点的新经营模式初步形成。但如何解决多个区域市场、不同消费群体、多种产品特性，以及线上与线下所带来的一系列管理问题，是这一战略目标能否实现的关键所在，尽管苏宁的高管对此充满信心，甚至国家领导人也多次对苏宁赶超沃尔玛提出了厚望，但苏宁需要做的工作还很多。事实上，2004 年，沃尔玛就将南京的旗舰店开在了苏宁总部的对面，而针对苏宁在电子商务领域的扩张，2012 年老对手国美电器宣布"向综合类网购商城延伸"，另一竞争对手京东商城也高调宣布参战，引发了一场电子商务大战。

资料来源

1. 成志明.苏宁：背后的力量——组织智慧，北京：中信出版社，2011.
2. 成志明.苏宁：成长的真谛，北京：机械工业出版社，2006.
3. 李刚.大苏宁战略解析，http://www.sino-manager.com/201259＿34436＿p1.html.2012-05-07.

从苏宁电器的战略演进历程中，我们可以发现企业战略管理是一个动态的过程，在高度动态化的环境条件下，企业竞争优势的可保持性受到挑战，不同发展阶段的企业战略需要随着外部环境及内部资源能力的变化而作出相应的调整，因此，企业战略管理活动显得尤为重要。而对苏宁电器不同阶段的战略进行解读可以发现，企业战略的形成可能是基于企业原有的资源能力特点，也可能是基于所在产业所带来的发展机遇。进一步地，我们可以发现企业战略管理是一个过程，包括战略制定、战略实施以及战略控制与评价等相互联系的阶段，同时，战略具有不同层次，苏宁不仅需要确定自身的企业边界，明确从事哪些业务和在哪些区域开展这些业务，还需要针对竞争对手确定相应的竞争策略。此外，我们还可以看到，企业战略管理活动不仅仅是企业所有者的工作，管理人员，甚至外部专家对于企业战略管理活动也产生着重要的影响。本章主要对企业战略管理进行概述，具体包括经营环境与竞争优势、企业战略的特点、企业战略决策的思维模式、企业战略管理的性质和特点，以及企业战略管理者等内容。

1.1 经营环境与竞争优势

企业战略就是企业在适应和主动利用环境变化的过程中，为建立和发挥优势而作出的一系列重大、长期和根本性的决策和行动。企业战略决策或者行动的有效性取决于企业的战略选择是否与其所处的外部环境，尤其是与其经营环境相适应。

企业的经营环境　企业战略管理的理论和技术主要产生于西方国家，但是这些理论和技术并不一定普遍适用于任何国家或地区的企业，因此常常需要针对企业经营环境进行适应性的调整。中国是一个在全球化影响下、以特殊的方式推进经济转型的新兴市场经济的国家，企业在战略管理过程中，必须根据中国经营环境的特点及其变化趋势去把握企业战略和企业战略管理的性质和特点。

1. 经济全球化

经济全球化是指经济活动所涉及的货物、服务、人员、技术和观念逐步超越地理界限，在全球范围内自由流动[1]。经济全球化的起源源远流长，但是经济全球化进程加快的推动因素却主要来自于 20 世纪 50 年代以后科学技术的进步、政治对抗的减弱和国际经济合作的增加。

经济全球化正在越来越明显地消除各种要素市场的地理边界，从而使企业具备了能够利用区域经济的差异性、市场不完善性、信息不对称性，在全球范围内开发资源和提供产品、服务的潜力。为了充分利用经济全球化趋势，欧美发达国家的企业率先实施国际化战略，通过采取多国化、全球化和跨国化战略，部分企业利用全球化效率上取得明显优势的同时，也在地方反应能力上克服了自己的劣势，从而进一步推动了经济全球化的趋势。为了顺应全球化的趋势，亚洲和其他地区的国家通过迅速推进经济转型，融入国际分工体系，从而推动了本国企业利用国家特定优势与跨国企业合作，并且在合作中建立企业特定优势，分享经济全球化带来的机会。在这些国家中，中国是一个起步相对较晚的国家，但是事实证明中国却是其中最成功的国家之一。

中国的经济转型是在全球化趋势相对比较明显的环境下发生的。改革开放之初，中国只能通过对外开放，利用要素成本优势，扩大原材料和初级加工产品的出口，吸引跨国企业的直接投资，引进中国所缺乏的资金、技术和管理。随着中国市场的启动和扩大，跨国企业越来越看重中国市场的规模和增长潜力，要求中国在扩大对外出口的同时开放国内市场，从而促使中国市场逐步发展成为全球市场的一个重要组成部分。到目前为止，在海外企业产品和服务不断进入中国市场的同时，全球最大的500家跨国公司中，已经有450多家在中国进行了直接投资。随着中国加入世界贸易组织，国内外市场的边界逐步模糊，中国内向型和外向型两种类型的企业基于国内外市场边界清楚的条件下所建立起来的优势遭遇到了巨大的挑战，但同时也面临着更为广阔的市场发展空间。一些国内企业主动参与国际分工合作体系，参与国际市场的竞争，而一些实力更为雄厚的国内企业，如联想、TCL、吉利等公司，已经着手进行对外直接投资。面对市场、资源和环境的变化所带来的挑战和机遇，当前和未来的中国企业必须有效整合国内外市场，只有在整合中建立和提升国际竞争力，才有可能化解经济全球化的威胁和把握全球市场的机会，进而成长为"世界级"企业。

2. 中国的经济转型

为了在经济全球化条件下有效地推动中国的经济转型，中国政府一直坚持在稳定的前提下推进改革和开放，从而使中国的经济转型方式具有明显的渐进式、实验型和放权式的特点。到目前为止，中国的经济转型仍然在进行之中，并构成了企业战略管理实践需要面对的最重要的环境特点。因此，对中国企业的经营环境的考察不仅要考虑经济全球化的影响，还要考虑中国经济转型特点的影响。

第一，环境动态性的影响。如果以竞争优势的可持续性来衡量企业经营环境的动态程度，那么中国企业所面临的经营环境已经呈现出越来越明显的动态化趋势[2]。中国的经济转型和对外开放是以渐进的方式推进的，不断推进的经济改革和不断提升的对外开放水平，都将导致企业经营环境产生新的变化，并且从外部影响企业竞争优势的可持续性。同时，中国的经济改革在推进方式上还具有放权式与实验型的特点，市场经济尚不完善、区域间市场化程度差异巨大、市场竞争条件不平等，对手之间的学习和模仿行为频繁，抑制了企业竞争优势的发挥和可保持性。在这种动态和复杂的经营环境中，速度和创新已经逐步代替规模而成为竞争优势的主要来源，从而使竞争对手之间的互动成为企业建立和发挥竞争优势的重点。

第二，制度多重性的影响。一般来说，经济转型国家的企业在战略选择上所受到的制度影响比较大，其中，有些是正式制度的影响，有些则是非正式制度的影响[3]；有些是计划经济相关的制度影响，有些是市场经济相关的制度影响。在推动中国经济转型的过程中，中国政府需要通过改革开放去促进经济的发展，因而需要建立与国际接轨的市场经济体制，也要求企业按照市场经济的制度安排作出企业战略选择。同时，中国政府也需要在改革开放中保持社会稳定，因而政府需要采用一些制度安排，保持对市场经济和对外开放的控制，尤其是对关键资源、关键行业，甚至企业的控制，这就造成不同行业和企业在战略选择上依然受到不同程度的国家制度的影响，所以，企业在经济转型期的常常会同时遭遇到市场经济制度和计划经济制度的影响。同时，考虑到中国经济转型所具有的渐进式、实验型和放权化的特点，不同区域改革开放的历程与程度不同，地方政府具有一定的建立制度、政策法规和实施制度的权力，因而导致了不同区域的企业将面临着不同的制度安排。此外，即使是同一制度，在不同行业的实施可能也存在着差异，对于规模和实力大小不同的企业也具有不同的影响作用。总之，企业将面临着多重制度压力的影响，企业在制定战略的过程中必须根据自己所处的地区、行业和本身的特点来分析不同类型制度因素的作用，进而确定自己的战略导向[4]。

第三，市场分割性的影响。在高度集权的计划经济条件下，中国国内市场是高度统一的。在实现从计划经济向市场经济转变的过程中，中国政府是以放权为主要手段的。政府对国有企业放权，激发了国有企业发展和竞争的活力，推动了市场竞争和市场机制的形成；此外，中央政府对地方政府逐级放权，激发了地方政府改革和发展的活力，推动了地方政府之间围绕着改革和发展的竞争。但是，中国推进的放权式改革在提高地方政府发展当地经济积极性的同时，也导致了地方政府权力过大和对经济活动的过度干预，并导致了区域间产业结构趋同、地区之间的竞争多于合作、地方保护主义等现象的出现，不同地区之间在市场经济制度建设、市场运作规范、行政效率甚至企业行为等方面显现出明显的区域间差异，并集中表现为国内市场的市场分割性。换句话说，整个中国市场呈现出明显的联邦制特点[5]，这意味着企业希望在不同的区域之间整合资源的时候，需要克服由于市场分割所带来的障碍，比如，大型企业在不同区域的分支机构可能被要求以当地子公司的名义注册，分支机构之间的交易行为必须按照企业法人之间的市场规则来实施，导致了管理效率的下降。

在如此复杂和多变的经营环境之中，中国企业既可以选择迎着全球化趋势而上，也可以选择避开全球化趋势而走；既可以选择按照市场经济的要求进行决策，也可以选择按照计划经济的要求来决策；既可以选择在地方政府的保护下实施行业多元化发展，也可以选择实施横向整合，甚至全球化战略进行扩张；既可以选择依靠建立良好的政府关系来化解环境动态化的风险，也可以选择建立核心竞争力来控制环境动态化的风险。

企业竞争优势

中国经济转型的过程非常复杂和曲折的特点，导致了一些企业的主要经营目的并不完全是股东财富的最大化，比如，一些国有企业还必须承担一些与经济绩效目标不一致的社会责任行为；一些企业的收益也不是来源于企业本身的竞争优势，而是因为制度设计的影响。但是，中国融入全球经济体系和健全市场经济的趋势是不可逆转的，随着这一趋势的日渐深化，在多数行业或市场中，中国企业的主要经营目的已经开始转向对股东财富最大化的追求，而这些企业能够在多大程度上实现自己的经营目的，越来越多地取决于它们能够在多大程度上建立、保持和发挥自己的竞争优势。

在越来越激烈的市场竞争环境下，企业间的竞争已经不是围绕着利润，而是围绕着竞争优势的建立、保持和发挥而展开的。企业的竞争优势是指一个企业在向消费者提供具有某种价值的产品或服务的过程中，所表现出来的超越或胜过其他竞争对手，并且能够在一定时期之内创造超额利润或获取高于所在行业平均盈利水平的资源和能力[6]。企业竞争优势的大小与建立竞争优势的领域和竞争优势来源的稀缺性有关。企业所处的行业不同、所选择的目标市场和经营方式不同，在各个价值创造环节的价值创造能力也不尽相同。如果企业能够在关键价值创造环节上拥有独特的资源能力，其竞争优势也就越明显，也就能够获得更好的收益。企业竞争优势的可持续性与竞争优势的模仿成本和替代性相关，因此，基于历史原因建立的竞争优势、综合性竞争优势以及根植于特定组织文化之中的竞争优势，就越难以模仿。以苹果公司为例，在电子消费类产品市场竞争越来越激烈的市场环境中，乔布斯对苹果公司设计文化的塑造、公司长期专注于计算机市场而构建的产品开发与研究设计团队、有利于创新的企业文化和日常管理规范，以及将硬件、软件和服务融为一体的整合能力，都是其竞争优势形成、保持与发挥的重要来源。

企业的竞争优势不是天生的，而是企业在适应和利用环境过程中通过一系列重大、长期和根本性的决策及行动创造的[7]。换句话说，企业的竞争优势建立、保持和发挥需要企业坚定的承诺、科学的决策和迅速而富于创新的行动，而有效的企业战略管理恰恰与企业的承诺、决策和行动的管理密不可分。为了取得竞争优势，战略管理首先要做到承诺坚定，取舍清晰，因为只有企业对自己的经营范围、经营方式和经营定位有了坚定的承诺，才有可能确定在某些关键性的价值创造环节上建立相应的竞争优势。同时，企业必须取舍清晰，持续地将主要的资源投入到关键的价值创造环节上，并在与资源的长期互动中提升自己的能力。其次，有效的战略管理要做到决策科学，因为在确定经营范围、经营方式和经营定位的基础上，企业还需要根据对其内外部环境的分析，选择建立竞争优势的环节并构建出适当的管理模式。最后，有效战略管理还必须构建合理的治理结构、组织结构和企业文化，选择合适的战略领导来保证战略行动的速度和创新性。总之，在环境变化越来越快的情况下，竞争优势的建立和发挥不仅取决于坚定承诺和科学决策，还取决于企业战略实施过程中的执行力和创新性，以及企业战略行为在动态互动中的速度和突然性。苏宁电器一直坚持服务创造价值的理念，坚持在连锁销售这一领域开展经营活动，体现出明确的战略承诺；上市之后的治理结构的优化，为科学决策、管理模式的优化提供了坚实的基础；而信息化建设和营销创新等战略措施又为顺应市场变化提供了有效的手段，正是因为一系列的决策与行为，才造就了苏宁集团在不同的战略发展阶段的竞争优势。

正是因为企业竞争优势的建立、保持和发挥与企业承诺、决策和行动这三个要素密不可分，因此，企业战略管理的全部内容可以划分为三个部分，它们分别解决了如何坚定承诺、如何决策科学和如何实现迅速且具有创新性的管理问题。

1.2 企业战略的特点

"战略"一词原本是军事的术语，其中"战"是指战斗或者战争，"略"则是指筹划、策略与计划。在军事上，战略这个概念源远流长，早在《左传》、《史记》中已经开始使用"战略"一词，到西晋史学家司马彪就有以"战略"为名的著述[8]。在西方，战略一词来源于希腊文"strategos"，其含义是将军。显然，战略的词义最早是指军事领域的指挥艺术和科学。现代西方学者将"战略"一词引入企业管理领域，或者说将企业作为战略的主体，主要是基于两种需要：第一，企业战略管理者面临的经营环境越来越复杂多变，要求企业管理者对那些影响企业发展的长期、整体和重大的决策予以高度的重视并承担更大的责任。第二，企业之间的竞争越来越激烈，企业竞争与军事对抗越来越相似，需要通过企业战略将计划、谋略和博弈引入企业决策[9]。由于企业所处的经营环境不同，企业战略决策的方法、内容也不同，因此，不同流派的学者对企业战略决策的性质和概念形成了各具特点的看法，迄今为止尚未达成完全一致的认识。

企业战略的性质　　在相对静态的经营环境中，企业经营环境变化相对较慢，企业战略管理者有足够的时间以及较为充分的信息进行理性地分析、预测未来环境的变化趋势和竞争优势的可持续性，并在此基础上理性地制定企业的长期性和定量化的目标，选择企业实现其长期目标的各种行动，并且严格地实施企业的承诺、决策和行动计划，在这种环境条件下，企业竞争优势的可持续性也相对较高。

随着企业经营环境从相对静态向相对动态的转变，企业经营环境变化越来越快，企业战略管理者难以理性和准确地预测环境变化的趋势，从而难以理性地制定长期目标，尤其是定量化的目标，在事前就理性地预定企业在实现长期目标过程中所要采取的各种行动就变得既没有可能，也不适用。于是，企业战略管理者只能制定相对定性化而不是定量化的目标，并将实现企业目标过程中的一部分决策和行动放在事中而不是事前决定，以此保证应对快捷变化的环境所要求的企业应变能力和创新能力。在这种环境条件下，企业竞争优势的可持续性也就相应较低[10]。

虽然企业经营环境的静态与动态是相对的，但是在企业经营环境动态化趋势越来越明显的时代，学术界和企业界对企业战略性质的认识已经从简单的对立走向了辩证的统一。

第一，企业战略决策既有事前的主动性决策，也包括事中的反应性决策。在经营环境越来越动态的情况下，企业战略管理者越来越难以准确预测未来环境变化的趋势，更不可能事先确定定量化的目标和全部的战略行动。因此，企业战略作为一种事前主动性决策的条件受到约束，事中的反应性和创新性决策就变得更为重要，因为这种类型的决策可以有效弥补事前主动性决策在应变、速度和创新性方面的不足。

第二，企业战略决策方法主要是理性的，也不应该排除非理性因素的作用。随着经营环境日趋复杂性和动态性程度的上升，企业战略决策已经从"一个人的决策"转变为"一组人的决策"，这使企业战略决策无法排除"一组人的决策"中的非理性因素影响，包括集体决策中的互动模式、利益妥协和"晕轮效应"等因素的影响。在事中反应性决策中，决策的时间和信息是非常有限的，在这种情况下，战略管理者的价值观、认知模式和行为模式等就会代替或者弥补理性决策方法的局限而对这种决策产生重大的影响。因此，在经营环境动态化的条件下，相对于简单地否认非理性因素存在的观点来说，主动承认并对非理性因素进行有效管理更有利于提高战略决策的水平。

第三，企业战略决策不仅包括企业的长期、整体和重大决策，而且还包括那些基于对抗和博弈的决策[11]。在集中度高或者竞争互动频繁的行业中，企业竞争优势的建立、保持和发挥不仅需要企业有坚定的承诺、科学的决策，而且需要企业在竞争互动中表现出速度和创新，甚至表现出突然性和意外性。因此，企业战略管理者有可能制定一些旨在误导对手、遏制对手或者摆脱对手的对抗性决策。

企业战略的定义

著名战略管理学者明茨伯格（Henry Mintzberg）在总结20世纪企业战略管理思想演变的基础上，整合了不同阶段上各种战略学派的观点，提出了战略的整合概念。他采用5个在英文中以"p"开头的词语来综合界定战略，亦即计划（plan）、模式（pattern）、定位（position）、愿景/期望（perspective）、计谋（ploy）[12]。

战略是一种计划。在企业战略管理理论的早期发展阶段，以理性主义为主要特点的计划学派、设计学派和定位学派都认为企业战略就是一种计划，因此有学者就把企业战略称为长期计划。在相对静态的经营环境中，作为长期计划的企业战略具有下列特点：①战略是企业的事前决策，而不是事中决策；是预定的行为，而不是反应性行为。②战略决策是一种理性决策，决策过程和决策方法的科学性将保证决策的科学性。③目标的制定，特别是定量化目标的制定是战略决策和战略管理的重点。④战略一旦确定就必须严格实施，因此战略实施就等于战略实现[13]。在企业战略管理理论发展过程中，理性主义的三大学派作出了重要的贡献，它们所确定的战略是一种计划的观点，在过去和现在都是企业战略管理领域的主流。但是，随着经营环境从静态向动态的转变，以理性主义为主的企业战略管理的理论及其相关的假设受到了各种质疑。与此同时，以非理性主义为主的企业战略管理学派纷纷出现，其影响逐步增大。这些流派的观点在一定程度上已经反映了动态环境下企业战略的一些新的特点[14]。

战略是一种模式。针对经营环境动态化趋势，非理性主义学派认为理性主义学派没有看到战略决策也是一种事中决策或者过程决策，没有认识到非理性的因素，尤其是企业传统或者高层管理者的价值观在战略决策中的重要作用。非理性主义学派认为应该将企业战略行为划分为两种，一种是事前制定的理性战略行为，另一种则是事中制定的应急战略行为。在时间和信息有限的情况下，企业战略决策者为了在应变中表现出速度和创新性，往往是依据企业传统和价值观进行决策。正是在这个意义上，非理性主义学派提出战略是一种模式——与以往的长期行动具有一致性，并且认为一个企业基于历史传统和价值理念而形成的行为模式在相当程度上决定了企业未来的战略选择[15]。

战略是一种定位。在经营环境越来越动态的条件下，如果企业事前制定的目标和行动方案过于具体或者定量化，那么很容易导致企业在环境变化和竞争互动中表现得过于刚性，并可能由于对速度和创新构成的约束而错失机遇。如果企业事前制定的目标和行动方案过于抽象或者概念化，则容易导致企业在环境变化和竞争互动中表现出缺乏约束，并且有可能偏离企业原来的承诺和取舍。基于这些认识，部分学者提出企业战略就是一种定位，他们认为，企业战略最为重要的就是在事前的理性决策中选择定位，包括对目标市场、顾客诉求、经营方式的战略定位。这是因为一旦定位确定了，那么相应的战略选择就"自然"容易确定[16]。由于只是在战略层面规定企业的定位，而不是针对战略实施的细节或者具体措施进行定位，企业战略管理者在战略实施的过程中就可以有必要的"空间"，有利于快速应变和创新。由此可见，将战略定义为一种定位，有利于处理好动态环境下的战略承诺、决策和行动的关系，也有利于处理好战略一致性和创造性的关系。

战略是一种愿景/期望。与将战略视为一种定位的定义一样，将战略界定为一种愿景也是对事前制定目标和行动方案过于具体化和数量化的一种反思[17]。如果说将战略定义为一种定位还有偏重理性主义的倾向，那么将战略定义为一种期望或愿景则更偏向于非理性主义。在相当多的企业中，企业战略是定位导向的。在这种企业中，定位选择是理性选择，而定位的坚持才是价值选择。而在另一些企业中，企业战略是愿景导向的。在这种企业中，愿景选择是价值选择，而愿景的实现则依靠理性决策。这种观点认为，战略在本质上是一种价值选择，这种选择最初也许是企业所有者个人的，但是后来就逐步演化成为整个组织的价值追求。在经营环境越来越动态化的条件下，承诺不坚定是最容易出现的战略失误。如果承诺不坚定，那么就等于一条大船可以随时变更目的地，也根本不可能到达目的地，而愿景导向的企业战略决策则相对不那么容易犯这种错误。

战略是一种计谋。战略是一种计谋的定义还存在一个缺陷，那就是没有将动态竞争互动中的对抗性决策考虑进去。与相对静态的环境不同，在动态竞争互动中，企业战略的好坏还要取决于竞争对手的反应。因此，一个好的动态竞争战略应该能够预测甚至"控制"竞争对手的反应。企业战略的实现与否并不一定取决于原来目标是否完全达到，重要的是竞争对手偏离它们原定的目标更远。为此，研究企业竞争互动的学者认为企业战略就是一种计谋或者手腕，它不仅应该有很强的针对性，而且还应虚实结合、真假难辨，这种计谋并不一定会实施，而可能仅仅是阻碍竞争对手达到其目的[18]。

在上述五种有关战略的定义中，战略是一种计划应该是最基本的定义，而其他四种定义则是从不同侧面对这种基本定义的补充。虽然明茨伯格将理性主义和非理性主义这两大学派的观点进行了整合，但是迄今为止这种努力还没有得到学术界的完全认可，这主要是因为企业所处的环境、战略制定的主体非常复杂多样，不同学者对于环境、企业战略管理的内涵、外延以及企业战略的形成过程具有不同的认识而导致的，尽管如此，在关于战略的本质的一般领域方面却有着一致的观点，见战略聚焦一。

战略聚焦一

对战略的共识

战略与组织、环境都有关系。"思考战略的一个基本前提条件就是组织与环境的不可分割性。……组织运用战略来应对变化着的环境"。

战略的本质是复杂的。"因为变化将新的环境组合带给组织，战略的本质是要保持一种非组织化、非程序化、非常规的、不重复的状态……"。

战略影响着组织的整体利益。"……战略决策非常重要，它能影响到组织的整体利益……"。

战略包含内容和程序。"……战略研究包括采取的行动或战略的内容以及决定和实施行动的程序"。

战略不是完全深思熟虑的。"理论家们……同一未来战略，应急战略，已实现的战略是应该相互区分开的"。

战略存在着不同层次。"……企业有……企业战略（即我们应从事什么行动?）和经营战略（即我们如何展开行业竞争?）"。

战略包括各种不同的思想过程。"……战略包括概念总结，也包括分析过程。一些学者着重强调了分析过程，但大多数学者确信战略制定的核心是组织的领导者对战略概念的认定"。

资料来源

作者根据相关资料整理。

根据中国企业所处经营环境的特殊性，本书将企业战略定义为：企业在适应和利用环境变化的过程中为建立、保持和发挥竞争优势而采取的一系列长期、整体和重大的决策和行动。希望本书的使用者能够根据企业实际和上述关于企业战略性质和定义的各种观点，具体理解企业战略的内涵和外延。

企业战略的类型

企业战略的表现形式和具体的选择呈现出多样性的特点，通过对企业战略类型的分类，可以明确企业战略的选择空间，以及形成战略选择的基本理由。与其他事物和现象的分类一样，划分的角度和标准不同，那么企业战略的类型就不同。一般情况下，可以按照实施战略的主体、实施战略的时间跨度以及企业战略功能等角度来对战略进行分类。

从实施战略主体的角度来看，企业战略包括三个层次：①公司级战略，是拥有多个子公司的母公司的战略；②经营级战略，是单一行业/产品/市场企业，或者集团公司属下的子公司所采用的战略；③职能级战略/策略，主要是企业内部各个非实体组织，包括职能部门或者生产单位的战略。

从战略实施的时间长短来看，企业战略可以划分为以下三种类型：①短期战略，一般是指时间跨度在一年以内的战略，有时也可以称为战略计划；②中期战略，指时间跨度在一年以上五年以内的战略；③长期战略，指时间跨度在五年以上、十年之内的战略。

从企业战略功能的角度来看，企业战略的类型大概可以划分为以下四种：①增长型战略，如下几种可以帮助企业实现增长的战略选择，包括强化战略（渗透、产品开发、市场开发）、一体化战略（前向、后向和水平一体化）、多元化战略（相关、不相关的多元化）；②稳定型战略，包括无变化战略、利润维持战略、暂停战略、谨慎实施战略；③防御型战略，包括转型与重组战略、剥离战略、清算战略；④组合型战略，即在集团内部的各个子公司综合使用上述各种战略。如图 1-1 所示。

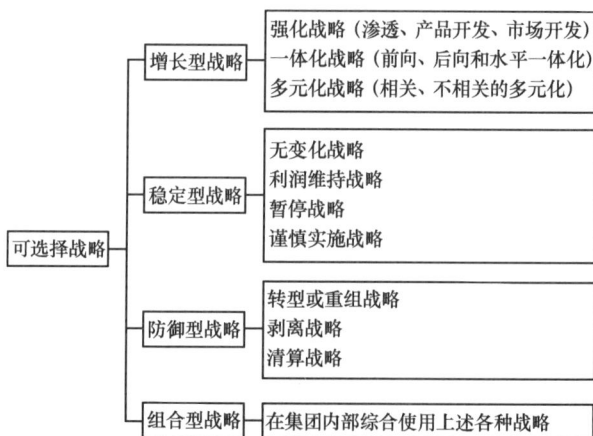

图 1-1　企业战略的类型

1.3　企业战略决策的思维模式

在研究如何制定有效的企业战略的过程中，早期的学者将重点放在了战略思维方式和步骤上，他们认为战略思维方式和步骤的正确就可以保证企业战略的有效性。但是，这些学者忽略了一个非常重要的问题，那就是如何保证企业战略制定的有效性，从而确保企业持续地获得高于社会平均水平的收益（图 1-2）。对这个问题的研究和企业管理实践最终形成了企业战略决策的两种思维模式：产业组织模式和资源基础模式。

**产业组织
模式**

从 20 世纪 60 年代到 80 年代，良好的外部环境，特别是行业和市场环境促进了西方企业的高速增长，而不同行业的企业在绩效方面的表现则存在着明显的差异。据此，相当多的西方企业认为企业盈利的高低取决于企业的外部因素而不是内部因素，主要受企业所在行业平均盈利水平高低的影响，而不是内部实力的大小。哈佛大学迈克尔·波特（Michael Porter）教授对美国 30 个行业平均收益率的长期跟踪研究也证实了行业平均收益率存在着长期和稳定的差异，他指出选择高收益的行业是企业获得高于社会平均水平收益的主要战略选择[19]。同时，迈克尔·波特所提出的行业竞争结构分析模型，构成了产业组织模式分析的有效工具，可以帮助企业确认哪些行业具有更高的盈利潜力[20]。产业组织模式就是在这样的背景和理论支持下形成的，并且长期主导了西方企业的战略选择。

企业战略决策的产业组织模式是建立在如下假设的基础之上的：企业战略决策者都是经济理性的，以追求企业投资收益最大化为经营目标。考虑到企业可以利用要素市场和资源流动性来克服自己在资源和能力上的劣势，因此，选择和进入那些盈利水平最大或者行业吸引力最高的行业，是企业获得高于社会平均水平收益的主要方式。只要企业能够制定符合所在行业结构特点的战略，并且相应和有效地分配和使用资源，那么就有可能获得高于社会平均水平的收益。在市场机会多且竞争不激烈的情况下，制定企业战略的产业组织思维模式的确被许多企业的成功所证实，因此又被称为"市场基础模式（market-based view）"[21]。事实上，从 20 世纪 80 年代末到 90 年代中后期，多数中国企业的成功就是有意或无意地采取了这种战略思维模式，这些企业的战略选择并不是基于自身在资源和能力上所形成的持续的竞争优势，而更多的是因为它们及时地把握了当时中国出现的各种行业的市场机遇。比如，苏宁电器发展初期，并不是苏宁已经具有从事空调批发的优势资源，而是把握中国空调行业快速发展这一市场机遇的思维模式，引导苏宁选择从事空调批发业务的战略，而中国国际海运集装箱（集团）股份有限公司（以下简称中集集团）发展早期对集装箱行业的进入战略，也是有效把握中国航运业快速发展市场机遇的结果。

按照产业组织模式所提出的逻辑，企业战略制定需要高度重视组织的外部环境，战略管理者应该从外部环境分析开始。如果企业外部环境好，那么企业战略制定就是要分析、选择和进入那些收益率高于社会平均水平的行业。在此基础上，企业战略管理者需要根据行业的特点制定相适应的战略和获取需要的资源、能力。最后，企业就可以通过有效地实施这个战略而获得高于社会平均水平的收益（图 1-2）。按照这样的战略思维模式，企业战略的选择很容易演化为以机会为导向，外部市场存在的众多市场机会，可能诱导企业选择同时进入多个产业、采用业务多元化的战略。事实上，20 世纪 90 年代中国部分企业选择高度、甚至过度多元化的战略，在一定程度上正是由于产业组织模式这种思维模式影响的结果。

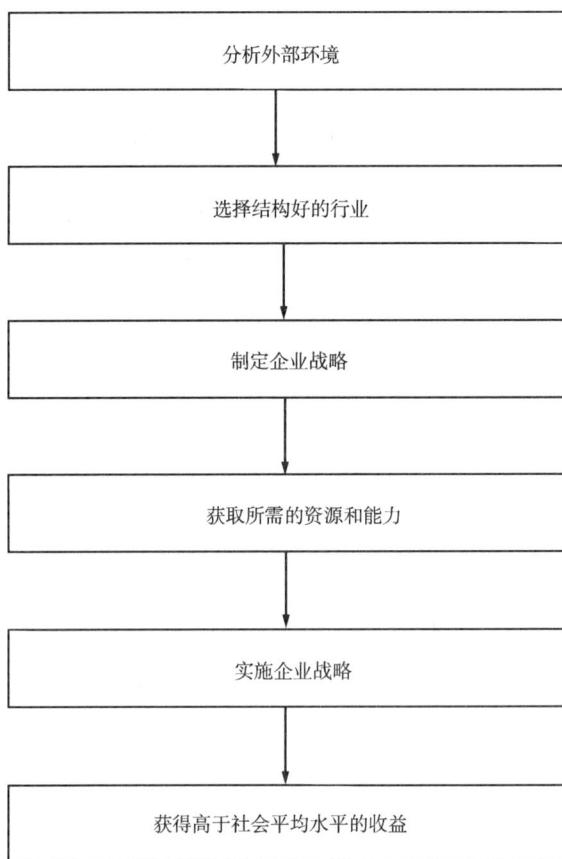

图 1-2 产业组织模式

资源基础模式　进入 20 世纪 80 年代以后，随着市场机会的减少以及随之而来的行业竞争激烈程度的上升，许多采取高度多元化战略的西方企业陷入了危机，结果导致了支持行业多元化战略的产业组织模式受到了质疑。在总结西方企业多元化发展失误的过程中，越来越多的学者发现企业盈利水平的高低很大程度上取决于企业内部的资源和能力而不是企业外部环境，尤其是行业环境选择，由此，以资源为基础的模式受到了重视（图 1-3）。资源基础模式源于对同一行业内企业之间收益率为何存在稳定差别的研究，研究发现，造成同一行业企业之间存在稳定收益率差异的根本原因在于每个企业所拥有的资源和能力的不同，其中有些资源，特别是组织性资源差异。正是这些资源和能力的独特性构成了企业战略制定的依据和获得超额利润的基础[22]。

根据资源基础模式，企业盈利水平的高低不仅受其所在行业平均收益率的影响，更重要的是取决于企业所拥有的资源和能力优势的大小，但并非所有的资源和能力都能成为竞争优势的基础，只有当这种资源和能力是有价值的、稀缺的、难以模仿的、且无法替代的时候，这种资源和能力才是有价值的[23,24]。具体来说，当公司可以借助某种资源或能力来利用外部机会或化解危机的时候，这种资源或能力便是有价值的；当

```
┌─────────────────────────────────┐
│           分析资源               │
└─────────────────────────────────┘
              │
              ▼
┌─────────────────────────────────┐
│           分析能力               │
└─────────────────────────────────┘
              │
              ▼
┌─────────────────────────────────┐
│          确定核心专长            │
└─────────────────────────────────┘
              │
              ▼
┌─────────────────────────────────┐
│         选择"合适的"行业         │
└─────────────────────────────────┘
              │
              ▼
┌─────────────────────────────────┐
│         制定与实施战略           │
└─────────────────────────────────┘
              │
              ▼
┌─────────────────────────────────┐
│     获得高于社会平均水平的收益   │
└─────────────────────────────────┘
```

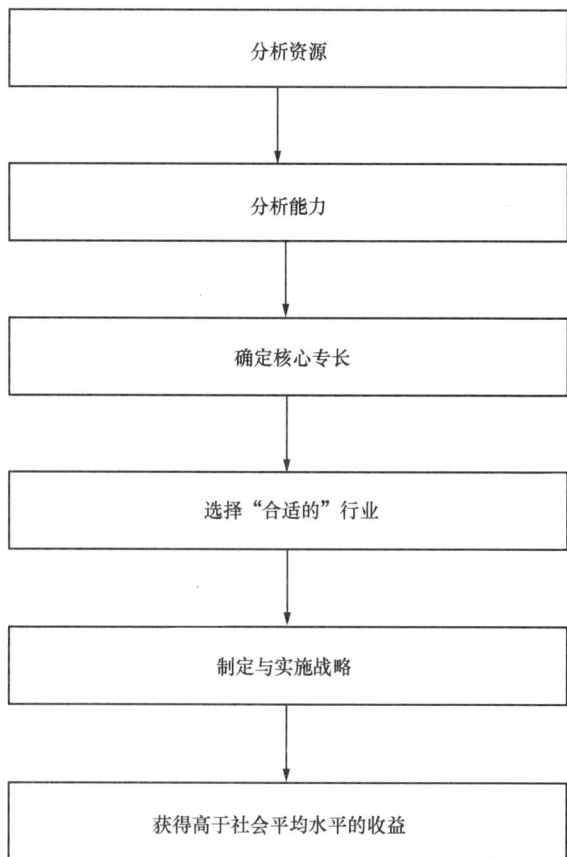

图 1-3　资源基础模式

资源和能力只为少数现有或潜在的竞争者所拥有，它才是稀缺的；当其他公司无法获取这种资源或能力，或是需要付出很高的成本才能得到时，它便是难以模仿的；而当其他企业没有与其相类似的资源或能力时，它便是无法替代的。然而随着时间的推移，很多资源在一段时期后可能被模仿或替代。因此，竞争优势如果仅仅建立在拥有特殊资源的基础上是很难长久维持的[25]。在企业所有资源和能力中，组织性资源（组织结构、管理机制和企业文化）是难以流动和模仿的，因为这种资源的形成需要企业长期的积累和学习。当企业的资源和能力达到上述四个标准时，它们便成为企业的核心专长。即使一个企业需要实施跨行业经营，也必须根据自己的资源和能力优势，特别是组织性资源的特点而选择"合适"的行业；即使选择了需要进入的行业，企业也必须同时考虑行业特点和内在的资源及能力优势制定具有独特性的战略。

　　按照资源基础模式的逻辑，企业战略的制定需要高度重视企业的内部条件，战略管理者在制定企业战略的过程中，首先，必须分析自己所拥有的资源和能力[26]。其次，进一步分析企业拥有的资源和能力是否达到了核心竞争力的要求。在此基础上，根据核心竞争力的发挥和强化去选择合适的行业和独特的经营战略。从本章的开篇案例中可以看出，苏宁电器的业务范围的扩张过程中，从空调批发到终端销售，再到综合家电类产品的销售，进一步延伸到"3C＋百货"，每一次经营范围的扩张，都是建立在前期已经形成的资源和能力基础上的，其业务扩张过程体现出鲜明的资源基础模式特点。

基于经营环境的特点，企业可以根据产业组织模式或者资源基础模式来制定自己的企业战略[27]。而随着经济全球化和经济转型的深入，环境动态化程度不断上升，以资源为基础的战略思维模式越来越成为主导的战略思维模式。

此外，近20年来，随着新兴经济体国家的经济快速发展，部分学者开始注重制度对于企业战略制定的影响，通过整合新制度主义理论和战略管理理论的相关成果，形成了基于制度基础的战略观，将制定战略的关注点转移到组织的外部，相关观点见战略聚焦二。

战略聚焦二

战略的制度基础观

与产业基础模式所强调的产业条件驱动，资源基础模式强调企业拥有的特殊的资源驱动不同，基于制度的战略观认为，战略选择还受到决策者在特殊的制度框架下面临的正式的和非正式的制约因素的影响。制度不再是被视为企业选择和行动背景的外生变量，而制定战略的至关重要的"内生变量"。

基于制度的战略观认为：经济行为的选择不但受技术、信息和新古典经济模型强调的收入限制等因素影响，还受包括准则、习惯、风俗等制度要素的影响，制度要素通过什么行为是可以接受的、什么行为是不可以接受的信号影响个人的决定，进而影响到组织的战略与行为。

2000年，Mike W. Peng 在总结相关的研究成果的基础上，归纳出制度、组织与战略选择之间的关系：制度和组织之间存在着动态的交互作用，制度对组织有影响，反过来组织对制度也有作用。制度通过正式和非正式制度的约束同组织所在的产业状况和组织拥有的资源一起影响着企业战略的选择。战略选择是制度和组织交互作用的结果，如图1-4所示。

虽然基于制度的战略观在一定程度上丰富了企业战略管理理论，甚至被个别学者视为与资源基础模式、产业组织模式并行的第三根支柱，基于制度的战略观在战略联盟决策、创业战略决策、企业国际化战略的制定和实施、跨文化的管理问题、跨国商务中的贿赂与伦理、专利、标准和产品的国际化等方面得到了相应的应用，但由于相关理论体系仍处于不断发展和不断完善的阶段，表现出一定的不足和缺陷，尤其在制度对企业战略作用的内在机制方面还需要开展进一步的研究并不断在实践中加以检验。

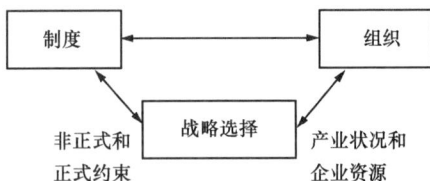

图1-4　制度、组织与战略选择之间的内生互动

资料来源

1. 迈克尔·波特. 竞争优势. 陈小悦译. 北京：华夏出版社. 2005.

2. Barney J. Firm resources and sustained competitive advantage. Journal of Management, 1991, 17 (1), 99～120.

3. Oliver R L. Customer satisfaction: a behavioral

perspective on the consumer. New York: McGraw Hill. 1997.

4. Scott W R. Institutions and organizations. California: Sage Publications. 1995.

5. Quinn J B. Strategies for Change. Homewood, Boston: Richard Irwin Inc. 1980.

6. Peng M W, Luo Y. Managerial ties and firm performance in a transition economy: the nature of a micro-macro link. Academy of Management Journal, 2000, 43 (3): 486~501.

尽管如此，在构建本书的基本结构的过程中，我们还是按照思维的逻辑顺序将外部环境，特别是行业竞争结构分析作为第2章，而将内部环境分析，特别是资源、能力和核心竞争力的分析放在第3章。为了贯彻资源为基础的模式，特别提醒读者在进行战略决策的时候应更多考虑内部环境而不是外部环境，更应将核心专长的发挥和强化作为企业战略选择的主要依据。

1.4 企业战略管理的性质和特点

正如企业需要对营销、生产、财务和人力资源等重要经营和管理职能活动进行管理一样，企业也需要对企业战略的制定、实施和控制等活动进行管理，以提高这些活动的有效性。所不同的是，企业对战略管理的重视相对比较晚，企业战略管理活动的专业化程度比较低，只有少数大型企业才会专门设立企业战略管理部门。但是，这些并不是说企业战略管理的重要性低于其他经营和管理活动，相反更说明了这种管理活动的重要性[28]。

企业战略管理的过程模型　企业战略管理是一种过程管理，即需要通过全过程的管理来提高企业战略制定、实施、评价和控制等各项活动的有效性和效率，如图1-5所示。

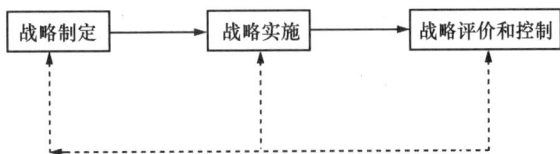

图 1-5　战略管理的三阶段及其相互关系

（1）战略制定。在战略制定阶段，企业战略管理者需要根据企业战略意图和宗旨、企业的社会责任和企业的价值观对企业的外部环境和内部环境进行理性和科学的分析，对外部机会、威胁和内部优势、劣势进行诊断。在此基础上，重新确定企业的意图和宗旨，并根据企业战略的时间跨度为企业战略意图和宗旨的实现确定阶段性的目标和实现该目标的战略[29]。

（2）战略实施。在战略实施阶段，企业战略管理者主要的任务就是将计划好的战略完整并准确地变成现实的战略。为此，企业战略管理者需要对战略目标进行分解，构建战略实施的计划体系（包括中间计划、行动方案、各种程序和预算），制定相应的职能战略，形成必要的保障机制，包括组织、机制、人员和文化上的支持[30]。

（3）战略评价和控制。在战略实施的过程中，企业战略管理者需要根据战略实施的不同阶段的实施情况和最终目标的实现情况进行评价和控制，并对战略实施的计划和措施进行及时的调整，对企业管理者的行为进行控制和调整。如果这些过程中的微观调整不能达到效果，那么企业战略管理者将可能终止战略实施的进程，并且重新开始新一轮的战略制定过程。

图 1-6 显示的是企业战略管理的过程模式。

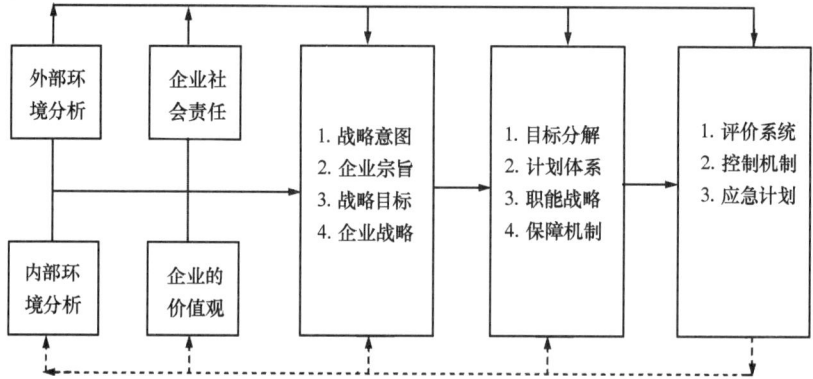

图 1-6　企业战略管理过程模型

在相对静态的环境条件下，企业战略是一种"点"或者"静态"决策。在企业战略制定阶段，企业战略管理者要准确预测外部和内部环境变化，制定数量化的目标体系，预定所有实现目标的战略选择和措施，包括应急计划。制定好的企业战略被要求尽可能地等同于实现了的战略，因为战略一旦被正式批准就要严格实施，不可以在过程中改动。因此企业战略制定、实施和评价与控制被严格划分为先后相连和头尾相接的三个阶段。一般来说，在企业董事会正式通过或者企业战略管理者正式决定实施新战略开始，战略管理就从战略制定阶段进入了战略实施阶段。虽然在战略实施阶段开始的同时，战略评价和控制的工作就已经开始，但是最为重要的战略评价和控制工作则应该是在战略实施阶段完成之后，即结果评价与控制。在逻辑上来讲，战略评价和控制阶段被放在战略实施阶段之后。

在相对动态的环境条件下，企业战略被看成是"点决策"和"过程决策"，或者说是"静态决策"和"动态决策"的结合[31]。在企业战略制定阶段，由于企业战略管理者不可能准确预测外部和内部环境的变化，主要关注的是战略意图、宗旨和定位、战略重点和战略实施的方式等相对宏观的决策，而战略实施过程中的具体决策，则需要负责实施的企业战略管理者来制定，以保证企业在应对环境变化和竞争互动的过程中具有快捷响应速度和创新能力。从这个意义上说，最终实施的战略并不一定就是最初计划好的战略，计划好的战略因为不可预知的变化而被部分放弃。因此，真正实现的战略既有原来预设的部分战略，也包括在战略实施过程中基于应变和创新需要而重新制定的战略，如图1-7所示。在实施战略管理的过程中，一个企业具体采取哪种战略管理的过程模型将取决于企业所处的行业和市场环境的动态程度。在这种情形下，企业战略的制定、实施和评价与控制很难严格地划分成先后相连和头尾相接的三个阶段，由于部分战略制定的工作被放在了战略实施的过程之中，战略制定和实施的界线相对淡化了。不仅如此，战略实施过程中的应变和创新越来越重要，过程控制的重要性也逐步超过了结果控制，战略制定、战略实施和战略评价与控制的界线也不像静态环境条件下那么明显。

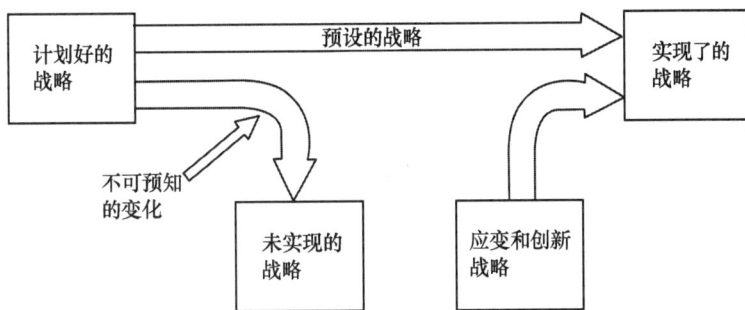

图1-7　动态竞争条件下的企业战略及其实现

企业战略管理的层次模型　　企业战略管理也是一种层次化的管理，即需要对企业内部各个层次的战略制定、实施和评价与控制活动进行管理。一般来说，在大型企业中存在着三种不同类型的组织，即行业或者市场多元化经营的组织、单一行业和单一市场经营的组织，以及分别存在于上述两种组织中的若干职能部门，它们都必须制定自己的战略。在一个典型的行业或者市场多元化经营的大型企业中，企业战略是由三个不同层次主体所制定的战略所构成的一个系统，其中高一级层次的战略及其战略实施对低一级层次的战略具有指导和约束作用，但是它并不仅仅是低层级战略的简单叠加。低层级战略的有效管理对高层级战略的有效管理具有支持作用，然而，即使所有低层级战略都得到了有效的管理，并不等于高一层级战略就自然得到了有效的管理（图1-8）。

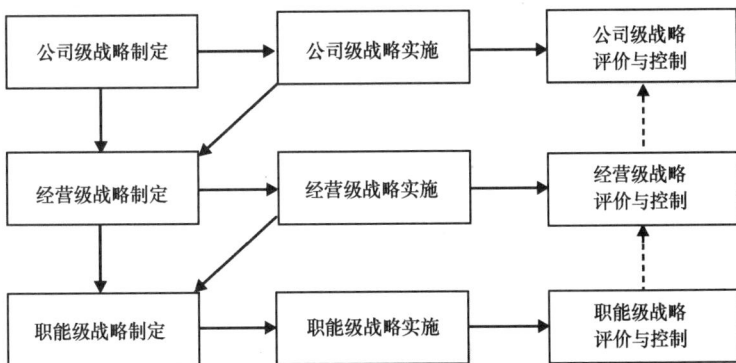

图1-8　企业战略管理的三个层次及其相互关系

（1）公司级战略（corporate-level strategy）。公司级战略是行业多

元化和市场多元化企业的总部所制定的战略，其主要目的是投资收益率（ROI、ROE）最大化。无论总部与其投资和管理的经营单位是母子关系还是总部分部的关系，它主要是通过行业或者市场多元化经营来实现投资收益的最大化。因此，公司级战略的核心内容就是多行业与多市场组合的经营和管理[32]。以美的集团为例，在经过多年发展之后，美的已经形成了以白色家电业为主体，并包含电子商务、房地产等多个行业的业务组合。美的集团总部需要在公司级战略中明确：集团应该进入或者退出哪些业务，以何种方式来对这些业务进行管理。

（2）经营级战略（business-level strategy）。经营级战略（通常也称为竞争战略）是单一行业或单一市场经营单位的战略[33]，无论这种单一行业或者单一市场经营单位是不是一个独立法人，其主要目的是市场占有率和利润的最大化。经营级战略主要是通过产品、服务的经营、竞争来实现市场占有率和利润最大化的，其核心内容包括目标市场与顾客的选择、经营定位和方式的选择，以及根据上述选择和构建的与之匹配的价值创造活动组合与管理模式。对于美的集团的成员企业如家用空调事业部而言，需要明确自身的经营级战略，确定自身的细分市场和目标客户，并进一步对竞争优势和取得竞争优势的相关策略进行定位。

（3）职能级战略（functional-level strategy）。职能级战略是企业内部职能部门所制定的战略，其目的是提高职能活动的有效性和效率。企业内部的各个层级中都存在着管理和经营性的职能部门，它们既不是投资中心，也不是利润中心，而是费用或者成本中心。为了实现公司级或者经营级战略，这些职能部门需要根据上述两个层级战略的要求，制定相应的职能战略。比如，美的集团的公司级战略已经明确公司将进入某一新的业务领域，集团的人力资源部门就必须针对这一战略制定相应的人力资源战略，为新业务的开展提供人力资源的支撑。一旦家用空调事业部作出了提升市场占有率的战略选择，家用空调事业部的营销管理部门就需要相应地制定营销战略。

1.5 企业战略管理者

企业战略管理者不仅是战略制定的决策者，更是战略实施的领导者，对企业战略管理的有效性和效率具有极其重要的作用。在企业经营环境越来越动态化的情况下，环境的可预测性下降，决策的速度和创新性的要求越来越高。因此，企业战略管理者的构成、决策机制和激励方法等都将影响到企业战略管理的成败，这种作用正在受到越来越多的企业和学者的重视。

企业战略管理者是由企业内部和外部能够对企业战略制定、实施、评价和控制产生重大影响的团体和个人所构成的[34]。这种影响不仅来源于产权和职权，也可以自于知识和信息。一般来说，企业战略管理者包括企业的董事会、高层管理者、关键的中层管理者以及企业聘请的专业人士或者顾问公司，这些团体及其成员有着各自不同的利益诉求，它们以不同的方式在企业战略管理中发挥各自的作用。

（1）董事会。企业董事会由企业所有者代表及其相关利益团体的代表构成。作为企业的最高决策机构，董事会有责任提出企业的战略意图和宗旨，批准企业战略管理者为实现企业战略意图和宗旨而制定的企业战略，议决与企业战略实施相关的高层管理者任免、重大投资和融资等事项[35]。发挥董事会在企业战略管理中的作用，需要保持股权的适度集中、完善董事会的决策机制、增加董事会成员的多样化程度以及加强董事的监督和管理。

（2）高层管理者。高层管理者是受企业董事会委托而组建的专门负责企业经营决策的职业化管理团队，通常包括企业的总经理、副总经理及其他被明确规定为企业高层的管理者。作为企业经营决策和管理的团队，高层管理者要根据企业战略意图、宗旨和董事会的具体要求，向董事会提出企业战略，并且在董事会批准后负责企业战略的实施[36]。在战略实施过程中，高层管理者还需要提出年度计划、预算以及重大投资和融资方案等，并在董事会批准后执行。

（3）中层管理者。企业的中层管理者是由高层管理者任命的，专门负责职能部门、产品或者市场经营单位的管理者。中层管理者不仅具有所负责部门的专业知识，而且对企业内部和外部的相关情况知之甚深。在企业战略制定的过程中，他们可以对企业内外部环境分析、各种战略选择的形成和最终战略的抉择作出重要的贡献。在企业战略实施过程中，企业中层管理者将从配角转为主角，战略实施的有效性和效率在很大程度上取决于企业中层管理者对企业战略的理解和支持，在动态化程度较高的环境条件下，中层管理者通过战略选择和战略实施的参与，充当战略管理者的作用更为明显。

（4）专业人士或团队。专业人士或者团队是否能够成为企业战略管理者，取决于企业是否委托专业人士或者团队。外部专业人士或者顾问公司的参与对提高企业战略管理的有效性和效率具有两个方面的好处：首先，专业人士或者团队具有良好的专业知识、掌握行业数据库以及相对比较宽阔的视野。其次，相对组织内部成员，外部专业人士或者顾问公司在战略态势分析和战略制定过程中更能够保持相对客观的立场，有助于避免内部战略管理者可能存在的"群体思维的陷阱"，从而使得战略决策与实施更具有科学性。

在企业战略管理过程中，董事会与高层管理者的关系备受关注[37]。在一些企业中，企业董事会在企业战略管理中具有绝对的主导地位，甚至完全取代了高层管理者，此时董事会的作用被称为"垂帘听政"。而在另外一些企业中，则是高层管理者在企业战略管理中具有绝对的主导地位，甚至完全置董事会于不顾，此时董事会的作用仅仅是"聋子耳朵"。对于大部分企业而言，董事会与高层管理者在企业战略管理中的关系表现为各司其职、互相合作，如果将"垂帘听政"和"聋子耳朵"的两种极端情形之间的其他情形视为一个连续统一体的话，那么大部分企业的董事会与高管团队在战略管理的作用是位于这一连续统一体上的某一点。随着外部环境动态化程度的上升，董事会与高层管理者在企业战略管理中的最佳的合作点并不是两极之间的中点，而是应该略偏向于高层管理者一端（如图1-9中的A点）。也就是说，高层管理者在企业战略管理中的作用大于董事，将会更有利于企业有效和有效率地实施企业战略管理。对于所有权与经营权分离的现代企业，董事会的主要作用应该是形成和捍卫企业的战略意图与宗旨[38]，并且通过合理的内部治理结构选择、有效地激励和控制高层管理者，审议和批准高层管理者提出的企业战略。在此基础上，董事会应该让高层管理者在企业战略制定、实施和评价与控制等环节具有更大的决策空间，发挥主导作用。只有这样，企业才能够既保证战略意图和宗旨得以贯彻，同时也能保证决策的科学性和行动的创新性。

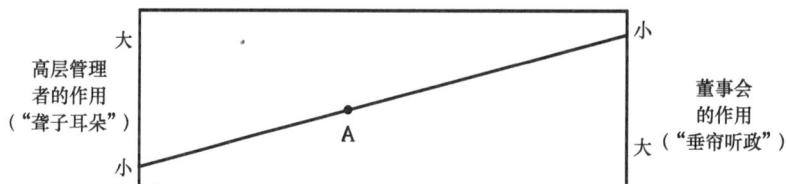

图 1-9 董事会与高层管理者关系模型

本章要点

1. 企业战略是企业在适应和主动利用环境变化的过程中，为建立和发挥优势而作出的一系列重大、长期和根本性的决策及其所采取的相应的一系列行动。

2. 企业战略与所在环境具有高度的相关性，对于中国企业的经营环境而言，应该注意到中国经济转型期所具有的环境动态性、制度多重性、市场分散性等独特的区域环境特点。

3. 在这种环境变化越来越快的情况下，企业竞争优势的建立和发挥不仅取决于战略承诺的坚定性和战略决策的科学性，而且还取决于企业战略实施过程中执行力和创新性，以及企业在动态互动中的迅速性和突然性。

4. 对企业战略的定义常常从不同的视角和不同的场景中具有不同的解读。对企业战略定义的认识和理解包括如下几种：①企业战略是一种计划；②企业战略是一种模式；③企业战略是一种定位；④企业战略是一种愿景；⑤企业战略是一种计谋。

5. 企业战略既是事前的主动性决策，也是事中反应性决策；决策方法主要是理性的，但不应排除非理性因素的影响；决策既包括企业的长期、整体和重大决策，也包括那些基于对抗和博弈的即时决策。

6. 产业组织模式认为，如果企业处于一个有吸引力的产业，而且成功地执行了与产业特征相匹配的战略，那么它就可以获取超额利润；资源基础模式认为，当企业利用其有价值的、稀缺的、难以模仿的、嵌入到组织内的资源和能力，在一个或者多个行业与竞争对手竞争时，就可以获得超额利润。

7. 企业战略管理是一种过程管理，需要通过全过程的管理来提高企业战略制定、实施和评价与控制的有效性和效率。在高度不确定的环境条件下，过程控制甚至比结果控制更为重要。

8. 企业战略管理是一种层次化的管理，是由对公司级战略、经营级战略和职能级战略等三个层次战略的管理构成的。
9. 企业战略管理者对企业战略管理的有效性和效率具有极其重要的影响，企业战略管理者包括企业的董事会、高层管理者、关键的中层管理者以及企业聘请的专业人士或者顾问公司，这些团体及其成员在企业战略管理中发挥着各自的作用。

思考题

1. 如何理解企业战略与建立和发挥竞争优势的关系？
2. 企业战略的性质和特点是什么？
3. 产业组织模式和资源基础模式的区别与联系是什么？
4. 在动态环境下，如何理解企业战略管理的过程模型？
5. 企业战略不同层次的主要内容是什么？相互间的关系如何？
6. 企业战略管理者包括哪些群体，他们在战略管理过程中起到怎样的作用？
7. 在动态竞争的环境条件下，企业战略决策和管理有什么特点？

能力拓展

选择一家企业作为对象，研究该企业的发展历史，描述不同历史发展阶段企业经营环境、竞争优势与战略管理的关系。

参考文献

[1] 戴维·赫尔德. 全球大变革：全球化时代的经济、政治和文化. 杨雪冬等译. 北京：社会文献科学出版社. 2001.
[2] 宋旭琴，蓝海林. 我国多元化企业组织结构与绩效的关系研究. 北京：经济科学出版社，2008.
[3] North D C. Institutions, institutional change and economic performance, New York：Cambridge University Press，1990.
[4] 汪伟全. 中国地方政府竞争：从产品、要素转向制度环境. 南京社会科学，2004，(7)：56～61.
[5] Poncet S. A. Fragmented China：measure and determinants of Chinese domestic market dis integration. Review of International Economics，2005，13 (3)：409～430.
[6] 迈克尔·波特. 竞争优势. 陈小悦译. 北京：华夏出版社. 2005.
[7] Zott C. Dynamic capabilities and the emergence of intra industry differential firm performance：insights from a simulation study. Strategic Management Journal，2003，(24)：97～125.
[8] 范晔，司马彪. 后汉书. 长沙：岳麓书社. 2009.
[9] Grimm C M, Lee H, Smith K G. Strategy as action：competitive dynamics and competitive advantage. New York：Oxford University Press. 2006.
[10] Selsky J W, Goes J, Smith K G. Strategy making：applications in "hyper" environments. Organization Studies，2007，(1)：71～94.
[11] Hopkins H D. The response strategic of

dominant U. S. firms to Japanese challengers. Journal of Management, 2003, (29): 5~25.

[12] Mintzberg H. The strategy concept: five Ps for strategy. California management review, 1987, (30): 11~24.

[13] Andrews K R. The Concept of corporate strategy. Boston: Homewood, Illinois: Richard Irwin Inc.. 1971.

[14] Lewin K. Field Theory in social science. Cambridge, MA: Harvard. 1967.

[15] Quinn J B. Strategies for change. Boston: Homewood, Richard Irwin Inc.. 1980.

[16] Abell D F. Competing today while preparing for tomorrow. Sloan Management Review, 1999, 40 (3): 73~81.

[17] Miles R E, Snow C C. Organizational strategy, structure, and process. New York: McGraw-Hill. 1978.

[18] Chandler A D. Strategy and structure: chapters in the history of the American industrial enterprise. Cambridge: MIT Press. 1969.

[19] Potter M E. Clusters and the new economies of completion. Harvard Business Review, 1998, (12): 23~25.

[20] Porter M E. How competitive forces shape strategy. Harvard Business Review, 1979, (3): 91~101.

[21] Srivastava1 R K, Fahey L, Christensen H K. The resource-based view and marketing: the role of market-based assets in gaining competitive advantage. Journal of Management, 2001, (27): 777~802.

[22] Acedo F J, Barroso C, Galan J L. The resource-based theory: dissemination and main trends. Strategic Management Journal, 2006, (27): 621~636.

[23] Lado A A, Boyd N G, Wright P, et al. Paradox and theorizing within the resource-based view. Academy of Management Review, 2006, (31): 115~131.

[24] DeCarolis D M. Competencies and imitability in the pharmaceutical industry: an analysis of their relationship with firm performance. Journal of Management, 2003, (29): 27~50.

[25] Zott C. Dynamic capabilities and the emergence of intraindustry differential firm performance: insights from a simulation study. Strategic Management Journal, 2003, (24): 97~125.

[26] Newbert S L. Empirical research on the resource-based view of the firm: an assessment and suggestions for future research. Strategic Management Journal, 2007, (28): 121~146.

[27] 迈克尔·A. 希特, R. 杜安·爱尔兰, 罗伯特·霍斯基森. 战略管理 竞争与全球化（概念）, 原书第八版. 吕巍, 盖丽英, 蔡鹭新 等译. 北京: 机械工业出版社. 2009.

[28] Brady D, Kiley D. Short on sizzle, and losing steam. Business Week, 2005, (4): 25~44.

[29] Johnson G, Scholes K. 战略管理（第6版）. 王军等译. 北京: 人民邮电出版社, 2004.

[30] Bossidy L. What your leader expects of you: and what you should expect in return. Harvard Business Review, 2007, 85 (4): 58~65.

[31] 陈明哲, 苏国贤. 动态竞争. 林豪杰, 乔友庆译, 北京: 北京大学出版社, 2009.

[32] Tuunanen M, Hoy F. Fanchising: multifaced from of entrepreneuship. International Journal of Entrepreneurship and Small Business, 2007, (4): 52~67.

[33] 迈克尔·波特. 竞争战略. 陈小悦译. 北京: 华夏出版社. 2005.

[34] Doz Y L, Kosonen M. The new deal at the top. Harverd Buisiness Review, 2007, 85 (6): 98~104.

[35] 李维安. 公司治理. 天津: 南开大学出版社. 2001.

[36] Morrow J L, Sirmon D G, Hitt M A, Holcomb T R. Creating value in the face of declining performance: firm strategies and organizational recovery. Strategic Management Journal, 2007, (28): 271~283.

[37] Golden B R, Zajac E J. When will boards influence strategy? Inclination times power equals strategic change. Strategic Management Journal, 2001, (22): 1087~1111.

[38] Adjaoud F, Zeghal D, Andaleeb S. The effect of board's quality on performance: a study of Canadian firms. Corporate Governance: An International Review, 2007, (15): 623~635.

外部环境分析

2

『本章学习目的』

1. 根据企业性质和特点，及时、准确和动态把握企业外部环境中的关键因素。
2. 掌握关键因素的信息收集和趋势分析方法。
3. 基于激发战略选择的需要，掌握外部环境分析的相关理论和模型。

TCL "鹰的重生"

2006年全球消费电子产业进入了全新的发展时期,产业格局正在发生急剧变化,3C融合的时代已经到来。在TV产业,由于新型显示技术的应用,平板电视成为国内外电视机厂商的发展重点,未来平板电视发展由导入期步入快速增长期。由于平板电视的强大冲击,预计显像管电视市场将出现负增长。中国家电行业供大于求,行业利润率逐步降低,信息产业部公布的统计数据显示,2005年中国家电制造业平均利润率不到1%。随着中国数字电视标准的正式推出,模拟电视向数字电视转化的进程也因此全面提速。在移动通信终端产业,随着未来国内3G标准的采用,将会引起产业技术升级,带来新的机遇与挑战,手机产业的竞争环境将更为严峻。白色家电行业的市场整体需求增幅趋缓。经过持续的原材料涨价和激烈的价格竞争,白色家电行业品牌集中度会越来越高。另外,人民币进入了升值的通道,未来这种趋势将更加明显,会影响以人民币为结算单位的财务指标。

从2008年开始,为应对国际金融危机,中国政府推出了4万亿元的财政刺激措施;为扩大内需,鼓励消费,国家出台了"家电下乡"补贴政策,中国家电市场成为全球增长最快的市场之一。2008年,中国的彩电产业也正由CRT显示向液晶显示技术升级,液晶电视行业是国内家电行业中增长速度最快的子行业。

2010年,国家三网融合政策的推出,给彩电产业带来一个非常好的发展机遇,将来的彩电不仅仅是单纯的网络电视接收机,而是兼有网络电视接收等多功能的电视,为多媒体厂商提供了更大的创新空间。随着IPTV和3G移动通信技术取得的实质性突破,技术已不再是阻碍三网融合的壁垒,市场迫切需要一个突破性产品来加速三网融合进程,集合了电视功能、互联网应用的互联网电视正是促进这一融合进程的突破性产品。

2011年,云计算、云存储技术改变了消费者对传统电视的认知,掀起的第三次技术革命席卷全球,让电子视像产业跟随技术变革的步伐进入智能云时代。在不到一年的时间里,智能云电视已成为彩电发展的主流趋势。自2011年8月以来,TCL、海尔、创维、海信等中国彩电企业聚焦智能云电视,相继推出数十款智能云电视产品。中国彩电企业不仅要通过智能云电视抢占市场先机,而且希望在世界家电市场上打一场漂亮的翻身仗。如今,智能云技术正在延伸到智能家电领域,对人们的日常生活、工作和学习产生深远的影响。

TCL即The Creative Life三个英文单词首字母的缩写,意为创意感动生活。TCL集团股份有限公司创立于1981年,目前是中国最大的、全球性规模经营的消费类电子企业集团之一。

2004年TCL正式大规模进入国际市场,1月并购法国汤姆逊彩电业务,成立TCL-汤姆逊电子有限公司(TTE);4月并购阿尔卡特移动电话业务,成立T&A公司。TCL本来希望通过并购从汤姆逊那里得到CRT(显像管)市场和技术的支持,但是技术的更新换代、国际市场的变化、整合的困难,TCL的国际并购目标不但未能实现,反而使集团陷入困境。TCL集团公告显示,2004年TTE亏损1.43亿元,2005年亏损8.2亿元。TCL集团也在2005年首次出现亏损,2006年更是巨亏19.32亿元,一度深陷从股票市场摘牌的危机。

经过痛苦的自省，TCL开始收缩业务范围，先后以6000万元卖出电脑业务、以1.62亿元卖掉TCL王牌彩电原厂房、以5亿美元的价格出售低压电器业务，让公司的欧洲彩电业务破产。2006年，TCL董事长李东生写下了《鹰的重生》一文，其中他说道："我们必须把旧的、不良的习惯和传统彻底抛弃，可能要放弃一些过往支持我们成功而今天已成为我们前进障碍的东西，使我们可以重新飞翔。"

2007年，TCL开始将回归本土作为战略重点，重视中国本土市场的经营和开拓，并逐步推行了一系列相应措施。2008年，TCL不断增加家电下乡产品以及售后服务体系的投入。集团旗下的彩电、手机、冰箱（冰柜）、洗衣机、空调、计算机等六大类产品138款型号在家电下乡中全线中标，成为家电下乡推广以来产品与型号中标最多的企业。2008年4月，TCL投入自有资金在惠州启动液晶电视模组项目，2009年11月，与深超科技投资公司合作，投资245亿元建设第8.5代液晶面板生产线，2011年8月初实现投产，10月中旬开始量产，2012年年底达到10万张玻璃大板/月的满产目标，良品率达到90%以上，至此，TCL成为中国第一家同时具备LED电视的"面板-模组-整机-国际化销售"运营体系的企业。2010年6月，国内首款基于Android操作系统的智能云电视由TCL研制成功，2011年3月，全球第一个采用Android系统的电视应用程序商店在TCL诞生。2012年年初，凭借在3D领域的优势，TCL成为"CCTV 3D频道独家合作伙伴"。TCL启动了自己的云时代发展战略——全云战略。TCL全云战略以智能云技术为引擎，以"全云技术创新、全云资源整合、全云产业协同和全云体验导向"为驱动，提升全球核心竞争力和产业主导力，推动TCL朝着"全球领先的电子产业集团"的方向稳步迈进。

TCL通过一系列相应的战略行为，把握外部环境的发展趋势，使得集团的综合竞争能力明显增强，盈利能力不断提高。据TCL集团2011年年报披露，报告期内，公司实现销售收入608.34亿元，实现净利润16.71亿元，这是TCL集团继2005年、2006年因国际并购造成大幅亏损后的连续第五年盈利，表明TCL已经实现"鹰的重生"。

资料来源

1. 言咏. TCL国际化的荆棘与梦想，经济观察报，http：//www.sina.com.cn. 2009-11-27.
2. 郎朗. 两度失足三年闭关：TCL国际化再启航，21世纪经济报道，http：//www.sina.com.cn. 2009-12-04.
3. TCL集团2005年、2009年、2011年年报.

如前所述，企业战略是企业应对外部环境重大、长期和根本性变化所采取的一系列建立、保持和发挥竞争优势的决策或行为。企业外部环境的重大、长期和根本性变化对企业发展的影响可以按照性质划分为机会和威胁两大类型。为了在应对外部环境的变化中建立、保持和发挥竞争优势，企业战略管理者就必须通过对外部环境的分析和预测，准确地判断企业所面临的各种机会、威胁的大小及其发生的概率，从而使企业战略管理者的战略决策能够有效地利用机会和避免威胁。例如，TCL集团在出现危机后，从扶持政策、技术发展中发现机会，立即采取相应的战略行为，从而实现"重生"。从 TCL 集团的案例可以看出，对企业外部环境的分析不仅是企业战略管理全过程的逻辑起点，同时也是企业战略管理过程中每一个决策和行动的出发点和依据所在。考虑到企业环境动态化的趋势，企业战略管理者在分析企业外部环境的过程中一定要注意提高有效性和效率，否则很难适应企业经营环境动态化对企业战略决策的速度和创新性的要求。

2.1 外部环境的构成及其相互关系

任何企业都是嵌入在一个特定的环境中经营和成长的，例如，特定的区域、特定的行业、特定的市场、特定的时间等。企业战略决策从根本上说是一种情景嵌入式的决策，战略管理者在进行战略决策的时候必须清楚地了解自己所处的环境及其对企业战略决策将会产生的影响，同时也必须清楚地了解企业的战略决策将对企业所处的环境产生什么样的影响。

外部环境的构成　企业外部环境是指在特定时期中所有处于企业之外而又将对企业的存在和发展产生影响的各种因素的总和[1]。企业外部环境中的各种因素之间存在着复杂的相互影响，并且形成了层次化的结构特点。为了提高企业战略管理者在外部环境分析过程中的有效性和效率，一般将企业外部环境划分成为三个层次，如图 2-1 所示。

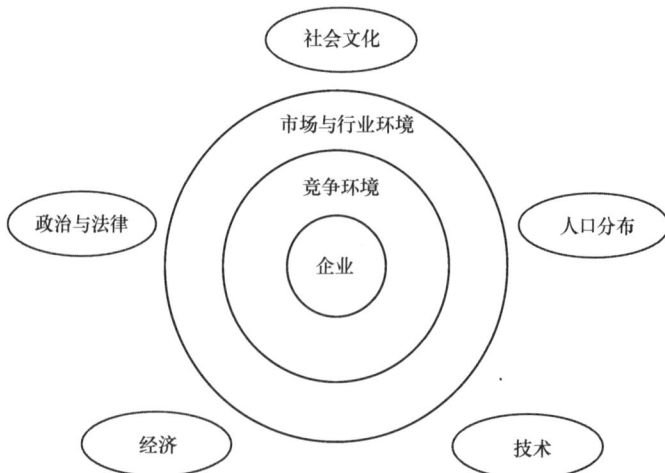

图 2-1　外部环境的内容

第一层次是企业的一般外部环境，或称宏观环境，主要包括影响企业战略选择的政治与法律、经济、社会文化、技术、人口分布等五大方面的各种因素[2]。

第二层次是企业的市场与行业环境，又称任务环境，主要包括市场相关因素，如顾客诉求、消费方式、目标市场、商业模式、行业相关因素（包括供应商、购买者、潜在进入者、替代产品以及行业内部的竞争者等）。

第三层次是竞争环境，主要包括企业战略群、竞争对手分析和行业关键成功因素等。

外部环境的相互关系　企业外部环境的复杂性和多样性有可能影响企业战略决策有效性和效率，因此企业战略管理者必须深入了解企业外部环境各种因素之间的相互关系和作用机制，才能够在尽可能短的时间里把握外部环境中的关键因素，准确地预测关键因素的变化趋势，洞察这些变化趋势对企业未来的影响，从而使企业的战略决策表现出前瞻性和创新性。

1. 各个层次间互动

企业外部三种不同层次的环境因素都会对企业战略行为产生影响，但是这三种层次的环境因素之间存在明确的递进关系。如图 2-2 所示，外部环境通过两种方式影响企业战略行为：一是直接方式，即一般环境、市场和行业环境、竞争环境分别直接影响企业的战略行为；二是间接方式，即一般环境的变化首先会导致、决定市场和行业环境的变化，从而引起竞争环境的变化，最后影响企业的战略行为。了解企业外部环境的层次结构和递进影响关系，将有利于企业战略管理者提前了解、预测外部环境的变化，领先对手对外部环境尤其是市场和行业环境的变化作出战略性反应，甚至通过自己的战略行为引领行业和市场环境、竞争环境的变化。但是，从企业战略行为对外部环境的反作用来看，企业对外部环境的利用和影响首先是通过战略行为的创新改变竞争环境，然后再通过与竞争对手的竞争和合作行为改变企业的市场和行业环境，并最后影响一般环境的变化趋势。了解企业战略行为与企业外部环境的相互作用关系和机制，将有利于企业战略管理者了解企业战略的力量，并且能够致力于利用环境变化的趋势去影响竞争者行为、优化行业结构和企业经营环境。

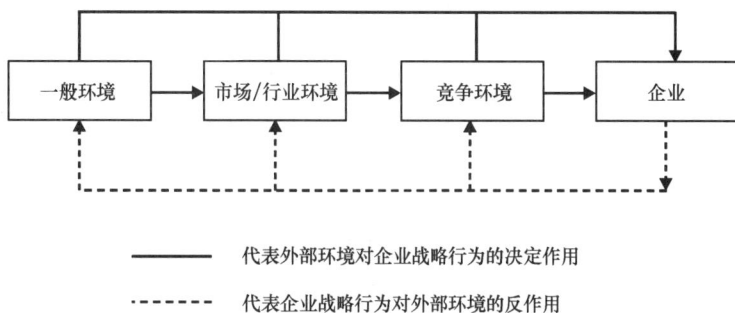

———　代表外部环境对企业战略行为的决定作用

- - - - - -　代表企业战略行为对外部环境的反作用

图 2-2　企业外部环境与企业战略行为的关系

2. 各种因素共同演进

企业外部环境因素的变化还存在共同演进关系，即在特定区域和时期里受一种或者几种主要因素变化的推动，企业外部环境中各种因素的变化会呈现出相同的趋势和特点。例如，经济全球化趋势就在过去几十年时间里影响着全球绝大多数企业外部环境的变化趋势，其中也包括中国企业。对这种根本或者关键驱动因素的分析，将可以帮助我们判断整个外部环境共同演化的趋势及其相互关系。

嵌入在中国经济转型的特定环境下，中国企业战略管理者必须清楚地知道改革开放以来中国企业的经营环境主要受到两种主要力量的推动，一是对外开放，二是经济转型。无论是对外开放还是经济转型，其本质就是一系列制度变革。这种制度变革对不同层次和不同类型环境因素的变化趋势产生了重要的影响，分析中国企业外部环境的变化趋势必须掌握中国对外开放和经济转型的发展趋势。同样，这种制度变革的方式也会对不同层次和不同类型环境因素的变化方式产生重要影响，分析中国企业外部环境变化方式必须掌握中国对外开放和经济转型的方式。正是从这个意义上说，中国企业外部环境具有转型期或者新兴市场经济国家的特点。

2.2　一般环境分析

企业的外部环境分析是从一般环境分析开始的。一般环境就是指可以广泛影响特定空间范围内所有市场、行业和企业战略行为的各种外部因素[3,4]。企业一般环境具有先动性的特点，其变化需要经过一段时间才可能逐步导致市场和行业、竞争环境的变化，要求企业战略管理者在分析一般环境的过程中必须具有前瞻性和洞察力。企业一般环境也具有广泛性的特点，一般环境的变化通常会对处于这个环境中的所有市场和行业以及所有企业的竞争环境产生广泛影响，要求企业战略管理者在分析一般环境的过程中必须要有很强的目的性和针对性[2]。企业一般环境还具有复杂性特点，一般环境中的各个因素变化的内容和方式存在的差异比较大，要求企业战略管理者在分析一般环境的过程中必须善于抓住主要因素，并且分析主要因素的变化趋势对其他因素的影响。为了提高企业一般环境分析的有效性和效率，企业战略管理者有必要做到：了解一般环境中各类因素的主要内容和特点；掌握对一般环境进行分析的主要方法；熟悉对一般环境进行分析的主要步骤。

**一般环境的
主要内容**　　　一般环境可分为政治与法律、经济、社会文化、技术、人口等五个方面，这五个方面分别包含了一些具体的环境因素，如表 2-1 所示。

表 2-1　一般环境的具体因素[1]

政治与法律环境	税法 消费者权益保护法 知识产权保护法	劳动者保护法 环境保护法 反垄断法
经济环境	国内生产总值（GDP） 利率 汇率	通货膨胀率 货币政策 财政政策
社会文化环境	社会文化 风俗习惯	宗教信仰 价值观
技术环境	新技术 产品创新 区域技术创新体系	新知识 新理论 技术创新政策
人口环境	人口数量 年龄结构 区域分布	性别结构 文化水平 收入分配

表 2-1 中只是例举了一般环境中的部分具体因素，在实际的战略管理中，可以根据具体情况进行选择和增减。

1. 政治与法律环境

企业一般环境中的政治法律环境因素主要是指一个国家或地区政府的政治制度、政府政策和法律法规等因素。考虑到对企业战略选择的影响，企业一般环境中的政治因素应该包括政治制度、外交政策、国防政策、经济政策以及中央与地方政府的关系等。企业一般环境中的法律环境应该包括与企业经营有关的各种法律和法规，例如，各种税法、劳动者保护法、消费者权益保护法、环境保护法、知识产权保护法、反垄断法等。这些因素对市场和行业环境、竞争坏境和企业战略行为的影响往往具有强制性、直接性的特点。因此，企业在作出未来战略选择之前一定要对企业政治法律环境的变化趋势进行分析和预测，否则企业的战略选择将会给企业带来巨大的经济损失，甚至会导致社会福利的损失。

战略聚焦一

环境保护与企业发展

多年来，我国积极实施可持续发展战略，将环境保护放在重要的战略位置，不断加大解决环境问题的力度，国家多次否决高耗能、高污染项目，涉及资金超千亿元，这为企业敲响了警钟。作为环境的重要构成者，企业该如何履行环保责任成为一个社会性话题。值得欣喜的是，一些企业在环保方面已经进行了一些有益的探索，并获得了丰厚的回报。

每年的 6 月 17 日世界荒漠化日。2012 年在联合国"里约＋20"会议上，亿利资源集团董事会主席王文彪荣获联合国"环境与发展奖"。这是联合国自上次里约会议之后 20 年来颁发的全球环境保护与绿色发展重要奖项，以肯定和鼓励在为全球环境保护和绿色发展作出特殊贡献的人物。

王文彪是中国唯一获此殊荣的企业家。

王文彪带领的亿利资源集团始终秉承"绿色、循环、清洁、低碳"的发展理念，坚守沙漠事业，发展沙漠绿色经济，24年绿化沙漠5000多平方公里，相当于绿化了1/7000的全球荒漠化面积，不仅为地球贡献了一座沙漠绿洲，而且为人类贡献了一个"社会化、市场化、产业化、企业化"荒漠化防治和沙漠绿色经济可持续发展模式，惠及了沙漠中十几万民众。自身也实现大发展，公司资产总额上百亿元。

成功企业都非常重视环境保护，实现了企业发展与环境保护的有机结合。日本三菱公司在大气和水质改善方面做了30多年的工作，在环境保护方面已投资1500亿日元。台湾台塑集团主导的第一个大型整体性石化投资项目，总投资达3000亿元新台币，其中586亿元用于防治污染，占总投入的20％。

资料来源

作者根据多方资料整理。

2. 经济环境

企业一般环境中的经济因素主要是指：①基本经济结构和特点，包括经济体制、经济结构、产业结构、生产力布局和对外开放的程度等；②国民经济发展状况，包括国民经济增长、国际贸易增长、居民收入增长、资本市场和通货膨胀的状况等；③政府的经济政策，包括财政政策、金融和货币政策、贸易政策、政府预算；④国际经济形势、经济发展趋势以及企业面临的经济国际化、市场全球化等状况[5]。这些宏观经济环境因素的变化将在各个方面影响企业的市场、行业和竞争环境，影响企业的战略行为。例如，如果政府采取紧缩银根的政策，那么企业就会难以获取实现其增长战略所需要的足够资金或者导致企业成本上升；如果银行利率上升，居民愿意消费的支出就会减少，因为他们可能更愿意存款而不是花钱；如果股票市场下跌，那么企业可能筹集到的资金就会下降；如果政府调低人民币汇率，那些需要引进国外设备或进口原材料的企业就会面临成本上升的问题，而出口型企业就可以在国际市场上取得价格竞争力的好处。

在中国加入世界贸易组织之后，国内外市场的边界已经越来越模糊。无论是以国内市场还是国外市场为主的企业，都必须面对经济全球化的影响，都必须面对跨国企业的竞争。随着经济全球化趋势越来越深入，国际经济形势、国际市场的变化和跨国企业战略行为都将对中国企业的战略选择产生重要影响。例如，2008年爆发于美国的房屋贷款危机，最终演化成为全球性的金融危机，并且对远离美国的其他国家，尤其是中国的外向型企业产生了极其巨大的影响。由此可见，在分析企业外部环境，特别是经济环境的过程中，中国企业战略管理者必须具有全球化视野；必须了解国际经济体系、国际贸易规则和跨国企业的基本特点；必须了解全球经济变化趋势及其对中国经济和企业的影响等。

3. 社会文化环境

企业一般环境中的社会文化因素一般是指特定历史时期社会发展的一般状况，包括人们的宗教信仰、社会价值观、文化传统与风俗习惯等。这些因素既源远流长又不断演化，它们以各种潜移默化的方式影响企业各个利益相关团体，影响这些团体对企业的看法和要求，从而对企业经营和发展的各个方面产生非常重要的影响。例如，社会文化因素的变化有可能改变消费者的需求和消费方式，从而给企业带来新的机会或者威胁，并且导致企业改变自己的经营战略。社会文化因素的变化还有可能改变各个利益团体对企业责任和道德行为的看法，从而决定它们在多大程度上认同或者支持企业的战略选择，这也同样会导致企业改变自己的战略行为。

4. 技术环境

企业一般环境中的技术环境主要是指国家技术进步的整体水平和变化趋势、政府技术进步或者创新战略、国家技术创新的体系和变化、国家对技术进步鼓励和保护政策等。企业的技术环境的变化不仅可以影响一般环境中的其他环境因素的变化，而且可以对企业的市场和行业环境、竞争环境以及企业的战略选择产生直接的影响。例如，技术进步速度的加快有可能消除市场和行业的边界，缩短产品生命周期，创造新的产品、顾客和市场需求；有可能降低企业生产、运输和劳动力的成本，或者提高生产、运输和通信的效率，提高企业竞争互动的效率；有可能改变行业竞争结构、行业游戏规则和企业的商业模式，等等。未来的市场竞争将主要依靠技术作后盾。苏珊·维恩（Susan Levine）和迈克尔·洛尼兹（Michael Yalonitz）在他们的《技术管理——企业成功发展的关键》一文中曾说："忽视技术的危害是极大的，那些不重视技术管理的企业迟早会发现他们的未来是由技术支配的。技术的影响不仅表现在高技术企业，其他企业也一样。即使是低技术或服务行业也要密切注意技术进步带来的机会和威胁。"[6]

5. 人口环境

企业一般环境中的人口环境主要是指一个国家或者地区的人口数量和社会学特点，包括居民的性别结构、年龄结构、文化水平、区域分布、民族构成、收入状况，以及居民在工作、消费、闲暇方式上的选择。人口环境的变化不仅会导致市场需求、消费方式和商业模式的变化，而且会导致企业劳动力成本、生产方式等方面的变化，从而影响企业的战略选择。

战略聚焦二

中国养老市场成新的淘金乐园

截至 2011 年年底，中国 60 岁以上人口达到 1.85 亿人，占总人口的 12%。这一数字到 2025 年年底会跃升至 2.5 亿人，到 2050 年将达到 4.8 亿人的峰值。中国养老服务需求巨大，市场前景广阔。与此同时，老年人的消费能力也在增加。奥美首席资讯官辛默（Kunal Sinha）表示，中国老年人每年可支配收入在 3000 亿～4000 亿元。30 年后这一数字会增至 5 万亿元。

辛默表示："整个营销市场都将注意力放在年轻人身上。而中国的现实是，随着人口结构的改变，未来 15 年内年轻人的数量将会减半，以后的人数是现有的 50%……而老年人的数量则会翻一番。"

除了保健品生产商之外，中国几乎还没有其他产业致力于"银色产业"这一桶金。不过，最近几年却突然兴起了一股投资高端住宅和所谓"退休社区"的热潮。一名侧重于老年行业的日本顾问 Yoko Marikawa 表示，在她的中国客户中，有近 50％的人已经在中国推出或计划推出退休社区，预计总投资为 150 亿～250 亿元。法国索迪斯集团（Sodexo）一名高管称，正与中国政府就类似项目进行谈判。

但很多外国企业和基金公司还在等待中国政府就相关设施和服务出台相应的标准。

Marikawa 表示："投资者们还是搞不清楚什么标准是好的。如果他们现在投资建设退休社区，之后政府又出台新的标准，他们就惨了。他们将不得不重建或改变某些设施。"

资料来源

作者改编自：Lee J L, Hornby L. 中国养老市场成新的淘金乐园. 路透中文网. http：//cn. reuters. com/. 2012-6-14.

一般环境分析的步骤

企业外部环境分析和预测是一项非常复杂和具有挑战性的工作，其中不仅涉及政治、经济、社会、文化、技术等多个学科的理论知识，同时也需要采取包括以一手和二手数据为基础的多种调查、分析和预测的方法。然而从企业战略管理的角度来说，企业战略管理者最需要掌握的就是一般环境分析的基本步骤和思路，从而保证整个分析过程的有效性和效率。

1. 确认影响企业战略选择的重要外部环境因素

企业一般环境分析的第一步是针对众多的一般环境因素，有效确认哪些因素对本企业未来战略选择具有重要影响。在这个过程中，企业首先需要根据对企业外部和内部环境的初步判断来决定自己是否需要改变企业的宗旨，尤其是行业和市场范围。如果需要改变行业或者市场范围，就需要对影响新行业或者新市场范围的外部环境因素进行分析，确认将会影响企业战略选择的重要外部环境因素。如果企业未来不准备改变自己的行业和市场范围，那么企业战略管理者就应该做到：①结合企业发展的历史来确认重要的外部环境因素，这是因为影响企业过去战略选择的重要环境因素将会继续影响企业未来的战略选择。②对正在发生或者将要发生一些重大变化进行分析，确认这些新变化将导致哪些原来的重要因素将不再继续发挥作用，同时也要确认有哪些新的重要因素将会影响企业的战略选择。

2. 确定一般环境中的关键因素

企业一般环境分析的第二步是确定一般环境中的关键因素。通常情况下，在第一步所确认的重要因素仍然过多，对这些因素不分轻重地深入分析将严重影响企业战略决策的有效性和效率。因此，企业战略管理者应该在第一步分析的基础上，针对第一步所确认的重要因素进行更深入的研究，确定每个重要因素的权重，并且将那些权重高的重要因素确定为关键因素。在确定重要因素权重的过程中，企业战略管理者的经验非常重要。当然，他们也需要借助企业内、外部专家和中低层管理者的意见。例如，企业战略管理者可以运用问卷调查和专家意见法来确定这些重要因素的权重。

3. 预测关键因素的变化趋势

企业一般环境分析的第三步是预测关键因素的变化趋势。经过前面两个步骤，企业战略管理者可以将主要的精力高度聚焦于那些影响企业未来战略选择的关键因素上，并且运用科学的方法对这些关键因素的变化趋势进行预测。在这个过程中，企业战略管理者需要收集更加翔实和具体的历史数据，掌握相关专家的分析结果，并且运用定量和定性的方法对关键因素的变化方向、程度进行预测。

4. 判断关键因素变化趋势对企业战略选择的影响

企业一般环境分析的第四步是判断关键因素变化趋势对企业战略选择的影响。综合前述三个步骤的分析结果，企业战略管理者可以：①判断关键因素变化趋势及其对企业未来战略选择的影响，明确哪些因素的变化趋势将有利于企业的发展（即确认为"机会"），哪些因素的变化趋势将不利于企业的发展（即确定为"威胁"）；②结合关键因素的权重和对企业影响程度的判断，进一步确定哪些"机会"是"重大机会"，哪些"威胁"是"重大威胁"。当然，有些关键因素变化趋势对企业战略选择的影响可能是双重的，既是机会，也是威胁。对于这种因素的分析，需要从积极和消极两个方面加以描述。

2.3 市场与行业环境分析

在绝大多数企业战略管理的教科书中，企业战略管理者在完成了对一般环境的分析之后，就直接进入了对行业环境的分析，并且绝大多数都是采用了波特的行业竞争结构分析模型，即所谓的波特"五力模型"。与其他教科书不同，本书在行业环境分析之前特别安排市场环境分析。这样安排的主要原因是：第一，一般环境的变化首先会导致顾客需求、顾客消费方式的变化，因此，企业必须确认目标市场、市场定位和经营方式是否发生了变化，这样才有利于企业战略管理者确立以市场为导向，制定企业战略。现在很多企业没有关注到顾客需求和消费方式的差异才是差异化战略产生的源头，因而不能形成差异化战略，深受同质化竞争之苦。第二，行业指的是提供相互间密切替代的产品或服务的一组公司，也就是说，这些产品和服务满足相同的基本的顾客需求[5]，例如，电器行业、计算机行业、饮料行业等。但现在行业边界越来越模糊，例如，信息技术发展，打破了有形产品之间、无形产品之间，以及有形和无形产品之间的边界。因此，在企业战略管理者进行行业环境分析之前有必要先从市场分析入手，在考虑顾客需求和消费方式变化的基础上更准确地认识，从而更准确地定义行业的边界，甚至重新定义自己所处的行业。例如，可口可乐公司一直认为自己是处于碳酸饮料行业，并确立了领导地位。20世纪90年代，顾客对瓶装水和果汁饮料的需求急剧上升，但由于可口可乐将自己的行业边界定得过于狭窄，使它几乎错失了软饮料市场上非碳酸饮料的细分市场[6]。实际上，先分析市场后分析行业，这种分析也更有针对性。

战略聚焦三

融合时代：揭示下一个 IT 产业革命浪潮

你认为苹果是一家计算机生产商吗？

你认为微软还只是个卖操作系统的公司吗？

你认为 Google 只是一家搜索公司吗？

你认为中国移动只是个负责电话业务的运营商吗？

……

其实，对于很多企业，我们都没法再给出精准的定义。

IT 公司的这种变化并不属于简单的企业多元化战略，而是一种"产业革命"。这场"产业革命"大潮的推动者就是——融合！而互联网是融合的催化剂，将本无关联的企业粘连在一起，让他们之间的界限开始模糊。

手机企业本来只是硬件制造商，移动互联网让他们意识到 Apps 应用所带来的巨大商机，让手机企业找到向互联网拓展的突破口；PC 企业本来只是计算机制造商，随着 PC 市场的饱和，日子不好过，然而在云计算技术、低功耗 CPU、网络 OS 的带动下，找到了另一个金矿——便携式上网设备；家电企业早就触到了创新的天花板，可是互联网电视的诞生，让家电企业可以参与客厅媒体革命；电信运营商本来只是"修路工"，然而在互联网时代，他们也要用互联网为用户提供服务，能赚到"茶水钱"。

资料来源

作者改编自：磐石之心.融合时代：前言，新浪网易博客.http://pifanews.blog.163.com/blog/static/1038775601231105632428/.2012-08-20.

市场环境分析　除了新建企业以外，在完成一般环境分析之后，企业战略管理者必须考虑一般环境的变化趋势是否导致本企业目标顾客需求、消费方式、目标市场和商业模式是否出现了一些重大的、长期的和根本性的变化。

1. 顾客需求

改革开放以来，中国居民的收入一直保持了较高速度的增长。随着居民收入水平的提高，居民需求表现出以下比较明显的变化趋势：①市场需求的多样化导致产品多样化，甚至越来越个性化；②市场需求的重点逐步从对产品的需求转向对服务的需求，包括与产品销售、使用和维修有关的各种服务；③市场需求已经越来越多地包含了对社会价值的追求，包括对节约能源、环境保护等社会责任的关注。因此，在一般环境分析的基础上，企业战略管理者应该更关注顾客需求的细分和取舍，应该在努力成为产品提供商的同时成为服务提供商，应该在满足消费者的物质需求的同时满足消费者的社会需求。

2. 消费方式

在商品稀缺的时代，企业只需要生产出商品就可以满足消费者的需求，并不需要关注消费者在消费方式上的差异。随着商品在总体上的供过于求，企业必须关注消费者接触、了解、购买、使用商品的方式，否则很难获知和满足消费者的需求。在进行一般环境分析的过程中，企业战略管理者需要注意到现代市场是买方市场，消费者的选择很多，不同产品之间的质量差别很大。现代社会是信息社会，消费者接受的信息很多，甚至还存在着大量的欺骗和误导信息。企业战略管理者还需要注意到网络技术、交通运输技术和通信技术的发展，使消费者在购买方式上的选择越来越多，各种方式在方便程度和价格上的差别很大。消费者的性别、年龄、性格、文化水平等将在很大程度上决定他们的选择。因此，在一般环境分析的基础上，企业战略管理者应该更关注一般环境变化对顾客在消费方式上的影响，关注顾客在消费方式上的差别，并且根据这种差异来确定目标顾客、目标市场和商业模式的选择。

3. 目标市场

在考虑了市场需求和消费方式之后，企业战略管理者还需要判断本企业目标市场是否发生了变化，尤其需要注意到市场边界和行业边界越来越模糊，这是因为：在经济全球化条件下，越来越多的跨国企业以更加直接的方式进入中国和各个地区的市场；交通和通信状况的改善，大大地降低了企业跨地区经营的成本劣势；网络技术的发展和电子商务的应用，使消费者可以通过网络购买产品和享受服务等；在技术进步越来越快的情况下，新的产品、新的服务方式和新的商业模式层出不穷。企业战略管理者应该根据市场和行业边界的变化重新分析竞争对手，重新分析自己的优势和劣势，重新评价和定义自己的目标市场。

4. 商业模式

在重新评价了顾客需求、消费方式和目标市场之后，企业战略管理者还需要进一步考虑目标市场适用的商业模式，通过怎样的价值创造活动组合和管理模式才能够最有效地满足目标顾客的需求。技术进步的加快有可能使原来的商业模式被新的商业模式所代替。例如，店面销售的方式有可能被网上销售所代替；企业内置的部分经营活动可能被战略性外购所代替。技术进步的加快还有可能整合原来必须取舍的若干选择，包括高差异与低成本价值创造活动之间的取舍，产品标准化与个性化之间的取舍。

战略聚焦四

商业模式的要素

风险投资家 Elizabeth Edwards 在一本名为 "Startup" 的新书中给出了设计商业模式的建议。在此基础上，创业者和投资者应当记住以下 10 点商业模式的要素：

1. 价值主题。你满足了什么需求或解决了什么问题？价值主题必须明确定义目标用户、用户的问题、你独特的解决方案，以及从用户角度来看方案的优势。

2. 目标市场。你面向的用户是谁？目标市场是一个用户群体，你的企业将通过营销和销售产品来吸引这一用户群体。这一用户群体应当具有特定的群体特征，并且愿意购买你的产品。

3. 销售营销。你将如何覆盖用户？请明确定义销售渠道和营销方式。

4. 生产。你如何制造产品和服务？一般的选择包括自主制造和外包等。这里关键的问题在于推向市场的时间和成本。

5. 发布。你如何发布产品和服务？一些产品和服务可以通过在线渠道销售和发布，而其他一些则需要多层级的分销商、合作伙伴和增值经销商。需要确定，你的产品面向本地市场还是国际市场。

6. 营收模式。你如何赚钱？这里的关键点是解释，你的价格和营收流如何覆盖所有成本，包括经常性费用和支持费用，同时仍能获得不错的回报。

7. 成本结构。你的成本是哪些？新的创业者通常会专注产品的直接成本，而低估营销和销售成本、经常性成本和支持成本。

8. 市场竞争。你有多少竞争对手？没有竞争对手或许意味着没有市场，而超过10家竞争对手则意味着市场已饱和。需要从更大的范围来思考，而用户总是有自己的选择。

9. 独特卖点。你如何使产品或服务差异化？投资者需要一个可持续的竞争优势。短期的打折和促销并不是独特的卖点。

10. 市场规模、增长率和份额。你的市场总规模是多大？在增长还是萎缩？你能从中获得多少份额？风险投资家青睐能实现两位数增长率的市场，而市场规模应超过10亿美元，企业应当获得两位数比例的市场份额。

资料来源

李玮. 你的商业模式能否打动投资者？环球网，http://tech.huanqiu.com/business/2012-08/3044921.html. 2012-08-20.

行业竞争结构分析　　在一般环境变化的影响下，企业战略管理者不仅需要关心市场，特别是顾客的需求，更需要关注行业以及与行业有关的其他因素对企业赢利和战略选择的影响。通过对美国若干行业平均收益率的长期跟踪研究，哈佛商学院的教授迈克尔·波特发现企业赢利水平的高低在很大程度上取决于行业平均收益率的高低；行业平均收益率的高低取决于行业竞争强度的高低；行业竞争强度的高低取决于行业竞争结构；行业竞争结构取决于五个变量（或者五种力量）及其相互作用[7]，如图2-3所示。这五种变量或者力量是：①潜在进入者的威胁；②供应商讨价还价的权利；③顾客讨价还价的权利；④替代产品的威胁；⑤行业内部竞争的特点。如果这五种力量都大，那么这个行业赢利潜力就低。相反，如果这五种力量都小，那么这个行业的赢利潜力就大。

波特的行业竞争结构分析模型或者行业吸引力分析模型（通常被简称"五力模型"）对企业战略管理的影响巨大而深远。企业战略管理者喜爱这个模型的根本原因，就在于它可以帮助他们在下列三个方面提高战略决策的水平：①预测现有行业赢利的潜力，决定继续从事还是退出这个行业；②分析一个新的行业，并且决定如何进入这一行业；③分析本行业的竞争特点，制定相应的竞争战略，目的是通过调整资源配置或者改变行业竞争结构提高企业的赢利水平[8]。

因此，在完成一般环境分析之后，企业战略管理者必须分析一般环境

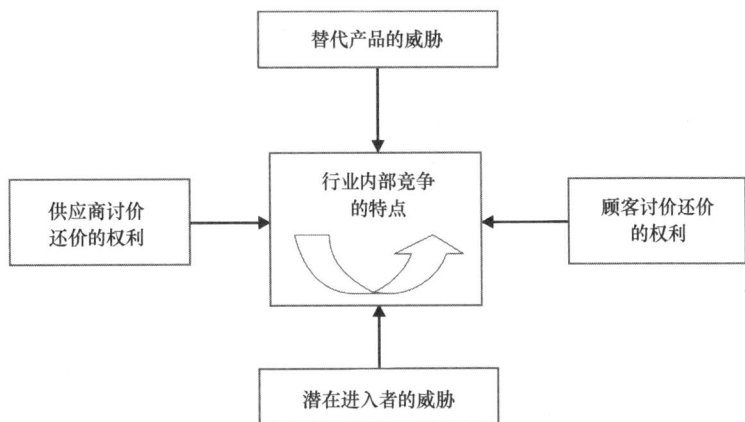

图 2-3　行业竞争结构分析的五种力量模型

的变化是否导致行业竞争结构发生了重大、长期和根本性的变化，以及行业竞争结构的变化是否会对企业的战略选择产生重要影响。从这个意义上说，企业战略管理者必须熟知波特的行业竞争结构模型。

1. 潜在进入者的威胁

一个行业的潜在进入者威胁的大小主要是指愿意进入该行业的企业数量的多少和进入该行业的容易程度的大小。在行业的早期发展阶段，新进入者或许会带来新的资金和新的创意，促进整个行业的形成和发展。但是行业进入成熟阶段之后，新进入者越多，行业竞争强度就越高，行业平均收益率就越低。虽然行业的早期进入者可以通过信息封闭的方法阻止潜在进入者的进入，但是在市场经济条件下这种方法只能发挥短期作用。从长期来看，新进入者威胁的大小实际上取决于行业进入门槛的高低。在其他因素不变的情况下，如果行业进入门槛越高，那么行业竞争结构就越好，行业平均收益率就越高，行业吸引力就越大。

企业战略管理者在决定进入或退出一个行业之前需要分析这个行业进入障碍的高低，从而判断自己是否应该进入或者退出这个行业。对那些已经在某一行业经营的企业而言，也同样需要分析其所在行业进入门槛的高低，以便通过主动的战略行动提高行业进入门槛，在保证整个行业赢利水平的同时，提高企业自身的赢利水平。根据迈克尔·波特的五力分析模型，下列因素是构成行业进入障碍的主要因素：

（1）规模经济。"大规模的经济性表现为在一定时期内产品的单位成本（或者说生产一件产品的运作成本）随总产量的增加而降低。规模经济的存在阻碍了对产业的侵入，它迫使新进入者要么一开始就以大规模生产并承担遭受原有企业强烈抵制的风险，要么以小规模生产而接受产品成本方面的劣势，这两者都不是进入者所期望的。"[8] 如果一个行业的规模经济效益比较明显（如汽车行业），而且这个行业中已经有了具有明显规模优势的大企业（如美国的三大汽车公司），那么规模经济就构成了这个行业的进入门槛。规模经济效益几乎可以表现在企业经营的所有活动之中，包括制造、采购、研发、市场营销等。目前，在一些行业中，我国现有企业已经在企业经营的上述领域中达到了最佳的规模经济效益，例如，TCL、海尔、海信在彩电的生产、研发和营销等方面都创造了较大的规模经济，这就在一定程度上构成了对其他企业的行业进入门槛。

个性化市场将削弱规模经济的进入壁垒作用。现在许多公司为满足顾客的个性化需求，提供大量的定制化产品。随着先进制造技术的发展，定制在越来越多的行业成为可能，个性化定制在制造行业越来越普遍[9]。生产定制化产品的企业最重要的是如何快速响应客户需求，而不是建立规模经济。

（2）产品差异。产品差异包括两种：一是有形差异，主要是指产品规格和性能上的差异，例如，福特汽车希望"比其他公司的产品更加牢固、更环保且技术更加先进"[10]；二是无形差异，例如，品牌差异。宝洁公司大量投放广告，就是试图给顾客树立清晰的品牌形象，在顾客中形成品牌差异。一般来说，产品的有形差异越大，供需双方就会为克服交易成本而锁定对方。在这种情况下，新的进入者很难打破供需双方已经建立起来的供需关系。产品的无形差异越大，新的进入者将面临着更强的品牌障碍或者说消费者的感情障碍，需要大量的时间和投入来培育本身的消费者群体，例如，化妆品和食品等品牌重要性很强的行业。目前，在一些行业中，现有企业已经开始实施提高行业进入门槛的战略，主动提升产品的有形和无形差异，为新进入者树立更高的进入门槛。

（3）初始资本投入。"竞争需要的大量投资构成了一种壁垒，特别是高风险或不可回收的前期广告、研究与开发等。不仅生产设施，而且顾客信用、库存及启动亏损都可能需要资本"[7]。初始资本要求越高，符合要求的企业就越少，新进入门槛就越高。例如，飞机制造、通信、汽车制造等行业的利润率虽然比较高，但是具备进入条件的企业却不多。在其他条件相同的情况下，初始资本投入小的行业（如小型零售、电器修理、制衣、塑料制品、电器装配等行业）就是进入门槛低的行业，难以在长期维持高水平的收益。

（4）顾客转换供应商的成本。在某些行业中，产品是高度标准化的，顾客转换供应商不需要发生成本，新的进入者进入这种行业的门槛就低。例如，顾客改喝一种新的纯净水。但是，另一些行业中，顾客转换供应商需要发生成本，包括调整配方、测试产品、调整生产线、培训工人、消费习惯的改变等所发生的成本，以及由此可能产生失误和各种损失。在这种行业中，新的进入者就会明显处于不利地位。一般来说，供应商和顾客的关系越密切，顾客转换成本越高。

（5）进入分销渠道的难度。在越来越多的行业中，销售渠道、网点和货架等正在成为最稀缺的资源。"在某种程度上，产品的最优分销渠道已被原有的公司占有，新进入者必须通过降价、分担广告费用等方法争取分销渠道接受其产品，而这些方法的采用均降低了利润"[8]。在这种情况下，许多潜在进入者所面临的进入门槛，不是生产不出高品质的产品，而是需要足够的资金、时间来克服渠道的约束。在渠道导向的行业，许多中小企业反映"现在进商场门槛奇高，杂费众多，使中小企业难跨进去。

即使是进入了现有的渠道，往往结账期也很长，遇到商场关门结业 ，一笔'血汗钱'就泡汤。而且不要以为进了商场，交了'苛捐杂税'就可高枕无忧，商家一旦使出绝对取缔权，供应商就只有乖乖走人"。在这种行业中，已经占据渠道的企业可以通过建立感情或者资本纽带为新的进入者树立渠道门槛。

（6）规模效益以外的其他成本劣势。除了规模成本门槛以外，新的进入者还有可能面临其他的成本劣势，例如，要素成本、学习成本、网络成本、折旧成本以及取得地点或网点的成本劣势。在其他因素相同的情况下，先动的企业有可能以更低的成本获得某些要素，如土地、网点和人才；有可能建立学习成本和网络成本优势；有可能通过加速折旧而建立成本优势；有可能占据最优的制造地点或者销售与服务的网点。在其他相同的情况下，后动者一般具有难以克服的劣势，而且劣势的大小与他们跟进的速度相关。

（7）政府政策和专利。政府的行业保护或者限制进入的政策、政府或行业协会制定的行业标准、受法律保护的各种专利都是强有力的行业进入门槛。因此，已经处于行业之中的企业可以通过影响政府政策、提高行业标准和申请专利等各种方法主动提高行业进入门槛。

2. 供应商讨价还价的权利

一个行业平均盈利水平的高低与该行业上游的供应商讨价还价权利大小密切相关，因为下游行业企业与上游供应商的关系就是讨价还价的关系。如果供应商的权利大，那么它们会向下游行业企业提高采购价格，或者自动降低产品质量和服务，从而压低整个下游行业的利润率。因此，在进出一个行业或者制定行业竞争战略之前，企业战略管理者需要分析这个行业供应商讨价还价权利的大小或变化情况。一般来说，供应商讨价还价的权利在下列情况下会更高：

（1）供应商所处行业集中度高。行业集中度通常是根据一个行业规模最大的前五、前十名企业所拥有的市场占有率多少来测定的。如果供应商所处行业的集中度高，而其下游行业的集中度低，就代表着供应商讨价还价的权利被高度集中于少数大企业，而所供应行业的讨价还价的权利则被高度分散于过多的中小企业，就会出现"店大欺客"的情况。从这个角度来看，主动提高本行业的集中度是提高自己对供应商讨价还价权利的有效方法。

（2）所供应的产品几乎没有替代产品。如果顾客的需要只能由一种产品或者一个行业的供应商来满足，而不是可以由多种产品或者多个相互替代的行业所满足，那么这个顾客讨价还价的权利就小，而供应商讨价还价的权利就大。这就是所谓的"只此一家，别无分店"。因此，管理者应尽量避免企业进入这种行业，或者在进入之后，主动协助其他上游企业开发可替代的原材料或者零配件。

（3）购买者对供应商来说不是重要顾客。如果一个企业所采购的数量只是一个供应商产量的极少部分，如 2% 以下，那么这个企业就很难具有与其供应商讨价还价的权利。相反，如果企业所采购的数量达到了一个供应商全年产量很大比重，如 70% 以上，那么购买企业讨价还价的权利就很大，甚至可以说，它已经"俘虏"了这个供应商。因此，为了压低供应商讨价还价的权利，企业一般应该相对集中的采购，相反，为了压低购买者讨价还价的权利，供应商一般希望增加顾客的数量。

（4）所供应的产品对顾客非常重要。如果供应商所生产的产品或者服务对顾客来说是非常关键的（如空调行业的压缩机或者汽车行业的发动机），那么这个供应商的权利相对就比那些生产非关键产品（如五金零配件）的供应商要大。为此，许多大的空调企业或者汽车制造企业都投资建立自己的压缩机或者发动机工厂，例如，美的与东芝合资成立专业制造空调压缩机的广东美芝制冷设备有限公司，以避免受到这些关键部件供应商讨价还价权利过大的约束。

（5）所供应的产品是非标准化的。如果供应商所提供的产品或者服务是非标准化的，那么顾客转换供应商的成本和风险就大，供应商讨价还价的权利也就因此上升。因为，一方面，即使其他企业能够生产出相同的非标准化产品，但是它们在投资之前会因为担心投资风险而犹豫，而另一方面，采购企业又因为担心交易成本太高，而不愿意事前就作出可以让潜在供应商放心的承诺。

（6）所供应的产品转换成本高。如果顾客在转换供应商的过程中，需要改造设备、调整工艺或者有可能发生质量问题，那么供应商的权利就比较大。这种现象在日常生活中也随处可见，如顾客使用智能 ABC 输入法软件已得心应手，使用五笔输入法软件需要顾客重新学习、改变输入习惯，这时，即使前种软件的供应商提高了价格，客户想到转用后种产品的难度，也只得接受提价。

（7）供应商容易进行前向一体化。在供应商与采购企业讨价还价的过程中，谁的终极权利更大在很大程度上是取决于哪一方进入对方所从事的行业更加容易。如果供应商能够比较容易地通过前向整合而进入顾客所处的行业，那么其权利自然就大一些。相反，如果企业能够比较容易地通过后向整合而进入供应商的行业，那么企业讨价还价的权利更大。因此，相当多的企业将适度前向或者后向整合，作为压低上下游企业讨价还价权利的有效战略。

3. 顾客讨价还价的权利

一个行业平均赢利水平的高低还与其顾客讨价还价权利的大小密切相关。如果顾客讨价还价的权利比上游行业大，那么顾客会要求这个行业的企业降低产品价格、提高产品和服务的质量，上游行业的平均赢利水平就会下降。因此，在进出一个行业或者制定行业竞争战略之前，企业战略管理者需要分析和判断顾客讨价还价权利的大小或变化情况。在下列情况下顾客讨价还价的权利会相对比较高。

（1）顾客所处行业的集中度高。如果顾客所处行业的集中度相对于供应商所处行业更高，那么就意味着顾客控制和压低价格的能利更大。相反，供应商与顾客讨价还价的权利就比较小。例如，汽车整车厂的集中度相对比较高，相对来说，绝大多数汽车零配件制造行业的集中度比较低，因此，这些行业中大量存在的中小零部件企业在与整车厂的讨价还价过程中一般处于严重不利地位。

（2）顾客所购买的产品没有差异性。如果顾客所购买的产品没有差异，那么，它们对特定供应商的依赖性就很小，就有更大的选择权利和讨价还价的权利。一旦供应商所提供的产品是一种标准商品，可以由大量具有巨大生产能力的供应商提供，顾客就可能很容易从一系列有一定生产能力的供应商那里获得所需的一切供应，甚至有可能从很多个供应商那里分批购买以推动订单竞争。

（3）顾客没有转换产品的成本。如果顾客在转换供应商的过程中不会发生更多的成本，那么，它们挑选或者更换供应商就更加容易。从这个意义上来讲，顾客在采购标准化零配件的过程中讨价还价的权利更大，在采购非标准化零配件过程中的权利更小。

（4）顾客所处行业的利润率低。顾客所处行业的利润率越低，就说明这个行业竞争很激烈。通常情况下，顾客的价格敏感性就越高，就越有可能压低供应商的价格，而供应商为了不让顾客退出而波及自己的生存，就不得不接受顾客的压价。

（5）顾客更容易进行后向联合。在这种行业中，如果顾客实行后向整合，实现了部分或者全部零配件（原材料）自己生产，那么就威胁供应商的增长和生存。例如，汽车行业的跨国企业，如通用汽车公司和福特汽车公司，通常就以这种战略来压低零配件厂家讨价还价的权利。

（6）所购产品对顾客的产品或者服务质量影响不大。如果顾客的产品质量受卖方产品影响极大，则顾客通常对价格不甚计较。反之，如果顾客产品质量受卖方产业产品影响不大，则顾客就会在与供应商讨价还价的过程中处于有利地位。

（7）购买者对供应商所处行业非常了解。在其他条件相同的情况下，购买者越是了解供应商所处行业，讨价还价的权利就越大。这不仅是因为购买者容易进入其所了解的行业，而且还因为他们更容易控制讨价还价的力度。

4. 替代产品的威胁

在决定进出一个行业的时候，企业战略管理者必须了解本行业是否存在着功能相同的替代产品，因为替代产品是本行业赢利潜力的最高限制。如果一个行业完全没有替代产品，那么这个行业的企业有可能在供求严重失衡的情况下获得暴利。相反，如果这个行业具有替代产品，那么，即使它遇到供求失衡的情况也无法获得暴利，因为当价格上升到一定程度，替代产品就会被激活，而对被替代产品发生替代。

即使企业不需要决定是否进入或者退出一个行业，而是要制定在现有行业中的竞争战略，企业战略管理者也需要对替代产品的威胁进行动态的评价，因为替代产品会随时威胁自己所处行业的赢利水平、甚至生存的基础。例如，中国民用航空运输业一直是国有控制和相对垄断的行业，因此，主要航空公司在降低价格和提高质量等方面长期不够进取，甚至集体打击那些敢于实施降价竞争或者服务创新的同行企业。尽管行业内的竞争被遏制，但替代品的威胁却对这一行业的赢利水平产生了重要的冲击。目前，真正威胁这些航空公司的已经不是那些行业内的小型合资或者民营的航空公司，而是另外两个替代行业的企业——铁路公司和汽车公司。

5. 行业内部竞争的特点

影响一个行业平均赢利水平的最重要的力量来自于本行业的竞争态势以及影响其战略的行业特点。在有些行业中，企业之间经常围绕着价格进行"割喉式"的竞争，过高的竞争强度导致整个行业长期处于亏损状态。而在另一些行业中，企业之间的竞争并不以价格为重点，因此，整个行业的赢利水平就相对比较高。在选择进入或者退出一个行业的时候，企业战略管理者应该避免进入那些经常爆发价格战的行业。在制定行业竞争战略的过程中，企业战略管理者应该通过自己的战略行动去避免整个行业经常陷入价格战。一般情况下，具有下列性质特点的行业更容易经常发生"割喉式"的价格战。

（1）行业内部存在大量实力相当的竞争者。一个行业竞争者多且难以拉开差异的时候，行业内部的竞争集中于价格，而且经常发生价格战。价格竞争往往不是只发生在几个企业之间，而是很快波及全行业。价格战一旦爆发，持续的时间往往相对比较长，因为大家拥有规模类似的资源基础，允许采取连续的、激烈的竞争行为，以及寻求妥协的成本太高。这种行业的价格战一般要到整个行业竞争者减少到一定程度，或者竞争者在实力上明显拉开了差距之后才会逐步消停下来。

（2）行业增长缓慢。无论在产品生命周期的哪一个阶段上，行业增长趋缓就意味着竞争将围绕着现有市场的瓜分，而不是市场的扩大而进行，因此，竞争就会更加激烈或者残酷。这种行业的价格战一般要到大量企业退出或者被购并之后才有可能停止。

（3）固定成本高。如果一个行业的固定投资大，单位产品的固定成本高，那么，意味着整个行业的盈亏平衡点高，因此，销售额的变化对企业赢利和亏损的影响极大。为了扩大赢利或者减少亏损，企业就会经常动用价格战。如果这种行业的资产专用性高，那么，即使全行业都陷入亏损，只要产品的销售还能够产生正的边际收益，那么围绕着价格的竞争依然会进行下去。

（4）库存成本高。库存成本高的行业主要有三种：一是产品体积大、价值低的行业；二是产品容易腐烂变质的行业，如农副产品；三是产品更新快的行业。由于这些行业的库存成本太高，因此，一旦生产过剩，企业就宁可低价抛售，也不愿意增加库存。在这种行业中，只要有一家企业生产过剩就有可能引发全行业爆发价格战。

（5）产品差异性小。产品标准化程度越高的行业，陷入价格战的可能性就越大。因为在这种行业中，价格差异可能就是最明显的差异，竞争只能围绕着价格而不可能围绕着性能或者质量进行。例如，生产标准化和一次性使用产品的行业——饮料用吸管行业就是一个典型，几乎没有顾客会记住吸管的品牌或者关注吸管的质量，价格就是最关注的差异。

（6）产能跨越式增长。大多数行业的生产能力是渐进式增加的，因此其中一些企业扩大产量并不会导致整个行业陷入价格战。但是，也有少数行业的生产能力是阶梯或者跳跃式增长的，例如，石化和钢铁行业，这些行业中有一个企业增加新的装置，可能导致整个行业出现长期和严重供过于求，引发行业内的价格战。

（7）竞争者经营目的多种多样。由于竞争者经营目的不同而导致行业内部竞争更加激烈的现象，在中国表现得最为典型。在国内许多行业的竞争中，有的企业管理者相互竞争的目的是为了股东收益的最大化，有的则是为了利润最大化，有的是为了升官，还有的是为了融资，因此，许多行业大战实际上是"非理性"和"不可思议"的。正如有的人所说："同样是血染的风采，但是有的人是以自己的血换风采，有的人是以国有资产换自己的风采。"

（8）退出成本高。一个行业的退出成本越高，从这个行业退出的难度越大，行业内部持续发生价格战的可能性就越大。行业的退出成本一般由以下几个因素所构成：设施和设备专业化程度、遣散职工或者解除劳动合同的成本很高、退出后发生的固定成本高、受到战略关系的限制或者退出的感情障碍高、政府或者社区限制退出。

波特的五力分析模型为行业环境中各种竞争力量的系统分析提供了强大的工具，帮助企业战略管理者进行战略性的思考。需要注意的是，五种竞争力量之间存在相互的影响，在进行分析时必须同时考虑所有的因素。另外，应该从行业总体的角度来进行分析而不是从特定企业的角度来进行。这些力量在整个行业范围内共同所产生的影响，决定了行业的吸引力。

行业竞争结构并不是一成不变的。一般环境的变化肯定将会导致行业竞争结构发生变化，这就是企业战略管理者需要动态分析行业竞争结构的原因。在中国经济转型的初级阶段，对外开放和发展市场经济在总体上降低了行业进入的门槛，从而导致中国比较普遍地出现了行业竞争结构恶化的现象，这是经济转型过程中的必然，也是非常需要的一个阶段。但是，随着中国经济转型的深入，优化行业竞争结构已经成为中国经济进一步发展的迫切要求。因此，企业战略管理者必须清楚地知道，在市场经济条件下，优化行业竞争结构已经不能主要依靠政府计划和行政手段来实现了。企业战略管理者，尤其是那些行业中的领导型企业，或者希望成为行业领导型企业的战略管理者必须知道，导致行业竞争结构优化的另一种力量就是企业战略的力量，这也是企业战略管理者必须分析行业竞争结构的另一个重要原因。随着中国市场化程度的提高，企业战略管理者必须更关注如何通过主动的战略性行为去提高行业进入门槛，提高对供应商和顾客讨价还价的权利、抑制替代产品竞争力的上升和避免本行业经常性地陷入价格战。如果一个企业能够在优化行业竞争结构中采取主动的战略性行动，就有可能享受先动的好处和确立自己的行业地位。

2.4 竞争环境分析

影响企业竞争战略的另一个外部因素来自行业内部的竞争，尤其是直接竞争对手的战略选择。因此，企业战略管理者还需要评价一般外部环境变化对竞争环境的影响。首先，企业战略管理者需要根据上述关于市场和顾客的分析，将整个行业划分成若干个战略群，以理清整个行业的竞争态势；其次，需要分析和预测本战略群内企业对一般外部环境、市场环境和行业环境变化的反应，据此确定自己的直接竞争对手；在此前提下，进一步评价和明确本身和竞争对手的优势、劣势，确定行业关键成功因素。

战略群　　由于目标市场、商业模式、市场定位以及互动情况的差异，同一行业内部的企业实际上被划分成为若干个战略群。一个战略群是由一个行业内目标市场和市场定位相似的竞争者所组成的群体[11]。同一个战略群中的企业在许多方面彼此相同，例如，可比的产品线宽度，相似的价位、档次，相似的分销渠道，相似的目标消费群体，相似的技术手段，相似的服务和技术支持。战略群的分析方法经常被用来分析行业的竞争结构，判断竞争状况、定位，以及行业内企业的赢利状况。处于同一战略群的企业是竞争最激烈的对手，下一个最激烈的对手就是毗连该战略群的企业。战略群之间越接近，群体之间的竞争敌对状态越强烈。距离远的战略群中的企业之间几乎没有竞争。战略群的形成与稳定应该是行业竞争结构合理与企业竞争行为成熟的表现。战略群的存在与相互之间的竞争，有利于保持本行业的竞争力。利用战略群分析，企业战略管理者可以更好地了解一般环境、市场环境和行业环境对整个行业竞争格局和变化趋势的影响，更好地把握行业竞争的关键成功因素，因为这些因素往往是划分战略群的主要依据和不同战略群赢利水平的差异所在，有利于明确竞争对象和将战略注意力集中于关键的竞争对手。

战略聚焦五

智能手机战略群

智能手机是指像个人电脑一样，具有独立的操作系统，可以由用户自行安装软件、游戏等第三方服务商提供的程序，通过此类程序来不断对手机的功能进行扩充，并可以通过移动通信网络来实现无线网络接入的这样一类手机的总称。智能手机行业的产品种类多、企业竞争激烈、技术复杂、市场变化快，为了能较清晰地区分不同战略群，我们选取品牌影响力、价格两个维度，将智能手机分为高端、中高端、中低端三个战略群，高端战略群包括 iPhone 和黑莓，中高端以三星、HTC、诺基亚、摩托罗拉为代表，中低端主要有联想、小米、华为、中兴、金立等，如图 2-4 所示。

高端战略群企业的战略定位是大量的研发投入、不断开发新产品、引领顾客需求、塑造高的品牌影响力，主要针对高端消费群体，产品价格高，采取的是高差异

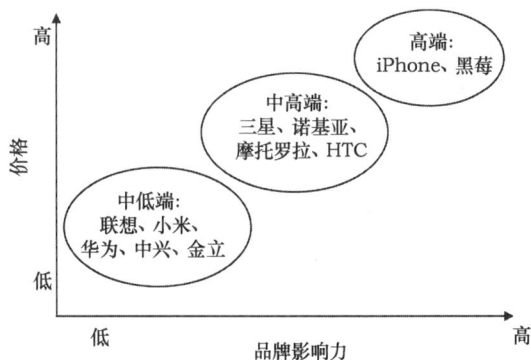

图 2-4　智能手机战略群

战略。iPhone、黑莓手机开创了智能手机行业，引领行业的发展，一直是其他企业学习和模仿的对象，核心竞争力是产品研发能力。

中高端战略群企业的特点是较高的研发投入、快速的跟踪模仿并在某些领域适当创新，产品性能比较优越，具有较高的品牌影响力和自己的特色，采取的是独特性战略。

中低端战略群企业追求的是高的性价比，以比较合理的价格实现智能手机的功能，满足大众顾客的需求，获得比较高的认同度，所以，它们竞争定位是相当低的研发费用和合理的较低的价格。

资料来源

作者根据相关资料整理。

竞争对手　在竞争环境和竞争互动越来越动态化的条件下，速度与创新逐步代替规模而成为竞争优势的主要来源；战略相同，尤其是战略目标相同逐步代替实力相当而成为划分竞争对手的主要标准；预测竞争对手的竞争行为逐步代替竞争对手的实力成为竞争对手分析的主要目的。因此，竞争对手的分析应该从收集、分析和预测竞争对手的战略行为开始。通过对竞争对手的分析，企业希望了解以下内容[7]：

（1）竞争对手未来的目标是什么？

（2）竞争对手正在做什么、能够做什么？

（3）竞争对手对行业是怎么看的？其制定战略的假设基础是什么？

（4）竞争对手的资源和能力怎样，其优势和劣势在哪里？

1. 竞争对手的战略分析

在战略群分析的基础上，企业战略管理者应该对本战略群内竞争对手的战略进行比较分析，包括将自己未来的意图、宗旨、目标、战略和资源配置的重点与这些竞争对手进行比较分析，从中了解竞争对手将来的战略选择和可能采取的具体战略行为。在行业和市场边界越来越模糊的情况下，现在不是竞争对手的企业完全有可能因为意图、宗旨和目标相同而在将来成为竞争对手。相反，现在是竞争对手的企业也许会因为意图、宗旨和目标不同而不再成为对手。了解竞争对手未来的意图、宗旨和目标，可以帮助企业战略管理者更准确地判断谁是企业未来的竞争对手，预测竞争对手的战略行为。

竞争对手战略的比较分析还应该对竞争对手战略背后的各种支持性的假设进行分析。任何战略都是建立在对外部环境、市场环境和行业环境变化趋势等假设基础之上的。如果这种假设不能够成立，那么，战略的选择就可能是错误的。在完成大部分外部环境分析的基础上，企业战略管理者应该可以从与竞争对手战略假设的分析和比较中，进一步判断谁的战略是建立在正确的战略假设基础之上。如果竞争对手的战略假设是违背外部环境变化趋势的，那么，这就给本企业带来了战胜对手的重大机会，反之亦然。

2. 竞争对手竞争行为的分析

为了在竞争互动中准确地预测竞争对手对本企业战略行为的反应，企业战略管理者应该进一步了解：①竞争对手的高层管理者，包括其主要成员的经历、知识、年龄的构成，主要成员的价值观、行为模式和对风险的偏好，企业战略管理者的决策方式；②竞争对手的发展历史、企业传统和企业文化；③竞争对手的市场多样性、产品多样性以及其他与预测竞争对手反应相关的情况。正所谓"知己知彼，百战不殆"，有效的企业战略应该是能够准确地预测竞争对手的反应，甚至是能够左右竞争对手反应的战略。

3. 竞争对手的实力

对竞争对手的实力作出实事求是的评估是竞争环境分析中的一个非常重要的步骤。竞争对手的实力一般由三个方面的因素所构成：竞争对手的资源状况、竞争对手的能力水平和竞争对手的核心专长。

（1）竞争对手的资源状况。企业资源是战略制定与实施的基础，对竞争对手的有形和无形资源进行分析能够让我们预测其可能采取的战略行为。同时，通过比较自己与对手之间的资源状况，可以为企业制定合适的战略提供依据。

（2）竞争对手的能力水平。对竞争对手竞争能力的分析涉及的对象较多，它包括产品、代理商、营销与销售、运作、研究和工程能力、总成本、财务实力、组织等许多事项。通过对上述事项逐一考察，我们可以最终确定竞争对手的竞争能力，比较自己与对手之间的优势与劣势，从而为企业最终的战略定位提供可靠的借鉴。

（3）竞争对手的核心专长。核心专长是企业获取高于行业平均利润的最重要依靠，明白竞争对手的核心专长，能够帮助企业战略管理者认清对手的核心优势分别是什么、最关注的竞争领域分别是什么，能够帮助企业构建自己的核心专长和避免恶性竞争。

关键成功因素　　一个行业的关键成功因素就是促使行业中的企业在市场竞争中获胜的主要因素，也是价值创造的关键环节和企业应该建立核心专长的领域。即使是在同一个行业，目标市场、市场定位和商业模式不同的企业，其关键成功因素是不同的。进一步地，即使目标市场、市场定位和商业模式相同，一般环境、市场环境和行业环境的变化也会导致关键成功因素发生变化。从这个意义上说，关键成功因素既不是一成不变的，也不是放之四海而皆准的。

结合一般环境、市场环境、行业环境和竞争环境的分析，尤其是对主要竞争对手战略的分析，企业战略管理者需要在外部环境分析的最后阶段，对行业或者战略关键成功因素进行分析和归纳，这种分析的有效性是建立在企业战略管理者对自己外部的机会、威胁和主要竞争对手已经比较明确的前提之上的。假定其他竞争对手都具有相同的理性水平和行业经验，那么，竞争对手战略选择的依据和资源配置的重点就很有可能是行业关键成功因素。以下三个问题的答案能帮助企业战略管理者定义行业的关键成功因素：①购买者是根据什么来选择产品品牌的？哪些产品特征是重要的？②假定已知竞争对手的特点和战略，企业需要具备什么资源和竞争能力才能在竞争中成功？③哪些缺点最能造成一个企业形成明显的竞争劣势？[12]

考虑到企业资源与能力的有限性，有效的战略管理者不仅需要准确地判断关键成功因素，而且应该有能力制定有效的战略去克服自己在关键成功因素上的劣势和发挥自己在关键成功因素上的优势。麦卡锡咨询公司曾经认为即使是世界级的企业也只需要将自己的战略建立在三四个关键竞争优势之上。

本章要点

通过本章的学习，要理解环境、企业和战略的关系，掌握能够提高企业外部环境分析有效性和效率的各种模型和方法。当然，企业对外部环境因素的分析和理解必须与其对内部条件的分析和理解相匹配。对外部环境分析与对内部条件分析之间相匹配的结果是企业形成战略意图、制定企业宗旨、目标和战略的基础。

1. 外部环境由一般环境、行业和市场环境以及竞争环境构成。
2. 一般外部环境就是指可以广泛影响特定空间范围内所有市场、行业和企业战略行为的各种外部因素，分析的内容包括社会文化、政治与法律、经济、技术、人口分布等五大因素。
3. 市场和行业环境分析由市场和顾客需求分析、行业竞争结构分析两部分内容构成。市场和顾客需求的分析针对具体的行业，围绕四个主要内容逐步展开：顾客需求、消费方式、目标市场、商业模式。行业竞争结构分析模型包括能决定行业利润率高低的潜在进入者威胁、供应商讨价还价能力、顾客讨价还价能力、替代产品威胁和现有企业间竞争特点等五种力量。
4. 一个行业内有不同的战略群。战略群是一组在同一战略要素上采取相似战略的企业，战略群内的企业竞争最激烈。
5. 分析竞争对手的资源、能力、未来的目标和战略，企业能够了解竞争对手的行动，清楚他们的优劣势，避免采取盲目的竞争行动。
6. 一个行业的关键成功因素包括特定的战略要素、产品特征、竞争能力，以及区分强竞争者和弱竞争者的根本因素，理解行业的关键成功因素可以提高公司制定正确战略的可能性。

思考题

1. 外部环境由哪些内容构成？它们之间的关系是怎样的？
2. 一般外部环境分析的步骤是什么？
3. 什么是五力分析模型？
4. 什么是战略群？
5. 竞争对手分析的内容和目的是什么？
6. 如何确定行业的关键成功因素？

能力拓展

请阅读 TCL 集团 2011 年年报中关于外部环境分析的部分，总结其进行了哪些外部环境的分析、分别使用的分析工具和方法是什么、各自的结论是什么，以及公司拟采取哪些应对措施。有关资料、信息的获取途径，如表 2-2 所示。

表 2-2　资料、信息的获取途径

资料、信息	获取途径
TCL 公司年报	巨潮资讯网：http：//www. cninfo. com. cn； TCL 集团官方网站：http：//www. tcl. com/main/index. shtml
政治/法律	中央政府门户网站：http：//www. gov. cn/ 最高人民法院网站：http：//www. court. gov. cn/
经济	国家统计局网站：http：//www. stats. gov. cn/ 中国人民银行网站：http：//www. pbc. gov. cn/ 商务部网站：http：//www. mofcom. gov. cn/
社会文化	文化部网站：http：//www. ccnt. gov. cn/
技术	中国家用电器协会网站：http：//www. cheaa. org/
人口	人力资源和社会保障部网站：http：//www. mohrss. gov. cn/
市场与行业	中国家用电器协会网站：http：//www. cheaa. org/ 行业研究报告，国研网：http：//www. drcnet. com. cn/www/Integrated/
竞争对手	各企业的公司网站 上市公司年报，巨潮资讯网：http：//www. cninfo. com. cn 新闻报道，中国咨询行：http：//www. bjinfobank. com/
研究资料	中国知网：http：//www. cnki. net/

参考文献

［1］迈克尔·A.希特，R.杜安·爱尔兰，罗伯特·霍斯基森.战略管理：竞争与全球化（原书第8版）.吕巍等译.北京：机械工业出版社.2009.

［2］蓝海林.企业战略管理理论与技术（第5版）.广州：华南理工大学出版社.2002.

［3］Fahey L. Competitors，New York：John Wiley & Sons. 1999.

［4］Walters B A，Priem R L. Business strategy and CEO intelligence acquisition. Competitive Intelligence Review，1999，10（2）：15～22.

［5］Hill W L，Jones G R.战略管理（中国版）.周长辉著，孙忠译.北京：中国市场出版社，2007.

［6］罗伯特·伯格曼，莫德斯托·麦迪奎，史蒂文·惠尔赖特.技术与创新的战略管理.陈劲，王毅译.北京：机械工业出版社.2004.

［7］迈克尔·波特.竞争战略.陈小悦译.北京：华夏出版社.2005.

［8］蓝海林.迈向世界级企业——中国企业战略管理研究.北京：企业管理出版社，2002.

［9］Rungtusanatham M J，Salvador F. From mass production to mass customization：Hindrance factors，structural inertia，and transition hazard. Production and Operations Management，2001. 17：385～396.

［10］Kiley D. Ford heads out on a road of its own. Business Week，2009，19（1）：47～49.

［11］Hunt M S，Competition in the major home appliance industry，1960～1970，doctoral dissertation，Harvard University，1972.

［12］小阿瑟·汤普森，约翰·甘布尔，斯特里克兰三世.战略管理——获取竞争优势（第一版）.蓝海林，李卫宁，黄嫚丽 等译.北京：机械工业出版社，2006.

内部环境
分析

『本章学习目的』

1. 了解内部环境分析的目的，理解分析过程的逻辑，掌握分析步骤。
2. 理解企业发展历程和现行战略对于未来战略选择的影响。
3. 了解企业资源的内涵，掌握资源分析的方法。
4. 理解企业能力的构成，掌握企业能力分析方法。
5. 掌握价值链分析工具。
6. 理解竞争优势的独特性、竞争优势的可持续性的来源。
7. 理解企业核心专长。
8. 掌握SWOT分析框架。

3

开篇案例

中集集团进入海洋工程装备领域

全球经济发展对能源需求不断增加，石油勘探开发投资不断增加，直接带动了海洋钻井装备需求的不断攀升。相当比重的钻井平台需要淘汰更新，构成了海洋平台市场的刚性需求，而且，海洋油气开发装备涉及国家能源稳定和国家经济安全，直接关系到海洋油气资源的开发能力，是国家重点扶持和发展的基础性和战略性产业。面对如此有利的战略机遇，中国国际海运集装箱（集团）股份有限公司（以下简称"中集集团"）于2008年3月果断收购莱佛士29.9％的股权，成为该公司第一大股东，从而将业务领域拓展至海洋工程领域。

海洋工程装备是资金密集型的高新技术产业，海洋工程装备项目通常规模大、工期长、工艺水平高、施工复杂，占用土地面积大。海洋平台建造要求企业对设计、采购、施工、分包具备强而有效的管理能力。中集集团作出如此重大的战略决策，其内在依据是什么？中集集团具有成功运作海洋工程装备项目的资源和能力基础吗？

中集集团成立于1980年，是中国第一代中外合资企业。最初的股东是招商局（中国政府为投资国际贸易设立的公司）和丹麦宝隆洋行（1884年，安德森船长第一次将泰国柚木运到欧洲，创立了该公司，也创立了亚洲贸易和海运事业）。

1982年，中集集团第一台集装箱下线。但由于对合资公司的管理经验不足且市场委靡，公司几近破产。1986年，公司停产，员工解散。后来中集集团重组，但直到1990年，仍是一个小工厂，年产量不足10 000TEU。1991年，中集集团总裁麦伯良先生就任，大举实施扩张计划，远远抛开竞争对手。受惠于中国政府新股上市政策，1994年中集集团在深圳证券交易所上市，筹得的资金用来收购其竞争对手。当时正处于行业周期的低靡时期，很多竞争对手都在痛苦中挣扎，这为中集集团的大举收购提供了良机。1996年，通过一系列的收购，中集集团已经拥有5家工厂，成为中国第一。而以中国市场的巨大规模，中集集团实际上已经成为全球第一，足以通过规模效应降低成本，与全球竞争者进行竞争。

由于全球集装箱市场竞争日益激烈，导致集装箱价格大幅下挫，1995年一个标准集装箱的价格为2850美元，而1999年仅为1300美元，销售利润率仅为3％。中集集团察觉到其国际竞争对手的处境更加艰难，标准集装箱业务对那些多元化业务集团来说已经成为没有利润的"瘦狗"，他们毫不犹豫地作出退出决定。通过集中采购原材料、绩效看板、规范各工厂经营、取得国际融资以及寻找更有效的集装箱运输方案，中集集团节省了33％的原材料成本、46％的生产和管理成本。仅运输方案一项，每年就可以节省500万美元。中集集团进入了一个依靠规模经济持续增强成本优势的良性循环。1996年，中集集团产销量为19.9万个集装箱，这意味着全球每5个新造的集装箱中就有1个由中集制造，中集集团成为全球产量最大的集装箱制造商。

中集集团取得了规模优势和成本优势，并确立了通过成本创新进军高端市场的竞争战略。1997年，亚洲爆发金融危机，1999年中集集团以2000万美元的价格收购了韩国现代在青岛的集装箱工厂，获得了1.8亿美元的潜在效益。与德国

Graaff 公司签订专利许可使用协议，以获得冷箱设计专利以及冷箱隔热板的先进生产技术。在上海投资 5000 万美元新建上海中集冷箱制造厂，并为此向 Graaff 支付了 12 项专利授权使用费。Graaff 向中集提供一条已经使用过的生产线和资深德国专家 Stapher Teepe 作为新公司的总工程师。中集集团很快便吸收了德国技术并加以推广改进，既获得了竞争对手的技术优势，又进一步降低了成本。

中集集团在冷箱生产过程中，探索用成本较低的特种钢代替昂贵的铝材，成功节约了大量成本，并进一步取得竞争优势。1997～2003 年，其冷箱产量增长了 7 倍，高达 63 500TEU，占全球市场 44％的份额。在取得冷箱行业的领导地位之后，中集集团将目光投向了扩大产品线，制造更多种类的高端产品：罐箱、折叠箱、其他特殊箱等。

经过 25 年的发展，中集集团已经成为集装箱、道路运输车辆等交通运输装备，以及能源、食品、化工等装备和服务领域的全球主要供应商，逐步建立起了依托中国优势的全球化运营体系，形成了具有竞争力的企业文化，在战略管理、融资能力、成本精益控制、大规模运营、供应链整合、土地资源储备、品牌专业化运营等方面建立了系统竞争优势。

目前，中集集团总资产为 643.62 亿元、净资产为 186.28 亿元，2011 年销售额达 641.25 亿元，净利润 26.91 亿元。在中国以及北美、欧洲、亚洲、澳洲等地区拥有 200 余家全资及控股子公司，员工超过 6.4 万人，初步形成跨国公司运营格局。主要业务领域包括：①集装箱业务，是全球唯一能够提供全系列集装箱产品，并拥有完全自主知识产权的供应商。②道路运输车辆业务，可提供 11 大系列、1000 多个品种的产品线，包括集装箱骨架车、平板车、栏板车、罐式车、自卸车、冷藏保温车、普通厢式车、搅拌车、泵车、轿运车、消防车、垃圾处理车等。③能源、化工及食品装备业务，初步具备了能源、化工、食品领域的核心装备制造和集成能力，致力于打造出具有全球竞争力的主流产品，努力成为全球领先的专用能源装备制造商和集成服务解决方案提供商。④机场设备业务，主要经营机场旅客登机桥、全自动航空货物及物流处理系统、机械智能立体停车系统、登船桥、机场食品车等，是全球极具影响力的专业品牌。中集集团还于 2008 年开拓了海洋工程业务。

资料来源

1. 中集集团内部网站。
2. Zeng M, Williamson P J. Dragons at your door: how chinese cost innovation is disrupting global competition. Boston: Harvard Business School Press. 2007.
3. 中集集团年报。

企业战略决策的重要依据是什么？中集集团为什么在2008年果断进入海洋工程领域，其所依赖的资源和能力是什么？在接下来的几年中，中集集团的海洋工程业务发生巨额亏损，如2009年亏损11.09亿元，2010年亏损11.16亿元（资料来源于中集集团年报），中集集团的资源和能力基础能否支撑起海洋工程业务呢？

企业的发展历史，尤其是企业在历史上形成的资源和能力基础，对企业战略制定具有重要作用。事实上，在企业战略制定过程中，内部环境分析和外部环境分析同样都是企业战略管理的逻辑起点和决策依据。中集集团在历史上已经积累了丰富的装备制造业运营管理经验。集装箱制造业务是中集集团最成熟、最具竞争力的业务，也是中集集团发展的基础。中集集团在集装箱业务发展过程中形成了自身独特的资源能力基础，在此基础上，中集集团逐步进入机场设备业务和道路运输车辆业务，并成功拓展能源、化工及食品装备业务。2008年，面对海洋工程业务非常有利的外部机遇，中集集团凭借其对装备制造业商业模式独到而深刻的理解，果断作出战略决策，既体现了中集集团对装备制造业的自信，也体现了中集集团的战略领导睿智的战略眼光。

客观地说，在装备制造业积累的商业智慧造就了中集集团久经市场考验的商业模式、高效的管理模式、敏锐的战略洞察力、坚定的战略意图以及坚韧而不妥协的战略承受力。因此，中集集团具备进入海洋工程业务的内部管理和市场运作管理基础，其所欠缺的是海洋工程具体的制造技术。从中集集团的发展历史来看，海洋工程装备制造技术并不会构成中集集团的战略障碍，因为中集集团在集装箱业务的发展过程中就曾经有过不断受让其他公司的技术专利，通过收购兼并获得技术专长的经历；从经营理念和价值观的角度而言，中集集团完全可以采取已经用过的手段获得技术专长。最近几年的巨额亏损也是正常的，毕竟巨大的初始投资需要时间消化，技术专长需要时间掌握，特殊的市场环境需要时间适应，中集集团具备很好的战略承受力。中集集团在成立之初就有过将近10年亏损甚至面临破产的困境，从观念上不惧怕暂时的亏损，中集集团已经具备的资产规模和赢利能力也能够提供足够的承受力。尽管如此，中集集团进入海洋工程业务的战略决策及其相应的战略执行，依然需要其内部资源能力有效适应外部环境。

企业内部环境分析的根本目的就是要基于企业外部环境的变化趋势，了解企业内部所具有的关键优势和劣势，并分析这些优势和劣势对企业战略选择以及战略实施的影响。开篇案例中的中集集团就面临着非常重要的战略决策，历史上的成功所积累的资源能力以及极具吸引力的战略机遇促使中集集团果断进入海洋工程领域。企业内部环境分析的核心内容是：①分析企业成长历史和现状，以及在此过程中形成的价值观念和商业模式；②分析企业内部的战略性资源和能力，以及企业战略资源和能力与外部环境的匹配性；③判断、发现和培育企业核心专长。

3.1 内部环境分析的目的与过程

内部环境分析的目的

外部环境分析帮助企业战略管理者确认了企业所面临的各种重要的机会和威胁[1]，使他们有可能按照"趋利避害"的原则激发各种可能的战略选择，解决企业有可能在战略上做什么的问题。但是，企业战略管理者还必须在此基础上进一步确认企业内部重要的优势和劣势[2]，使他们有可能按照"扬长避短"的原则为企业作出"最佳"的战略选择，解决企业能够在战略上做什么的问题。

在现实的企业竞争中没有"最佳"的战略选择，只有"合理"的战略选择，因为所有的战略决策都是在时间和信息有限的条件下作出的[3]。从企业战略的角度来说，所谓"合理"的战略选择至少应该达到两个重要要求：①能够在关键的领域建立和保持竞争优势。如中集集团在装备制造业这个关键领域具有绝对的竞争优势。②持续发挥自身优势，避免其劣势，把握关键机遇，避免致命威胁。如果将这两个要求合为一个，那么所谓最合适的战略就是能够最大限度地利用自身资源、能力去建立和发挥核心专长的战略[4]。企业内部环境分析的关键任务就是清醒认识自身资源、能力，并围绕企业自身资源、能力优势或者核心专长，开发一套利用机会、避免威胁，制订优势与核心专长的战略方案。

在现实的企业竞争中也没有一般的或者普遍意义上的"核心专长"，只有针对某个特定行业、市场、定位或者商业模式的"核心专长"，否则"专长"就无从谈起[5]。专长必须是某个特定领域内企业所特有的、有价值的、其他竞争对手难以模仿的资源或者能力，这种资源或者能力并不具备普遍性。因此，企业内部环境分析必须以外部环境分析为基础，外部环境分析的结果将会直接导致内部环境分析的目的和任务的差异：如果外部环境分析确认企业外部环境的变化将不会导致企业的特定行业、市场、定位和商业模式发生重大变化，那么企业内部环境分析的任务就是假设在稳定的环境下尽可能维持自己的资源优势、能力优势和企业核心专长，而企业战略制定的主要任务是决定如何保持和发展企业原有的核心专长；如果企业外部环境分析确认企业外部环境变化将导致企业的特定行业、市场、定位和商业模式发生根本性变化，那么企业内部环境分析的主要任务就是假设在较为动态的环境情况下重新确认或者发展自己的资源优势、能力优势和核心专长，而企业战略制定的主要任务更多的是为重新建立或者转移自己的资源优势、能力优势和核心专长寻找新的行业、市场、定位或者商业模式。

中集集团凭借其在装备制造业的持久投入和长期坚持已经建立了在该领域的成本优势、规模优势、低成本扩张的能力优势以及持续创新的动态竞争优势，这些优势与中集集团所处的行业、市场、定位和商业模式形成了完美的匹配。面对外部环境中的存在战略机遇，中集集团势必发挥自身的核心专长，果断作出进入海洋工程领域的战略决策。

内部环境分析的过程

企业的内部环境是指企业内部拥有的,与企业经营活动有关的各种要素的总和[6]。与企业外部环境不同,企业战略管理者有条件、有能力对企业内部的各种资源和能力进行调整,因此这些因素的总和也可以被称为"内部条件"。企业战略管理者所考虑的问题是,当企业面临外部环境的重大、长期和根本性的变化时,企业战略管理者能够以多快的速度和多大的幅度相应地对这些要素的数量、质量和配置进行调整以适应外部环境的这种变化。但是这些因素的质量、数量和配置的调整并非易事,如能力的提升不是一朝一夕的事情,组织资源的改变也颇费精力和时间,甚至有些内部资源和能力在短期内是不可能调整的。因此,更多情况下,企业战略管理者应该将企业内部经营要素的状况作为客观环境来接受,而不是主观地认为可以随意改变这些要素。

按照以市场为基础的战略思维模式,企业内部环境分析的基本过程是在假定企业已经确认需要把握的主要机会,同时也确认了需要避免的主要威胁的前提下,判断企业是否具有把握这些机会的资源、能力和核心专长[7]。但是,按照资源基础的战略思维模式,企业内部环境分析是先判断企业具有什么样的资源、能力和核心专长,然后才确定企业能够把握什么样的机会,同时也确认了企业需要避免什么样的威胁,以及怎么样把握这样的机会[8]。整合上述两种思维模式的关键在于动态地整合内部和外部环境分析,因此,企业内部环境分析的基本步骤(图 3-1)如下:

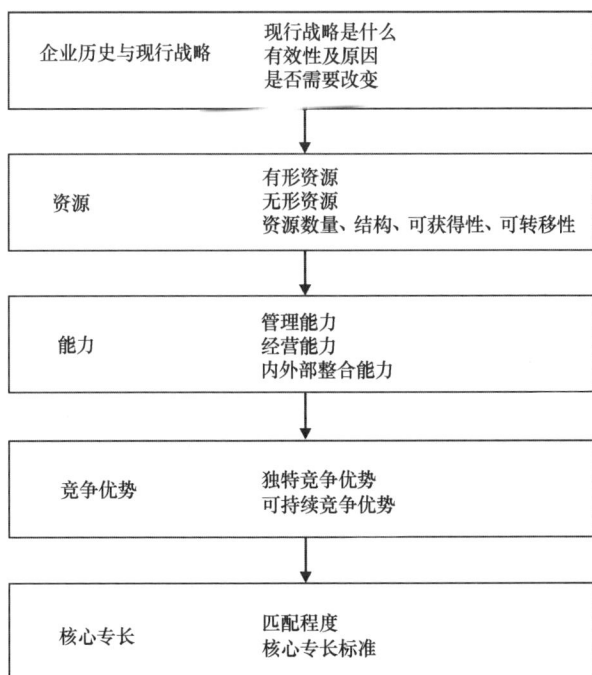

图 3-1　企业内部环境分析的内容与步骤

第一,分析企业的发展历史、现行战略与面临的挑战。企业战略管理者应该认真地分析企业发展的历史,了解企业优势和劣势的来源,了解企业的管理传统、行为模式和价值观；应该判断企业现行的战略是什么，企业现行的战略是否有效、是否与企业的行为模式和价值取向相匹配，以及企业现行战略有效或者无效的原因是什么；在此战略导向下，企业发展所面临的挑战是什么，是否需要改变现行的战略才能够抓住机会或者避免威胁。

第二，分析企业内部的资源条件。企业战略管理者需要了解企业实现其战略意图、宗旨和目标需要具备的资源条件，以及企业目前所具备的资源条件，这些资源条件是否足够支撑企业战略意图、宗旨和目标的实现，如果足够，如何组合这些资源实现效益的最大化；如果不足，如何通过与外部环境互动获取所需要的资源。

第三，分析企业内部的能力水平。企业战略管理者需要了解企业实现其战略意图、宗旨和目标所需要具备的能力，以及企业目前具备什么样的能力，这种能力水平是否足够支撑企业战略意图、宗旨和目标的实现，如果足够，如何有效使用这些能力获得最好的战略效果；如果不够，需要采取哪些手段、通过哪些途径提升企业的能力水平。这些能力包括经营能力、管理能力、内外部整合能力、组织学习能力等。

第四，分析企业的竞争优势。基于外部环境分析对竞争对手的认识，企业战略管理者需要判断自己相比于同行业竞争对手在资源和能力上具有什么竞争优势，有多大的竞争优势，明确企业的竞争优势是否具有独特性，是否具有可保持性。

第五，分析企业的核心专长。企业战略管理者需要进一步深入分析竞争优势背后的来源，需要根据核心专长的判断标准分析企业的竞争优势是否能够形成企业的核心专长。企业的核心专长实际上就是企业的目标市场、竞争定位或者商业模式与其所具有的资源、能力优势的匹配，而且这种匹配具有很高的价值性、稀缺性、难以模仿性和不可替代性[9]。

上述的企业内部分析过程只是相对于经营级战略或者竞争战略而言，如果企业需要制定的战略不是竞争战略，而是公司级战略或者国际化战略等，比如，行业和市场多样化战略，那么内部环境分析的内容和程序将在后面的相关章节中做进一步的论述。

中集集团的发展历程已经决定了其在装备制造业集中发展的战略路径，其现行战略也正是沿着做强做大装备制造业这条路径通过低成本创新获得快速发展，多年积累的资源基础（包括土地、厂房、设备等实物资源，雄厚的财务资源，规范的计划、控制和协调等组织资源，在装备制造业充分理解和有效管理的人力资源、技术和创新意识等创新资源，品牌形象和客户关系等声誉资源），低成本制造能力、创新能力以及准确把握战略时机的能力基础，造就了中集集团的规模优势、低成本创新优势和品牌优势，形成了在目标市场上的准确定位和有效的商业模式，建立了具有独特性和可持续性的核心专长。

内部环境分析的难点　　从表面上看，企业内部环境分析要比外部环境分析更容易些，因为企业战略管理者最了解企业内部的情况，至少战略管理者自己多少会存在这种意识。然而，"不识庐山真面目，只缘身在此山中"，事实上，企业内部环境分析所面临的困难可能更大，而且这种困难恰恰是企业战略管理者本身很难克服的，"当局者迷"是很多企业战略管理者不能清醒认识自身的重要原因。企业战略管理者在内部环境分析上遇到的困难主要表现在以下三个方面：

第一，复杂性。企业内部的各种要素是有机组合在一起的，但是有效的内部环境分析要求对企业内部的各种要素进行逐一分析，否则很难判断企业在哪些资源、能力上具有竞争优势或者劣势。克服这个困难不仅需要战略管理者以客观或者中立的立场对内部环境进行分析，而且需要他们具有非常丰富的经验和技巧。

第二，不确定性。企业内部环境分析的不确定性主要是来自外部环境与内部环境的交互作用，对企业的战略判断造成了难以避免的影响。具体而言，主要来自于两个方面，一方面是因为企业对内部资源、能力和核心专长的判断在很大程度上受到企业战略管理者对企业外部环境分析和判断的影响[10]；另一方面是因为在没有最后确定自己的经营范围、目标市场、市场定位、商业模式等战略性选择之前，企业战略管理者很难有针对性地判断企业的优势、劣势以及核心专长，往往需要在进行决策时进行多次的外部和内部环境分析的循环，以保证多方面掌握信息，避免不确定性导致的负面影响，在与外部环境的循环互动中，企业战略管理者的知识结构、价值取向、思维模式等差异实质上又放大了其对内部环境分析的不确定性。

第三，利益冲突性。企业内部环境分析实际上是企业战略管理者对过去和现在各个管理部门和管理者表现的评价，其结果有可能会决定将来企业资源配置和人事任免，这将触及或者伤害企业内部某些利益团体的利益。因此，在判断企业竞争优势与核心专长的过程中，战略管理者会受到来自内部各个利益团体的压力，受到这些利益团体的阻扰。为了保证内部环境分析的客观性和有效性，企业战略管理者需要为有效进行内部环境分析营造一个良好的氛围，包括强化团体意识、提出更好的目标和提高企业内部的危机意识。

3.2　企业历史与现行战略分析

企业战略的制定和执行必然是其发展历史的合理延续，任何割裂历史的战略都是不切实际的。通用电气（GE）的历史可以追溯到大发明家爱迪生，作为创始人，爱迪生确立了"创新"在GE战略中的重要地位，GE竞争战略的核心内涵就是创新。在海尔发展早期，张瑞敏总裁"砸冰箱"的故事一直影响着企业的竞争战略，质量作为一种强烈的战略意识融入了海尔的竞争战略内涵，"五星级售后服务"则是质量意识的进一步提升和延伸。格力前总裁朱江洪的名言："我们的空调销售出去，最好是五年都不和顾客见面的"，奠定了格力公司对质量追求的战略境界。现任总裁董明珠将这个期限由五年增加到十年，"好空调、格力造"也演变成了"格力，掌握核心科技"，凸现了没有瑕疵的、"售出去就不会坏"的严格质量要求，科技和有效的管理是其源泉和后盾，这就是格力竞争战略的核心内涵。

要保证企业内部环境分析的有效性，必须以分析企业的发展历史为前提。首先，只有了解企业的发展历史才可能知道企业是如何建立的，包括各种资源和能力的形成和配置的情况。一般来讲，企业长期、稳定和持续投入资源和精力的领域就是企业具有竞争优势的领域。其次，只有了解企业的发展历史，尤其是一些重大的历史事件或者转折点，才能了解企业组织结构、管理机制和企业文化的形成和演变过程，特别是高层管理者价值观的形成及其特点[11]。依据以资源为基础的理论观点，企业内部的这些特点对企业未来的战略选择往往具有决定性的影响，这种影响或是积极的或是消极的。

中集集团的历史就是长期持久地坚持在装备制造业发展的历史，其对装备制造业的承诺非常坚定。从 1980 年企业成立之初直到 1990 年，虽历经变故甚至濒临破产，中集集团也没有偏离装备制造业。在装备制造业的持久投入，使中集集团练就了低成本制造的资源基础和能力优势，在劣势情况下受让技术专利成就了中集集团宽广的胸怀，在市场低迷时期收购竞争对手形成了中集集团低成本扩张的有效手段。历史上的这些事件塑造了中集集团的组织结构、管理机制和企业文化，也造就了中集集团高层管理者的价值观及其特征，无疑将会对中集集团的未来战略构成巨大影响。

在进行战略分析与制定的过程中，战略管理者需要了解企业现行的战略是什么、具有什么特点、采取这种战略的外部环境和内部环境的特点是什么？因为企业内部的资源优势、能力优势，甚至核心专长都是相对于现行战略而言的，包括现在的目标市场、市场定位和商业模式。因此，了解现行战略才能够比较客观地评价企业的资源、能力和核心专长；了解企业的现行战略才能够根据外部环境和内部环境的重大变化提出转变现有战略的理由；了解支撑现行战略的组织性资源才能够决定企业新制定的战略是否能够在多大程度上付诸实施。

"中集集团是一家为全球市场提供物流装备和能源装备的企业集团，主要经营集装箱、道路运输车辆、能源和化工装备、海洋工程、机场设备等装备的制造和服务。"这段摘自中集集团简介的文字准确描述了中集集团的现行战略：为全球市场提供物流装备和能源装备，包括这些装备的制造和服务。中集集团的现行战略是符合其发展历史，符合其在历史上积累的资源和能力基础的，其目标市场、市场定位和商业模式均建立在其核心专长之上，具有可持续发展的巨大潜力。

战略聚焦一

英特尔公司的战略历程

1968 年，罗伯特·诺伊斯、戈登·摩尔和安迪·格鲁夫在加利福尼亚的山景城创办了英特尔公司，目标是建立一个开发硅基半导体芯片技术的公司。英特尔公司很快在只读存储芯片产业取得了成功。但好景不长，来自亚洲的竞争者，运用低资本成本的投资、巨大的规模经济优势以及进攻性的定价展开竞争，掌控了全球的市场份额。同时，新一代存储芯片技术持续快速发展，导致英特尔公司遭受巨大财务损失。

值得庆幸的是，英特尔公司先前开发的一种微处理技术获得成功，不经意间，公司获得了新的竞争能力。1971 年，英特尔公司开发出世界上第一种商业化微处理器 4004。1981 年，IBM 选择英特尔的新一代微处理器 8088 并大量使用，从此确立了英特尔公司在微处理器领域标准制定者的地位。

之前，英特尔公司未曾在战略上将自身定位于领先的微处理器制造商。实际上，公司高层主管坚定认为公司在存储芯片产业中的成功一定可以延续，并使英特尔持续辉煌，因此，他们的战略主要集中在存储芯片市场。然而，公司允许生产经理按照产品的毛利率来分配产能，而且生产经理的薪酬与晶圆的收益挂钩，由于生产存储芯片的单位成本显著高于微处理器，生产经理开始将产能转向微处理器。由于利润的差异，这一转变进行得非常迅速。不仅如此，公司鼓励战略争论，提倡用知识而不是等级或职位进行决策。这些因素（尝试微处理器技术、得到 IBM 的认可和运用、存储器市场的过度价格竞争、允许生产经理未经高层主管明确同意就作出变革的组织流程）交织在一起，促使英特尔迅速从一个存储芯片生产企业转变为微处理器生产企业。

英特尔公司转型为微处理器制造商，最大收益就是使自身能力超越狭隘的技术范围，去实现逻辑产品中的复杂结构设计，为公司赢得了巨大市场。作为标准制定者以及世界最大的个人计算机制造商的主要供应商，英特尔公司成为微处理器产业中令人生畏的巨人。IBM 不愿意看到一家这么小的公司成为拥有关键技术的唯一供应商。为打消 IBM 的顾虑，英特尔公司决定向其他公司发放技术许可证。英特尔将下一代芯片——286 的设计专利以许可证方式转让给其他半导体生产企业，如超微公司（Advanced Micro Devices）。这种技术授权强化了英特尔作为产业技术框架领导者的地位，可观的技术使用费还使公司得到自销产品以外的额外收益。

随着个人计算机产业迅速发展，英特尔的微处理器也得以不断创新和扩大产能，IBM 开始受到威胁，于是，IBM 决定推迟采用 486 芯片。但是，康柏公司随即决定采用 486 芯片设计，其他一些小型公司也紧跟其后，新一代芯片技术得到消费者认可。英特尔顺势增加产能，并宣布与其他公司的许可证协议对新型的英特尔微处理器无效。英特尔的这一战略举措，不仅击败了一些竞争对手，而且使自身的市场份额和利润大幅攀升。英特尔开始标示自己的产品，以促使消费者选择英特尔微处理器。"Intel Inside"的宣传非常成功，消费者愿意以更高的价格购买贴有"Intel Inside"的个人计算机。

资料来源

梅森·卡彭特，杰瑞德·桑德森. 战略管理：动态的观点. 王迎军等译. 北京：机械工业出版社. 2009.

企业战略管理者还应该依据企业外部环境分析的结果，评价企业现行战略实施的情况以及为了实现增长所面临的挑战。以经营级战略为例，有效的经营级战略应该获得如下的经营效果：①公司销售额的增长速度相对于市场总体增长速度更快，并且市场份额处于上升状态；②公司在维持现有顾客的同时，正在以较快的速度吸引新的顾客；③公司的利润处于上升状态，并快于竞争对手的上升速度；④公司的投资回报率、经济附加值处于较好的状况，并呈现良好的发展趋势；⑤公司的整体财务能力和信用等级处于上升状态；⑥公司在单位成本、存货率、员工士气、顾客订单等内部绩效指标方面表现优异;⑦公司在顾客中的形象和声誉不断提升;⑧公司在下述领域被认为是领先者:技术、产品创新、电子商务、产品质量、价格、速度等。如果现行战略没有在上述各个方面表现出应有的效果,那么企业战略管理者就需要分析和判断企业所面临的战略问题或者挑战是来自现行战略本身,还是来自企业外部环境或者内部环境的重大变化。如果企业现行战略与外部环境和内部环境基本上是匹配的,那么内部环境分析的重点就是战略实施的问题;如果企业现行战略与外部环境和内部环境基本上是不匹配的,那么内部环境分析的重点就是要为现有资源、能力和竞争优势的"创造性"发挥选择新的战略[12]。

3.3 资源分析

企业竞争优势一定是建立在企业雄厚的资源基础上,但雄厚的资源基础有时也会将企业带入深渊。曾经占据世界手机市场60%以上市场份额的世界知名手机制造商诺基亚就是倒在其雄厚的资源基础上的。诺基亚具有世界先进的手机制造基地,强大的研发中心、令人羡慕的品牌声誉、备受赞誉的手机质量,品种繁多的手机款式,凭着"连接人们沟通"的经营理念,在市场上攻城略地,连续打败西门子、爱立信、摩托罗拉等著名手机品牌,成为世界手机制造领域的翘楚。然而,就在诺基亚踌躇满志、傲视群雄的时候,苹果公司凭借iPhone这一款具备新功能、新界面、新系统的手机将其掀翻在地。致使诺基亚全球裁员的报道不绝于耳,相对于苹果公司50%以上的市场份额,诺基亚仅存的不到20%的市场份额还在下降,而且其利润率相对于苹果公司而言也低得可怜。因此,正确评价企业的战略资源以及企业资源的战略价值,对于企业战略而言具有不容忽视的作用。

企业的资源是企业可以获取的与企业价值创造活动有关的各种输入,其中包括资金、人员、设备、设施、技术、组织、知识、信息以及品牌等。企业资源可分为无形资源和有形资源。有形资源是指那些可见的、能够量化的资产,包括生产设施、制造设备、销售中心以及正式的报告系统等。无形资源则是指那些深深根植于企业发展历程中,长期积累下来的不可见的、难以量化的资源,这些资源通常以一种独特的形式存在,不易被竞争对手了解、分析和模仿,包括知识、品牌、声誉,以及员工之间共同工作的独特方式等[13],表3-1列举了一些常见的资源类型。

在企业可以获取的各种资源中,企业拥有的资源是通过股东的投资和企业自身长期积累和发展而形成的,企业可以使用的资源则是企业以各种方式整合并可以有效利用的资源。企业整合外部资源的能力在很大程度上取决于其内部资源的多少和质量,因此在进行企业资源分析的过程中主要应该以分析内部资源为主,同时还需要适当分析企业可以整合的外部资源。

表 3-1　有形资源和无形资源[14]

	财务资源	企业的资产负债状况 企业内部产生现金流状况
有形资源	组织资源	企业正式的报告结构，以及正式的计划、控制和协调系统
	实物资源	企业的厂房、设备的水平和地址以及先进程度
	技术资源	技术的含量，如专利、商标、版权和商业秘密
	人力资源	知识、信任、管理与组织惯例
	创新资源	创意、科技与创新基础
无形资源	声誉资源	客户声誉、品牌、对产品质量、耐久性和可靠性的理解、供应商声誉、有效的、有效果的、支持性的和双赢的关系以及交往方式

企业资源的分析将涉及企业内部的财务、人力资源、营销、生产、采购、研发、物流等几乎所有经营和管理领域，因此，需要战略管理者掌握这些领域的知识和相关的分析方法[15]。战略管理者进行资源分析的程序与重点包括以下几个方面：

（1）资源的数量和质量。在其他条件相同的情况下，一个企业拥有和可以获得整合的资源数量越多，资源质量越高，那么这个企业的竞争优势就越大，战略的可选择性就越高。因此在企业内部资源分析的过程中，企业战略管理者首先应该对企业资源的数量和质量进行全面的了解。这种了解虽然还不足以成为企业战略管理者作出重大战略决策的依据，但是可以帮助他们了解现行的战略是否需要调整以及调整的幅度如何。改革开放以来，中国的某些国有企业经历了痛苦的蜕变过程，其原因就在于这些企业在计划经济时代所形成的某些资源虽然很多，但其质量实在太差，难以适应市场竞争的需要，因此，战略重组成为这些企业首要的战略选择，剥离非主营业务，采取回归主业、集中发展的战略[16]。必须指出的是，科技进步会使某些曾经的优质资源变为劣质资源，那些依托原有技术积累了雄厚资源的企业将会发现，他们拥有的资源相对于新技术变得一文不值，甚至起负作用。顾客需求变化也会使某些曾经的优质资源变为劣质资源，那些依托顾客原有需求积累了雄厚资源的企业将会发现，他们拥有的资源相对新的顾客需求而言变得毫无价值。

（2）资源的分布。一个竞争对手的资源分布比另一个竞争对手的更合理，那么这个企业的资源优势就更大。因行业、市场定位和商业模式不同，企业资源利用和配置的方式是不同的，企业价值创造活动的重要性也是不一样的。例如，物流可能对钢铁行业很重要，但是对电子元器件行业就不那么重要；品牌对高差异定位的服装企业很重要，但是对低成本定位的企业就不那么重要；劳动力成本对出口加工型的家电企业很重要，但是对以内销为主的家电企业也就不那么重要。因此在企业内部资源分析的过程中，企业战略管理者应该根据外部环境分析的结果，判断企业有限的资源是否被合理配置在了价值贡献最大的环节。例如，顺德新宝电器公司作为出口加工的小家电企业，为发挥竞争优势，将绝大多数的资源配置在零配件生产、家电组装制造和工业设计方面，从而使企业能够在接到国外订单之后以最快的速度完成产品生产。正是这种符合行业和商业模式的资源配置方式，使得该企业在金融危机期间还能够大幅提升企业利润。另外，行业环境的变化也会改变企业所拥有资源的价值。如集装箱行业在 20 世纪 90 年代初期进入行业低谷时期，一些多元化的企业集团便将企业在集装箱领域的资源视为"鸡肋"，或者视为解救企业整体生存问题而可以变现的抵押，并选择将其出售的策略。此时，专注于集装箱制造与服务的中集集团却获得了难得的低成本扩张机遇。事实上，中集集团的多次战略收购都是在行业低谷时期进行的，因为在行业周期性变化中，同一行业的资源相对于不同的企业而言具有不同的战略价值。

（3）资源的稀缺性。一个企业所拥有的资源越是稀缺，那么这个企业的资源优势就越大。例如，中集集团上市以后要连续收购中国沿海主要港口的 8 个集装箱企业，原因就是对于集装箱行业来说，运输成本是关键，地点是最重要的稀缺资源。近年来，全世界最合适生产集装箱的地方就是中国，因为中国是最大的净出口国；而中国最合适生产集装箱的地方就是沿海的主要港口，因为这些港口的附近就是中国最主要的出口加工基地。同样，国美和苏宁得以对家电制造商有较大的讨价还价权力，就是因为家电行业是一个渠道导向的行业，而销售渠道是非常稀缺的资源之一。

（4）资源的获取难度。在市场经济条件下，资源的市场化程度在不断地提高，企业更容易获取资源，因此资源优势的可保持性在不断下降。在相同的条件下，越是难以获取的资源越有可能成为企业可持续竞争优势的来源。在企业内部环境分析的过程中，企业战略管理者要分析：①获取相同资源的成本和时间。即使竞争对手可以通过市场交易获得同样的资源，我们还是应该看到，先获取资源的企业可能所支付的成本相对比较低，后获取资源的企业则需要支付更高的成本。例如，先于竞争对手建立"4S 店"的广州本田公司及其代理商所支付的土地成本显然比后来的竞争要低，因为后来的竞争者将面临高的土地价格。英国经济学家潘罗斯专门研究在市场经济条件下，一个企业的收益为什么长期、稳定地高于同行业的其他竞争对手。潘罗斯教授的研究表明，存在这种情况只有一个可能，那就是有一些竞争优势很难通过市场交易而获取，企业内部的组织性资源就具有这种特征，比如，组织的结构、机制和文化等[17]。建立一个匹配的组织结构、管理机制和企业文化是需要时间的，而这个时间就是竞争对手很难支付的成本。②资源的可替代性。如果获取相同资源的成本太高或者时间太长，竞争对手就会试图寻找可替代的资源。例如，当获取相同零售渠道的难度太大时，竞争对手就有可能开发其他渠道，如通过网络渠道。当企业所拥有的资源具有不可替代性时，这种资源形成的优势就可以保持得更加长久。

（5）资源的可转移性。在企业确定要实施行业或者市场多样化战略的时候，分析资源的可转移性就变得非常重要了。当某种资源被认为是企业的一种优势资源的时候，一般都是针对于这个企业所在特定的行业、市场或者所采取的特定的商业模式而言的。例如，广东榕泰股份有限公司所具有的主要资源优势都是在氨基塑料行业中建立起来的，也是针对这个行业和自己的商业模式的。在内部环境分析中，企业战略管理者需要分析企业资源优势的针对性或者说可转移性。如果资源优势的可转移性很弱，那么企业在实施跨行业或者跨市场决策的时候就越需要谨慎。中集集团在装备制造业所具有低成本制造、管理机制、企业文化等组织资源，地处沿海地区的厂房、设备等实物资源，技术、创新机制等创新资源，以及企业声誉、品牌、客户关系等声誉资源可以有效地在装备制造业领域实现转移，因此，中集集团在其发展过程中可以凭借这些资源从集装箱制造与服务出发逐步拓展其业务空间，相继进入道路运输车辆业务、能源、化工及食品装备业务、机场设备业务和海洋工程业务等相关领域。

3.4 能力分析

战略能力是企业制定和执行战略的重要支撑。苹果公司凭借强大的科技创新能力获得了丰厚的市场回报，中粮集团凭借其雄厚的资金实力和强大的质量监管体系收购蒙牛乳业，中集集团凭借敏锐的战略判断屡屡在关键时刻收购竞争对手。错误使用能力则会丧失战略地位。蒙牛乳业的质量控制能力、危机处理能力和战略控制力在"三聚氰胺事件"、"特仑苏造骨蛋白事件"、"黄曲霉素事件"中受到严峻挑战；开创了中国火腿肠行业的春都火腿肠已经在市场上消失；开创了中国保健品行业的广州太阳神公司早已不再是行业中的优秀企业；曾经的中国空调行业老大春兰空调在很多年前就丧失了行业话语权。正确判断企业战略能力，并正确使用企业战略能力是企业战略成功的保障。

企业能力是指企业所拥有的利用和整合企业资源的知识与技能。企业的能力是企业在利用和整合资源的过程中，通过实践、学习、积累而形成，也是企业内部通过收集、传播和共享而增强的。从这个意义上说，企业的资源越多，专注的程度越高，知识管理的水平越高，企业的能力就越强。中集集团长期专注于装备制造业，积累了大量的制造资源和管理知识，因而获得了具有显著竞争力的企业能力。当然企业资源的多少并不能代表企业能力的大小，事实上，有许多企业获得了丰富的资源，但并未掌握发挥这些资源的知识和技能。

企业能力可分为管理能力和经营能力两类。管理能力是企业所有管理者都必须具备的通用能力，如计划能力、组织能力、领导能力、控制能力等管理学课程中所强调的一般管理能力[18]。管理能力主要是指企业管理者所具备的管人、管事、管资产等方面所具备的作出合理决策、任用适当的人才、组织合适的力量、调动下属的积极性、控制下属的行为等方面的能力。经营能力则是指企业中的专业技能，如营销能力、财务管理能力、采购能力、生产能力、研发能力、投融资能力、渠道能力、供应链管理能力等专业技能方面的能力[19]。

评价企业能力高低的主要依据就是企业资源利用的效率[20]。考虑到影响资源利用效率的因素很多，因此还可以依据企业内部和外部对企业能力的评价和企业在各个管理和经营领域所采用的方法。在分析企业能力的过程中，企业高层管理者可以采取下列几种方法：①财务比率分析的方法，将企业自身对资源的利用效率与竞争对手相比较，判断企业能力的高低；②专家意见法，通过在企业内部和外部聘请的专家对企业内部和相关的利益团体进行调查，判断企业能力的高低；③问卷调查法，通过直接向企业内部和外部相关利益团体发放问卷的方法，判断企业能力。三种方法各有利弊，相互补充，在进行能力分析的过程中可以综合运用。

在对企业能力进行分析过程中，企业战略管理者仍然需要与分析企业资源一样，关注企业能力的大小、能力分布的领域、能力的稀缺性、能力的可模仿性和能力的可转移性。中集集团经过多年努力所建立的低成本创新能力、战略判断能力以及低成本扩张能力非常强，奠定了中集集团获取竞争优势的能力基础，这些能力主要集中在装备制造领域，已经成为行业内其他企业难以撼动的竞争优势，令其他竞争对手很难模仿，而且中集集团可以在装备制造业有效转移已经形成的能力，因而获得了独特而可持续的核心专长。威胁企业能力优势的主要因素不是仅有人力资源、信息的市场化，更主要的是竞争对手的学习和模仿[21]。因此，企业战略管理者在此基础上还需要特别关注以下几个方面的能力分析。

（1）综合能力。企业在单一领域或者职能上的能力优势固然重要，但是这种能力相对比较容易学习和模仿。综合能力是企业对多个单一能力或者职能能力的有效利用及其利用程度。建立在综合能力之上的企业竞争优势，是竞争对手很难学习和模仿的，竞争对手很难了解综合能力形成的奥秘。同时，竞争对手也缺乏相应的机构、机制和文化去培养和建立这种建立在综合能力上的优势。能力分析的重要任务之一就是判断企业的综合能力，包括企业是否具备综合能力，具备哪方面的综合能力，企业综合能力的大小，综合能力的稀缺性，以及综合能力的可模仿性和可转移性。中集集团对装备制造业的准确判断就是一种综合能力，这种能力需要多种单一能力支撑。

（2）整合能力。企业的整合能力包括内部整合能力和外部整合能力两个方面。内部整合能力是指企业有效整合内部资源，并在有效配置资源的前提下将企业内部的各类能力转化为企业竞争优势的能力。企业内部整合能力表现在企业竞争力方面就体现为企业的规模经济、范围经济和交易成本等经济效益。企业的外部整合能力是企业有效利用外部资源的能力，包括获得更多、更有效的资源输入，充分利用外部社会资本，充分利用外部合作伙伴的能力，甚至包括充分利用竞争对手的能力。企业的外部整合能力有利于企业将有效的资源投入到最关键的领域；有利于企业学习和创新；有利于利用或者控制更多的资源。中集集团不断在行业关键时期开展低成本扩张就是一种整合能力，不仅整合了中集集团内部的各种资源和能力，而且整合了外部环境中存在的、包括竞争对手的资源和能力。

（3）学习和创新能力。在企业经营环境和竞争互动越来越动态的条件下，企业能否保持其能力优势很大程度上不能依靠"防守"，而是需要学习和创新。在进行能力分析的过程中,企业战略管理者要注意分析企业的历史,分析企业的教训和应对环境的能力;分析企业收集知识、传播知识和共享知识的能力;分析结构、机制和文化对学习和创新的鼓励和支持程度。

在动态环境下,企业必须能够保持与行业发展动态相一致,避免被行业发展所遗弃,这包含两方面的含义:一方面是紧跟行业发展动态,保持企业在产品特性、制造水平、服务方式、物流和渠道畅通等商业模式内涵方面处于行业发展前列,这需要很强的学习和模仿创新能力。另一方面是引领行业发展方向,保持企业在产品特性、制造水平、服务方式、物流和渠道畅通等商业模式内涵方面处于行业领先地位,这需要很强的原始创新能力。事实上,有很多知名企业遭遇竞争困境,都是不能紧跟行业发展动态的结果。如诺基亚、摩托罗拉等公司最终被行业发展所遗弃,春兰空调不能紧跟行业发展动态,长虹公司痛失彩电第一宝座也是由于它试图与行业发展趋势相抗衡,柯达公司在摄影器材行业的失利也是因为没有很好地把握行业发展趋势。这些企业都是赫赫有名的知名企业,他们都在行业内具有强大的资源基础和能力基础,但在行业发生改变的关键环节他们输了,有些输在产品性能上,有些输在产品质量上,有些输在服务环节上,有些输在商业模式上,其根源是输在学习和创新能力上。因此,分析企业在动态环境下的学习和创新能力,其实就是分析企业适应环境变化的能力,即使原有的能力基础再好,也必须认真对待环境变化所导致的能力衰竭和能力失灵问题。

3.5 核心专长

以资源为基础的观点认为,企业长期赢利的高低受其所在行业平均赢利水平高低的影响,但更重要的是由企业自身的资源和能力特点所决定。以资源为基础的观点提出的核心专长(core competence)概念,其本意既有"能力"的含义,也有"匹配"的含义。核心专长的具体含义是指:一是独特竞争优势(distinctive competitive advantage),企业竞争优势的独特性决定了竞争优势的价值性、稀缺性;二是可持续的竞争优势(sustainable advantage),竞争优势的可持续性来源于竞争优势的模仿成本和不可替代性[22]。虽然核心专长还可以被译为核心竞争力或者核心竞争优势,其目的是为了强调这些竞争优势是比其他竞争优势更重要。但是,本书坚持采取核心专长的译法,主要目的是:①强调核心专长是企业长期专注于特定目标市场、市场定位和商业模式的基础上长期投入、持续学习和积累的结果;②强调在企业大幅度调整目标市场、市场定位、商业模式,甚至自己主营业务的时候,核心专长也很可能变为核心障碍,因为在建立核心专长的过程中也同时形成了组织的刚性和惯性。诺基亚公司最终倒在其核心专长上。诺基亚公司依托自身卓越的产品质量,强大的研发能力,长期形成的品牌优势,形成了显著的市场竞争优势,在2009 年以前,诺基亚凭借其核心专长在过去的 10 年内,连续打败西门子、爱立信、摩托罗拉等世界知名品牌，达到其辉煌的顶峰：占据世界手机市场 60％以上的份额。然而，就是在诺基亚取得压倒性优势，还没有来得及庆功的时候，苹果公司推出了它的新产品，以每年更新换代一次的速度，仅用一款手机将具有显著核心专长并拥有几十款手机的诺基亚掀翻在地。显然，苹果公司推出的新产品具有更强的产品性能、更具吸引力的顾客期待以及更高的顾客黏性，苹果公司已经在科技和产品质量以及顾客信赖方面形成新的核心专长，并成功地将诺基亚原有的核心专长变为核心僵化阻力。

独特的竞争优势　在市场经济条件下，企业如何才能建立和保持独特的竞争优势呢？传统观点认为，企业竞争优势的独特性来源于其所拥有的独特资源和能力，从而它能够具有更高的效率[23]。但是，随着市场化程度和学习模仿能力的提高，企业要想建立和保持单纯基于独特资源和能力的竞争优势越来越困难。至少在理论上说，所有的资源都可以通过市场交换而在企业之间转移，所有的能力都是可以被学习和模仿的，因此，企业很难依靠拥有独特资源和能力而具有可保持的竞争优势。按照现代的观点，企业竞争优势的独特性主要来源能够发现独特的顾客诉求，并且能够创造出满足这种独特诉求的商业模式，资源和能力的独特性是以企业目标市场和商业模式的独特性为前提的。企业战略管理者在分析企业核心专长的过程中，一定要审视目标顾客和商业模式的独特性，并结合对这种独特性的判断进行重点分析。

1. 竞争优势的独特性和稀缺性

竞争优势的稀缺性来源于持有该竞争优势的企业很少，很稀缺，只有一个或者少数几个企业拥有该竞争优势。竞争优势的稀缺性是指某种竞争优势是否只有少数企业所拥有，甚至是一个企业特有的。企业所拥有的竞争优势的稀缺性越高，企业赢利水平就越高。拥有不稀缺的资源和能力最多能够为企业带来竞争均势，而不能带来竞争优势。只有拥有稀缺的资源和能力，或其他企业不具备的资源和能力，才有可能为企业带来竞争优势。因此在分析竞争优势独特性或者稀缺性的时候，一定要引入外部环境分析的结果，在与竞争对手进行全面比较的基础上去发现企业所具有的竞争优势是否具有稀缺性或者独特性。

竞争优势的独特性或者稀缺性有两个来源，一是发现了独特的顾客诉求，选择了独特的市场目标，创造了匹配的价值活动组合（商业模式）；二是拥有或者能够整合有效运行上述商业模式所需要的资源和能力。这两者的完美匹配最终使企业具备了发现、满足与保持独特顾客诉求和商业模式的资源及能力优势。必须强调的是，竞争优势独特性和稀缺性的第一个来源是前提，没有这个前提，资源和能力的独特性就没有意义。有了这个前提，一般性的资源和能力也有可能变得独特和稀缺了。例如，深圳嘉兰图工业设计公司发现老人们对手机具有独特的诉求，而这种诉求长期被其他手机企业忽略。于是，该公司就将老人手机的独特诉求作为自己的目标市场，并且利用自己拥有和可以整合的资源、能力成功生产、制造和销售了 100 多万部老人手机。正是基于这个目标市场和商业模式，其工业设计能力与手机行业的关系就成为独特和稀缺的能力。

2. 竞争优势的价值创造能力

企业就是一种资源转换和价值放大器，其存在的理由在于通过各种资源和能力将各种资源转换为产品或者服务，并且在给顾客最大价值感受的同时，为企业的利益相关团体尤其是股东的投资带来最大的价值回报。究竟哪一种资源或者能力上的竞争优势更关键和更富有价值创造力？为此，我们需要运用迈克尔·波特所提供的一种分析工具，即企业价值链分析进行分析。一般来说，如果企业在价值创造最大的环节上具有独特竞争优势，当企业面临目标市场扩大的机遇时就最有可能发挥自己的独特竞争优势去扩大市场和提高价格。同样，如果企业面临外部环境的威胁，尤其是市场竞争激烈的时候，企业就可以通过发挥自己的独特竞争优势避免威胁的打击。

在如图 3-2 所示的价值链中，企业价值链中的价值创造活动被划分为基本活动和支持活动两类。

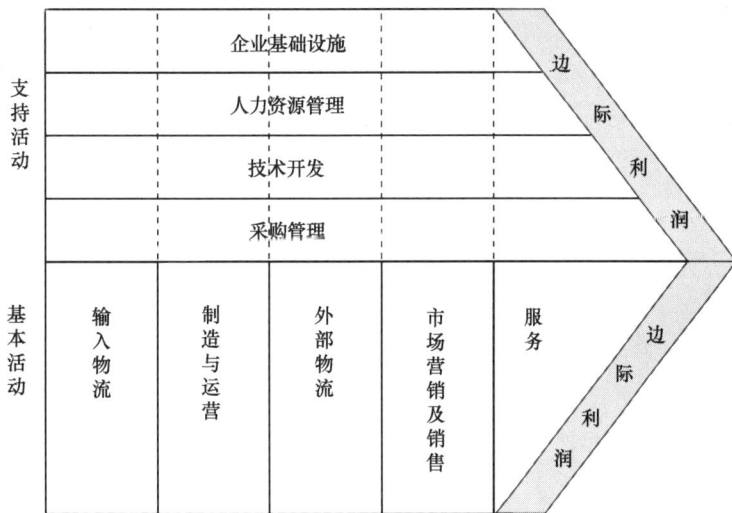

图 3-2　企业价值链[24]

基本活动包括输入物流、制造与运营、输出物流、市场营销及销售、服务等活动。输入物流的价值创造活动包括接收、储存和分发从供应商那里购得的投入品、检验以及存货管理。制造与运营的价值创造活动包括将投入转化为最终产品的生产、装配、包装、设备维修、设施规划、生产运作、质量保证、环境保护等。输出物流的价值创造活动包括收集、储存以及发送最终产品给客户的行为，如最终产品的仓储、订单提取和打包、装运、发货设施的运作等。市场营销及销售的价值创造活动包括消费者行为分析、需求分析、产品定价、销售行动、市场研究与计划、销售渠道、广告、促销等。服务的价值创造活动包括为购买者提供帮助，如安装、闲置部件的存放、维护和修理、技术支持、购买者调查，以及投诉处理等。

支持活动包括企业基础设施、人力资源管理、技术开发、采购管理等。在价值链的支持活动中，企业基础设施是指企业的内部软、硬环境因素，是所有其他价值创造活动的基础设施和制度环境，包括制度建设、组织结构、管理机制、控制系统和公司文化等。由于最高管理层对企业基础设施具有巨大的影响，通过强有力的领导，企业最高管理层可以改造企业基础设施，进而影响所有其他的价值创造活动的绩效。与人力资源管理相关的活动包括招聘、聘用、培训、开发与补充企业各层次职员，劳工关系方面的活动，开发以知识为基础的技能，对员工进行激励等。技术开发是产品和运营过程的设计，包括产品研究与开发、流程研究与开发、业务方案的改善、设备设计、计算机软件开发、通信系统、计算机辅助设计与工程、设计和开发新的数据库，以及计算机的支持系统等。与企业采购有关的活动是购买燃料、能源、原材料、设备及零配件、商品以及办公用品等[25]。

在企业的价值链上，究竟哪一种活动更具价值创造力？对于这个问题的回答取决于多种因素的综合分析：第一，取决于企业所在的行业。对于钢铁行业来说，采购和物流是价值创造力最大的活动，但是对于化妆品行业来说，市场营销则可能是价值创造力最大的活动。第二，取决于企业的目标市场。例如，同样是化妆品行业，以高收入人群为目标市场的企业更重视研发，而以低收入人群为目标市场的企业则更重视促销。同样，如果在相对落后的地区，抽奖促销活动可能非常有效，但是在发达地区这类活动的作用有限。第三，取决于企业的商业模式。例如，同样是以中等收入人群为目标市场，但在零售、直销和化妆咨询等三种不同的商业模式下，企业价值创造活动的重点及其重要性也是不一样的。又如，阳江十八子公司将刀具的销售与旅游和文化相结合，构建了独具特色的价值链；温氏集团将公司运作与农户养殖紧密结合，构建了自身价值创造的特殊价值链。

战略聚焦二

价值链分析

作为一种有效的战略分析工具，价值链分析能够确认由企业控制的，具有潜在价值的资源和能力。价值链是指企业的一系列商业活动，包括产品和服务的开发、生产及营销。企业价值链中的每一环节需要不同资源和能力的运用和融合，不同的企业对可以采用的价值链活动作出不同的多种选择，因此，企业价值链活动的不同组合最终可以使他们拥有不同的资源和能力。

同一产业中的不同企业，对所从事的活动环节可能有不同选择，因而他们表现出截然不同的资源和能力。例如，原油勘探环节需要大量的资金投入，因而需要企业具有雄厚的财务资源、土地开发权（物质资源）、丰富的科技知识（人力资源）等，因此，原油勘探企业与其他石油企业（如汽油销售企业、炼油企业）相比，需要不同的资源和能力。与勘探企业不同，汽油销售企业需要的资源投入既包括用于加油站建设的财务资源与物质资源，也包括从事产品销售所需的人力资源和组织资源。

即使对于处于相同价值链环节的企业，他们所采取的经营方式也可能相差甚远，因而形成各自不同的资源和能力。例如，对两家从事石油成品油销售的企业而言，一家可能通过自建渠道来完成销售，而另一家则可能借助经销商来进行销售。尽管这两家企业可能拥有类似的人力资源和组织资源，但两家企业的财务资源却存在很大差异。

研究企业的价值链促使我们从更微观的层面考虑企业的资源和能力。尽管可以比较宽泛地对企业资源和能力加以考察，但通常情况下，考虑每个企业所从事的具体活动，对于我们理解企业的财务、物质、人力以及组织资源的类型更有帮助，

从这个意义上讲，价值链分析可以帮助企业更详细地理解基于资源的竞争优势来源。

由于价值链分析有助于确认企业拥有的财务、物质、人力及组织资源，在过去几十年间，众多学者纷纷致力于开发价值链的分析工具，目前已经形成了几个得到广泛认可的价值链分析方法，其中麦肯锡管理咨询公司及波特发展的价值链框架比较有代表性。麦肯锡公司价值链包括六种不同的行为：技术开发、产品设计、制造、营销、分销和服务（图3-3）。

资料来源

杰伊·巴尼，威廉·赫斯特里.战略管理.李新春等译.北京：机械工业出版社.2010.

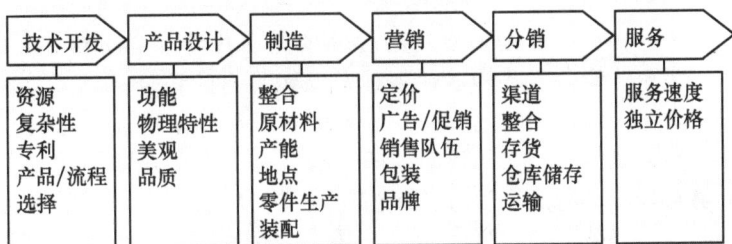

图 3-3　麦肯锡公司价值链分析

可持续竞争优势

企业独特竞争优势是否具有可保持性，决定企业可以在多大程度上获得高于行业平均水平的收益，同时也决定企业战略制定者可以在多长的时间里以此为依据制定和实施战略。企业竞争优势的可保持性可以从以下两个方面考虑。

1. 独特竞争优势的学习和模仿成本

在其他条件相同的情况下，某种独特竞争优势被学习和模仿的成本越高，那么这种独特竞争优势的可持续性就越长。在竞争对手学习和模仿越来越容易的情况下，企业战略管理者必须要确定独特竞争优势的可持续性。一般来说，具备下列特征的竞争优势具有更高的学习和模仿成本。

一是历史上形成的竞争优势。时间是一维的，企业基于特定的历史条件而发展起来的竞争优势很难为另一个特定历史条件下的企业所学习和模仿。在 1990 年以前，因为中国对外出口的产品非常有限，大部分集装箱制造工厂都面临长期亏损的局面。中集集团为了能生存下来，通过加

强内部管理和改变生产工艺与技术，形成了成本管理的优势，中国远洋运输集团的参股解决了产品的销售问题，中集集团在成本管理方面的优势开始体现，并逐渐成为中国集装箱行业经济效益最好的企业。1990～1994年，世界集装箱领域处于过度竞争阶段，由于世界经济形势的恶化所导致的贸易减少，极大地降低了对集装箱的需求，再加上集装箱行业过剩的生产能力，使得集装箱制造行业成为"鸡肋"，在"食之无味，弃之可惜"的窘境下，多数跨国企业依据"波士顿矩阵"选择了放弃集装箱生产。中集集团则在此期间在中国沿海连续收购8个集装箱厂，从而在采购、生产和营销等方面形成了巨大的规模优势[26]，并一举奠定了行业第一的地位。采用同样的方法和同样的思维方式，中集集团在1997年亚洲金融危机期间和2008年世界金融危机期间，连续收购世界各地的集装箱生产厂，并成功地将企业形象由低成本的集装箱供应商转变成为最优的集装箱供应商。回顾中集集团的发展历史，我们可以说有很多独特的能力和资源优势是在特定历史条件下建立的，在新的历史条件下，新的进入者很难学习和模仿中集集团的独特竞争优势。

二是综合性的竞争优势。建立在特定资源和能力基础上的竞争优势，很容易被竞争对手所模仿，因为竞争对手能够比较清晰地了解企业竞争优势的构成。但是，面对综合性的竞争优势，竞争对手是很难模仿的，因为企业竞争优势构建在多种资源和能力的综合基础上，竞争对手很难清楚地了解其内在的资源和能力构成以及具体的构成比例[27]。宝洁公司的销售能力是公认的核心竞争优势，全世界的快速消费品公司都希望能够在最短的时间内学习并模仿宝洁公司的销售能力，甚至采取手段高薪聘请宝洁公司的销售人才。但是，这些对手至今仍未能够成功模仿。其原因在于宝洁公司在销售方面的竞争优势并不仅仅建立在销售队伍方面，而是来自于市场营销、市场调研、产品研发、生产制造等部门的支持；来自于能够导致这些部门一体化的结构、机制和文化。换句话说，那些将宝洁公司销售管理者带回去的企业并不能够复制宝洁公司的成功，因为它们没有了解宝洁公司在销售方面的竞争优势是综合性的，而不是单一的。其中最难复制的就是支撑这种能力的组织性资源，即结构、机制和文化。

三是根植于特定社会或组织文化的竞争优势。根植于社会和组织文化的竞争优势是最难模仿的竞争优势，也是最具特色的竞争优势。如德国人以品质精细而著称，德国企业也以品质精细而获得竞争优势，这种竞争优势的获得是根植于德国特定的社会文化的，其他区域的企业很难模仿；同样的道理，日本企业在追求成本和效率的优势也是根植于日本（资源高度贫乏的国家）特定的社会文化的，其他区域的企业很难模仿。阳江十八子集团形成了自身特定的刀具文化，并依据刀具文化形成了自身独特的商业模式，其他企业很难模仿；广东温氏集团扎根于农村，依托农民养殖的特点形成了"公司＋农户"的特殊商业模式，其他企业很难模仿；格力电器有限公司凭借多年来对产品质量的追求以及科技支撑，形成了产品质量过硬的竞争优势，多年以来形成的组织文化造就的竞争优势，其他企业很难模仿；GE从建立之初就确立的"创新"组织文化，一直引领企业高速稳定发展，其他企业也很难模仿。从饮食业来说，虽然全国各地都有兰州拉面、羊肉泡馍，但无论如何，兰州拉面还是兰州的最好吃，羊肉泡馍还是西安的最好吃；北京全聚德的烤鸭，离开北京就不是它了，其原因也在于它是根植于北京特定的社会文化的。

2. 独特竞争优势的不可替代

如果企业资源和能力优势很难被学习和模仿，那么竞争对手就会想办法寻找或者开发替代的资源和能力，从而改变整个商业模式。如果某种资源和能力带来的竞争优势可以被其他的资源和能力所替代，则企业建立在这种基础上的竞争优势就会面临被侵蚀的威胁，其可持续性就会降低[28]。例如，随着汽车在中国的普及，原来那些在市中心的商业企业的地理优势就受到了很大的威胁，因为越来越新的商业企业并不试图去模仿这些老企业，在市中心最繁华的地方建立网点，相反，它们可能去一些交通和停车相对便利的地方建立规模更大、装修更好的网点，从而实现了对市场中心老商业企业网点优势的替代。原来的家电零售企业纷纷实行连锁经营，试图以网点优势作为核心专长，压低家电制造企业讨价还价的权力。但是，随着喜欢网络采购的所谓年轻白领成为主要家电销售对象，越来越多的家电企业开始建立自己的网络销售平台，直接为这些顾客销售产品，从而对传统的家电零售行业形成了越来越严峻的挑战。那些具有战略洞察力的家电零售企业现在已经开始收购网上销售的企业，同时对自己店内销售的产品和方式进行调整，通过整合商店和网络两种渠道以及网上和网下两种销售模式，形成了一种新的商业模式。

战略聚焦三

核心专长

核心专长是指能够作为企业竞争优势来源的能力，具体而言，主要包括两个方面的含义：一方面指的是其能够为企业带来独特的竞争优势，即这种能力能够帮助企业在与外部环境的互动过程中通过利用机遇或者降低威胁来创造价值，并且这种能力是其他竞争对手所不具备的；另一方面指的是其能够为企业带来持续的竞争优势，这种持续的竞争优势来源于这种能力的难以模仿性和难以替代性，即其他企业不能轻易建立起这种能力，并且这种能力对于企业而言是不可替代的。

普拉哈拉德和海默尔最初在《哈佛商业评论》上提出核心专长这一概念时指出，至少有三种方法可以帮助企业确定核心专长：

①核心专长能够帮助企业进入多个市场；②核心专长能够为企业创造客户价值；③核心专长是难以被其他企业所复制的。后续学者对此进行了大量的研究，并逐渐形成了被普遍认同的四个判断标准：

(1) 有价值。即这种能力是否能为顾客带来价值？或者说顾客是否认为有价值？

(2) 稀缺。只有少数企业具备这种能力，或者说，当多数企业具备这种能力的时候，其战略价值将会大打折扣。

(3) 不可模仿。竞争对手很难模仿这种能力。竞争对手很容易模仿的能力就会很快失去其战略价值。

(4) 不可替代。竞争对手很难用其他

能力替代这种能力。凡是很容易被替代的能力其战略价值也很容易受到侵蚀。

　　企业可以根据这四个标准来判断哪些资源和能力可以成为自身的核心专长，从而发展自身的竞争优势。需要指出的是，这四个标准并不是判断核心专长的唯一工具，价值链分析同样也可以帮助企业分析自身的核心专长，价值链分析更多侧重于对核心专长的维护和发展，四个判断标准则更多侧重于对核心专长的发掘，企业在实际应用过程中应根据自身战略合理选择分析工具。

资料来源

作者根据相关资料整理。

　　如果企业所建立的竞争优势很容易被其竞争对手采取其他形式的竞争优势所替代，则这种竞争优势就不是可持续的竞争优势，只有那些不能被替代的竞争优势才是可持续的竞争优势，至少是在一段时间内不能被替代。事实上，由于科技进步和信息技术的发展，不可替代的竞争优势已经很难获得。科技进步使得技术诀窍已经很难长时间不被竞争对手所了解，信息技术的发展使得寻找替代的竞争优势的渠道更加多样，因此，企业所建立的不能被替代的竞争优势也就只能是在某一段时间内不能替代的，在较长的时期内，所有的竞争优势都有可能被替代。

3.6　SWOT 模型分析

　　在完成企业外部和内部环境分析之后，企业战略管理者需要对整个战略态势的分析进行总结、比较和匹配，并且在这个过程中激发和形成若干可选择的战略[29]。SWOT 模型是企业战略管理者进行这项工作的有效工具之一。SWOT 分析法又称为态势分析法，其核心思想是通过对企业外部环境与内部条件的分析，明确企业可利用的机会和可能面临的风险，并将这些机会和风险与企业的优势和劣势结合起来，形成企业的不同战略措施。SWOT 分析的基本步骤如下：

　　（1）分析企业内部的优势和劣势，并把具体的判断放在矩阵对应的方格内（图 3-4）。这些优势和劣势既可以是相对企业目标而言的，也可以是相对竞争对手而言的。

　　（2）分析企业面临的外部机会与威胁，可能来自于与竞争无关的外部环境因素的变化，也可能来自于竞争对手力量与因素变化，或二者兼有，但关键性的外部机会与威胁应予以确认，并把具体内容列入图 3-4 的矩阵内。

　　（3）将对图 3-4 中的各种具体的陈述进行比较和结合，由此产生四种可能的应对策略，分别是 SO 策略、ST 策略、WO 策略和 WT 策略。在这里，我们将 SWOT 的组合称为策略，而不是战略，其原因在于战略所关心的问题是企业发展的核心问题，而不是应对已知环境变化的具体策略。基于 SWOT 分析所获得的结果，并不能直接构成企业战略，而只能是应对环境变化的策略，需要结合企业意图、宗旨和战略目标的综合分析，才能构成企业战略。

SO 策略就是利用优势抓住机会的应对策略，例如，良好的产品市场前景、供应商规模扩大和竞争对手有财务危机等外部条件，配以企业市场份额提高等内在优势可成为企业收购竞争对手、扩大生产规模的有利条件；ST策略就是发挥优势减少威胁的应对策略，如面对竞争对手利用新技术大幅度降低成本给企业造成的外在压力，有较强产品开发能力的企业可通过采取开发新产品的战略回避外部威胁的影响；OW 策略就是利用机会克服劣势的应对策略，如对于原材料供应不足的企业，在产品市场前景看好的前提下，可利用供应商扩大规模、新技术设备降价、竞争对手财务危机等机会，实现纵向整合战略，重构企业价值链，以保证原材料供应；WT 策略就是避免劣势受到威胁打击的应对策略，如当企业成本状况恶化，原材料供应不足，生产能力不够，无法实现规模效益，且设备老化，使企业在成本方面难以有大作为，这时企业将被迫采取目标聚集战略或差异化战略，以回避成本方面的劣势，并回避因成本原因带来的威胁。

内部环境 / 外部环境	优势 (Strengths): 1. 2. 3. …	劣势 (Weaknesses): 1. 2. 3. …
机会 (Opportunities): 1. 2. 3. …	SO战略	WO战略
威胁 (Threats): 1. 2. 3. …	ST战略	WT战略

图 3-4　SWOT 分析模型

本章要点

1. 内部环境分析的目的在于确认企业内部重要的优势和劣势，明确企业是否具备或者应该建立的核心专长，为进一步的战略制定奠定基础。
2. 内部环境分析面临着复杂性、利益冲突性和不确定性等挑战，包括以下分析过程：①企业的发展历史、现行战略与面临的挑战；②企业内部的资源条件；③企业内部的能力水平；④企业的竞争优势；⑤企业的核心专长。
3. 资源包括有形资源与无形资源，从企业战略管理的角度来看，需要从如下几个方面对企业拥有的或者可以通过整合取得的资源进行分析：①资源的数量和质量；②资源的分布；③资源的稀缺性；④资源的可获取性；⑤资源的可转移性。

4. 企业能力包括管理能力和经营能力，企业战略管理者需要特别关注企业综合能力、整合能力、学习和创新能力。企业能力的分析同样需要从以下几个方面展开：①能力的数量和质量；②能力的分布；③能力的稀缺性；④能力的可获取性；⑤能力的可转移性。

5. 核心专长（core competence）的概念，其本意既有"能力"的含义，也有"匹配"的含义。其具体含义包括独特竞争优势（distinctive competitive advantage）和可持续的竞争优势（sustainable advantage）。

6. 企业独特的竞争优势其实是来源于下列两个方面及其相互的匹配：①发现了独特的顾客诉求，并且创造了能够满足这种独特诉求的价值活动组合（商业模式）；②具有独特的资源和能力。

7. 竞争优势的可持续性来源于竞争优势的模仿成本和不可替代性。

8. SWOT模型是企业战略管理者在完成企业外部和内部环境分析之后，对整个战略态势的分析进行总结、比较和匹配，激发企业形成应对策略的思维模式。通过将企业面临的外部环境的机会、威胁和企业内部的优势、劣势进行综合，形成矩阵，这一矩阵为寻求各种可能的应对策略提供了决策依据。

思考题

1. 怎样理解企业内部环境分析的重要性？
2. 为什么要把企业的现行战略和竞争地位的分析作为内部环境分析的起点？
3. 为什么企业内部环境分析具有复杂性、利益冲突性和不确定性？
4. 怎样理解组织性资源和组织性资源的重要性？
5. 什么是价值链模型？价值链模型的作用有哪些？
6. 怎样理解企业竞争优势的独特性？
7. 竞争优势可持续性的主要来源是什么？
8. 什么是企业核心专长？什么情况下核心专长会变成核心障碍？

能力拓展

选择一家企业作为对象，研究该企业的发展历史与现行战略，结合当前的经营环境，考察其目前的资源与能力对于现行战略的支撑，并对企业竞争优势的独特性、可持续性进行描述，明确其核心专长。

参考文献

[1] 迈克尔·A. 希特，R. 杜安·爱尔兰，罗伯　　特·霍斯基森. 战略管理：竞争与全球化.

吕巍等译 . 北京：机械工业出版社 .2012

[2] C.W.L. 希尔，G.R. 琼斯 . 战略管理 . 孙忠译 . 北京：中国市场出版社 .2008.

[3] Houghton J R，White M A. Environment dynamism and strategic decision-making rationality：an examination at the decision level. Strategic Management Journal，2003，24：481~489.

[4] 周建 . "入世"与我国企业战略内核的进阶——核心竞争能力的视角 . 南开管理评论，2005，2：49~59.

[5] 邹国庆，徐庆仑 . 核心能力的构成维度及其特性 . 中国工业经济，2005，5：96~103.

[6] 梅森·卡彭特，杰瑞德·桑德森 . 战略管理：动态观点 . 王迎军，韩炜，肖为群，等译 . 北京：机械工业出版社 .2009.

[7] Funk K，Sustainability and performance. MIT Sloan Management Review，2003，44（2）：65~70.

[8] Blyler M，Coff R W. Dynamic capabilities，social capital，and rent appropriation：Ties that split pies. Strategic Management Journal，2003，24：677~686.

[9] 贺小刚，李新春，方海鹰 . 动态能力的测量与功效：基于中国经验的实证研究 . 管理世界（月刊），2006，3：94~103.

[10] Mczias J M，Starbuck W H. What do managers know，anyway? Harvard Business Review，2003，81（5）：16~17.

[11] 蓝海林 . 建立"世界级企业"：优势、路径与战略选择 . 管理学报，2008，1：2008，5（1）：9~13

[12] Linder J C，Jarvenpaa S，Davenport T H. Toward an innovation sourcing strategy. MIT Sloan Management Review，2003，44（4）：43~49.

[13] 樊利钧，周文 . 基于资源和能力观的内部市场边界确定 . 中国工业经济，2007，3：54~61.

[14] 迈克尔·A. 希特 . 战略管理——概念与案例（第八版）. 吕巍译 . 北京：中国人民大学出版社 .2009.

[15] 迈克尔·古尔德，安德鲁·坎贝尔，马斯库·亚历山大 . 公司层面战略 . 黄一义，谭晓青，冀书鹏等译 . 北京：人民邮电出版

社 .2004.

[16] 蓝海林，等 . 转型中的中国企业战略行为研究 . 广州：华南理工大学出版社 .2007.

[17] 小阿瑟·汤姆森，约翰·甘布尔，斯特里克兰三世 . 战略管理：获取竞争优势 . 蓝海林，李卫宁，黄嫚丽，等译 . 北京：机械工业出版社 .2006.

[18] 格里·约翰逊，凯万·斯科尔斯 . 战略管理 . 王军，王红，肖远企译 . 北京：人民邮电出版社 .2004.

[19] Hawawini G，Subramanian V，Verdin P. Is performance driven by industry-or firm-specific factors? A new look at the evidence. Strategic Management Journal，2003，24：1~16.

[20] De Carolis D M，Competencies and imitability in the pharmaceutical industry：an analysis of their relationship with firm performance. Journal of management，2003，29：27~50.

[21] Cross R，Baker W，Parker A. What creates energy inorganizations? MIT Sloan Management Review，2003，44（4）：51~56.

[22] King A W，Zeithaml C P. Measuring organizational knowledge：a conceptual andmethodological framework. Strategic Management Journal，2003，24：763~772.

[23] Zott C. Dynamic capabilities and the emergence of intraindustry differential firm performance：insights from a simulation study. Strategic Management Journal，2003，24：97~125.

[24] 迈克尔·波特 . 竞争优势 . 陈小悦译 . 北京：华夏出版社 .2005.

[25] 叶广宇，蓝海林 . 供应链分析与企业基本竞争战略的选择 . 南开管理评论，2002，1：33~36.

[26] 蓝海林 . 迈向世界级企业——中国企业战略管理研究 . 北京：企业管理出版社 .2001.

[27] 贺小刚，李新春 . 资源异质性、同质性与企业绩效关系研究——以我国医药类上市公司为例 . 南开管理评论，2004，2：23~29.

[28] 刘海建，陈传明 . 核心竞争能力的识别——透视红太阳集团的发展历程 . 管理世界（月刊），2004，4：128~136.

[29] 彭伟刚 . 全球企业战略 . 孙卫，刘新梅等译 . 北京：人民邮电出版社 .2007.

企业的愿景、宗旨和目标

『本章学习目的』

1. 掌握战略愿景、宗旨的概念以及两者之间的关系。
2. 理解并掌握企业愿景与宗旨的核心内容。
3. 了解战略目标的概念。
4. 理解企业战略目标体系的特点。
5. 了解影响愿景、宗旨和目标制定有效性的因素。

4

招 商 银 行

招商银行于 1987 年 4 月 8 日在中国改革开放的最前沿——深圳经济特区成立，是中国境内第一家完全由企业法人持股的股份制商业银行，也是国家从体制外推动银行业改革的第一家试点银行。

成立 25 年来，伴随着中国经济的快速增长，招商银行从当初只有 1 亿元资本金、1 家营业网点、30 余名员工的小银行，发展成为资本净额超过 2000 亿元、资产总额超过 2.8 万亿元、员工近 5 万人的全国性股份制商业银行，并跻身全球前 100 家大银行之列。25 年来，随着内外环境尤其是顾客需求的快速变化，招商银行的业务重点、业务领域、管理模式等方面也在不断进行相应调整。然而，公司一直坚守不变的，则是企业的愿景、宗旨与战略目标。

招商银行的愿景：力创股市蓝筹，打造百年招银。其中，"股市蓝筹"具有深刻的内涵，它既是一个抽象概念，也是一个具体概念，包含了规范经营，业绩优秀，受投资者青睐，受社会尊敬，受客户信赖的内涵；它既是一个静态的概念，也是一个动态的概念，意味着公司要想长期保持蓝筹地位，就需要持续奋斗，不断向上的决心、勇气和行动。"打造百年招银"则体现了招商银行希望成为基业长青企业的志向和决心，也体现了对社会、客户、员工、股东的长期承诺。

招商银行的宗旨：为客户提供最新、最好的金融服务。招商银行强调自己不追求规模最大，而是追求提供最为优质、最有特色的金融服务，满足客户、员工和股东的需求。

招商银行的战略目标：成为具有国际竞争力的中国最佳商业银行。

正是长期坚守自己的愿景、宗旨和战略目标，招商银行在客户定位方面，才不仅仅是面向大众服务的银行，更是面向城市年轻人、企业白领和高收入阶层三类高价值客户的有特色的银行；才会重点发展零售业务、小企业业务和中间业务，尤其是其中的财富管理、小微金融、私人银行、信用卡和电子银行业务；才会在区域选择上强调做大做强国内市场，重点投入发达地区，合理布局高潜地区；稳步拓展海外市场，重点关注东南亚区域。因此，招商银行强调自己是定位于赢利能力领先、服务品质一流、品牌形象卓越的有特色的创新型银行，并形成了自己独特的竞争优势：持续增长的品牌价值；同业领先的零售高价值客户基础；快速优质的产品和服务创新；不断优化的业务结构；以及领先变革的电子银行服务渠道。

联想的创始人柳传志这样评述招商银行："招商银行的发展与其他国内大银行不同，表现在通过走创新道路与国外同行竞争。"招商银行的总经理马蔚华则不喜欢说"创新"，他更喜欢用另外一个词——"颠覆"。事实上，招商银行创造了中国银行业的无数个第一，是行业内当之无愧的"吃螃蟹者"。它不仅是国内第一家新体制银行，也是国内第一家实现 ATM 全国通兑和 POS 机卡刷卡消费全国联网的银行；第一家推出"24 小时银行"服务的银行，也是第一家推出了"网上银行"；在国内率先抢占"一卡通"业务的银行；2005 年在国内率先开始战略调整，着力发展零售和中介业务；2008 年，在金融风暴愈演愈烈、西方银行大批倒闭的背景下，招商银行却在纽约开设了新分行，进军国际市场。

凭借出色的业绩表现与管理能力，招商银行获得了国内外诸多奖项：2008 年，被《欧洲货币》评为"中国区最佳银行金融公司"第一位、"亚洲区最佳银行金融公司"第三位，以及被《亚洲货币》评为"2008年度中国最佳本土银行"；2008年获《金融亚洲》授予"最佳管理公司"、"最佳公司治理"和"最佳投资者关系"三项殊荣；2010年，招商银行荣获英国《金融时报》"最佳零售银行"奖项、《欧洲货币》"中国区最佳私人银行"奖项、《财资》"中国最佳私人银行"奖项。2011年，招商银行连续第七次荣获《亚洲银行家》"中国最佳股份制零售银行"称号；在美国《环球金融》2011年度"中国之星"评选中，蝉联"最佳零售银行"奖项。

资料来源

1. 作者根据招商银行官方网站资料、《招商银行企业文化手册》、《招商银行年度报告》等整理。
2. 张力升．中国需要好银行：马蔚华与招商银行．北京：中央编译出版社．2009.

招商银行被国内外学者公认为最具有国际竞争力的国内银行之一[1]。招商银行的成功在很大程度上是因为它有明确的愿景（vision）、宗旨（mission）和目标（objective），能够将自己的全部资源和精力投放于自己的核心业务，从而在自己的核心业务的关键价值创造环节上不断建立和发挥核心专长。招商银行的战略是围绕着其愿景、宗旨和目标不断地进行调整与创新，这主要表现在以下三个方面：

（1）价值驱动型战略。就是基于价值选择而决定的战略选择，主要是企业在经营内容和长期目标上的价值选择与自我实现上的追求，其内容主要反映在公司的愿景和宗旨陈述之中。招商银行就是以"力创股市蓝筹，打造百年招银"为愿景，确立"为客户提供最新最好的金融服务"的宗旨，实现"成为具有国际竞争力的中国最佳商业银行"的目标。

（2）决策驱动型战略。就是基于科学方法而决定的战略选择，主要是企业在实现长期承诺过程中对增长方向、增长方式和增长目标的决策或者选择，其内容主要反映在公司的竞争战略、公司级战略、国际化战略和企业战略的推进方式之中。例如，招商银行将城市年轻人、企业白领和高收入阶层作为自己的最重要的目标客户，重点发展零售业务、小企业业务和中间业务，尤其是其中的财富管理、小微金融、私人银行、信用卡和电子银行业务。做大做强国内市场，重点投入发达地区，合理布局高潜地区，稳步拓展海外市场，重点关注东南亚区域。

（3）行动驱动型战略。就是基于行动速度和创新性而决定的战略选择，主要是企业在实现目标和决策驱动型战略过程中所采用的具体手段和策略方法。招商银行在行业内率先实现 ATM 全国通兑和 POS 机卡刷卡消费全国联网、率先推出"24 小时银行"服务以及"网上银行"等均可以视为行动驱动型战略。

招商银行在战略管理上的成功源于它对价值驱动型战略的执著，也正是这种执著才保证了它在决策驱动型和行动驱动型战略上作出了正确的战略选择。

完成企业外部环境和内部环境分析之后，企业战略管理者必须明确自己战略制定的任务是什么。具体来说，企业战略管理必须明确战略制定将主要在哪个层次上展开？战略制定的主要内容是什么？战略制定的任务应由谁来完成？在制定企业战略的过程中，企业愿景和宗旨与企业外部和内部环境分析之间存在着互为前提的矛盾关系。在开始进行外部和内部环境分析之前，如果企业战略管理者尚不能确定一些最基本的前提，例如，是否需要坚持企业原有的愿景和宗旨等，那么企业外部和内部环境分析将是毫无目的和漫无边际的。但是，如果企业战略管理者从一开始就已经明确不调整企业愿景和宗旨的内容，那么战略管理者对于企业外部和内部环境的分析可能会受到局限，从而错失一些来源更为广泛的机会或者忽视了对企业持续经营构成深刻影响的重要威胁。

企业战略管理者需要从动态的角度来解决这个逻辑矛盾。在战略制定的最初阶段，企业战略管理者需要根据自己对"战略问题"（导致企业调整战略的根本动因）的理解来判断企业过去所坚持的一系列战略性承诺（企业的愿景和宗旨）是否需要调整，这是所有企业战略制定的逻辑起点。如果战略管理者根据自己对战略问题的理解认为企业过去所坚持的一系列战略性承诺并不需要改变，那么企业战略管理者可以相对缩小内部和外部环境分析的范围。如果战略管理者根据自己对战略问题的理解认为企业过去所坚持的一系列战略性承诺必须调整，那么企业战略管理者就需要相对扩大内部和外部环境分析的范围，并且应该采取更为谨慎的态度来确认改变愿景宗旨的理由和方向——具体是哪个或者哪些重要的外部与内部因素的变化使得企业必须改变愿景和宗旨；在这个或这些因素的影响下，企业应当朝什么方向来改变愿景和宗旨。

如果企业战略管理者在战略制定的最初阶段无法回答这个问题，那么其也可以将这个问题留到内部和外部环境分析完成之后加以解决。如果企业内部和外部环境分析表明企业并不需要改变其原来的愿景和宗旨，那么企业战略管理者所面临的战略调整将不包括战略承诺的改变，而只需要就如何实现愿景和宗旨进行战略决策，即企业所有应对环境变化的一系列决策和行动都是以贯彻企业原有的愿景和宗旨为前提的。如果企业内部和外部环境分析表明企业必须改变其原来的愿景和宗旨，那么企业战略制定的首要任务就是修订愿景和宗旨，其次的任务才是如何实现修订后的愿景和宗旨。必须强调的是，虽然在绝大多数情况下，某个任期内的企业战略管理者在战略制定中并不需要调整企业的愿景和宗旨，但是无论如何，评估企业的愿景和宗旨的适当性应该是所有企业战略制定的起点。

随着外部环境变得越来越动态和复杂，以资源为基础的观点和与之相关的长期承诺或者价值驱动型战略越来越受到企业战略管理者的重视。本章的主要内容就是要通过对企业愿景和宗旨的定义、作用和内容的解释，说明企业长期承诺或者价值驱动型战略的特点和重要性。在此基础上，本章还将根据战略制定过程的基本逻辑，对企业战略管理者应该如何根据愿景和宗旨来有效制定战略目标作出说明，因为战略目标是企业战略管理者为实现愿景和宗旨所期望达到的阶段性结果。

4.1 企业的愿景

企业的愿景（vision）或者期望是以最简明的语言陈述企业希望通过基本战略的实现最终达到什么样的目标。企业愿景的核心内容是由两个方面的内容所构成的：①确立企业的长期价值取向和远期的价值追求。这个时间跨度可以是十几年，甚至几十年。也就是说，企业需要确立大胆的长期目标——即宏大（big）、惊险（hairy）与大胆（audacious）的目标[2]。这种目标应该是有形的、激动人心的和富有针对性的，能引起人们的极大兴趣。同时，这种目标又是易于理解和把握的，无须做任何详细解释。②对企业未来要达到的远期目标做一个生动形象的描述。这个远期目标是对愿景或者期望的描述，因此，既要有实现的可能性，更要富有挑战性；既要具有一定的可测量性，又要有一定的模糊性。另外，这种描述也应该是生动形象的，充满激情和感染力，且能令人信服。因此，愿景应处于可能实现而又可能实现不了的模糊状态，它既是宏伟的又是激动人心的。事实上，如果企业愿景是很容易就可以实现的话，那么愿景岂能那样激动人心呢？对于企业家而言，他需要关注的是企业的愿景能否让自己热血沸腾，甚至热泪盈眶；能否经常让自己为它彻夜难眠；能否让自己有一种热情，一股冲动，想将它与企业的员工分享。如果没有，那他就应该考虑对企业愿景进行修改了。愿景的哲学意义体现在"因为你想成为什么，所以你就能成为什么"，而不是"因为你能成为什么，所以你想成为什么"。因此，有效的企业愿景一般应具备以下特征[3]：

（1）形象性。有效的企业愿景应形象描述战略管理者力图创造的企业类型和公司力争占据的市场地位。

（2）指导性。愿景应描述战略管理者为企业所制定的战略方针以及"产品—顾客—市场—技术"方面的变化。

（3）聚焦性。愿景应足够具体且有针对性，以便为战略管理者的决策制定和资源配置提供指导。

（4）灵活性。愿景也不能过度聚焦，否则对于市场、顾客偏好和技术的不断变化会缺乏适应性。

（5）可行性。愿景应在企业能够实现的合理范围之内。

（6）合意性。愿景所展示的企业发展路径能够体现出良好的商业意识。

（7）易于传达。能够在 5～10 分钟内阐述清楚，最理想的是能够浓缩成一句简单、易记的口号。

战略聚焦一

部分企业的愿景

Red Hat Linux：把我们的地位提升为企业最信任 Linux 和开放源码供应商。我们将通过一套完备的 Red Hat Linux 软件、一个强大的网络管理平台，以及相关的支持和服务来增长 Linux 的市场。

Wills Fargo：我们想满足顾客所有财务需要，帮助他们成功的理财，在每一个市场里，使他们成为理财服务的最大受益者，也希望人们都认为我们是全美国最棒的公司之一。

惠氏：我们的愿景是使世界变得更健康。通过努力使我们组织的各个层级都致力于这个愿景，我们将被雇员、顾客和股东认为是全世界最好的医药公司，并且使所有人都能够在这里实现价值。

通用电气：我们将在自己所从事的所有领域里面做到第一位或者第二位，并通过改革促使我们成为具有小公司的速度和敏捷性的企业。

3M 公司的牙科产品业务：成为全球牙科专业市场的必然的供应者，提供世界级品质和创新性产品。

耐克：给全世界运动员带来创新和激情。

亨氏：成为世界上最好的食品公司，给各个地方的顾客提供有营养，特别是美味的食品。

英特尔：使自己与世界范围内的 10 亿计算机、百万的服务器和万亿美元的电子商务相连。

苏宁：科技苏宁，智慧服务。到 2020 年，苏宁易购销售突破 3000 亿元，海外销售达 100 亿美元，成就世界级的领导品牌！

TCL：成为受人尊敬和最具创新能力的全球领先企业。

美的：做世界的美的。致力于成为国内家电行业的领导者，跻身全球家电综合实力前五强，使"美的"成为全球知名的品牌。

华为：丰富人们的沟通和生活。

联想集团：未来的联想应该是高科技的联想、服务的联想、国际化的联想。

中兴通讯：为全球客户提供满意的个性化通讯产品及服务，成为世界级卓越企业。

中国移动：成为卓越品质的创造者。

中欧：成为全球最受尊敬的国际商学院。

康美药业：致力于西药研发、生物科技、现代中药融合，发展的创新与开拓，成为中国最受尊敬的公众公司。

珠江钢琴：造世界最好的钢琴，做世界最强的乐器企业。

万科：成为中国房地产行业持续领跑者，卓越的绿色企业。

资料来源

作者根据各个公司网站与相关资料整理。

在上述战略聚焦的企业中，有的企业追求的是成为"中国领先"、"世界一流"或者"全球领先"，有的企业追求的是"品牌第一"或者"品牌影响"，还有的企业追求的是"顾客信任"、"专业水平"等。然而，没有哪一家企业会直接将投资收益最大化作为愿景，这是因为投资收益的最大化并不能够使自己区别于其他企业。正是愿景这种强烈的价值追求才能够让这些企业的战略管理者排除短期机会和威胁的干扰，而长期专注于一项具体的业务。从上述愿景的陈述中我们还可以发现一种暗含的启示，那就是任何一个行业中都会产生出最成功的企业，而这个最成功的企业往往是产生于那些在其愿景与宗旨中更为坚定地立足于本行业的企业之中。由于行业收益率总是变动的，单纯追求投资收益和财富增长最大化的企业很难对某一个具体的行业作出并保持长期承诺，这显然是这些企业难以获得成功的主要原因。

企业之所以需要编制并向大众公布自己的愿景，首先是为了促进沟通。企业的精英需要其外部和内部的所有现在以及潜在的利益相关团体了解自己。考虑到企业所需要沟通的外部对象并不具体和专业，因此企业只需要简单地告诉他们自己是做什么的和希望做成什么样子。例如，招商银行强调自己是从事金融业务的，并且希望成为股市的蓝筹和百年老店。万科则通过其愿景向所有当前与潜在的利益相关团体简单而清晰地表明，自己是从事房地产业务的，并且希望成为中国房地产行业的持续领跑者和卓越的绿色企业。因此，企业通过编制并广泛公布其愿景，可让其所有的利益相关团体快速而全面地了解自己。

其次是为了赢得认同和支持。为了使那些了解本企业的利益相关团体能够进一步对企业产生好感，甚至表现出合作或者支持的意愿，企业必须先表明自己愿意作出的承诺，即准备花多长的时间和多大的资源来实现愿景，以此来获得这些利益相关团体的好感和可能的支持，因为他们一般都相信能够作出这样承诺的企业更容易获得成功。在开篇案例中，招商银行通过其愿景慎重地作出了"力创股市蓝筹，打造百年招银"的承诺，从而为公司获得供应商、顾客、员工、股东、政府、社区等利益相关团体的广泛认同和支持提供了良好的基础。

最后是为了寻求监督。企业在公开宣布自己的愿景的过程中不仅促进了利益相关团体的了解，赢得了他们的好感，而且也给自己带来了约束与外部监督。从哲学意义上说，选择做什么的同时就意味着选择不做什么。事实上，这种外部监督就是企业外部治理结构的一部分，因为包括股东在内的利益相关团体都不喜欢经常改变承诺的企业，这就要求企业战略管理者必须信守承诺。招商银行承诺了从事金融业务，同时也就意味着放弃了其他的非金融业务，即使这些非金融业务能够带来更多的收益。一旦招商银行背离了其从事金融业务的长期承诺，就可能造成利益相关团体的强烈不满从而带来严重的后果。因此，企业公开宣布自身的愿景的过程，也是寻求利益相关团体监督自己长期坚守承诺的过程。

4.2 企业的宗旨陈述

**宗旨陈述的
性质与作用**

企业的宗旨（也称使命）陈述是企业长期承诺和价值驱动型战略的另一种更正式、专业、全面和具体的表达和传播形式，其核心内容不仅包括企业的宗旨，而且还包括企业的经营范围、经营方式、企业对关键成功因素的认知、企业对关键利益团体的承诺等。企业宗旨可以定义为一个使企业区别于其他同类企业的关于企业使命的陈述[6]，也可以被理解为对企业存在理由的表述[7]。企业宗旨清晰地表明了企业现在所处的商业范畴和业务目标，以及所要服务的顾客[8]，也就是"我们是谁，我们要干什么，我们为什么在这"[4]。因此，企业宗旨解释了企业存在的根本理由，反映了人们在企业中从事工作的理想与动力，它并不是仅仅描述企业的产量或目标客户，而是企业的灵魂[9]。正如一个广为传颂的故事所说：有人路过一个建筑工地，看到三个工人在工地上汗流浃背地干活，于是好奇地问三个工人在做什么？第一个工人疲惫地说我在砌砖头；第二个工人自信地说我在砌一堵墙；第三个工人则充满希冀地说我正在建设一栋雄伟的高楼。做同样的工作，不同的个体却拥有着截然不同的使命认知和精神境界，只有第三个工人的认知才更符合宗旨陈述的要求。

一般来说，任何企业宗旨的形成都有一个历史的过程。一个企业在新建之初，其宗旨大都比较模糊或比较简单，并主要体现在对经营范围的陈述方面。随着企业的发展和对经营过程的体验，其宗旨会逐步清晰和明确。不同企业的宗旨陈述详略不一，其表达方式也各不相同。但企业宗旨陈述毕竟是企业战略中最为关键、也最易为公众了解的部分，也是最能够指导和激励各种利益相关团体的部分。因此，企业必须慎重考虑如何陈述自己的宗旨。

为了保证企业长期承诺和价值驱动型的战略能够得到有效的实现，企业宗旨陈述所涉及的主要内容通常需要经过企业战略管理者的认真研讨和反复斟酌才得以形成。企业宗旨陈述一般需要经过董事会批准从而具有高度的权威性，因此，对内它将成为企业高层管理者制定其他层次战略的根本要求；对外它将是企业与各个利益相关团体进行沟通的最为基础和可靠的文本。为了保证企业在战略上的持续性，企业宗旨陈述的时间跨度一般也是在十年至几十年之间。除非经过董事会非常慎重的考虑与决策，否则最好不要在短期内随意改动。

企业编制和公布宗旨陈述的主要目的包括两个方面：一是针对那些基于特殊利益关心、关注本企业的外部利益相关团体，企业采取这种更正式、专业、全面和相对具体的方式去陈述企业的长期承诺和价值驱动型的战略选择，目的是希望赢得外部利益相关团体的认同、理解、支持和监督。二是针对企业内部成员，尤其是企业战略管理者，确保企业内部利益相关团体就企业的目的达成共识，为有效地使用企业的资源提供基础，为合理地配置企业的资源提供依据或标准，为企业建立和谐一致的节奏或良好的环境，为企业战略管理者明确企业目标、选择企业战略、制定企业政策提供方向，为企业全体成员理解和监督企业的战略决策提供依据[8]。

与愿景不同，宗旨陈述的沟通对象主要是企业内、外部的利益相关团体，因此一个好的宗旨陈述应该满足以下要求：第一，既能够体现行业特点，又可以表现出自己的个性，也就是要让企业的利益相关团体知道自己是一个既懂行又具有独特性特点的企业。第二，既需要具有综合性，又能够突出重点，简单地说就是要满足主要利益团体的需要，否则就难以体现宗旨陈述应该具有的沟通作用，也无法为制定目标和战略提供有效的指导。第三，既要表现出取舍清晰，又能够留有余地，既要方便各个利益相关团体理解和监督，又要给自己未来的发展和调整留有足够的空间和弹性。此时，较为宽泛的宗旨陈述可为企业战略管理者的创造性提供选择的余地，而过于狭窄的宗旨陈述会限制这种创造性，从而使企业在多变的环境中错失许多机会；较为宽泛的宗旨陈述便于调和相关利益团体之间的差异，较含糊和具有原则性的宗旨陈述也表现对各种利益团体的重视程度，可以避免产生不必要的矛盾。然而，企业的宗旨陈述又不能过于宽泛而不限制企业的战略选择，因为过分宽泛的宗旨陈述无法统一企业对未来的认识。例如，招商银行的宗旨是"为客户提供最新最好的金融服务"，这既体现了行业特点——金融服务，又体现了自己的个性——不追求规模最大，而是追求提供最为优质、最有特色的金融服务。同时，招商银行的宗旨陈述实现了综合性与重点突出的结合，金融服务体现了综合性，而最新最好则突出了重点。再者，该宗旨也体现了清晰取舍和留有余地。招商银行强调自己是为客户提供最新最好的金融服务，这首先明确了自己是提供金融服务而不是其他服务，至于为哪些客户提供金融服务以及何谓最新最好的金融服务，则是给企业的长期发展留下了足够的空间。万科在其宗旨陈述中也没有直接突出房地产，而是强调自己能够系统地理解不同消费者对居住生活的需要，通过创造性地运用设计、技术和服务为消费者提供展现自我、和谐共生的理想生活空间，形成人与自然的可持续发展。万科的宗旨陈述既体现了房地产行业特点，又表现出公司对于房地产行业有自己独到、深刻和专业的理解；既体现了综合性，强调了客户导向、报效股东以及与员工和伙伴共同成长，又突出了重点——消费者，万科认为客户是最稀缺的资源，是万科存在的全部理由；既坚定地选择了房地产行业，又巧妙地将房地产阐释为理想生活空间，并进一步将其升华到保护环境、改善环境，形成人与自然的可持续发展的高度，从而给自己未来的发展留下了足够的空间。

战略聚焦二

中国企业宗旨陈述举例

青岛啤酒：公司的经营宗旨是利用境内外社会资金，发展民族啤酒业，开拓国内、国际两个市场，以质量为中心，以名牌为先导，以市场为依托，以效益为目的，创世界一流公司，并使全体股东获得满意的经济利益。

同仁堂：遵循同仁堂"炮制虽繁必不敢省人工，品味虽贵必不敢减物力"的古训，发扬同仁堂"配方独特、选料上乘、工艺精湛、疗效显著"的制药传统，实施同仁堂名牌战略，提高同仁堂产品在国内外市场的声誉和竞争能力，弘扬中华民族医药文化；以科技开发为先导，以经济效益为中心，向广大投资者提供稳定增长的投资回报。

振华港机：公司在国家宏观调控下，按照市场需求自主组织生产经营，合理利用政策，保持技术优势，及时捕捉信息，开拓销售渠道，提高经济效益，增加股东权益，创立中国港口机械制造新形象。

美的电器：按国际惯例和规范的股份公司模式运作，以科学、高效的管理，发挥股份化、多元化、集约化和国际化的集团经营优势，逐步建成以家电制造业为主，多种经营的国际化大型企业集团，为股东谋取最大的利益和创造良好的社会效益。

青岛海尔：用户为师，科技先导，以名牌战略保持市场导向和领先地位，为股东提供满意的利益，以不断增长的实力成为有竞争力的国际化企业，为人类进步尽责。

雅戈尔：让消费者满意、使合作者发展；装点人生、回报社会；创国际品牌、铸百年企业。

新希望：运用现代企业制度规范公司的组织管理和行为，依靠科技求发展，以市场需求为导向，充分利用农业资源，大力发展现代农业，积极拓展农产品高科技加工工业以及相关产业的发展，为我国农业产业化和现代化作贡献，为股东创造价值。

南方电网：主动承担社会责任，全力做好电力供应。主动承担社会责任——公司作为关系国民经济命脉的重要行业和关键领域的中央企业，必须坚定不移地服务党和国家的工作大局，承担维护公众利益的责任和电力普遍服务的义务，在重大灾害面前，责任在先，在构建和谐社会中作表率。全力做好电力供应——公司作为电网企业，要协调好发电企业与电力客户，优化电力资源配置，提供安全、可靠、高效、环保的电力供应，服务经济社会发展。

资料来源

作者根据各个公司网站与相关资料整理。

需要说明的是，尽管愿景与宗旨都是对一个企业未来的发展方向和目标的构想和设想[10]，然而它们之间依然存在一定的差别。在愿景表述中需要回答的问题是：我们希望成为什么？（what do we want to become？），而在宗旨陈述中需要回答的问题则是：我们的业务是什么？（what is our business?）；此外，在愿景中还需要回答：我们将去往何方？（where are we going?），而宗旨陈述则倾向于界定公司现实的经营范围——"我们是谁和我们做什么？"（who are we & what do we do?）。由此可见，愿景突出的是企业未来的发展方向，描述的时间更为长远；而宗旨强调的企业现实的经营特点，描述的时间相对较近[11]。当然，基于愿景与宗旨关系的密切性与逻辑上的一致性，很多企业都将愿景纳入到宗旨陈述之中，并将其作为宗旨陈述的最后也是最重要的一句话，以特别突出企业通过坚守宗旨所试图达到的长期目标。

企业宗旨陈述的核心内容　　纵观若干企业的宗旨陈述，虽然其内容的多少和简繁程度并不完全一致，但是通常会涉及以下几个方面。

战略聚焦三

宗旨陈述的内容

1. 顾客——谁是企业的主要顾客？

2. 产品或服务——企业的主要产品或服务是什么？

3. 市场——企业主要在哪一个地区或行业展开竞争？

4. 技术——企业的主导技术是什么？

5. 对企业生存、发展和赢利的关注——对企业近、中、远的经济目标的态度。

6. 哲学——企业的基本信仰，价值观念和愿望是什么？

7. 自我意识——企业的长处和竞争优势是什么？

8. 对公众影响的关注——企业期望给公众塑造一个什么样的企业形象？

9. 利益协调的有效性——是否有效的反映了顾客、股东、公司职工、社区、供应和销售的厂商等各利益相关团体的利益。

10. 激励程度——展开的企业宗旨能否有效的激励企业职工？

资料来源

弗雷德·戴维.战略管理：概念部分（第11版）.李青译.北京：清华大学出版社.2008.

1. 企业的经营目的

企业宗旨的原意就是企业存在的使命、理由或者目的，因此绝大多数企业在自己的宗旨陈述中首先要表明本企业的经营目的，这是企业长期的承诺和最重要的价值追求。

企业的经营目的首先是由企业的性质所决定的。根据企业的性质，企业的经营目的大体上可以划分成三种：①受政府特许经营的公用事业或者特殊行业企业。这种企业在特定的区域中具有垄断地位或者一定程度的垄断性，无论其所有制形式是国有还是民营，或者其他中间形式，其经营的目的都不是股东财富最大化，至少不应该是以股东财富最大化为第一目的。②不受政府保护的非公用事业企业，这种企业主要是由私人投资和经营的，它们所在的行业都是高度市场化或者竞争激烈。无论其所有制形式是国有还是民营，或者其他中间形式，其经营的目的是股东财富最大化。③介于上述两种企业类型之间的企业。作为经济转型国家，中国的情况相对比较复杂。例如，竞争性行业中的国有企业，甚至国有控股企业都不能够将股东财富最大化作为自己的唯一或者第一经营目的，因为它们还不同程度地肩负着维持社会稳定的责任。从这个意义上说，那些不以股东财富最大化为经营目的的企业首先在宗旨陈述中说明自己的性质以及由此决定的经营目的，例如，供电、供水、煤气和公共交通运输行业的企业。

对于绝大多数在竞争性行业中经营的企业，包括民营和上市公司，在自己的宗旨陈述中将股东财富最大化作为自己唯一的经营目的是不合适的，因为这种陈述方法没有办法突出企业的个性和境界，即独特的价值追求。大卫·帕卡德1960年在给惠普员工所作的演讲中指出，经营目的触及的是一种除了赚钱之外的、公司存在的更深层理由。帕卡德说："我想讨论一下公司为什么存在的根本缘由。换句话说，我们在这里是为了什么？我想，很多人都以为，公司的存在仅仅是为了赚钱，这是错误的。尽管这确实是公司存在的一个重要理由，但我们要深入下去，去发现我们存在的真正理由。通过调查，我们最终得出这样的结论：那就是，一群人联合起来，并以一种机构的形式存在，我们称之为公司；这样他们可以完成一些由一个人完成不了的事情——为社会作出贡献。这种说法虽然听起来显得陈腐过时，但它却是根本……你可以环顾周围（整个经营世界），并发现人们好像都对赚钱感兴趣，而没有其他兴趣，但其深层的驱动力在很大程度上来自要做一些其他事情的渴望：创造一种产品，提供一种服务。概括而言，就是要做一些有价值的事情"[9]。

合理地规定企业的经营目的需要深入地理解各种利益团体的利益要求，了解各种利益要求之间的一致性和矛盾性，以及找出平衡利益矛盾的有效方法。以上市公司为例，实现股东财富最大化的主要方式就是保证股票价格持续稳定的增长。由于企业对股票价格市场波动没有完全的控制能力，因此实现股票价格持续稳定增长的主要方式就落到了影响股票价格的基本层面上，即在符合法律和社会责任要求与控制企业财务、经营、变现等风险的前提下，持续地实现自有资本收益率或者每股收益增长率的最大化，而不是简单的实现企业赢利的最大化。所有与企业有关的利益团体都非常清楚，若想在市场经济条件下通过竞争而实现每股收益增长的最大化，企业必须能够持续的满足顾客的需求。正是基于这种考虑，绝大多数企业从满足顾客需求的角度（当然不排除对这个主要目的的其他修饰或者限定）去陈述自己的经营目的。事实上这种陈述方式有以下几个好处：①能够被各个利益团体认可和接受；②有利于体现企业的个性；③能够反映企业的价值追求和社会价值。例如，招商银行，强调自己的目的是为客户提供最新最好的金融服务。青岛啤酒的经营目的则是发展民族啤酒业和创世界一流公司。同仁堂的经营目的在于提高同仁堂产品在国内外市场的声誉和竞争能力以及弘扬中华民族医药文化。

美的电器的经营目的则为逐步建成以家电制造业为主，多种经营的国际化大型企业集团。新希望的经营目的则强调了积极拓展农产品高科技加工工业以及相关产业的发展，为我国农业产业化和现代化作贡献。

2. 企业的经营范围

企业的经营范围是指国家允许企业法人生产和经营的商品类别、品种及服务项目，反映企业法人业务活动的内容和生产经营方向，是企业法人业务活动范围的法律界限，体现企业法人民事权利能力和行为能力的核心内容。

如果一个企业在自己的宗旨陈述中表明自己的经营目的是满足所有顾客的所有需求，那么没有什么利益团体会理解、认同和支持这个企业的战略选择和价值追求，因为它们都非常清楚这种什么顾客的需求都想满足的企业往往就是对所有需求，也包括对各个利益相关团体的需求都不能够满足的企业。随着市场经济的完善和市场竞争的激烈，只有那些能够持续发现、满足和保持顾客需求的企业才能够持续的满足利益相关团体，尤其是股东的要求。只有那些能够持续建立、发挥和强化竞争优势的企业才能够最大限度地为顾客、股东和其他相关利益团体带来最大的收益，无论收益的具体形式是什么。为此，这些企业必须在满足顾客需求或者说选择企业经营范围上作出清晰的取舍和长期的承诺，包括资金、人力、物力的投入和知识、经验的积累，这是企业战略必须首先明确和最为核心的内容。企业战略管理者必须将这种取舍和承诺写入企业的愿景和宗旨陈述之中，表明企业是通过经营什么业务实现企业经营目的的，规范企业其他层次的战略选择，接受企业利益相关团体对业务或者经营范围最严格的监督。

1）行业或者业务范围

在企业愿景和宗旨陈述中，企业应该说明自己所选择的是单一行业还是多个行业，以及所进入的行业之间的相关性。企业利益相关团体可以根据这种陈述，判断这个企业的战略性质。第一，如果企业只想希望满足顾客的某一种需求，这个企业就是单一行业经营的企业，其战略性质是经营级战略。第二，如果企业想满足顾客的两个或者更多的具有明显区别的需求，那么这个企业就是多元化经营的企业，其中包括纵向、相关和不相关多元化三种不同类型的多元化，企业战略性质就是公司级战略。

企业在界定行业或者业务经营范围的过程中既要取舍清晰，又要保持发展空间，因此企业战略管理者必须处理好"宽"与"窄"的关系。在企业未来十几年或者更长的时间里，如果经营范围规定的太宽，则失去取舍、限制和承诺的意义。例如，某个精细化工企业将自己的业务范围定为："利用精细化工技术满足人类在衣、食、住、行上的需求"。如果经营范围规定的太窄，则可能导致企业错失发展和开拓的机会。例如，某个企业将自己定义为电视机制造商，就可能在后来发展中错过手机等行业的拓展机会。如果它将自己定义为家电制造商，那么当手机成为家电的时候，这个企业至少有可能认真探讨是否需要进入手机制造行业。

在掌握经营范围宽窄的问题上，企业战略管理者应该特别注意以下三点：①必须考虑企业现状和未来发展的潜力，而不必过于拘泥于所谓行业的概念。一个小企业可以将满足人类或者男性剪指甲的需求作为企业的经营范围，完全不必考虑指甲钳在统计上是属于什么行业。②企业一定要尽可能从顾客需求出发来界定自己的经营范围，因为顾客的基本需求是不容易变化的。企业一般不以某种产品、包装形式、技术特点服务或者技术等来定义自己的经营范围，因为满足顾客特定需求的具体产品、服务或者技术是动态变化并可以同时存在的。例如，将自己定义为保健口服液制造商的企业就是因此而拒绝了其他包装形式；将自己定义为煤气热水器制造商的企业就是因此而错过了进入电热水器和太阳能热水器的最佳时机。③企业的经营范围的划分还有其他更具体的方法，包括性别、收入、消费方式等。如果企业在经营范围上没有办法与其他竞争对手形成差异，那么还可以通过其他的选择达到同样的目的。

即使是根据顾客需求来定义企业的经营范围，企业战略管理者还需要正确地理解顾客需求的概念。随着居民消费收入的增长，顾客需求已经开始从单一功能向综合功能转变，从对产品的需求向对服务的需求转变。企业战略管理者在从顾客需要定义行业或者业务范围的时候必须认真地回答一个最基本的问题：我们依靠什么来满足顾客的需求？制造计算机的企业，例如，IBM 是问题解决方案的提供商；房地产公司宣称："我们为消费者提供的不是房子，而是一种生活方式"；物流企业提出："我们为顾客提供的不是运输服务，而是一种竞争力"。如果我们从这个角度来分析万科集团的宗旨陈述，就可以理解它为什么不是为消费者提供"住宅"，而是为消费者提供"展现自我、和谐共生的理想生活空间"。

战略聚焦四也许能够为战略管理者科学、艺术地界定行业或业务范围提供启发和思路。

战略聚焦四

深层次理解顾客需求

不要给我衣服，我要的是迷人的外表。

不要给我鞋子，我要的是两脚舒服，走路轻松。

不要给我房子，我要的是安全、温暖、洁净和欢乐。

不要给我书籍，我要的是阅读的愉悦、知识和满足。

不要给我磁带，我要的是美妙动听的乐曲。

不要给我工具，我要的是创造美好物品的欢乐。

不要给我家具，我要的是舒适、美观和方便。

不要给我东西，我要的是想法、情绪、气氛、感觉和收益。

请，不要给我东西。

资料来源

弗雷德·R. 戴维. 战略管理（第 8 版）. 李克宁译. 北京：经济科学出版社.2001.

2）市场经营范围

在企业愿景和宗旨陈述中，企业应该说明自己所选择的市场经营范围，包括目标市场、目标顾客或者市场定位等。企业利益相关团体可以根据这种陈述判断这个企业的战略性质。如果企业的目标市场是本地区顾客的需求，这个企业就是地方化企业，其所制定和实施的战略就是市场集中战略；如果企业的目标市场是整个国家顾客的需求，那么这个企业就是全国化企业，其所制定的战略就是市场开拓战略；如果企业还想将目标市场进一步扩大到国外，希望满足的是多个国家的消费者，甚至是全球市场的需求，那么这个企业就可以是一个市场多元化或者国际化、全球化的企业，而其所制定和实施的将是国际化或者全球化战略。

在那些市场需求差异比较大的行业中，企业战略管理者在确定目标市场的区域边界之后还需要向企业利益相关团体进一步陈述自己的目标顾客或者市场定位。为此，企业战略管理者可以应用营销学所提供的市场细分的理论和方法，进一步根据顾客的各种特点，如性别、收入、教育水平、职业特点、消费方式、年龄大小等，采取单一变量或者多种变量来确定自己的目标市场或市场定位。

在这些特定的行业中，企业战略管理者在制定市场经营范围的过程中同样遇到"宽"与"窄"的问题。如果企业将自己的市场经营范围，包括目标市场和目标顾客界定的过宽，那么市场增长潜力很大，但是利益相关团体，尤其是顾客、经销商，甚至投资者就会认为这个企业对顾客的承诺，包括专注和体贴程度等都不够。相反，如果企业将自己的市场经营范围，包括目标市场和目标顾客界定的过窄，那么就会遇到恰恰相反的问题。

招商银行选择的目标市场是全世界，因此它自然就是一家国际化企业，其所制定的战略就应该包含国际化战略的内容。事实上，招商银行在市场经营范围方面一直强调：做大做强国内市场，重点投入发达地区，合理布局高潜地区；稳步拓展海外市场，重点关注东南亚区域。而万科集团选择的目标市场则是整个国家——中国的市场需求，因此它是一家全国性企业，其所制定的战略自然属于市场开拓战略。作为中国最大的房地产开发企业，万科虽然选择了整个国家作为目标市场，但是并没有选择所有的消费者，而是选择了城市普通家庭作为其目标顾客，并主要为城市普通家庭供应住房。

3. 企业的经营方式

经营方式有很多种说法。一种说法认为经营方式指企业在经营活动中所采取的方式和方法，如采掘、制造、批发、零售、咨询、租赁、代理等。另外一种说法则认为经营方式是所有者和经营者相互关系的表现形式。如中国全民所有制企业，在经济体制改革之前，均由国家直接经营，所有权与经营权合一，故称为国营企业；在经济体制改革之后，则由企业自主经营，所有权与经营权分离，故称国有企业。与国有企业相对应，自然还有私营或民营企业、外资企业等。另外，经营方式也可指企业经营的具体形式。如长年经营或季节性经营，固定经营或流动经营等。经营方式的划分也有很多种。例如，根据经营销售的方式，企业经营方式可以分为自产自销、代购代销、批发、零售、运输业以及咨询服务等。根据经营组织形式，企业的经营方式又可以分为个人独自经营、合伙经营、有限责任公司以及股份有限责任公司等。另外，也有学者通过对日本的 40 家优秀企业经营状况的详细分析，按照企业经营的成功之道，总结出 8 种经营"优胜模式"：灵活经营、核心业务经营、速度经营、不景气时维持竞争力经营、精干经营、重视企业价值经营、核心优势经营、技术为本经营。

企业的"经营方式"是一个内涵和外延都不是十分清楚，但是又使用非常广泛的一个概念。值得庆幸的是，使用这个概念的企业都有一个共同的目的，就是强调本企业的经营是独特的。在明确行业和市场经营范围的基础上，企业陈述经营方式的主要目的就是希望进一步凸显自己的专业化水平和战略独特性。但是，我们必须看到不同企业所选择的行业和市场经营范围不同，因此，它们所陈述经营的方式也不一样。

对一个行业或者市场多元化企业来说，企业在经营方式上的独特性主要来自于两个方面：一是行业或者市场组合上的特点，包括企业在进入什么行业、怎么进入、资产联结方式以及资源配置方式上的特点；二是组合管理模式上的特点，包括企业在公司治理、组织结构、管理机制和控制机制等方面的特殊性。例如，复兴国际上市之初就在自己的宗旨陈述中强调自己所建立的是一个"高度多元化和高度专业化的行业组合"；建立组合的主要方式就是资本运作，即通过购并方式发展；主要的管理模式就是资产集权和经营分权相结合。

对一个单一经营企业来说，企业经营方式上的特点则更加具体。在选择了行业和市场经营范围之后，企业经营方式的特点主要来自于：①目标顾客的需求与消费方式上的特点；②企业的竞争优势和传统。例如，同在化妆品行业，安利就选择了直销的方式，玫琳凯公司则选择了咨询销售方式；同在小家电制造行业，美的选择了以国内市场为主，而新宝电器则选择了以出口加工为主。招商银行在经营方式方面突出了自己基于快速优质的产品和服务创新、领先变革的电子银行服务渠道、不断优化的业务结构、同业领先的零售高价值客户基础以及持续增长的品牌价值所构建的独特的竞争优势，同时也强调了其稳健的业务发展、优良的经营效益与先进的经营管理等经营特点。随着市场细分程度和市场竞争激烈程度的提高，同行业企业之间在经营方式上的差别越来越具体和细小。例如，国美和苏宁，虽然因为它们的宗旨陈述较为相似而在更多的场合被认为是经营方式相同的企业，但由于企业宗旨陈述只是表明了企业在经营方式上的重大和基本的特点，因此，在更为具体的经营方式上仍可以找到很多差别。苏宁电器主要以发展自有店的模式为主，而国美电器并购的比重略多；苏宁采用自建物流体系模式，而国美采用将部分配送业务外包的模式。

4. 需要建立和强化竞争优势的关键领域

　　根据企业在行业经营范围、市场经营范围以及经营方式的特殊性，企业战略管理者还需要在宗旨陈述中向企业利益相关团体表明企业将来需要在哪些关键领域建立和强化竞争优势。

　　企业的资源、能力是有限的，能否将有限的资源持续地投入于关键的领域将决定企业竞争优势的大小和可持续性的长短。相同的价值活动在不同行业、企业中的重要性不同。确立将要建立关键竞争优势的领域其实就是向企业利益相关团体承诺企业未来的资源配置重点。企业内部和外部的各种利益相关团体，将根据企业对所需要建立竞争优势的关键领域以及关键成功因素的认知，来判断该企业战略选择和资源配置方式是否正确（符合自己的认知），从而决定自己是否以及在多大程度上支持该企业。他们也会对照宗旨陈述检查、监督和评价企业战略管理者兑现承诺的情况，决定是否继续支持企业。例如，招商银行认为需要建立和强化竞争优势的关键领域为：①按照业务，则是零售业务、小企业业务和中间业务；②按照客户，则为高价值客户；③按照区域，则是国内发达地区和海外的东南亚区域；④按照方式，则强调了产品和服务创新，业务结构优化，科技创新以及依托于信息系统的电子银行服务渠道。万科则强调创造性地运用设计、技术和服务来为消费者提供理想生活空间，认为建立和强化竞争优势的关键领域包括设计、技术和服务。

5. 企业对利益相关团体的承诺

　　无论是从获得资源输入还是实现收益的角度来看，企业的存在和发展都需要得到利益相关团体持续的支持。企业的利益相关团体一般可以分为三类[2]：①资本市场利益相关团体，主要包括企业股东和其他主要的资金供应者；②产品市场利益相关团体，包括顾客、供应商、所在社区、工会等；③组织利益相关团体，包括企业所有的员工[12]。企业需要在宗旨陈述中表明自己非常了解这些利益相关团体的利益要求和价值取向。

　　企业所选择的行业、市场和经营方式决定了不同的利益相关团体对企业的重要性是不一样的。一个利益相关团体参与企业的程度越高、且越有价值，其对企业就越重要。而利益相关团体对企业的重要程度越高，其对企业业务、决策和行动影响力就越强。一般来说，与企业关键成功因素相关的利益团体就是企业最应该关注或者重视的团体。因此，在表明企业的经营范围和方式之后，企业还需要在宗旨陈述中进一步表明企业认为谁是关键的利益相关团体。

　　要赢得利益相关团体的持续支持，不仅需要它们了解、认同和支持企业在宗旨陈述中所作出的基本战略选择，而且需要给利益相关团体以合理的回报，包括与企业共享其成功的好处。企业还应该在宗旨陈述中清楚地表明当企业经营周期完成之后，它将如何与除股东以外的其他利益相关团体，尤其是关键的利益相关团体共同分享经营的成果。"打造百年招商引银"体现了招商银行成为基业长青企业的志向和决心，也体现了对社会、客户、员工、股东的长期承诺。

战略聚焦五

部分企业对利益相关团体的承诺

德赛电池：

让客户满意，让员工满意，让股东满意。

公司的发展目标首先是要让客户满意——公司的所有工作都是为此而展开的。因为让客户满意是我们公司生存和发展的前提。我们的客户不仅仅包括公司的销售和服务对象，还应该包括与公司关系密切的各类供应商与合作伙伴。只有做到了让客户满意，我们的工作才有了目标，企业才有了生存的价值和意义，企业的生存环境才能够得到有力的保障。

企业的凝聚力来自企业的不断发展。一方面，只有企业的不断发展，才能不断为员工提供成长的机会和事业发展的平台。另一方面，企业在不断发展过程中，也要努力为员工提供物质和事业上的回报，让他们在公司劳有所得，劳有所获。

作为一个公众公司，我们的重要目标之一就是要让股东满意，为股东创造价值。我们相信，只要做到了让客户满意，让员工满意，那么我们的公司就一定能够取得很好的业绩，我们的股东也会因此而获益和满意—— 这是一个必然的结果。但如果反之，忽略了让客户满意，让员工满意，其他就会是无木之本、无源之水，注定是不会长久的。

中兴通讯：

为全球客户提供满意的个性化通信产品及服务；重视员工回报，确保员工的个人发展和收益与公司发展同步增长；为股东实现最佳回报，积极回馈社会。

南方航空：

顾客至上。我们以顾客为导向，致力于提供安全、便捷的满意服务，创造感动服务，赢得顾客信赖。使公司为全球顾客乐于选择。

尊重人才。每个员工各有所长，皆能成才，均可优秀。我们以人才为根本，渴求并广聚有激情、有责任、有能力、有业绩的全球贤才，使人尽其才，人才辈出。实现员工与公司共同发展。

爱心回报。我们以回报为己任，诚实守信，坚持履行经济、法律、伦理、环保和公益责任，感恩社会、服务社会、回馈社会、奉献社会。做有高度责任感、和谐稳健发展的公司。

资料来源

作者根据各个公司网站与相关资料整理。

6. 企业愿景

如前所述，企业的愿景是以最简单的语言陈述企业希望通过基本战略的实现最终达到什么样的目标。

需要说明的是，以往一些战略管理教材与企业管理实践在处理愿景与企业宗旨关系的时候，都存在程度不同的模糊和混用情况。例如，在美国战略管理理论界和实务界，一般非常明确地将愿景与宗旨区分为目标陈述与任务陈述，但有时将两者统称为目标陈述或宗旨陈述。在中国，其陈述更可谓五花八门。有的把愿景视为宗旨，有的则将宗旨当做愿景，有的采用经营宗旨的说法，有的则称作经营目标，甚至还有很多企业直接采用价值观或者经营理念来概括。

事实上，愿景可以视为企业宗旨的一个部分。当需要简单表达的时候，它就独立出来成为愿景。当需要全面表达的时候，企业就会采用宗旨陈述进行详细描述。此时，愿景就构成了宗旨非常重要的一个部分，且通常放在宗旨陈述的最后部分，以示宗旨陈述中对企业愿景的强调。

4.3 企业的目标

企业目标是企业在实施愿景与宗旨过程中所希望达到的阶段性结果，而且这些结果具有一定的可测性，无论是定量还是定性的目标。本书将企业目标放在这个部分主要是基于两个原因：①企业目标是一个系统，其中包括不同层次和领域的目标，其中最宏观、长远和定性的目标应该属于企业价值驱动型的战略，也是企业长期战略承诺的一种表现形式。如果没有具体的目标，企业的愿景与宗旨是无法转化为战略决策和行动的。②从战略制定的基本程序来看，即使企业在战略制定中不需要修改愿景和宗旨，但总是需要修订自己的目标的，因此，制定和提出企业目标是战略制定的起点，否则战略管理的有效性和效率就无从谈起。

企业目标是一个相对比较笼统的概念，实际上它是由各种类型的目标所构成的目标体系。企业战略目标体系可以按照不同的标准与方式分解成具体的目标：①按照制定目标主体的层次来划分，可以分为公司级战略的目标、经营级战略目标和职能级战略的目标，它们之间的上下匹配就是企业目标中存在的层次关系。②按照目标预期实现的时间来划分，可以分为长期目标、中期目标和短期目标，它们之间的前后联结就是企业目标中存在时间序列关系。③按照目标的性质来划分，可以划分为规模目标、收益目标、创新目标和社会目标等，它们之间的对立和统一反映的就是企业目标的内容结构关系。

企业战略管理者所最关心的是战略性目标的制定。所谓战略目标是企业战略管理者根据企业愿景和宗旨的要求所制定的总体性、长期性和关键性的目标，这些目标的有效性将直接与愿景和宗旨的实现密切相关。有效的战略目标必须具备以下三个要求。

1. 目标体系的依据合理

目标是企业在实现愿景过程中期望达到的一些阶段性的结果，因为企业战略管理者必须基于对本企业愿景和宗旨的理解，在相应的领域设立相应的目标。企业愿景和宗旨的内容越全面，那么企业目标的系统性就越高。例如，中集集团在自己的宗旨陈述中提出，中集集团要成为"在全球市场中，成为能按照客户需求，提供世界一流的现代化交通运输装备和相关服务的主要供应商，创造为客户所信赖的知名品牌，同时保持公司的健康发展和持续增值，为股东和员工提供良好回报"。那么，中集集团的企业战略管理者必须仔细考虑以下若干问题的答案：①现代化交通运输装备和服务是什么？包括哪些产品和相关的服务？什么叫做主要供应商？②作为现代化交通运输装备和相关服务的主要的供应商，要在哪些领域达到什么要求才可以成为"世界一流"？在市场占有率、投资收益率、技术创新能力或者其他领域进入世界前几名，能否被称为"世界一流"？③如果要在客户信赖程度和品牌知名度等方面达到"世界一流"，那么怎样衡量这些指标以及在指标上要达到什么样的水平或者程度？④什么叫做"健康发展和持续增值"？健康发展和增值与哪些指标和比率有关？这些指标和比率要达到多少才能被认为是"健康发展和持续增值"？⑤要给股东和员工什么样的回报才能够称为"良好回报"？在此基础上，中集集团的战略管理者必须在一些与愿景和宗旨对应的领域建立一些可以测定的目标，这些目标的实现将最终导致中集集团能够向利益相关团体兑现自己的承诺。如果企业愿景和宗旨中，承诺的内容没有在企业目标体系中得到体现，那么将来就有可能在兑现承诺上大打折扣。同样，招商银行既然在愿景中提出"力创股市蓝筹，打造百年招银"，并在宗旨中强调要"为客户提供最新最好的金融服务"，那么其战略管理者就必须认真考虑以下问题：①招商银行的客户是谁？②金融服务具体包括哪些业务？③对于招商银行所提供的金融服务，达到"最新"和"最好"的具体标准是什么？④什么是股市蓝筹？其有何具体特征？⑤什么是百年招银，其具体需要实现哪些目标？招商银行需要在充分考虑这些问题的基础上确立自己的战略目标，以体现对愿景和宗旨的承诺。事实上，招商银行的战略目标是成为"具有国际竞争力的中国最佳商业银行"，较好地回应了其愿景与宗旨。

2. 目标体系的结构合理

虽然企业选择在什么领域建立什么样的目标主要以企业的愿景和宗旨的内容和要求为依据，但是在此基础上还必须考虑目标体系本身的结构合理性，以保证企业战略行为的合理性和企业长期稳定、持续和健康的增长。

第一，目标体系的内容结构。一般企业都需要在以下若干领域建立相互平衡和匹配的目标：①规模指标，例如，销售规模、市场占有率及其年平均增长率等目标；②财务指标，例如，总投资收益、自有资本收益率、利润总额及其年平均增长率等；③创新目标，包括技术创新和管理创新等方面的目标，例如，拥有专利数量、新产品占总销售额的比重等；④与社会责任有关的目标，例如，员工收入、股东回报、减少污染、社区贡献等。如果企业过于重视其中某一类型的指标，而忽视另一类型的指标，那么就有可能导致企业战略行为的不合理，进而阻碍企业长期稳定、持续和健康的发展。例如，自从 20 世纪 90 年代中期以后，国内一些大型企业，尤其是国有大型企业集团受政府政策的影响过于看重规模增长的指标，盲目追求进入"世界 500 强"。这种盲目追求规模增长的导向容易导致企业在战略上采取盲目、快速和过分多元化的战略，其结果是其他类型的指标，例如，与资产安全、企业效益相关的财务指标和与企业竞争力提升有关的创新指标等急剧下降。同样，如果企业过于重视财务指标，那么企业的市场占有率、创新能力和社会责任方面的指标就会下降，影响企业的长期稳定和持续发展。近年来，中国大型乳业企业中出现的问题可以简单地归纳为过于重视财务指标和增长指标，忽视了社会责任相关的指标，从而招致顾客和政府的不满，甚至被抛弃。

第二，目标体系的层次结构。考虑到企业大小和层次结构，企业战略管理者在构建企业目标体系的过程中一定要关注层次结构的合理性。在一个高度多元化发展的企业中，企业总部的主要战略目标是投资收益率；企业各个事业部的主要战略目标是市场占有率和利润；各个职能部门的主要战略目标是职能活动的有效性和速度。对于行业多元化经营企业的总部来说，在企业目标体系建立的过程中，应该清楚地划分目标的层次以及不同层次目标之间的联结，以保证战略管理的有效性。

第三，目标体系的时间序列。企业目标体系包括长期、中期和短期目标，其中长期目标是指涉及时间跨度在五年或五年以上的目标，它通常是企业根本性的、全局性的战略目标。中期目标是指涉及时间跨度在一年以上五年以下的目标。短期目标通常是指涉及时间跨度为一年或一年以内的目标。为了实施有效的战略管理，企业战略管理者有可能根据短期目标的实现情况动态地修正企业的长期目标。

3. 目标体系的方法合理性

面对环境动态化和竞争互动的动态化，企业战略管理者在构建目标体系的过程中还必须注意方法或者策略的合理性，正确处理好以下几个突出的矛盾：

第一，结果与手段的关系。在环境越来越动态的环境中，企业战略管理者在实施战略中所面临的各种"意外诱惑"和"突然打击"越来越多。如果在构建目标体系的过程中过于强调结果导向，就容易导致企业战略管理者在实施战略的过程中不择手段，从而伤害企业长期稳定、持续和健康发展。例如，一个企业在制定战略的过程中强调经营结果，提出的目标是5年后企业销售规模要达到100亿元，投资收益率达到6%。企业战略管理者在实施战略的过程中发现经营环境比制定战略的时候恶化了，竞争对手又增加了，要想完成销售目标很难。他们可能就决定实施行业多元化，选择进入一些可以扩大销售额的行业；或者要实现投资收益的指标很难，他们可能就减少市场和研发的投入；或者选择进入一些风险低、收益率更好的行业。无论出现上述哪一种情况，企业实现了5年的目标，但企业在主业上的地位下降了，主业的核心专长被侵蚀了。如果这家企业在制定目标的时候再增加一些手段导向或者手段约束的目标，例如，行业市场占有率、新产品创新等，那么结果可能就不一样了。

第二，定量目标与定性目标的关系。一般来说，企业战略管理者偏好采用数量化的指标或者定量目标去构建目标体系，因为定量目标易于分解、测定和控制。例如，某个企业在制定10年发展战略的时候，提出10年战略目标是销售额1800亿元、利润300亿元，当然成本就是1500亿元。这样的目标当然很容易按照产品和年度进行分解，很容易测定和控制实施的结果。但是，企业战略管理者必须看到：①有一些行动约束导向或者与关键竞争力提升相关的指标是很难定量化的，但其重要性又高于定量化目标。因此，企业战略管理者要尽可能将这些指标定量化或者找到可测定的方法。即使找不到，也要将这些定性目标纳入企业的目标体系，并且要刻意加以关注。②随着环境动态化程度的提高和环境可预测程度的下降，定量化目标的准确性和指导性已经相对下降。例如，前述企业提出的三个目标有什么可靠的依据，如果少完成或者多完成一点又说明了什么？相反，定性目标的指导性反而在上升。例如，前述企业提出上述三个指标的主要依据就是要赶超行业第一，因为现在行业第一企业的 10 年战略目标刚好是 1700 亿元的销售额和 210 亿元的利润。如果是这样的话，这个企业就应该直接将目标确定为 10 年后成为行业销售额和利润第一。③在竞争互动越来越重要的情况下，企业战略目标的实现与否将越来越取决于竞争对手，而不是目标数额的完成与否。例如，如果前述企业将目标定为 10 年以后成为行业销售额和利润第一，那么它只要完成 1501 亿元的销售额和 161 亿元的利润就实现了自己的目标。

第三，可能性和挑战性的关系。一些企业，特别是转型过程中的国有企业的战略管理者喜欢将企业的目标定的高一些，即更富有挑战性。其实，目标是具有激励作用的，将目标定的更有挑战性有可能激发企业内部管理者的积极性，但是，企业战略管理者，尤其是股东必须注意将目标定得过高不仅会对企业内部管理者产生相反的作用，而且会导致企业内部管理者在实施战略的过程中采取一些有可能伤害企业长远利益的行为。在制定企业战略目标的过程中，企业战略管理者一定要分析宏观经济环境的变化趋势，经济形势不好的时候要主动降低目标；一定要分析行业增长的潜力和速度，否则会导致企业多元化；同时也一定要分析企业的竞争优势，如果企业扩张长期超过其所具有的资源、能力和核心专长，那么就可能面临着稳定恶化后的重组。因此，企业战略管理者在制定企业目标的时候要注意保持可能性和挑战性的平衡。

第四，坚持目标和动态调整的关系。一般来说，企业目标一旦确定就应该努力坚持和坚决执行，否则就无法实现企业的愿景和宗旨。这一基本的原则正在受到环境和竞争动态化的威胁，因为及时地调整目标已经成为动态适应和应对环境和竞争动态化的必要手段。在解决这个矛盾方面，企业战略管理者可以考虑运用以下策略去平衡企业目标的刚性和弹性：①定性的目标更应该保持刚性，而定量目标则容许有一定的弹性；②以手段为导向的目标更应该保持刚性，而以结果为导向的目标则容许有一定的弹性；③长期目标更应该保持刚性，但是短期目标则容许有一定的弹性。另外，为了在增加弹性的过程中能够保持战略的持续性和稳定性，企业战略管理者可以为目标和战略的调整设立符合行业特点的节奏，例如，每年或者每两年；根据目标的重要性，设立正式化程度不同的调整程序，防止管理者随意调整。

4.4 影响愿景、宗旨和目标制定有效性的因素

企业能否制定有效的愿景、宗旨和目标并不完全取决于管理者的理性水平，包括内外部环境分析的水平以及对相关方法的掌握，而在很大程度上取决于与公司治理结构等相关的影响因素。具体来说，如图 4-1

所示，主要涉及四个方面的因素：

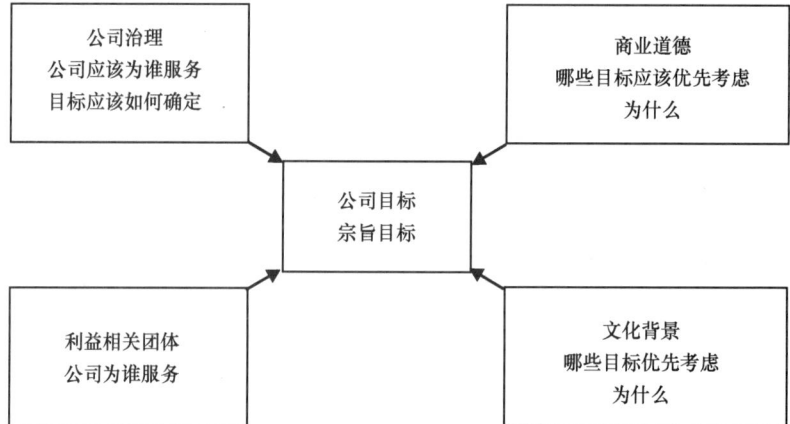

图 4-1　影响愿景、宗旨与目标制定有效性的因素[2]

第一，最基本的问题是公司应该为谁服务？公司的方向和目标应该如何确定？这些问题均属于公司治理及组织运营的政策法规框架的范畴，这不仅与影响企业宗旨和目标的权力相关，同时也与决策执行的监督程序和责任相关。因此，这也代表了公司正式的期望。治理框架限定了公司的服务对象以及应该如何决定公司目标和目标的优先顺序。不同国家之间公司治理框架（governance framework）与传统的差异，会导致不同国家的公司在处理与公司治理有关的问题时有不同的优先次序。并且，基于公司治理的复杂性，不同利益相关团体之间可能会存在利益冲突，管理者和董事之间在平衡这些利益关系时也可能产生利益冲突。大型企业经常遇到的一个问题是：公司的管理者是否可以只对股东负责？如果是，那么究竟是对个人股东还是机构股东负责？或者除了股东之外，公司管理者是否也应当对更为广泛的所有利益相关团体负责？英国汉普尔委员会（Hampel Committee）认为，董事会应当对股东负责，但是还需要对与其他利益相关团体的关系负责，并考虑其他利益相关团体的利益。

然而，不同国家在董事会的作用、组成和做法等方面的重大差异，使得利益相关团体对于企业愿景、宗旨与目标的影响也不相同。例如，在英国、美国和澳大利亚，企业股权比较分散，这就限制了单个股东的权力而扩大了中介机构的权力。而在欧洲的很多国家，股权则比较集中，且通常由少数利益团体掌握，这些利益团体通过董事会确保了对公司的控制权。在日本，董事会仅仅被认为是公司多层决策体系的一部分，且通常为公司高层主管所控制，加上银行倾向于持有公司股份以及公司之间大量的交叉持股，这在一定程度上减轻了公司的短期经营业绩的压力，使得公司更加注重其长期战略与业绩，从而与英美企业形成了鲜明的对比。

从理论上讲，国有企业的董事会职责与私营部门非常相似。然而在现实中，国有董事会的权力往往由于一些政治优先权和政府主管领导直接介入管理决策而受到削弱。事实上，对于国有企业而言，政府及其相关部门影响着企业的愿景、宗旨与目标的制定及其有效性。

第二，需要明确的问题是公司实际上是为谁服务？这个问题涉及企业各利益相关团体（stakeholders）之间的结构关系，不同的利益相关团体也在不同程度地影响公司的目标与战略。个人一般缺乏足够的力量来决定公司的战略，只有多个个体基于共同的期望形成利益相关集团，个人对公司战略的影响力才能发挥出来。另外，公司外部的利益相关集团也很重要，它们通常包括金融机构、客户、供应商、股东、政府、社区等。外部利益相关团体可以通过与内部利益相关团体的联系来影响公司战略。

一般来说，不同利益相关团体对公司的期望是不同的。尽管公司治理为不同利益相关团体之间期望的协调提供了一个框架，然而基于各利益相关团体对于企业战略各层面的重要性和必要性的认识不同，期望之间总是会存在冲突。在这种情况下，战略管理者可以通过权力-关注程度矩阵（图 4-2）来仔细权衡各个利益相关团体对企业的关注程度及其权力大小，以决定采取适当的策略。在图 4-2 中，关注程度是指利益相关团体集团在多大程度上关注他们的期望对公司目标和战略选择的影响，权力则指利益相关集团是否能够在多大程度上影响公司的目标与战略选择。

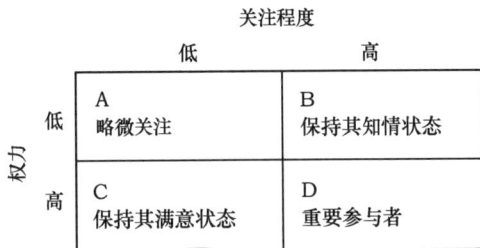

关注程度

	低	高
低	A 略微关注	B 保持其知情状态
高	C 保持其满意状态	D 重要参与者

（权力）

图 4-2　权力-关注程度矩阵[2]

第三，商业道德也会影响企业愿景、宗旨与目标制定的有效性。商业道德在很大程度上代表了整个社会对于公司的期望，可以分为三个不同的层次。

（1）企业或其他公司在国内与国际社会中应发挥怎样的作用？公司究竟应该自由发展，还是应当主动成为社会的塑造者？这些都与公司所持的道德立场（ethical stance）有关。公司的道德立场是指公司超出其对利益相关集团和社会承担的最低限度义务的程度。基于公司特点的不同，不同公司所持有的道德立场是有差异的。公司的道德立场可以分为四种：第一种，公司唯一的责任就是保证股东的短期利益，因此公司只需要满足法律法规和公司治理框架规定公司应承担的最低义务要求。第二种，为了保证股东的长远利益，公司不仅应对股东承担责任，同时也应该管理好与其他利益相关团体的关系。第三种，公司的目标和战略应该更加明确地体现各利益相关团体的利益与期望，这些利益和期望通常会超出发挥和公司治理所规定的最低限度的义务。第四种，公司的目标是塑造社会，财务因素只是次要因素或限制性因素。

（2）企业所面临的具体道德问题则与公司的社会责任相关。也就是说，企业应在多大范围内超出公司治理与法律法规所规定的最低限度的责任与义务以及如何协调不同利益相关团体之间的利益冲突，这些均与公司的社会责任（corporate social responsibility）相关。按照法律法规的关注程度，公司的利益相关团体可以分为两类：一类是有合同约束的利益相关团体，如客户、供应商和员工等，他们与公司之间存在法律关系；另外一类是社区利益相关团体，如当地的社区居民、消费者和一些压力集团等。与第一类利益相关团体相比，他们没有获得同等程度的法律保护。

（3）在个体层面，商业道德涉及公司内部个人，尤其是战略管理者的行为和活动。作为战略管理的一部分，商业道德问题有时给公司内部的个人与战略管理者提出了一些进退两难的问题。例如，如果个人认为他所在公司的战略是不道德的或违背了利益相关团体的利益，那么该个人的责任是什么？是否应该举报该公司，还是离开公司？战略管理者则在公司内部位高权重，他们通常掌握信息及其他利益相关团体所不具备的发挥影响力的渠道，与此相伴的就是需要恪守诚信的道德责任。然而，战略的制定是一个高度政治化（利益相关团体之间通过谈判就利益分配达成妥协）的过程，战略管理者通常发现建立并保持诚信的立场是相当困难的，尤其是当做出的战略选择对个人职业发展与公司长远利益影响截然不同的时候。

第四，文化背景也会影响企业愿景、宗旨与目标制定的有效性。公司实际上的战略承诺取决于公司运营所处的文化背景中的一系列因素。组织文化网络的概念有助于理解不同层面的文化，包括国家文化、组织场的期望以及组织文化是如何影响企业愿景、宗旨和目标的。企业战略往往受到制度化和寻求一致的期望的影响，而这种一致性通常可以用组织文化来加以解释。

国家的文化背景直接影响着利益相关团体的期望。例如，不同国家对工作态度、权威、平等和其他一些重要因素的认识不尽相同，使得国际化运营的企业需要花大量时间和精力来协调处理其所在不同国家之间的千差万别的标准和期望。另外，社会的价值观随着时间的推移也在不断地变化和调整，导致以往被接受或者是成功的战略在今天就可能不合时宜。

组织场既包括构成场的各种组织，也包括这些组织共同遵从的一些假设——组织场的期望。在组织场内运营，组织通常需要遵守这些假设，以取得合法性。随着时间的推移，同一组织场中的战略管理者会对哪些战略是成功的或是合法的逐步形成共识，战略因此被合法化了。这样，组织战略需要获得组织场的认可才有可能被接受，偏离组织场认可的战略可能因无法获得主要利益相关团体的认同而存在危险。此时，组织的战略倾向于彼此模仿，特别是在动态环境中。各个组织之间的战略可以在"合法"的界限内有所不同。如果某个组织的战略与其他组织有着显著的不同，那么它可能被视为缺乏合法性。当然，那些位于合法性边缘地带的组织，很可能代表了成功的未来战略方向。

战略聚焦六

组织场（组织场域）

组织场域（organizational field）是介于组织与社会之间的，制度理论研究中有关制度与组织关系的核心分析单元。一个组织场域由一系列受到相似制度力量影响的组织构成，不仅包括了相互竞争的企业，还包括了相互联系或结构对等的相关组织。组织场域的形成是场域内组织通过协商、谈判、合作、竞争，构建场域制度生命，制定制度规则，定义场域边界，规范场域成员行为恰当性的过程。

组织场域由关键供应商、资源和产品消费者、管制机构以及生产相似服务或产品的其他组织共同组成，既包括场域成员之间的关系层面，也包括成员之间的文化认知层面。组织场域的概念关注的是一个组织社群中的关系结构和逻辑模式的形成，源于社会建构主义的观点，即社会现象发生于特定的社会情境之中，所有的知识，包括人们广为接受的常识性知识，都源于社会互动。一个组织场域的形成离不开个人和组织通过不断的互动，从而参与社会现实的创造和制度化。

因此，处于同一场域、拥有特定利益和目标的组织，既受到更广泛的社会制度的影响，同时又通过场域进行互动，集体构建共同的理解意义体系并作用于所嵌入的制度环境。

资料来源

尹珏林，任兵. 组织场域的衰落、重现与制度创业：基于中国直销行业的案例研究. 管理世界，2009，（增刊）：13～26，130.

组织文化则可以分为三层。其中，组织的价值观很容易识别，并通常被写入组织的宗旨、目标或战略之中；信仰则比价值观更具体一些，并与价值观一样在组织内可以有外在的表现形式，并且人们之间可以互相谈论；认为"本应如此"的假设是组织文化的核心——即组织范式，它们是组织生活中最难被识别和解释的。成功组织的最重要的一个特点，就是能够保持战略定位和组织文化的协调一致。

本章要点

1. 企业的愿景是以最简明的语言陈述企业希望通过上述基本战略的实现最终达到什么样的目标。

2. 企业的愿景中最核心的两个方面的内容：①企业，尤其是企业战略管理者们的长期价值取向和远期的价值追求，即具有宏大、惊险与大胆的特点的目标。②对未来企业要达到的远期目标做一个生动形象的描述。

3. 宗旨陈述是企业长期承诺和价值驱动型战略的另一种更正式、专业、全面和具体的表达及传播形式，其核心内容包括企业的宗旨、经营范围、经营方式、企业对关键成功因素的认知、企业对关键利益团体的承诺以及企业愿景等。

4. 企业编制和公布宗旨陈述的主要目的包括两个方面：一是针对那些基于特殊利益关心、关注本企业的外部利益相关团体。二是针对企业内部成员，尤其是企业战略管理者。

5. 好的宗旨陈述应该满足以下要求：①既能够体现行业特点，又可以表现出自己的个性；②既具有综合性，又能够重点突出；③既要表现出取舍清晰，又能够留有余地。

6. 企业宗旨陈述的核心内容包括：①企业的经营目的；②企业的经营范围；③企业的经营方式；④需要建立竞争优势的关键领域；⑤企业对利益相关团体的承诺；⑥企业的愿景。

7. 企业目标是企业在实施愿景与宗旨过程中所希望达到的结果，而且这些结果具有一定的可测性（无论是定量还是定性的目标）。

8. 战略目标就是由企业战略管理者所直接负责制定的总体性、长期性和关键性目标。有效的目标必须达到三个要求：①依据合理；②结构合理；③方法合理。

9. 能否制定有效的愿景、宗旨和目标在很大程度上取决于与公司治理结构相关的影响因素，包括公司治理、商业道德、利益相关团体和文化背景。

思考题

1. 什么是愿景？企业为何要公布其愿景？
2. 什么是企业宗旨？如何判断企业宗旨陈述的好坏？
3. 如何界定一个企业的经营范围？
4. 什么是利益相关团体？简述企业主要的利益相关团体？
5. 什么是战略目标？简述有效的目标体系需要达到的要求。
6. 论述企业宗旨陈述所包括的核心内容。

能力拓展

综合利用相关资源，如上市公司数据库，选择一家著名企业，了解并分析其愿景、宗旨和目标。

参考文献

[1] 张力升. 中国需要好银行：马蔚华与招商银行. 北京：中央编译出版社. 2009.

[2] Freeman R E, McVea J. A stakeholder approach to strategic management// Hitt M A, Freeman R E, Harrison, J. S. Handbook of Strategic Management. Oxford, UK：Blackwell Publishers. 2001：189～207.

[3] 约翰·甘布尔，小阿瑟·汤普森. 跟大师学战略管理. 刘学元译. 北京：人民邮电出版社. 2012：15～16.

[4] 小阿瑟·汤普森，斯特里克兰三世，约翰·甘布尔. 战略管理：概念与案例. 段盛华，王智慧译. 北京：北京大学出版社. 2009.

[5] 田志龙，蒋倩. 中国 500 强企业的愿景：内涵、有效性与影响因素. 管理世界，2009，(9)：103～114，188.

［6］蓝海林．企业战略管理理论与技术．广州：华南理工大学出版社．1992.

［7］格里·约翰逊，凯万·斯科尔斯．战略管理．第六版．王军，王红，肖远企等译．北京：人民邮电出版社．2004.

［8］Ireland R D，Hitt M A. Mission statements: importance，challenge，and recommendations for development. Business Horizons，1992，35（3）：34～42.

［9］肖海林．企业战略管理，北京：中国人民大学出版社．2008.

［10］金占明，杨鑫．战略管理．北京：高等教育出版社，2011.

［11］谭力文，吴先明．战略管理（第2版）．武汉：武汉大学出版社．2011.

［12］迈克尔·希特，杜安·爱尔兰，罗伯特·霍斯基森．战略管理：竞争与全球化（概念）．吕巍译．北京：机械工业出版社．2002.

经营
级战略

『本章学习目的』

1. 掌握经营级战略的内容及关注的重点。
2. 理解成本领先、差异领先和独特性定位的驱动因素。
3. 掌握发现独特的目标市场和顾客诉求、进行独特性战略的价值活动设计的方法。
4. 理解经营级战略如何保持取舍和持续创新。
5. 了解导致环境动态化的因素及其对优势的影响。

苹果公司价值创造

2010 年 5 月 26 日，苹果公司以2213.6 亿美元的市值一举超越微软公司，成为全球最具价值的科技公司。乔布斯创造了苹果，创造了无与伦比的技术和产品。乔布斯的伟大之处，不在于他的个人魅力，而在于他给苹果公司设计了独特价值创造模式和企业文化。

1997 年，乔布斯回到岌岌可危的苹果公司后，当年推出的 iMac 让苹果计算机重新成为"酷品牌"的代表。2001 年，苹果公司通过 iPod 进入音乐播放器市场，2003 年又推出 iTunes。iTunes 不只是一个匹配 iPod 音乐管理平台，而是苹果终端的管理平台，苹果的 iPod、iPhone 和 iPad 都可以通过 iTunes 来进行管理。iTunes 是苹果的创新枢纽，是苹果公司历史上最具革命性的创新产品。如果没有 iTunes，就不会出现 iPhone 和 iPad 这些革命性的产品。iTunes 深受用户和合作伙伴的广泛支持，能够让用户更方便地下载和整理音乐，并将 iPod 和其他音乐播放器区分开来，这使得苹果公司在很短的时间占领了接近 90% 的市场份额。

2007 年苹果公司推出 iPhone，这款手机除了产品设计的创新之外，沿用了 iTunes 在 iPod 上的应用，并与 2008 年推出的 App Store 形成 iPhone + App Store 的组合，为苹果公司奠定了手机行业的主导地位，同时也成功地颠覆了手机产业。2010 年苹果公司推出 iPad，这款新产品采用与 iPhone 同样的操作系统，外观也像一个放大版的 iPhone，应用软件也沿用 iPhone + App Store 的组合模式。虽然这款产品推出后还存在很多争议，但却让"苹果粉丝"们狂热追捧，并被公认为将会颠覆未来的图书出版行业。

苹果公司的成功不仅得益于产品上的创新，更得益于其在价值创造模式上的创新。苹果公司为新产品提供时尚的设计，并将新技术和卓越的价值创造模式结合起来。苹果公司真正的创新不是硬件层面的，而是让数字音乐下载变得更加简单易行。iTunes + iPod 的组合为苹果开创了一个全新的商业模式——将硬件、软件和服务融为一体。这种创新改变了音乐播放器产业和音乐唱片产业，重新定义了顾客的价值诉求，为客户提供了前所未有的便利。iPhone 的核心功能是一个通信和数码终端，它融合手机、照相机、音乐播放器和掌上电脑的功能，这种多功能的组合为用户提供了超越手机或者 iPod 的功能。APP Store 拥有近 20 万个程序，这些程序也是客户价值诉求的重要组成部分。除此之外，苹果还提供非常出色的用户体验，这些都是客户价值诉求的组成部分。优秀的设计以及超过 10 万的音乐和应用程序的支持，使得苹果的 iPod、iPhone 和 iPad，比同类竞争产品的利润高很多。

苹果公司在明确客户诉求和公司价值创造活动方面做了很多创新，在为客户创造价值的同时，也为苹果公司带来了可观的收益。支持苹果公司不断创新的动力，是乔布斯卓越的领导力、优秀的产品设计人员、优秀的产品营销人员，以及苹果公司强大的鼓励创新的企业文化和制度。这些要素相互影响并相互强化，形成了推动苹果公司创新的"动力火车"。对于苹果的成功，国内外媒体、业界乃至学术界纷纷将其归之于"创新"：超出消费者乃至业界预期的创新设计、重力感应系统、多点触摸技术以及 WIFI 等创新技术……明确客户价值诉求就是要明确"客户到底需要什么？"管理大师德鲁克有句名言："顾客决定了企业是什么，决定了企业生产什么，决定了企业是否能够取得好的业绩。但顾客的需求总是潜在的，企业的功能就是通过产品和服务激发顾客的这种潜在需求。"

重新审视对消费者真正有诱惑力的价值诉求，并用自己的资源、流程和行动来满足消费者的价值诉求，就完全有可能创造出一个新的市场。成功创新的企业往往不会选择一个现有市场和竞争对手火拼，而是重新审视消费者的价值诉求，选择提供一个和现有产品不同价值诉求的产品，从而创造了一个新的市场。从苹果公司的高成长奇迹来看，高成长的公司对于赶超或打败竞争对手并不感兴趣，他们真正感兴趣的是创造与众不同的市场！

资料来源

作者改编自佚名．揭秘苹果创新模式．http：//wiki．mbalib．com．2010-08-05．

　　企业战略管理者在确定了企业意图、宗旨和目标之后，必须明确自己本次需要制定的战略是经营级战略还是公司级战略，因为这两种战略在主体特点、经营范围、战略目标以及战略选择等多个方面存在着很大的差异。本章将根据企业发展的自然规律，先介绍经营级战略的性质与特点，然后再叙述基本定位战略和独特性定位战略以及动态竞争战略。

　　开篇案例所述苹果公司的成功就在于围绕企业的战略意图与宗旨制定了非常有效的经营级战略，也就是说，苹果公司确定了其目标市场和客户的价值诉求，并帮助客户完成和实现其价值诉求。iPhone 不只是一台通信和数码的终端，而是手机、照相机、音乐播放器和掌上电脑等功能的融合，并为用户提供了超越手机或者 iPod 的功能。苹果公司的成功不只是因为开发出了满足用户价值诉求的创新产品，而是围绕实现这种用户诉求而设计了企业的价值活动。例如，出类拔萃的 CEO、鼓励创新的制度、企业文化和日常管理规范，超强创新能力的产品设计和开发人员，以及唱片公司和软件开发者的大力支持。同时，苹果公司的这种创新还具有复制性和扩展性，使苹果公司能不断开发出类似于 iPhone 和 iPad 的创新产品。苹果公司利用新价值曲线，重新审视客户的价值诉求，并通过发挥企业资源和能力满足这种价值诉求，从而创造出一个全新的市场和需求，建立起企业的竞争优势。

5.1　经营级战略的性质和特点

经营级战略的定义　　"经营级战略"（business-level strategy），也称为"业务层战略"或者"竞争战略"，它是指一个企业为了在一个特定的行业或者市场区域发挥自己的竞争优势而为顾客创造最大的价值和建立新的竞争优势所采取的一系列决策和行动。从这个定义中，可以发现经营级战略具有以下特点：

　　第一，经营级战略的主要内容与一个被给定或者预定的具体行业或者业务的经营有关，并不涉及投资、开拓和进入其他的行业或业务，就这个意义上说，经营级战略又被称为业务层战略。例如，苹果公司经营战略的主要内容就是如何在其所选择的行业和市场上不断发挥创新的优势，以满足客户潜在的需求，即如何选择目标市场、确定经营定位和目标市场上客户的诉求，并设计相应的价值活动来满足客户的诉求，最后实现竞争优势。

　　第二，经营级战略必须符合特定行业或者市场的规律和特点，必须考虑特定行业或者市场中的其他竞争对手，必须考虑与这些对手的竞争，从这个意义上说，经营级战略又被称为竞争级战略或者行业竞争战略。例如，航空公司的经营战略不仅要符合航空业的规律和特点，同时还必须考虑到竞争对手的竞争战略。

　　第三，经营级战略必须将发现、满足和保持顾客的价值诉求作为核心，因为只有将顾客的价值感受最大化之后，股东的财富增长才能最大化。从这个角度来看，经营级战略与营销战略有很多相近之处。例如，宝洁公司的海飞丝洗发产品，就是发现了顾客需要解决头皮屑问题，然后针对顾客的这一特殊需求，进行产品的研发和设计，最终为顾客带来了核心利益，使顾客的价值感受最大化，从而获得了更大的利益。

第四，经营级战略的目的就是要在实现利润最大化与市场占有率最大化之间达到平衡。这是因为，单纯追求利润最大化将会导致企业牺牲未来利益，而单纯追求市场占有率最大化则会导致企业没有未来，实现这一目标的主要手段就是动态地平衡发挥优势和建立优势的逻辑关系。发挥企业过去和现在的优势去为顾客创造价值，带来的就是利润的增加；建立新的竞争优势则需要企业将今天的利润投放于建立新的竞争优势，带来的就是市场占有率的扩大。

第五，企业战略管理者所制定的与经营级战略有关的一系列决策和行动必须前后一致、相互匹配、动态更新，即企业的目标市场、商业模式、竞争优势及管理模式等决策和行动的一致性、匹配性以及动态性的调整和更新。苹果公司围绕着实现用户诉求设计了一系列的活动，比如，鼓励创新的制度、日常管理的规范、具有超强创新能力的设计和开发人员、与软件开发者的合作等，从而有效地支持了苹果公司创新优势的建立和发挥。

经营级战略的适用范围　企业的战略层次包括：公司级战略、经营级战略和职能级战略。公司级战略是行业多元化和市场多元化企业的总部所制定的战略，其主要目的是投资收益率（ROI、ROE）最大化。经营级战略的主体是从事某个行业或者业务（无论是产品还是服务）的经营单位，无论这种单一行业或者单一市场经营单位是不是一个独立法人，经营目的就是实现市场占有率和利润的最大化。这个专门从事某个行业或者业务经营的单位有可能是：①单一行业或者业务的独立法人企业，例如，华南橡胶轮胎公司是一家单一经营轮胎业务的独立法人企业；②多元化经营企业（如企业集团）中负责某种行业经营的独立子公司或者非独立的事业部，例如，中集集团的集装箱业务或者车辆业务等。

作为一个专门从事某个行业或者业务经营的独立法人企业，其股东大会和董事会投资成立这个企业的目的就是让它在一个特定的行业中经营，并且通过在这个特定行业中的经营将股东的投资收益最大化。在该企业股东大会和董事会没有批准它进入新的行业之前，该企业的战略体系就包括了两个层级：一个是经营级战略，另一个是职能级战略。企业战略管理者作为主体制定的战略就是经营级战略，在这个战略指导下由职能部门经理制定的战略就是职能级战略。在经营级战略中，企业战略管理者当然可以增加产品类型或者系列，直到他们认为所增加的产品类型与原来产品的差别越来越大，以至于需要由不同的主体按照不同的战略去经营时，战略的性质就可能从单一行业的经营级战略转变为行业多元化经营的公司级战略。例如，一个专门制造和销售女裤的企业准备从事男裤的制造和销售，如果这个企业的战略管理者认为两个产品都是裤子，而男女裤子的制造和销售区别不大，那么所制定的战略仍然是经营级战略。如果该企业的战略管理者认为这两个产品区别很大，很难放在一个经营单位中采取相同的战略和结构经营，企业可能会将这两个业务分离，由不同的业务单位经营，那么其战略就转变成为公司级战略。在经营级战略中，企业的战略管理者也可以扩大市场范围，直到他们认为新开拓的区域与原来的区域差别越来越大，以至于需要由不同的主体按照不同的战略去经营新区域的时候，那么战略的性质就开始从单一行业或市场的经营级战略转变为市场多元化的国际化战略。例如，如果海尔冰箱事业部的战略管理者认为在美国销售电冰箱与在中国市场没有什么差别，那么，就会在美国设立一个办事处，并且在美国市场执行与国内市场基本相同的战略，整个冰箱事业部制定的战略还属于经营级战略。如果海尔冰箱事业部的战略管理者认为这两个市场是完全不一致的，冰箱事业部就会在美国设立独立子公司，并制定完全与国内市场不一样的经营级战略，那么整个冰箱事业部制定的战略就是市场多元化的国际化战略。同样，如果某个企业认为全中国市场是高度分散的，各个地区的市场和需求差异比欧洲的两个国家之间的差异还大，该企业就可以在全国各个地区设立独立子公司，并允许这些子公司独立制定子公司的经营级战略，该企业总部所制定的战略就是公司级战略。

作为一个专门从事特定行业或者区域市场的事业部，无论其是否为独立法人企业、在什么行业或者地区经营、在每个具体的行业或者市场上投入多少资金去经营、经营的目标是什么，这些决策都应由它全资或者控股的多元化经营企业的总部来制定。多元化经营企业的总部才是行业组合战略的决策中心，作为其下属事业部只是行业或者业务经营的决策中心。多元化经营企业总部的战略管理者是公司级战略的决策主体，而各个事业部的战略管理者只是经营级战略的决策主体。在未经总部批准的情况下，事业部的战略管理者是没有权力作出进入其他行业或者市场决策的。改革开放以来，中国绝大多数多元化经营的企业对其下属的企业采取了放权为主的管理模式，这是特定历史阶段为了搞活企业和提高竞争力的需要。但是，在这个过程中，相当多的多元化经营企业的总部失去了对这些行业经营单位的战略控制，导致它们可以随意决定进入新的行业，而将自己提升为多元化经营企业。于是，在一个多元化经营企业之下出现了多个公司级战略主体，它们各自独立决定进入那些行业或者区域，结果导致业务重复、交叉和内部竞争的情况非常严重。因此，在多元化经营企业，企业总部必须明确规定所有事业部的战略。而对于这些事业部来说，无论它们是非独立内部单位或是独立的法人企业，其战略只能是经营级战略。

5.2　基本定位战略

既然行业选择的决策是"给定的"，那么如何正确地制定经营级战略呢？在迈克尔·波特（Michael E. Porter）提出所谓基本竞争战略（generic business strategies）之前，学者们对于这个问题的研究和讨论主要来自以下两个方面：

第一，企业战略管理的先驱者——理性主义学派认为制定正确战略的关键就在于思维过程和方式的理性化或者科学性，也就是说，只要坚持战略思维方式、过程和方法的科学性就能保证战略选择的正确性。尽管波特也是理性主义学派的代表，然而他认为过程和方法的科学固然很重要，但这并没有解决经营级战略的核心问题——如何保证战略选择可以使企业持续获得高于行业平均水平的收益。

第二，企业战略管理的学者，例如，鲁梅特（Rumelt）主要关心的是企业如何实现经营规模的增长。鲁梅特将经营级战略按照增长方向（产品方向和市场方向）划分为三种：①市场渗透（penetration）战略，即在现有市场上增加现有产品的销售；②市场开发（market development）战略，即扩大现有产品的销售区域；③产品开发（market development）战略，即在现有市场增加产品系列或者类型。由于当时市场竞争不激烈，企业只需要选择正确的增长方向就可以实现经营规模的增长，赢利的增长似乎并不是关键问题（图 5-1）。

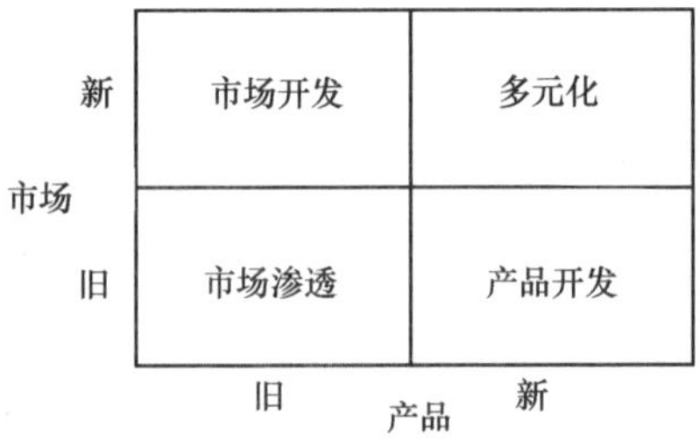

图 5-1　鲁梅特关于企业增长战略的模型[1]

随着竞争越来越激烈，能否带来合适的赢利就成为企业战略选择越来越关注的问题。迈克尔·波特认为，无论企业采取什么样的思维模式与方法，无论企业准备在哪个方向上发展，企业经营战略都必须解释在相同的行业中企业的高赢利是从何而来。于是，迈克尔·波特从经济学的角度研究企业经营级战略与企业赢利水平的关系，认为企业持续获得高于行业平均水平赢利的基本战略只有两种，一是在全行业中占据成本领先的位置；二是在全行业中占据差异领先的位置。因此，迈克尔·波特提出的基本竞争战略也被称为定位战略（positional strategy）。

作为一个经济学家，迈克尔·波特提出的基本竞争战略是以若干经济理性假设为前提的：第一，他将企业目标市场划分为广泛市场和狭窄市场两种类型；第二，他将消费者的需求或者购买偏好归纳为成本和差异两种类型；第三，消费者具有足够的理性可以在成本和差异之间进行理性取舍。也就是说，在价格相同的时候，消费者会选择差异大的产品；相反，在差异相同的时候，消费者选择价格低的产品；第四，如果企业所处经营环境恶化，例如，行业竞争结构中的五种力量都朝不利于企业的经营和赢利变化时，占据成本或者差异位置的企业所受的影响会最少，因此，如果能有效组合上述两种基本战略就能使企业获得可保持的竞争优势，进而获得可持续的赢利。

迈克尔·波特认为，如果按照企业所选择的市场区域大小进行划分，经营级或者竞争战略可以被划分成为广泛市场上使用的战略和狭窄市场上使用的战略，后者即聚焦战略（focus strategy）。如果按照企业竞争优势的类型进行划分，可以将经营级或者竞争战略划分成两种不同的定位战略，即成本领先战略（cost leadership strategy）和差异领先战略（high differentiation strategy）。无论这两种定位战略是被大企业在广泛的市场上使用，还是被中小企业在相对狭窄的市场上使用，其基本性质和特点都是相同的，因此，成本领先和差异领先又被称为基本竞争战略（generic competitive strategy）。如图 5-2 所示的四种基本竞争战略中，没有哪种竞争战略天生或者普遍比其他几种竞争战略更好，至于哪种战略更能为企业带来可持续的竞争优势或收益将取决于企业外部环境所带来的机会和威胁，以及企业内部资源组合所产生的优势和劣势。因此，对于一家企业来说，经营战略的制定就是选择基于企业外部环境的机会和威胁与企业内部的核心竞争力为代表的优势相匹配的经营战略。

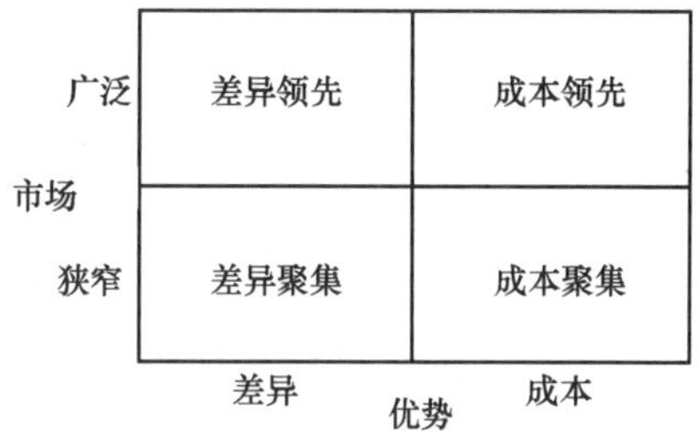

广泛	差异领先	成本领先
市场 狭窄	差异聚集	成本聚集
	差异 优势	成本

图 5-2　波特的基本定位战略[2]

根据迈克尔·波特提出的基本竞争战略或者定位战略的内容，可以将所谓"定位"静态地理解为企业在行业竞争格局上的一种相对位置（position），包括：①目标市场的选择；②顾客诉求的选择；③价值创造活动组合或者商业模式的选择。从这个意义上说，定位战略就是市场位置的选择战略。同时，还可以将所谓"定位"动态地理解为企业为了获得和保持某种"位置"而建立并发挥竞争优势的过程。从这个意义上说，定位战略表明企业在一个特定的时期内将致力于建立、发挥、获得和保持某种定位所需要的竞争优势。

战略聚集一

迈克尔·波特与《竞争战略》

迈克尔·波特是哈佛大学商学院著名教授，当今世界上少数最有影响的管理学家之一。

他曾在 1983 年被任命为美国总统里根的产业竞争委员会主席，开创了企业竞争战略理论并引发了美国乃至世界的竞争力讨论。他先后获得过大卫·威尔兹经济学奖、亚当·斯密奖，五次获得麦肯锡奖，拥有很多大学的名誉博士学位。现在迈克尔·波特已有 14 本著作，其中最有影响的有《竞争战略》（1980）、《竞争优势》（1985）、《国家竞争力》（1990）等。

迈克尔·波特 32 岁即获哈佛商学院终身教授之职，是当今世界上竞争战略和竞争力方面公认的第一权威。他毕业于普林斯顿大学，后获哈佛大学商学院企业经济学博士学位。目前，他拥有瑞典、荷兰、法国等国大学的 8 个名誉博士学位。

迈克尔·波特博士获得的崇高地位缘于他所提出的"五种竞争力量"和"三种竞争战略"的理论观点。作为国际商学领域最受推崇的大师之一，迈克尔·波特博士至今已出版了 17 本书，发表了 70 多篇文章。其中，《竞争战略》一书已经再版了 53 次，并被译为 17 种文字；另一本著作《竞争优势》，至今也已再版 32 次。

迈克尔·波特对于竞争战略理论作出了非常重要的贡献，"五种竞争力量"——分析产业环境的结构化方法就是他的杰出思想；他更具影响的贡献是在《竞争战略》一书中明确地提出了三种通用战略。

迈克尔·波特认为，在与五种竞争力量的抗争中，蕴涵着三类成功型战略思想，这三种思路是：①成本领先战略；②差异领先战略；③聚焦战略。迈克尔·波特认为，这些战略类型的目标是使企业的经营在产业竞争中高人一筹；在一些产业中，这意味着企业可取得较高的收益；而在另外一些产业中，一种战略的成功可能只是企业在绝对意义上能获取些微收益的必要条件。有时企业追逐的基本目标可能不止一个，但迈克尔·波特认为这种情况实现的可能性是很小的。因为要贯彻任何一种战略，通常都需要全力以赴，并且要有一个支持这一战略的组织安排。如果企业的基本目标不止一个，则这些方面的资源将被分散。

资料来源

作者摘录自：MBAlibm 网（www.mbalib.com）.

成本领先战略　成本领先战略是一种可以在广泛和狭窄两个市场上，通过建立和发挥成本优势，力求占据成本领先位置的战略。实施成本领先战略有可能获得高于行业平均水平的收益，并且在外部经营环境恶化的情况下，其竞争定位和竞争优势具有可保持性。

1. 顾客诉求的选择

成本领先战略所瞄准的顾客对产品（服务）的性能与质量的要求是相对大众化的或者标准化的，但是对产品（服务）的价格相对比较敏感。换句话说，在企业所提供的产品和服务能够达到行业标准的情况下，成本领先战略所选择的目标顾客更看重价格的竞争力。因此，成本领先战略的基本特征是：①相对标准化的产品，企业一般不会针对相对狭窄的市场开发性能和质量特别高的产品或者服务；②产品和服务的主要性能和基本质量能够为大多数顾客所接受，企业一般不会刻意在性能或者质量上超过顾客的期望；③产品或者服务的价格相对比较低。面对性能、质量与价格取舍的时候，这种战略会在基本性能和质量得到保证的前提下，更偏好保证价格的竞争力。

2. 建立成本优势的主要领域

成本领先要求企业建立起高效率的、大规模的生产设施，并在此基础上全力以赴降低成本，抓紧成本与管理费用的控制，以及最大限度地减少研究开发、服务、推销、广告等方面的成本费用。为了达到这些目标，就要求企业在管理方面对成本给予高度的重视。尽管质量、服务以及其他方面也不容忽视，但贯穿于整个战略之中的是使成本低于竞争对手。该公司成本较低，意味着当别的公司在竞争过程中已失去利润时，这个公司依然可以获得利润。赢得总成本最低的有利地位通常要求具备较高的相对市场份额或其他优势，诸如与原材料供应方面的良好联系等，或许也可能要求产品的设计要便于制造生产，易于保持一个较宽的相关产品线以分散固定成本，以及为建立起批量而对所有主要顾客群进行服务。

成本领先地位具有很强的吸引力，企业一旦赢得了这样的地位，其所获得的较高的边际利润又可以重新对新设备、现代设施进行投资以维护成本上的领先地位，而这种再投资往往是保持低成本状态的先决条件。但企业在建立成本优势的过程中，不能只从自身成本降低的角度选择战略，更重要的是不能忽视目标顾客的需求，必须从目标顾客的价值诉求出发，沿着下列两种基本思路进行战略思考与选择：①在认真分析顾客诉求的基础上，确定能否找出目标顾客并不需要重视的性能或者质量，通过调低该部分产品性能或质量（必须达到当地政府或者行业关于产品性能和质量的最低要求），降低产品和服务的成本，提高相对的成本竞争力。②在遵守现有产品或者服务质量要求的前提下，分析现有产品或者服务的成本结构，找出主要的成本构成，并通过加强管理和创新降低成本，以提高绝对成本竞争力。比如，出租车使用的轮胎，只要在其他性能达到国家标准的前提下突出轮胎的耐磨性，减少销售渠道的投入，增加关键客户的营销，就能在降低产品和服务价格的同时，提高产品市场竞争力。

无论企业采取什么样的战略思路，为了满足和保持目标顾客，实施成本领先战略的企业一般会在保证产品或服务的基本性能和质量能够达到行业标准或者为大多数顾客所接受的前提下，通过持续的努力和创新去建立和发挥要素成本、规模经济、范围经济和交易成本上的优势，重点在下列领域建立一种或者多种成本优势。

第一，高效率、大规模、低成本的生产和物流设施、设备。由于所提供的产品或者服务具有标准化和大众化的特点，因此，实施这种定位战略的企业非常关注在采购成本、劳动力成本、物流成本、土地成本及其能源等各种成本相对比较低的地点去建立自己的生产和物流设施，选择可以大规模、高适应性和低固定资产投入的生产设备和工艺。例如，在劳动力成本比较高的国家和地区，实施这种战略的企业可能采取大规模和自动化的生产设备，但是在劳动力成本比较低的国家和地区，实施这种战略的企业则可能采取大规模和低自动化的生产设备。受劳动力、土地和国内市场的影响，最近，珠三角实施成本领先战略的制造型企业采取了一些战略性的应对措施。其中，一些以内销为主的企业开始将生产基地搬迁至中国的中部地区，如河南省；一些选择留在沿海地区的出口加工型企业则开始加大对生产自动化的投入，以应对劳动力成本的持续上升趋势；而兼顾内销和外销的企业则将企业搬迁至内外交通都比较方便的中南地区，如安徽省。与此同时，与上述企业配套的上下游企业也有朝这些地区集中的趋势，在不远的将来，这些地区将迅速发展成为可代替沿海地区的以低成本和大规模为特点的新的制造基地。

第二，将营销、研究和开发、服务的成本降低到最低水平。因为这些企业目标顾客的诉求是价格而不是产品或者服务的性能、质量，所以实施这种战略的企业一般会：①将研发重点放在如何降低原材料、生产工艺和过程的成本而不是提高产品性能和质量，将产品研发的重点放在应用性的整合和模仿上，而不是放在基础性研发上；②在努力提高销售规模的同时，尽量选择单位产品的广告、渠道、人员、物流成本最低的营销方式；在不引起顾客不满的前提下，将送货、安装、保修等服务的成本降低到最低水平。

第三，严格控制采购成本。成本领先战略所瞄准的是大众化市场、采取的是标准化产品、实施的是大规模制造，因此实施这种战略的企业在原材料和零配件采购上更关注产品的成本，而不是性能和质量；在评价和选择供应商的时候更关注的是产品成本、生产能力和供应及时性。为了严格控制采购成本和交易成本，实施这种战略的企业一般会采取纵向整合战略去提高自己讨价还价的权力。例如，凭借自己的采购规模优势，与供应商签订大量和长期的采购合同，甚至要求供应商在自己附近的地方建立工厂；通过全资或者参股的方式直接收购或者建立自己的配套工厂。美国西南航空公司之所以选择波音 737 型飞机，就是考虑到降低大规模配件采购成本和运营中的维护成本能给企业带来运营成本的降低，从而提升企业的竞争力。

第四，严格控制生产运营和行政开支。基于上述三个方面的特点，实施成本领先战略的企业一般实施扁平化、简单化和集权化的行政管理模式，以此尽可能地降低计划、信息和行政开支；实施以降低成本为导向的员工的招聘与培训，以降低人员管理成本为主的计件工资制，以挽留熟练工人为特点的福利制度；企业文化主要倡导成本导向而不是创新导向。

3. 价值创造活动组合的特点

企业要想在上述部分或者全部领域中建立和发挥与降低成本有关的资源优势、能力优势，甚至核心专长，实施低成本战略的企业需要建立和有效地运行支撑上述优势的价值创造活动组合或者系统。一般来说，与有效实施成本领先战略相匹配的价值活动组合具有如图 5-3 所示的特点。

4. 成本领先优势的可持续性

企业在部分或者全部领域中所建立的成本优势不仅能够支持企业占据成本领先的定位，而且具有相对高的可保持性。即使外部经营环境变化导致构成行业竞争结构的五种力量都朝恶化的方向转变，占据成本领先定位的企业仍然可能保持自己的竞争优势，持续获得高于行业平均水平的收益率。

（1）通过不断努力而获得低成本优势的企业本身就是最重要的行业进入障碍。一般情况下，如果新的进入者没有可能克服规模、效率和学习

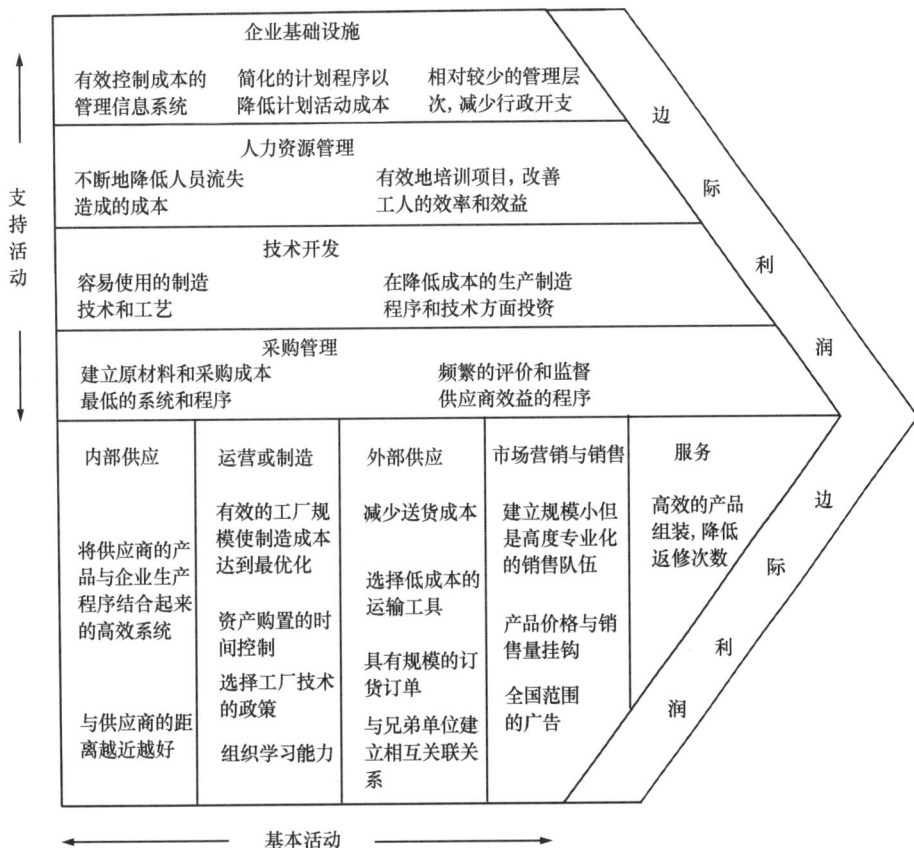

图 5-3 成本领先战略价值活动组合特点[3]

等方面的障碍而获得更大的成本优势，它们是不敢贸然作出进入该行业决策的。

（2）在顾客讨价还价权力上升的情况下，顾客会压低整个行业的产品或服务的价格，但是具有成本领先定位的企业一般也是"笑到最后"的企业。因为随着整个行业参与竞争的企业数量的减少，成本领先定位的占据者将会存活下来，并且最终逆转与顾客讨价还价的权力。

（3）在供应商讨价还价权力上升的情况下，成本领先定位的企业一般采购规模大，具有比其他竞争对手更大的消化能力和讨价还价的权力。如果连成本领先定位的企业都无法消化成本压力，那么其他企业早就迫于成本压力而退出了，其结果自然是供应商讨价还价的权力开始下降。

（4）在行业内部竞争激烈的情况下，大多数同行竞争对手都不愿意与成本领先定位的企业进行正面竞争。即使发生正面的价格战，得益的一般也是具有成本领先定位的企业，因为其较低的成本意味着，当其他的竞争对手由于对抗而把自己的利润消耗殆尽以后，它仍能获得适当的收益。

（5）当替代产品在性能上增加威胁的时候，成本领先定位的企业可以在低成本上保持与替代产品的价值竞争力。

5. 成本领先定位的风险

虽然占据成本领先位置的企业具有非常明显的可持续竞争优势，但是在获取和保持自己定位的过程中，它们也面临一些潜在的风险。

（1）采用成本领先战略的企业通常会忽视顾客需求。首先，成本领先定位的企业容易形成成本导向而不是顾客导向。在制定战略的时候，它们通常更关注如何提高效率，即在产品或者服务的性能和质量与其他对手相同的情况下，重点降低产品或者服务的成本。其次，成本领先定位的企业缺乏市场调研的能力，因为它们的信息管理系统主要侧重于内部，重点关注成本控制，而营销能力相对比较弱。如果成本领先定位企业不能够根据目标顾客诉求选择降低成本的领域，或者不关注目标顾客诉求变化，那么其成本领先战略就会失去有效性，导致被顾客抛弃的情况。

（2）技术进步有可能导致成本领先企业的设施和设备过时，而采用新技术的或者其他地区的竞争对手将获得更大的成本优势。例如，交通运输的发展正在导致市场边界越来越模糊，其他地区的企业完全有可能取得更大的成本优势。近年来，中国高速铁路的发展，使得航空公司过去的优势航线受到了极大地威胁。随着武广高铁的投入运营，使得经营武汉-广州航线的各大航空公司只能通过降低票价和提高服务标准来维持该航线上的竞争优势。同样，技术进步有可能导致成本领先企业的设备或者设施过时，使后进入的企业具有更大的成本竞争优势。

（3）采用成本领先战略企业的最大威胁来自于模仿、学习和改变竞争的规则。相对于差异领先战略来说，成本领先战略更容易被学习和模仿，而且有些模仿甚至可能是不讲规则或者不合法的模仿。我国煤气热水器和炉具行业就存在这种问题。相对于原来的万家乐燃气热水器公司来说，万和集团采取了成本领先战略。但是，现在威胁万和集团的对手正是新的采用学习和模仿的低成本竞争者。一个企业虽然在成本领先方面建立了难以学习和模仿的竞争优势，但是其仍然有可能受到改变游戏规则的威胁。例如，国内乳制品行业曾经围绕着成本进行了激烈的竞争，但是2008年的"三聚氰胺事件"改变了整个行业的游戏规则，乳制品的质量成为顾客最关注的因素，使得以往具有成本优势的企业失去了优势。

为了防御成本领先战略的潜在风险，实施这一定位战略的企业必须注意：

（1）保持顾客导向。企业战略管理者必须清楚，经营战略选择的出发点是顾客诉求的满足，即使是价格敏感的顾客也不会去买他们认为不满意和不信任的产品。因此，企业在决定降低什么成本和降低多少成本的时候，必须以顾客诉求的满足为出发点，而不应该只是打击竞争对手或者发挥企业优势。顾客导向是指企业必须以满足顾客需求、增加顾客价值为企业经营的出发点，在经营过程中，要特别注意顾客的消费能力、消费偏好以及消费行为的特征，重视新产品开发和营销手段的创新，以动态地适应顾客需求。以顾客为导向的战略强调的是要避免生产脱离顾客实际需求的产品或对市场主观臆断。随着经济市场化进程的日益加快，国际和国内市场环境发生了剧烈的变化，卖方市场和短缺经济的局面已经转变为买方市场和过剩经济，企业要尽可能多地生产出满足顾客诉求的好"产品"（product），然后制定出以生产成本为基础的、并能获取必要利润的"价格"（price），再通过"流通渠道"（place）将产品分销出去，最后再按原来计划的费用去进行商品"促销"（promotion）。

（2）保持创新能力。在中国企业的现实经营环境中，被学习和模仿，甚至被假冒产品威胁都是企业不可回避的一种"正常生活"，只有创新才是有效应对学习、模仿，甚至假冒的主要方法。另外，真正威胁成本领先企业的不是学习和模仿自己的企业，而是那些利用创新来改变规则的本行业的企业和替代行业的企业。近年来，因特网和因特网技术的应用已经变成再造企业和行业价值链越来越强大的和普遍的工具。例如，因特网技术已经改变了供应链管理，使用几个卖家提供的软件包，公司采购人员能够通过鼠标点击，核实供应商的存货。在拍卖或电子资源网页核实部件或组件的最新价格，核实联邦速递公司的交货时间表，电子资源交换软件允许零件或部件的供应商实时共享新进顾客订单的相关细节。所有这些建立了按时运输零件和部件、按时生产零件和部件的基础，并与产品的装配与生产进度相匹配——这种一致性能够为供应商和制造商双方节约成本。通过因特网，制造商能够与零部件供应商在新产品设计上紧密合作，减少设计转化为生产的时间。有关供应商零部件的警告申明和产品问题也能够立刻被相关供应商所获知，并采取行动迅速作出修改。另外，不同的电子采购软件包通过减少数据的手工处理和用电子数据交换取代传统纸文件（比如，索取报价单、购买订单、订单接受、装船通知等）让购买程序更具效率。

差异领先战略

差异领先战略是一种在广泛和狭窄市场上，通过建立和发挥差异优势，力求占据差异领先位置的战略。实施差异领先战略有可能获得高于行业平均水平的收益，并且在外部环境恶化的情况下，其竞争定位和竞争优势仍具有可保持性。

1. 顾客诉求的选择

差异领先战略所瞄准的顾客是对产品和服务的性能与质量上的要求是相对差异化和比较敏感的，换句话说，在企业所提供的产品或服务的价格合理的前提下，差异领先战略所选择的目标顾客更看重性能和质量。因此，差异领先战略的基本特征是：①特殊的产品性能；②超常的质量；③高标准的服务；④消费者有地位特殊的感受；⑤快速创新；⑥相对比较高的价格。这种战略的基本追求就是向愿意支付高价格的顾客提供他们认为满意的产品和服务。

2. 建立差异优势的主要领域

差异领先战略就是通过提供差别化的产品或服务，树立起一些在全产业范围中具有独特性的东西。实现差异领先战略可以有许多种方法或者措施：设计名牌形象、技术上的独特、性能特点、顾客服务、商业网络及其他方面的独特性，最具优势的企业会在几个方面同时获得差别化特点。例如，履带拖拉机公司卡特比勒公司（Caterpillar）不仅以其商业网络和优良的零配件供应服务著称，而且以其优质耐用的产品质量享有盛誉。

如果差异领先战略能成功地实施，就会使企业获得在一个产业中赢得高水平收益的战略优势，因为它建立起了防御阵地以应对五种竞争力的变化而形成的恶化环境，虽然其防御的形式与成本领先有所不同。波特认为，实施差异领先战略有时会与争取占有更大的市场份额的活动相矛盾。差异领先战略往往要求企业对于这一战略的排他性有思想准备，因为实现差异领先的战略与提高市场份额的战略两者不可兼顾。企业在实施差异领先战略的活动中总是伴随着很高的成本代价，即便是全产业范围的顾客都了解了企业独特的优点，也并不是所有的顾客都愿意或有能力支付企业要求的高价格。

无论企业采取什么样的战略思路，为了满足和保持目标顾客，在建立差异优势的过程中，企业必须从目标顾客的价值诉求出发，沿着下列两种基本思路进行战略思考：①在认真分析顾客诉求的基础上，确定能否找出目标顾客特别重视的性能或者质量，在满足这些性能或者质量的同时也相应地提高产品或者服务的价格，提高相对的价值竞争力。比如，顾客非常重视 CPU 的计算速度和稳定性，双核处理器（dual core processor）就是在一个处理器上集成两个运算核心，从而提高计算能力。苹果公司不仅仅为顾客提供了高技术的、时尚设计的产品，更重要的是，它将新技术和卓越的价值创造模式结合起来，满足了顾客使用其产品的便利性。苹果公司真正的创新不在于硬件层面，而是让数字音乐下载变得更加简单易行。iTunes ＋ iPod 的组合为苹果公司开创了一个全新的经营模式——将硬件、软件和服务融为一体。这种创新改变了音乐播放器产业和音乐唱片产业，并对顾客价值诉求进行了全新的定义，为客户提供了前所未有的便利。②在保持现有价格水平的前提下，分析现有产品或者服务在性能和质量上存在的问题，通过加强管理和创新，提高绝对差异竞争力。苹果公司就是重新审视了对消费者真正有诱惑力的价值诉求，并用自己的资源、流程和行动来满足了消费者的价值诉求，从而创造出一个全新的市场。从苹果公司的高成长奇迹来看，高成长的公司对于赶超或打败竞争对手并不感兴趣，他们真正感兴趣的是创造与众不同的市场！

无论企业采取什么样的战略思路，为了满足和保持对高性能、高质量、高服务和高社会地位具有特殊诉求的顾客，企业需要在顾客需求和技术发展研究方面作出持续的努力和创新，围绕提高产品或者服务的性能和降低顾客使用产品的成本，企业需要重点在以下领域建立一种或者多种差异优势。

第一，市场和消费者研究。由于差异领先战略的目标顾客愿意向能够满足他们差异化需求的产品或者服务支付更好的价格，因此，实施这种战略的企业必须在市场和消费者研究方面具有特殊的竞争优势。差异化的顾客群体对相同的产品或者服务有特殊的消费需求、消费方式和消费心理,能否抓住其中一个或者几个其他竞争者所没有发现的特殊诉求,将决定企业能否在关键的环节创造出顾客最关注的差异。实施这种战略的企业必须能够关爱、发现、跟踪甚至引领目标顾客的需求变化,才有可能长期满足和保持目标顾客的满意度和忠诚度。例如,SONY 在消费电子领域的不断创新就是不断满足或者引领目标顾客对电子产品的特殊诉求。成功创新的企业往往不会选择一个现有市场和竞争对手竞争,而是重新审视消费者的价值诉求,选择提供一个和现有产品不同价值诉求的产品,从而创造了一个新的市场。

第二,创造新的营销概念。为了满足目标顾客诉求,实施差异领先战略的企业不仅需要在营销的所有功能领域具有深厚的资源和能力优势,而且需要在创造新的营销概念上具有特殊优势。例如,在汽车行业实施差异领先战略的企业,首先必须在产品、品牌、渠道、促销、服务等各个方面具有很好的能力,然后在此基础上围绕自己在上述一个或者几个特殊方面所创造出的差异或者特点以形成独特和整体的营销概念或者市场形象,这样才能达到吸引顾客、树立障碍并保持顾客忠诚的效果。

第三,全面质量管理。实施差异领先战略的企业必须非常清楚地知道,其目标顾客对所购买和使用的产品或者服务的整个过程具有充分理性和非常挑剔的要求,因此企业需要在原材料的采购、生产、营销、配送和售后服务的全过程实施全面质量管理,以提供超过顾客期望的质量。在企业战略管理实践中,我们发现绝大多数实施差异领先企业都形成了质量导向,而不是成本导向的文化。例如,五星级的酒店所使用的装修材料、房间设施、员工的培训及各项配套设施均是高质量和高标准的,而连锁酒店则完全不同。

第四,产品或者服务的研究开发。实施差异领先战略的企业必须非常清楚地知道,其目标顾客对产品或者服务具有特殊的需求:虽然他们并不一定知道是什么样的技术和方式才能最大限度地满足他们的需求,但是他们有能力和意愿去尝试最新的产品技术和服务方式。因此,企业应该高度重视基础性的研究与开发,以产品或者服务的动态创新方式去满足目标顾客诉求和保持目标顾客的满意度与忠诚度。

第五,充分发挥人才作用的管理体制。为了在上述主要领域建立、保持和发挥自己的竞争优势,甚至核心专长,实施差异领先战略的企业需要吸引、保持和激励一大批具有高水平、高创造性和高忠诚度的员工。因此,企业不仅需要建立吸引、保持和激励这些人才的人力资源管理体制,而且需要建立能够发挥这些人才创造性的组织结构、管理机制、控制机制和企业文化。苹果公司的成果不只是因为其拥有了乔布斯,更重要的是苹果公司所制定的创新体制和企业文化。

与实施成本领先战略的企业不同,实施差异领先战略的企业不可能在所提供的产品或服务上创造和保持全面的差异。这是因为,第一,差异领先战略的目标顾客虽然有差异化的诉求,但这种差异化是在满足其基本和正常需求前提下的差异化需求。因此,实施差异领先战略的企业首先必须高水平地满足目标顾客对产品或者服务的基本需求，然后才能上升到满足目标顾客的差异化需要。第二，在高度竞争的条件下，一个企业只有高度地集中资源和精力在某一个或者几个领域创造和保持差异，并在选定的一个或者几个领域持续地努力才能保持差异化的市场印象。因此，绝大多数成功实施差异领先战略的企业都是取舍清晰和坚持特色的企业。例如，喜力啤酒（Heineken Beer）强调的是原材料的特色，卡特比勒（Caterpillar）强调的是售后服务的优势，沃尔沃（Volvo）汽车强调的是驾驶安全上的优势。就中国的情况来看，为什么到目前为止中国企业在成功实施差异领先战略方面还没有出现"世界级企业"呢？其原因在于：一方面，是因为刚刚富裕起来的中国消费者还不够理性和成熟，它们在收入上的差异是拉开了，但是在消费需求、方式和心理上还没有拉开和形成明显、稳定的差异；另一方面，是因为试图实施差异领先的企业整体的管理水平仍然需要提高，同时，它们实施差异领先战略的决心还不够坚决。在面对众多诱人的机会时，这些企业的取舍还不够清晰，因而没有办法持续地关注、发现、满足和引领目标顾客诉求。另外，这些企业在面对挑战的时候不够执著，因而无法在消费者心中树立深刻的印象和高度的忠诚感。

3. 价值创造活动组合的特点

要想在上述部分或者全部领域中建立和发挥与提高差异有关的资源优势、能力优势，甚至核心专长，实施差异领先战略的企业需要建立和有效地运行支撑上述优势的价值创造活动组合或者系统。一般来说，与有效实施差异领先战略相匹配的价值创造活动组合具有如图 5-4 所示的特点。在企业管理实践中，实施差异领先战略的企业可以全部或者部分按照图 5-4 设计自己的价值创造活动组合。

4. 差异领先竞争优势的可持续性

企业在部分或者全部领域中所建立的差异优势不仅能够支持企业占据差异领先的定位，而且具有相对高的可保持性。即使外部经营环境变化导致构成行业竞争结构的五种力量都朝恶化的方向转变，具有占据差异领先定位的企业仍然有可能保持自己的竞争优势，持续地获得高于行业平均水平的收益率。

（1）通过不断努力而获得差异领先优势的企业本身就构成了最重要的行业进入障碍，这是因为，如果新的进入者没有可能克服技术、营销，特别是与品牌有关的无形障碍而获得更大的差异优势，那么它们是不会冒险作出进入决策的。

（2）差异领先战略的目标顾客是价格不敏感的，即使在顾客讨价还价权力上升的情况下，他们也很少利用这种权力来制约企业，因此，具有差异领先定位的企业一般也是"笑到最后"的企业。当然，差异领先企业要想在很短的时间里转换战略也具有很高的难度。

（3）在供应商讨价还价权力上升的情况下，差异领先定位的企业一般有比较高利润，也具有比其他竞争对手更大的消化能力和讨价还价的

企业基础设施					

建立了解客户采购喜好 的高效信息系统　　　　在全公司范围内强调 生产高质量的产品

人力资源管理

加大对职工的补偿,鼓励 创造性和劳动生产率　　广泛应用主观而不是 客观的效益评价测量　　超常人员培训

技术开发

研究与开发、产品开发 和市场营销有效的协调　　在能够使企业不断生产高差异 产品的技术方面投资　　强调基础 研究能力

采购管理

确定最高质量的原材料的系统与程序　　最高质量的供应

支持活动

边　际　利　润

内部供应	运营或制造	外部供应	市场营销与销售	服务
对内供应必须将传递造成的损失降低到最小,同时改进最终产品质量	不断改进制造工艺,保证生产最有吸引力的产品 为顾客着想并根据顾客需要迅速调整工艺的制造程序	精确的和快速的发货系统 迅速和准确地将产品送到客户的运输系统	强有力的协调研究与开发,市场营销和产品开发之间的功能 广泛地与客户之间的人员联系 高价政策	能够更换所有原建的仓储系统

边　际　利　润

基本活动

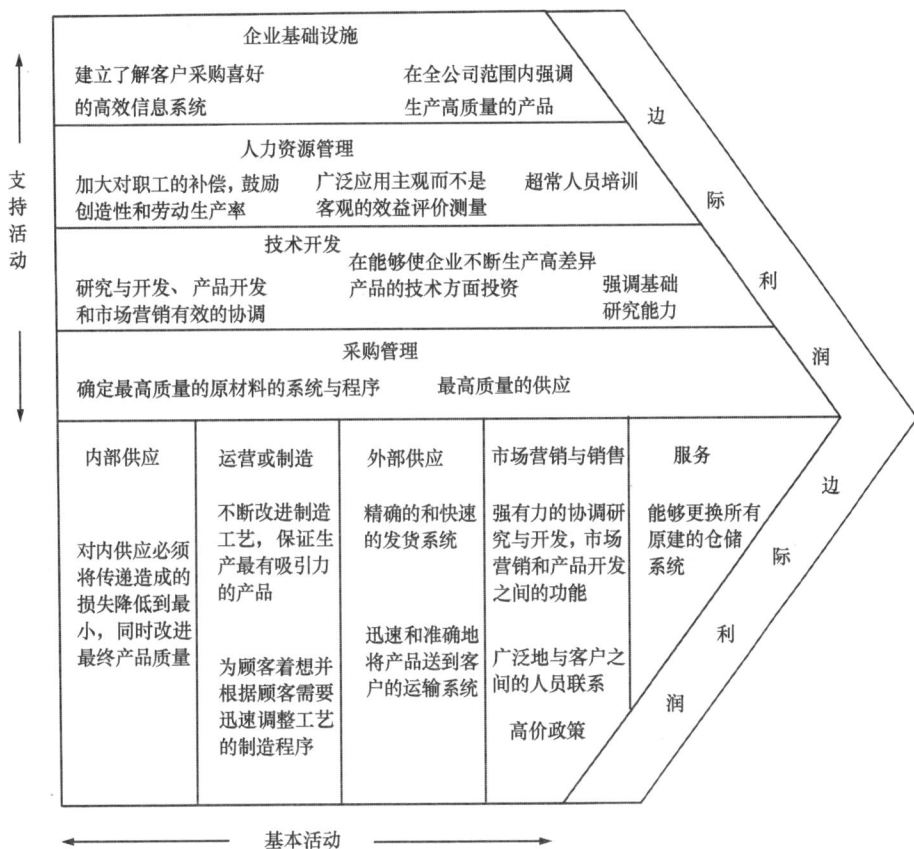

图 5-4　与差异领先战略相匹配的价值活动组合的特点[3]

权力。当差异领先定位的企业难以消化成本压力的时候,它们可以将部分成本压力转移给其消费者,因为这些消费者对产品的性能和质量更为敏感而对价格不敏感。

(4) 在行业内部竞争激烈的情况下,大多数同行竞争对手都可能无法与差异领先定位的企业进行正面竞争,因为差异领先战略的目标顾客具有很高的品牌认知度和忠诚度。

(5) 当替代产品在价格上增加威胁的时候,差异领先定位的企业可以通过提升产品或者服务的性能和质量,保持与替代产品的价值竞争力。

5. 差异领先定位战略的风险

一般来说,采用差异领先战略企业的风险主要来自于:①顾客认为采用差异领先战略企业的产品/服务定价太高;②顾客认为企业所创造的"差异"不重要或者不再是重要的;③采用差异领先战略的企业可能被竞争对手模仿和学习,竞争对手有可能以更低的价格为顾客提供同样的产品或者服务;④采用差异领先战略的企业可能在销售规模扩大方面存在困难。例如,海尔集团最初的成功得益于其在品牌、渠道和售后服务方面

所建立的差异优势，而要想保持和强化这种差异领先的定位战略就需要约束规模。因此，当海尔集团追求规模试图进入世界 500 强的时候，一些学者担心他们会因此失去原来的定位战略而陷入"夹在中间"的位置，事实证明这种担心是有一定道理的。

5.3 独特性定位战略

在企业战略管理发展的关键阶段上，波特的定位战略不仅为企业制定战略奠定了理论基础，而且也为企业战略管理者解决竞争战略问题提供了指引。波特的竞争战略理论对战略管理理论和实践产生了巨大和深远的影响。在过去的 30 多年里，企业都将竞争战略制定的重点放在了努力取得和保持成本领先及差异领先两大定位上。然而，波特提出的定位战略在指导企业的战略管理实践中，一直有两个重要问题困扰着企业战略管理者。

第一，是否存在着一种整合战略（integrated competitive strategy）？在定位战略理论中，迈克尔·波特在设定三个重要理论假设的前提下，提出企业必须基于自己的实力在广泛与狭窄两个市场上作出选择；在成本和差异两个目标市场上作出选择；在成本领先和差异领先两组优势和匹配的价值创造活动组合中作出选择。为此，波特特别指出任何试图对成本领先和差异领先两种定位战略进行整合的努力，都有可能导致企业陷入一种"夹在中间"的危险境地。但是，绝大多数企业都认为消费者的实际诉求可能恰恰分布在低成本和高差异之间，或者说消费者的选择并不像波特所假设的那么极端。因此，很多企业都在不断的追求和尝试采取某种程度的努力去整合上述两种定位战略，就像人类明明知道不存在"伊甸园"，但是总是在追求进入"伊甸园"一样。在过去的 30 年中，有两个明显的变化趋势在强化着人们对整合战略的追求，一是消费者的需求越来越多样化；二是技术和管理水平在不断地提高，越来越多的企业正在尝试实施整合战略。例如，20 世纪 80 年代中期，人们曾经将苹果计算机公司首次使用视窗技术的计算机称为"伊甸园产品"，而现在也有人将 iPhone 冠以同样的称号。甚至有的学者在教材中开始将整合战略看成是独立于前两种基本战略的第三种定位战略。然而，纵观大量企业实施整合战略的结果，整合战略，或者叫做"最佳价值组合战略"，还很难被称为一种基本战略（generic strategy）。这是因为，作出这种努力的企业要么所瞄准的市场都是相对狭窄的市场而并非大众市场，要么所采取的通常是以"一种为主，一种为辅"的方式去推进战略整合。

战略定位的三个出发点

战略定位有三个不同的原点，它们之间并非相互排斥，而是经常重叠。

首先，以提供某行业的某类产品或服务为原点，或称为基于种类的定位，即基于产品或服务种类的选择而不是基于客户细分市场进行战略定位。其次，只有当公司通过其独特的运营活动提供最好的特定产品或服务时，基于种类的定位才具有经济意义。

采取这一定位的典型例子是吉菲·罗伯国际公司（Jiffy Lube International）。这是一家专营汽车润滑油，而不提供汽车维修与保养等其他服务的企业。与综合汽修商店相比，其价值链提供的是更低廉、更快捷的服务。这样的组合非常具有吸引力，以至于许多顾客决定分别进行采购，润滑油从业务专一的吉菲·罗伯那儿零买，而其他服务则仍然从其竞争对手处购买。

客户之所以选择吉菲·罗伯国际公司，是因为看中它在某一特定的服务领域拥有性能卓越的价值链。基于种类的定位面向的客户范围很广，但是大多数情况下，这种定位只能满足顾客需求中的一小部分。

定位的第二个原点是，满足某一特定客户群的大部分或所有需求，称为基于需求的定位，这更接近于传统的目标客户定位的观念。

例如，在个人理财业务中，贝西默信托基金公司将自己的服务对象锁定在那些可投资资产不低于 500 万美元并希望储蓄资金和积累财富兼顾的富裕家庭。通过为每 14 户家庭指派一名经验丰富的客户服务主管，贝西默公司围绕着个性化服务展开运营活动。例如，选择在客户的农场或游艇而不是公司的办公室与其会晤。贝西默提供一系列针对客户要求的服务，其中包括投资与不动产的管理、油气资源投资的监督，以及对赛马和私人飞机等个人资产的核算。对于大多数私有银行而言，贷款是它们最主要的业务，但贝西默的客户却很少需要贷款，贷款在客户的资产负债表和损益表中仅占很小的一部分。尽管贝西默的客户主管薪酬颇丰，人员成本在营业费用中所占的比重很大，但是其针对家庭的差异化服务还是为它带来了非常可观的投资回报，回报率远远高于其他主要竞争对手。

定位的第三个原点是根据不同的接触途径对客户进行细分。虽然不同客户的需求有一定的相似性，但是为了接近这些客户而设计的运营活动应该有所区别。我们把这样的战略定位称为基于接触途径的定位。

以美国卡麦克院线（Carmike Cinemas）为例。该公司专门在人口不到 20 万人的小城镇运营电影院。在规模如此之小且不能承受大城市票价的市场中卡麦克是如何实现赢利的呢？说起来也很简单，就是通过一系列精心设计的运营活动降低成本结构。它为小城镇的观众提供标准化、低成本的影院设施。公司自主开发的信息系统和管理流程降低了影院对劳动力的需求，每一个影院仅需一名经理就够了。此外，集中采购、廉价的租金和劳动力成本（由于影院都在小城镇）以及极低的经营管理费用（仅为 2%，而行业平均水平为 5%）也使卡麦克获益匪浅。尤其值得一提的是，在小社区中运营使卡麦克可以采取一种更加个性化的营销方式——影院经理几乎认识每一个主顾，他常常靠个人接触来提高上座率。作为几乎独霸所在市场的连锁影院（其主要竞争对手常常只是高中的橄榄球队），卡麦克不仅能得到非常卖座的电影，而且在同发行商谈判时也常常能争取到更好的条件。

资料来源

迈克尔·波特．什么是战略．哈佛商业评论，2004，（1）：69～96．

第二，如何避免同质化竞争？从赫尔模型（图 5-5）所提供的情景来看，波特所提出的竞争战略理论很容易被简单化，企业很容易将市场划分为广泛与狭窄两大类型，将定位划分为成本领先和差异领先，然后就此展开激烈的同质化竞争，导致处于"成本和差异优势地带"的企业很少，更多的企业是处于"危险地带"或者"死亡谷"之中。其实，如果一个企业真正以顾客为导向，认真分析顾客诉求的差异而不是共性，那么它就会发现无论是在"广泛"还是"狭窄"市场上，拉开差异和创造特色的空间还是非常大的。尤其对于处于新兴市场条件下的中国企业来说，在供求关系转换的初级阶段上更容易将波特的竞争战略理论简单化，并且陷入严重的同质化竞争之中。因为在这个特定的发展阶段，绝大多数消费者的收入水平比较低，对产品和服务的需要刚刚完成"从无到有"的过程，消费者（包括高收入阶层的消费者）在消费需求、方式和心理上的分化程度和稳定程度，还不足以为企业提供现实的和足够大的差异化市场。因此，划分市场的最有效方法就是收入的高低，而不是其他与社会文化价值取向有关的指标。另外由于高收入阶层的市场主要被国外企业所占据，绝大多数中国企业就只能选择广大的低收入市场为目标市场。从这个意义上说，不是波特的竞争理论没有给中国企业拉开差异提供空间，而是中国国内市场还没有产生足够的创造差异的空间；不是波特的竞争战略没有给中国企业实施差异化战略提供理论指导，而是中国企业也没有能力去发现和把握可能产生差异的空间。目前，中国市场已经成为全世界收入差别最大的市场，并被认为是全球奢侈品行业最具增长潜力的市场，以中国企业目前的市场研究能力、营销能力和质量管理能力是否足以发现、满足和保持差异化目标顾客呢？答案仍然是否定的。

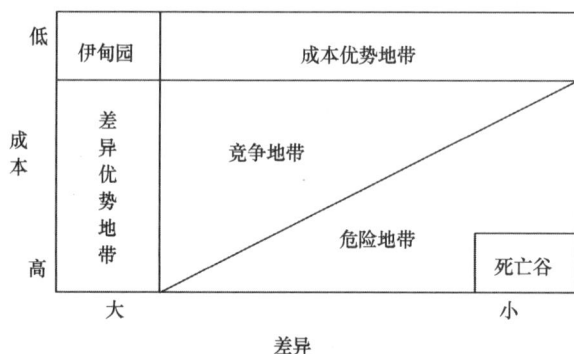

图 5-5　赫尔模型[4]

当中国居民的收入和需求正在发生巨大变化的时候，相当多的企业战略管理者并没有认真地理解波特竞争战略的思想，这一点可以从他们对钱·金（W. Chan Kim）教授提出的"蓝海战略"思想的热捧中得到证实。2004 年，迈克尔·波特在《哈佛商业评论》发表题为："什么是战略"一文，认为竞争战略同质化问题不是来源于自己提出的定位战略，而是来源于当前普遍存在的一种简单化战略思维，即把效率而不是有效性当做竞争战略的核心。他将这种简单化的战略思维描述为：企业为成为现有产品/市场/经营方式上的"最佳实践者或者效率最高者"而竞争，即在同一条道路上比速度，然而第一名只有一个，优势不大并且难以保持。波特认为，现代竞争思维应该将竞争战略的重点放在为发现、满足和保持独特目标市场、产品、经营方式而竞争，目的是选择不同的顾客诉求来建立独特的竞争优势，就像是各个运动员选择了不同的比赛道路。认真分析波特的所谓现代竞争思维，可以发现他的定位战略思想有了新的变化，尤其是在关于狭窄市场上的聚焦战略部分：①重新强调应该将市场，特别是顾客需求，而不是效率作为企业制定竞争战略的关键；②提出企业如果能够发现独特的顾客诉求（Unique demand），那么就可以摆脱定位战略在成本和差异之间的简单取舍，并基于顾客诉求的满足去整合低成本和高差异两组竞争优势；③将发现、满足和保持独特的目标市场作为避免竞争战略同质化的关键。波特关于独特性战略的理论特别适合于中小企业摆脱同质化竞争。

考虑到以发现、满足和保持独特目标市场或者顾客诉求为核心的竞争战略很好地回应了上述两个难题，我们可以在操作上暂时将这种竞争战略称为"整合战略"、"价值最大化战略"或者"独特性战略"。

选择独特的顾客诉求　　发现和选择独特的顾客诉求，并且将该组具有独特诉求的顾客作为企业的目标顾客是企业实施独特性定位战略的第一步，也是最重要的一步。为此，企业战略管理者需要重温市场营销的基础理论——市场细分和目标市场选择。

在制定独特性定位战略的过程中，企业，尤其是中小企业的战略管理者首先需要把顾客看成是一个"个体"而不完全是一个"群体"，要重视顾客需求的独特性而不是"共性"，要看到顾客需求存在着趋同化的趋势，但是更重要的是存在着多样化、个性化和独特化趋势。对于中国企业的战略管理者来说，他们更需要关注到顾客作为"个体"的独特性已经成为中国市场正在迅速地强化的发展趋势。事实上，如果企业战略决策者不想摆脱同质化竞争，那么他们只需要把顾客都看成是相同的，此时战略制定的重点就从有效性转到了效率上。如果企业战略决策者想摆脱同质化竞争，那么他们只要把顾客都看成是独特的，此时战略制定的重点就从效率转到了有效性。

现在，国内一些企业战略管理者制定竞争战略的基本思路就是模仿"隔壁"企业的战略，然后将重点放在如何与隔壁的"邻居"拉开性能差异，或者成本差异，而不会弯下腰去"问"顾客到底需要在什么地方增加差异，或者在什么地方降低成本。许多企业战略管理者只关注了如何让满意的顾客更满意，但没有关注如何让不满意的顾客消除不满。例如，手机企业在现有市场上围绕性能和成本拼命搏杀的时候，是否有企业的高层管理者注意到自己家里的老人对使用现有手机有什么不满？家电行业的企业在现有市场上围绕着如何占领信息家电市场而血拼的时候，有没有企业的高层管理者注意到远在家乡的父母对使用越来越信息化的家电有什么不满？计算机行业的企业在现有市场上围绕着如何推出"3G"产品的时候，有没有企业的高层管理者注意到自己家里的老人离"信息时代"不是越来越近，而是越来越远了。这些企业家或者高层管理者家里的"老人"是不需要关注购买成本的非典型顾客，因为他们本身未付出任何成本，但是为什么他们还对产品不满或者不使用呢？无论从个人还是企业的角度，难道企业战略管理者可以漠视老人对上述产品在购买和使用上"独特性"的诉求吗？值得注意的是，年龄还只是我们划分这个市场最简单和表层的变量，企业还可以在"老人"这个"普通"概念上进一步细分下去，发现在收入、文化、性格等其他变量的影响下，不同类型的老人在顾客诉求上还会存在更细微的独特性。由深圳市嘉兰图设计有限公司自主设计、生产的"老人手机"（图5-6）与一般手机不同，只有一些基本功能，屏幕显示内容少，字符和按键较大，而报警、求助、手电筒等功能则是专为老年用户设计的，成品售价只有200～300元。这不仅改变了该企业原有的业务发展模式，还创新性地主导了一个新的细分市场。目前，这款"老年人手机"已打开全国多个省市市场，年产销达150万部以上。

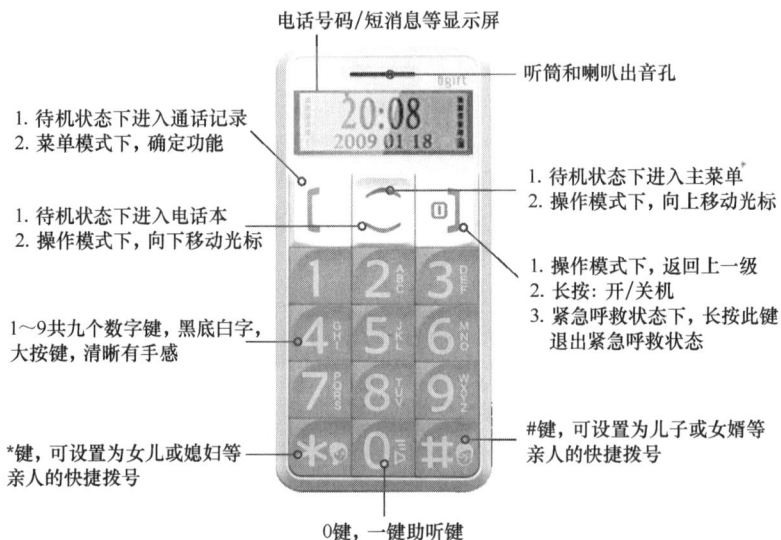

图 5-6　老人手机正面图

　　如果企业能够发现顾客独特的诉求或者不满的顾客，那么按照选择最基本的目标市场理论，企业高层战略管理者只需要认真回答这样几个问题：①具有某种独特性需要的顾客数量是否足够大，或者说对某种现有产品或者服务不满的顾客相对于自己的企业来说，是否足够多？②这一组具有独特需要或者诉求的顾客是否是稳定的、可测定的？③这个潜在的目标市场是否是可以接触和把握的？如果对上述三个问题的回答是肯定的，那么企业就可以根据对内部环境的分析，尤其是对资源优势、能力优势和核心专长的判断，决定是否可以将其中某个具有独特性诉求的群体作为自己的目标市场。

设计独特的产品或服务 有效实施独特性战略的另一个关键就是企业能够在产品或者服务的设计上打破低成本和高差异之间的对立和取舍，从低成本和高差异两个方面重构产品或者服务的价值曲线，既满足顾客的独特诉求，又能够保证实现企业的赢利目标。为此，我们需要重温市场营销在产品设计方面的基本理论（图 5-7）。

图 5-7　产品设计选择的连续统一体模型

如果企业所选择的目标市场具有独特性，那么其产品诉求就会表明这些顾客既不是极端的成本领先战略的目标顾客（在全部设计变量的选择上都偏向极左端），也不是极端的差异领先战略的目标顾客（在全部设计变量的选择上都偏向极右端），而是介于两个目标顾客群体的中间，并且其具体的分布也是不一致的。实施独特性定位战略的企业必须意识到，如果能够使所设计的产品刚好满足其目标市场的需要，那么是否给这种定位冠以低成本或者高差异的标签并不重要，因为顾客的诉求就是这样。为了满足独特性目标市场的顾客诉求，实施这种战略的企业就必须在原来的成本领先或者差异领先战略所选择的产品价值曲线之外，重新设计一个新的产品价值曲线。当然，这样一种独特的产品或者服务的设计有可能不是一次性完成的，而需要在企业长期的实践中经过多次反复而逐步完善。

2006 年的中国家具行业是一个典型的红海，置身其中众多企业因为激烈的同质化竞争而正在大量的渗血，因为没有一个家具企业占有超过 1％以上的市场份额。尽管如此，顾客对家具企业所提供的产品和服务仍然心存不满。如果顾客从商店购买家具，款式和质量都可以，但是家具之间和家具与房子之间的匹配性难保证；如果请公司定制或者请师傅到家里制作则价格贵、周期长、质量控制难。就在这个时候，分别来自家具行业和软件行业高级管理者视"顾客的不满"为家具行业的"蓝海"，整合了来自两个行业的思路和优势，找到了能够满意这些顾客的新的商业模式，创立了广东维尚家具集团。

面对顾客的不满需求，维尚家具集团以消费者为中心，实施全程数码服务，坚持"客户需要什么，我们生产什么"，致力于为客户提供高增值服务和高质量的消费体验。售前，提供数码设计服务，由专业设计师根据消费者的个性化需求进行免费的计算机设计，迅速生成三维效果图，不仅可以让顾客看到家具的定制效果，还包括尺寸、产品的预算都非常清楚，并上门为客户进行实地测量，确保定制的准确无误。售中，通过订单管理系统将设计图纸上传到总部的订单处理中心，进行自动排产，然后将制造指令发送到工厂进行生产。消费者可以通过订单自助查询系统，随时跟踪订单所处的生产环节和状况。售后，负责送货上门，并由专业人员进行安装、调试及日常维护等完善的后续服务。

战略聚焦三

竞争战略的本质

所谓竞争战略，就是创造差异性。换句话说，即有目的的选择一整套不同的运营活动以创造一种独特的价值组合。

美国西南航空公司是创造差异性的典型例子。它在中等城市和大城市中的二级机场之间开设短程、低成本和点对点的飞行服务。它主动避开大机场，也不设远程航班。它的客户中有商务乘客、家庭和学生。西南航空公司以高密度的航班和低廉的票价吸引那些对价格敏感的乘客（如果价格高，他们就会选择乘巴士或驾车）以及那些图方便的乘客（如果不方便，他们就会选择那些能提供全面服务的航空公司）。

大多数管理者都从自己客户的角度来描述战略定位，例如，"西南航空公司为那些对价格和方便性相对敏感的乘客服务"。但是，战略的实质存在于运营活动中——选择不同于竞争对手的运营活动，或者不同于竞争对手的活动实施方式。如果不这样，战略就变成了一种营销口号，经不起竞争的考验。

提供全面服务的航空公司几乎可以将乘客从任何一个地方送到另外一个地方。为了到达多个目的地并为转机的乘客提供方便，这些航空公司经常采用以几个大机场为中心的枢纽辐射系统。此外，为了吸引那些希望旅途更舒适的乘客，它们还提供头等舱或商务舱服务。考虑到那些需要转机的乘客，他们在航班安排上也作出了调整，并且提供行李代运和转运服务。而对于那些需要长时间飞行的乘客，它们还会提供餐饮服务。

与此形成鲜明对比的是，一切都以低成本和便捷性为中心，西南航空公司对自己所有的运营活动进行了精心的设计。由于飞机停靠在航站楼的周转时间只有短短15分钟，因此西南航空公司飞机的飞行小时数就比竞争对手更多，可以用更少的飞机提供更多的航班。西南航空公司不提供餐饮、指定座位、联运行李托运或高级舱位服务。不仅如此，它还在登机口设立自动售票处，鼓励乘客跳过旅行社直接购买西南航空公司的机票，这样就为顾客省下了一笔佣金。另外，全公司仅选用波音737客机，从而大大降低了维护成本。

西南航空公司的战略正是建立在这样一套特制的运营活动基础之上，这样的战略定位不仅独一无二，而且也给公司带来了巨大的价值。在西南航空公司服务的航线上，无论是成本还是便捷性，提供全面服务的公司都无法与之相比。

资料来源

迈克尔·波特. 什么是战略. 哈佛商业评论, 2004, (1): 69~96.

建立独特的价值创造体系　　为了支持企业将上述独特的产品或者服务设计能有效地实现和运行，企业还需要对企业的整个价值创造活动体系（或者说价值链）进行重新调整，从而使它能够支持企业在价值链的恰当环节上，以低成本的价值和差异化的方式满足顾客诉求和实现价值创造的最大化（图5-8）。

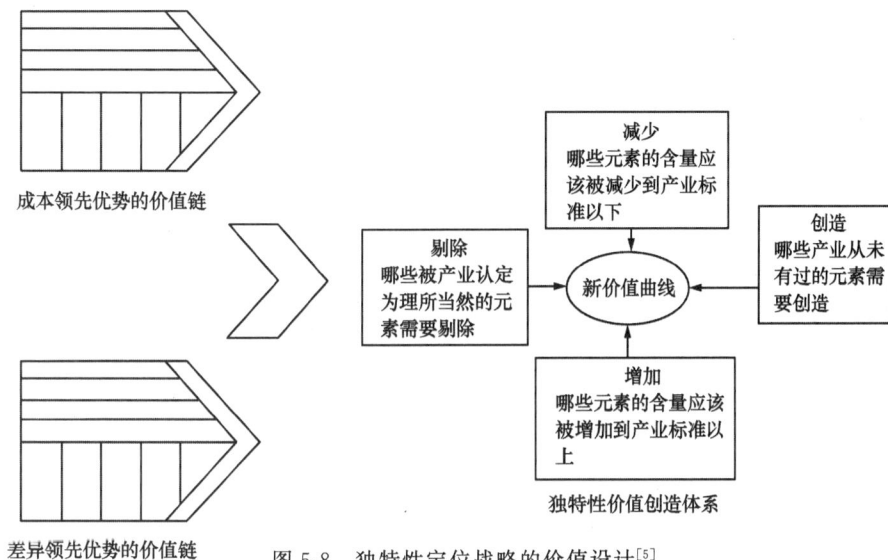

图 5-8　独特性定位战略的价值设计[5]

在制定和实施独特性定位战略的过程中，建立独特的价值创造体系是最富有挑战性的工作，在实际的运行中可能还需要调整企业的资源整合模式、管理模式和企业文化。在运输、通信和网络技术越来越发达的今天，越来越多的企业正在尝试采取将两种不同价值创造导向（即低成本导向的价值创造活动与高差异导向的价值创造活动）放在不同的空间或者企业进行，从而让自己有可能建立和发挥两种不同的竞争优势。例如，如果我们将苹果公司在iPhone所实施的战略看成是独特性定位战略的话，那么实施这一战略的关键在于：①该企业将整个研发、营销的功能与生产制造的价值活动在空间进行了分离，将研发与营销等高差异导向的价值创造活动放在发达国家，而将低成本导向的价值创造活动放在中国。这种将不同的价值创造活动放在不同地点的做法既能够达到整合两种不同价值创造导向的活动的好处，又能够避免两种不同价值创造活动体系在结构、机制和文化上的冲突。②该企业将高差异导向的价值创造活动控制在本企业的手上，而将低成本导向的价值创造活动外包给了富士康等企业，从而使它在整合两种不同价值创造活动体系方面能够取得更好的效果。这种将不同的价值创造导向的活动进行战略性外包的方式既可以发挥二者之间的优势，又可能避免二者之间的劣势。

广东维尚家具集团在发现不满足的顾客需求之后，通过建立独特的价值创造体系来满足顾客的这种不满足的需求，为了能有效支持售前、售中和售后高增值服务和高质量消费体验的商业模式，集团运用信息化改造传统的家具制造行业。

（1）"市场研究"环节的信息化。通过全面的市场研究，维尚集团建立了"房型库"、"产品库"和"解决方案库"；在为消费者进行免费售前设计的同时，也收集了大量的第一线市场需求并及时地反馈到总部设计中心。解决方案库与实际订单系统实现互联，智能化自我完善。如果客户接受某一设计方案，该方案就会自动进入数据库，如果客户不接受，会引导系统进行完善。

（2）"产品设计"环节的信息化。维尚集团为客户提供了销售终端免费的虚拟体验设计服务、基于互联网的虚拟整合设计服务、基于空间解决方案的虚拟协同设计服务，三种设计服务的技术特征都在于"虚拟设计"。不管客户在什么地方，只要提供室内空间尺寸，以及定制家具的种类、款式等要求，销售终端店面的设计师就可利用销售设计系统做个性化计算机虚拟设计，客户即刻可以看到定制家具摆放在自家的三维视觉效果，所见即所得，而且能够立刻计算出费用。设计效果图不但给消费者以清晰直观的想象，虚拟的家具产品已经包含了生产数据，这些数据通过互联网可以直接上传到订单受理中心，无需再让人手绘制 CAD 图纸和加注生产及工艺信息。集团利用参数化设计技术来完成为消费者提供千差万别的个性化家具产品。参数化技术就是可以任意设定家具的尺寸，并快速得到各种尺寸的家具模型，同时自动生成零件图和各种排产清单。灵活的参数化模型设计方式，可快速生成不同的家具模型，并提升部件的标准化程度；大大缩短产品开发周期，让大规模定制生产成为可能。

（3）"市场销售"环节的信息化。维尚集团 300 多家销售终端店面运用了"圆方家具销售设计系统"，家居设计师利用此软件系统零距离与消费者进行家居配套的设计沟通，把消费者从过去被动地接受产品转变到为主动参与产品设计、制造，从而实现了销售接单智能化、网络化。全国各地 600 多家专卖店的订单都可以直接上传到总部的订单处理中心，然后统筹安排生产和流通，从而实现零库存。无纸化办公和互联网运作的推进，还使企业每月可节省费用几万元。基于海量图形图像数据处理的虚拟现实网络云计算服务系统为设计师提供家具设计网络云计算服务。设计师只要用计算机终端设计好的文件通过互联网上传云计算服务系统，系统能够在线实时或者离线等多种方式为设计提供效果图、虚拟漫游等渲染服务，设计师能够获得比单机提高 20 倍以上的渲染计算速度，既大大加快设计师效率，也大大提升空间解决方案库的建设速度。

（4）"加工制造"环节的信息化。维尚集团引入的家具生产设计系统融入了家具设计的相关标准，进行了工业设计的规范性，再结合参数化的虚拟设计和虚拟制造，避免了传统设计在生产制造和后续安装出现的错误，提供了相关产品在成本分析和对外报价的翔实参考数据，自动生成的零件图纸和生产性数据可以直接用于车间生产。公司采取的条形码应用系统，对每个产品部件进行编码管理，从而实现对每一部件从订单下达到产品包装完成的整个生产过程的点对点式的管理和跟踪，从按订单生产升级为按板件生产。公司开发的混合排产及生产过程控制系统可以让工程师利用实时的视觉图像，更直观、更方便地进行产品的造型设计、工艺设计分析、可制造性检查、性能评价，快速、可靠地设计、制造出高质量的产品。上述虚拟现实技术为维尚实施并进行工程与敏捷制造，减少失误和返工，缩短研制周期和提高产品质量提供了一个最佳的环境。

（5）"仓储运输"环节的信息化。集团通过"定制化"柔性生产技术，先下单，后生产，实现了零库存，较好地消除了流动资金压力和降价风险，进一步增强了企业的生存和发展能力。传统的家具制造企业由于是面向库存的生产，资金大量压在仓库中，一般年周转率为 2~3 次，而维尚集团是按客户需求生产，成品库存为零，年资金周转率在 10 次以上。

自 2006 年创立以来，维尚集团以"大规模数码化定制"生产经营模式，实现了从传统家具制造向现代家居服务制造的转型升级。企业规模从最初 12 人的小作坊，发展成为现在具有 3 家独立公司、700 多名员工的现代企业集团，在广州、上海、北京等大中城市设立了 20 家直营店和 600 多家加盟店，拥有"维意"和"尚品宅配"两大核心品牌，销售额从 2006 年的几百万元迅速增长到 2008 年的超亿元，连续 3 年实现年增长率 100%。

保持取舍和持续创新　　独特性定位战略的价值创造能力来源于发现、满足和保持独特的目标市场，以满足顾客诉求代替低成本和高差异之间的简单取舍；更来源于针对独特的目标市场，独特产品与服务设计、独特的目标价值创造体系、资源整合和管理模式匹配之间所形成的核心竞争力。因此，企业必须保持对顾客诉求的取舍才能够保持核心竞争力。战略的本质不在于选择"取"什么，更在于选择"舍"什么。企业必须作出取舍主要来源于三个方面的压力：一是企业形象与声誉的不一致性；二是目标市场、产品组合和价值创造活动体系之间的不一致性；三是企业价值创造活动体系与其资源整合和管理模式之间的不一致性。

波特之所以把竞争战略称为定位战略，其主要目的在于督促企业要在竞争战略的选择上保持清晰的取舍，只有这样企业才能将所有的资源和精力都放在持续创新上。持续创新的必要性则来源于：①产品和服务的设计需要动态地改进和完善；②价值创造活动组合的整合需要长期的磨合；③资源整合方式和管理模式需要反复的调整；④目标市场、产品和服务的设计、价值创造活动体系、资源整合模式和管理模式之间的匹配也需要企业持续的努力。

在保持取舍和持续创新的过程中，企业战略管理者需要一定的偏执。从这个角度上说，企业战略管理者在遇到下列几种情况时，要特别注意保持自己的定位独特性和创新的持续性：①遇到新的市场机会；②向先进企业学习；③接受上市辅导；④接受咨询公司建议。

蓝海战略概述

蓝海战略（blue ocean strategy）是由W. 钱·金（W. Chan Kim）和莫博涅（Mauborgne）提出的。

蓝海战略认为，聚焦于红海等于接受了商战的限制性因素，即在有限的土地上求胜，却否认了商业世界开创新市场的可能。运用蓝海战略，视线将超越竞争对手移向买方需求，跨越现有竞争边界，将不同市场的买方价值元素筛选并重新排序，从给定结构下的定位选择向改变市场结构本身转变。

蓝海以战略行动（strategic move）作为分析单位，战略行动包含开辟市场的主要业务项目所涉及的一整套管理动作和决定。基于1880~2000年30多个产业150次战略行动的研究发现，价值创新（value innovation）是蓝海战略的基石。价值创新挑战了基于竞争的传统教条即价值和成本的权衡取舍关系，让企业将创新与效用、价格与成本整合一体，不是比照现有产业最佳实践去赶超对手，而是改变产业景框重新设定游戏规则；不是瞄准现有市场"高端"或"低端"顾客，而是面向潜在需求的买方大众；不是一味细分市场满足顾客偏好，而是合并细分市场整合需求。红海战略和蓝海战略的比较，如表5-1所示。

一个典型的蓝海战略例子是太阳马戏团，在传统马戏团受制于"动物保护"、"马戏明星供方侃价"和"家庭娱乐竞争买方侃价"而不断萎缩的马戏业中，从传统马戏的儿童观众转向成年人和商界人士，以马戏的形式来表达戏剧的情节，吸引人们以高于传统马戏数倍的门票来享受这项前所未有的娱乐。

表5-1 红海战略和蓝海战略比较

红海战略	蓝海战略
在已经存在的市场内竞争	拓展非竞争性市场空间
参与竞争	规避竞争
争夺现有需求	创造并攫取新需求
遵循价值与成本互替定律	打破价值与成本互替定律
根据差异化或低成本的战略选择，把企业行为整合为一个体系	同时追求差异化和低成本，把企业行为整合为一个体系

构思蓝海的战略布局需要回答四个问题：

（1）哪些被产业认定为理所当然的元素需要剔除？这个问题剔除产业中企业竞争攀比的元素，这些元素经常被认为理所当然，虽然他们不再具有价值。

（2）哪些元素的含量应该被减少到产业标准之下？这个问题促使作出决定，看看现有产品或服务是否在功能上设计过头，只为竞争和打败竞争对手，企业所给超过顾客所需并徒然增加成本。

（3）哪些元素的含量应该被增加到产业标准之上？这个问题促使去发掘产业中消费者不得不作出的妥协。

（4）哪些产业从未有过的元素需要创造？这个问题帮助发现买方价值的全新源泉，以创造新需求改变产业战略定价标准。

资料来源

金，莫博涅. 蓝海战略：超越产业竞争，开创全新市场. 吉宓译. 北京：商务印书馆. 2005.

5.4 动态竞争战略

从20世纪90年代初开始，西方管理学者越来越关注企业经营环境动态化的趋势，以及在这种趋势影响下企业之间的竞争互动行为，并且在定位战略的基础上对企业在动态条件下的战略决策行为进行了深入的研究。经过多年的研究和努力，他们在动态竞争战略方面出版了两本最具有代表性的论文集：①1994 年，Richard 和 A. Daveni 主编的 *Hyper-Competition：Managing the Dynamics of Strategic Maneuvering*；②1996年乔治·S. 戴伊和戴维·J. 雷布斯坦因合编的《动态竞争战略》。对于复杂和快速变化的竞争现象的概括，第一本著作采用了"极度或者超级竞争"这个概念，而在第二本著作中则采用了"动态竞争（dynamic competitive）"的概念。自 20 世纪 90 年代以来，我国企业管理者与国际上的企业管理者一样，在战略制定方面越来越明显地感受到环境动态化和竞争动态化的影响，越来越关注如何在日益复杂多变，或者准确地讲是在动态竞争的条件下，通过有效地实施企业战略管理，来保证企业长期、稳定和持续地获得高于市场平均水平的收益率。

关于什么是动态竞争，目前学术界没有统一和规范化的定义。从学者们所使用的概念来看，广义的动态竞争应该包括三个层次的含义，而动态竞争程度的测定则主要依据企业竞争优势可保持性的大小：①动态竞争（dynamic competition）是指企业在越来越动态的经营环境下竞争。经营环境的动态化正在越来越明显地从外部威胁着企业竞争优势的可保持性；②竞争互动的动态化（dynamic competitive interaction）是指企业之间多点和快速互动的趋势越来越明显，竞争对手之间的博弈、学习、模仿和创新已经导致企业竞争优势的发挥和保持受到了威胁；③竞争动力学（competitive dynamics）是指创新和速度正在代替规模而成为企业竞争优势的主要来源。狭义的动态竞争可以参见美国著名战略学者 Hiit、Ireland 和 Hoskisson 的定义："在特定行业内，某个（某些）企业采取的一系列竞争行动，引起竞争对手的一系列反应，这些反应又会影响到原先行动的企业，这是一种竞争互动的过程"，由此可见，他们主要是在第二和第三个层次上理解动态竞争。总结西方学者的各种观点，动态竞争的特点主要表现在以下几个方面：

（1）动态竞争是以高强度和高速度的竞争为特点的，其中的每一个竞争对手都在不断地建立竞争优势和削弱对手的竞争优势。

（2）竞争对手之间的战略互动（strategic interactions）明显加快，竞争互动已经成为制定竞争和营销战略的决定因素。

（3）任何企业的先动优势都是暂时的，都有可能被竞争对手的反击行动所击败；任何竞争优势都是暂时的，而不是可以长期保持的。

（4）竞争战略的有效性不仅取决于时间在先，更主要的是需要预测竞争对手反应和改变需求或者竞争规则的能力。

战略聚焦五

动态竞争理论

动态竞争理论是过去 20 年间战略管理领域新出现的一个研究体系，是以行动为导向构建的一套有关企业间竞争与互动的系统化理论。

竞争，必然是你来我往，在"一方攻击，另一方反击"的攻防交错中发生，因而，所谓"动态竞争"，并非止于通常意义上的随着时间的推移竞争关系有所变化，而更加强调竞争各方在"攻击—反击"的配对中相互对抗与制衡，动态竞争理论就是专门研究竞争者之间的对抗与互动如何发生并不断演进的理论。

动态竞争理论在西方学术界提出，却源自东方的中国传统哲学，是东方哲学与西方管理科学整合的结晶，中国传统哲学思维深刻体现在动态竞争理论中。竞争的对抗性和相对性、竞争者之间的攻防互动，乃是中国传统文化中"人—我"对偶关系的延伸。将中国传统文化中有关敌我攻防的哲学思维与观念，如知己知彼、声东击西、避实就虚、以小博大等，与西方管理科学的理论架构结合，以西方管理科学中工具化的方式表述出来，是动态竞争理论的核心。因此，动态竞争理论和中国

企业家的思维模式更加契合，易于落实在中国企业的经营管理实务中。

在全球经济格局发生重大变化的今天，企业间的竞争愈演愈烈，竞争的动态性显得尤为突出。那么，中国企业该如何以动态竞争理论为指导参与全球化的竞争呢？

动态竞争理论认为，识别真正的竞争者；深刻了解竞争者；努力降低竞争者对抗性；打造每一次竞争的短暂优势，以谋求企业的长久、可持续发展，是企业建立相对竞争优势、决定竞争成败的关键。唱好这四部曲，也是中国企业在激烈的全球化竞争中获得"赢"的关键。

资料来源

陈明哲."赢"在动态竞争中的"四部曲"、清华管理评论，2012，(2)：21～74.

动态竞争与行业竞争战略演化

有关动态竞争的研究认为，企业之间的竞争在本质上是动态的，在企业竞争动态演化的不同阶段上，竞争优势的来源不同，企业竞争战略的选择也就随之而改变。波特关于定位战略的研究只是从相对静态的角度揭示了企业竞争最初阶段上的战略选择，在这个阶段上竞争优势的主要来源是管理的有效性和效率。如果从相对动态的角度来研究企业竞争的演化，就会发现在企业竞争的更高阶段上，企业之间竞争的重点、竞争优势的来源和企业的战略选择都会发生变化。企业战略管理者必须掌握行业内部竞争互动与企业战略选择之间的动态演化规律，如图5-9所示。

行业或者市场发展的第一阶段。行业或者市场的发展还处于快速增长阶段，行业内部的竞争者需要在管理的有效性和效率上建立和发挥优势，发现、满足和保持不同的目标市场，并且向不同的目标顾客提供最有价值竞争力的产品。为此，企业之间就会围绕着如何建立成本领先和差异领先进行一系列的竞争互动，成功者最终在上述两个方面建立竞争优势，并且取得相应的位置。

行业或者市场发展的第二阶段。围绕着建立成本领先和差异领先所进行的一系列动态互动，包括学习和模仿，令若干仍然留在行业中的企业在管理的有效性和效率上越来越趋同。企业围绕着成本领先和差异领先位置的争夺非常激烈，以至于一些企业通过重大创新或者改变规则摆脱同质化竞争，由此竞争优势的来源从管理的有效性和效率转到了实现重大技术和商业模式创新的时间和能力上。此时，先动成为竞争优势的主要来源，行业内部的企业为了争取先动又展开了一系列的竞争互动，最终的成功者就是在正确的时间上实施了重大的产品技术和商业模式创

行业竞争演化阶段	竞争优势来源	相应的战略
第 4 阶段	寡头垄断	行业与市场控制
第 3 阶段	独占市场	阻止进入
第 2 阶段	时间/技术	先动与创新
第 1 阶段	管理的有效性、效率	低成本或者高差异

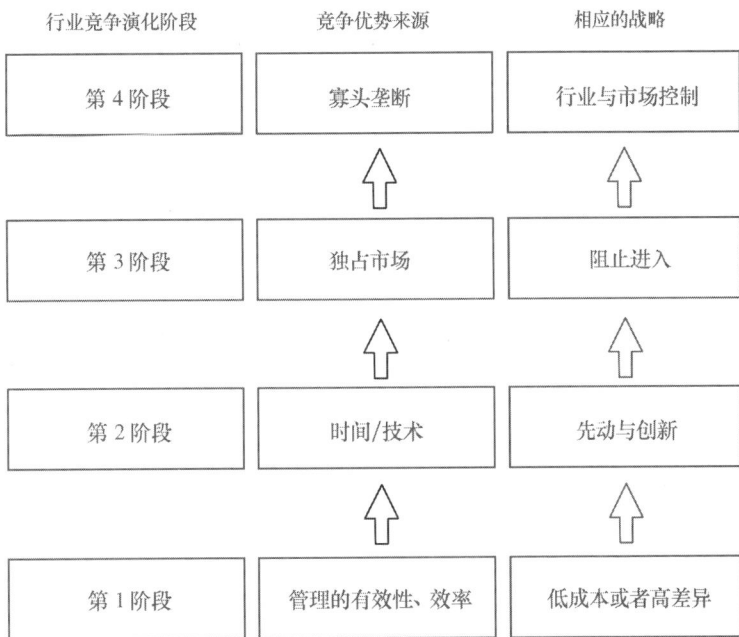

图 5-9　竞争互动与企业战略选择之间的动态演化[5]

新的企业。

　　行业或者市场发展的第三阶段。在总结前两个阶段经验和教训的基础上，先动企业和潜在的进入者都认识到先动优势的大小在很大程度上取决于跟进者跟进的速度。如果先动者的优势表现在独占市场、先入为主、建立规则方面的话，那么后进者就跟进得越快，上述三种优势就越不明显。独占成为这个阶段竞争优势的主要来源，所以这个阶段上的竞争互动就主要是围绕着如何建立与突破进入障碍而展开的。虽然实现先动的企业可以通过一系列的行动来实施阻止进入和模仿的战略，但是在市场经济条件下，这种战略的实施并不能完全阻止后动者的进入。

　　行业或者市场发展的第四阶段。继续留在行业中的企业已经为数不多，实力相当，形成了寡头垄断的竞争格局。行业中的企业认识到寡头之间的默契和遵守默契的程度成为此阶段竞争优势的来源，因此这个阶段竞争互动的重点就是如何在互动中建立、保持与现有竞争对手的竞争与合作关系，从而共同维持整个行业的合理赢利水平。这个阶段的结束有可能来源于行业外部，例如，政府规制的变化、市场边界的打破以及重大的技术突破等。如果这种情况发生，那么整个行业的竞争演化有可能重新从第一阶段或者第二阶段开始，进入一个新的周期。

　　在竞争环境和竞争互动越来越动态化的条件下，行业内部各个竞争对手所表现出的学习、模仿和创新的能力越来越强，竞争优势的可保持性则越来越低，建立、发挥和保持竞争优势的难度越来越大，这已经成为推动行业内部企业间竞争战略转换的主要动力。

战略聚焦六

动态竞争下的战略思维模式

第一，动态竞争战略的制定是以重视动态竞争互动为基本前提的。在静态竞争的条件下，制定竞争战略的时候很少考虑和预测竞争对手的反应和一系列的攻击反应行为。而在动态竞争条件下，制定动态竞争战略的有效性很大程度上依赖于预测竞争对手的能力，削弱和限制竞争对手的能力。因此，企业在制定竞争战略之前，必须先认真回答以下问题：应该选择谁作为竞争对手（如果你只有一颗子弹，你准备打谁）？竞争对手会不会以及会作出什么样预期的反应（竞争对手有什么样的子弹以及他的子弹会不会打你）？你应该采用进攻策略（先动有什么优势和劣势）？还是采用反击策略（跟进有什么优势和劣势）？你的竞争行为会给竞争对手和你本身造成什么影响（获得短期优势，还是长期优势）？而竞争对手的反应又会给你造成什么影响（造成短期劣势，还是长期劣势）？你的竞争行为会给整个行业市场和竞争结构造成什么样的影响，而改变后的市场和竞争结构又会对你将来的行为产生什么样的影响。

这里尤其值得关注的是我国各个行业中一些大型和知名龙头企业。从这些企业的规模、地位和影响力来说，这些企业的竞争行为已经不属于它们自己，而是属于整个社会。由于它们在竞争策略的制定方面，没有充分考虑自己的竞争行为会对其他竞争对手、整个行业的市场和竞争结构所产生的影响，所以我国许多行业出现亏损。

第二，过去制定战略的另一个出发点就是扬长避短，以自己的竞争优势打击竞争对手的弱点，这种观点只有在竞争对手没有学习能力和竞争的互动只有一次的情况下才是正确的。在动态竞争条件下，如

果一个企业总是以自己的优势打击对手的弱点，在多次打击竞争对手之后，就会发现这样一种情况：

（1）自己原来的优势越来越没有作用，因为竞争对手在多次被打击之后已经产生抵抗力，通过模仿或者学习克服了自己的弱点。

（2）竞争对手在没有优势的情况下，会想办法改变竞争规则或者创造新优势，使原来的优势丧失意义。

（3）在这种情况下，原来打击别人的企业很可能因为过于依赖原有优势或者固守原来的优势没有及时建立新优势，因此在下一个回合的竞争互动中处于不利地位。

在家电行业，我们可以看到许多典型的案例。长虹发挥自己的规模成本优势，以率先降低彩电价格的策略赢得了彩电大战的第一个回合；随后其他彩电厂就开始扩大生产规模，弥补自己的不足，同时也看到自己无法与长虹比较规模成本优势，因此就在产品质量和营销方面创造新优势，改变了行业竞争的内容和规则，结果长虹在第二个回合就处于不利的地位了。

第三，在静态竞争条件下，制定竞争战略的目的就是要保持长期竞争优势。而在动态竞争条件下，制定竞争战略的目的是要创造新的竞争优势。以前战略思维的基本出发点就是发挥自己的长处，而且认为企业的长处可以作为竞争优势而加以长期的保持。在动态竞争条件下，竞争优势都是暂时性的，所有的竞争优势都会受到侵蚀。这种侵蚀有时是因为竞争对手的模仿，有时是被竞争对手以智取。一旦竞争优势没有意义就很可能成为负担。如果继续投入去保持过时的竞争优势将可能导致更大的灾难。所以在动态竞争条件下，虽

然也要保持竞争优势，但是更重要的是如何及时地创造新优势。通过创造新优势，削弱对手的竞争优势，或者通过改变竞争规则使竞争对手的竞争优势过时。所以，美国战略管理学会主席、著名动态竞争战略专家陈明哲教授说："传统竞争战略的制胜原则是如何把握机会消灭竞争对手，而动态竞争战略的关键是如何把握机会放弃自己原有的优势，而建立新的优势。"如果长虹公司能够在自己规模成本优势达到顶点的时刻，主动放弃。而不是过分依赖这种优势，集中资源创造自己在研究开发、销售渠道和售后服务方面的竞争优势，那么就不会在连续两个回合中使用降低价格的竞争策略。基于上述考虑，动态竞争战略的目的有两个：一是获得高于平均水平的投资收益；二是要在动态竞争互动中建立新的竞争优势。而在同一个竞争战略的实施过程中，要同时实现这两个目的，就必须建立和发挥形成远见、迅速行动和改变规则的能力，立足于不断寻求暂时性的领先，利用主动改变现状和规则所创造的机会，获得超过平均水平的投资收益。

第四，在静态竞争条件下，我们已经有了许多对环境行业和竞争对手继续静态分析的方法，但是进入动态竞争条件以后，需要在静态分析方法的基础上采用动态分析的方法。传统的 SWOT 分析方法、波士顿四方格模型以及波特的五力模型等都是静态的分析方法。这些方法的主要问题就在于它们立足于竞争优势是可以长期保持的，而且主要是从保持和发挥竞争优势出发，为制定和选择竞争战略提供依据。

在动态竞争条件下，分析、评价和选择竞争战略的方法不再立足于竞争优势的可保持性，不是只考虑一个竞争回合，而立足于竞争对手之间的互动。例如，把博弈论和行为科学的方法运用于对竞争对手的行为和反应的分析；把连动分析方法运用于对竞争性互动的分析；把情景描述、战争游戏和模拟分析等方法运用于竞争战略评价和选择等。

第五，在静态竞争条件下，人们更加注意环境、市场和行业结构对企业行为和效益的影响及企业的资源条件；而在动态竞争条件下，人们越来越关注企业的能力、核心竞争力以及企业战略的作用。在静态竞争条件下，许多管理者认为，一个企业的效益主要取决于客观环境、市场结构和行业竞争结构，所以他们把大量的精力放在分析环境、预测侵蚀、选择行业方面，一旦选择了好的机会，就盲目进入。因为他们相信先动优势，而且认为优势一旦建立就可以长期保持。但是在动态竞争条件下，越来越多的管理者认为客观环境、市场结构和行业竞争结构是可以通过企业的战略行为而改变的，而且变化越来越快。

例如，可口可乐和百事可乐公司所处的行业本来是没有什么发展和赢利潜力的，因为可乐有一个强大而且几乎是不要钱的替代产品——水，但是它们用自己的战略行为创造了一个发展和赢利潜力很大的行业。没有什么优势不变化，或者可以长期保持的，因此重要的应该是能力，尤其是以知识和技能的综合为基础的核心竞争力。一个具有很高能力的企业，不仅可以模仿、学习竞争对手的竞争优势，而且可以改变和创造新的竞争优势。一个行业的主要企业可以通过自己的战略和策略行为，改变行业竞争的关键制胜因素，提高或者降低行业动态竞争的水平，缩短或者延长产品的周期等。

资料来源

Richard A，Aveni D. Hyper-Competition：Managing the Dynamics of Strategic Maneuvering. New York：The Free Press. 1994：18～196.

在行业或者市场动态竞争演化的上述四个阶段中，普遍存在着一种企业之间围绕着某种特定的位置或者竞争优势的建立而进行的竞争互动。随着竞争优势可保持性的下降与速度和创新重要性的提升，这种原本就存在的竞争互动逐步从战术层面上升到了战略层面，企业战略决策者需要新的理论来指导制定这种具有很强的针对性、对抗性和博弈性的战略决策，而波特的定位战略理论显然是无法发挥这种作用了。美籍华裔学者陈明哲教授在对美国民用航空业竞争互动进行长期和深入研究的基础上，提出了一个动态竞争中进攻与反击战略决策模型（图 5-10），该模型对企业战略管理者制定动态竞争决策具有重要的指导意义。

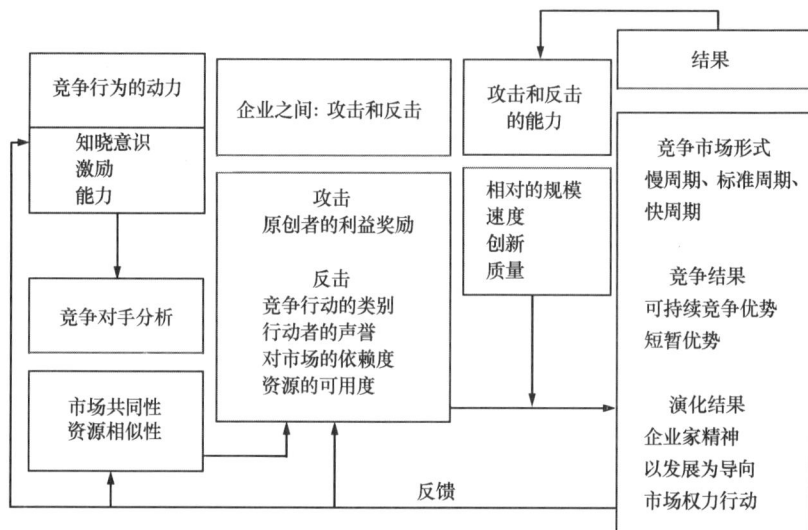

图 5-10　动态竞争中进攻与反击战略决策模型[3]

1. 明确竞争互动的动因

在企业介入一场动态竞争互动之前，企业战略管理者必须在认真分析企业外部和内部环境的基础上，明确自己发起或者应对与另一个或者几个企业竞争互动的动因。企业战略管理者一般可以从以下三个方面来分析动因。

（1）了解竞争的态势。在采取任何具体的进攻或者反击先动之前，无论是先动还是跟进企业的战略管理者都必须对宏观环境、行业环境和竞争环境重新进行审视和分析，了解竞争互动产生的宏观、行业和竞争层面的战略意义；必须对竞争对手的战略意图和引发本次竞争互动目的进行充分的了解，以免自己盲动和使企业介入一场没有意义的竞争互动。在此基础上，企业战略管理者还需要对各个潜在的竞争对手进行分析，包括对本行业的各个战略群的基本战略以及所在战略群中各个竞争对手的战略、实力和行为特点进行分析，防止自己被其他真正的竞争对手所利用。

（2）预测竞争互动的结果。在了解竞争态势的基础上，无论是先动还是跟进企业的战略管理者都必须对竞争互动中进攻和反击双方的各种战略选择、互动过程和互动的结果进行预测，对基于竞争互动所造成的影响，包括对竞争环境、行业环境，甚至一般环境可能产生的各种影响进行预测，从而确定主动发起或者被动参与竞争互动的结果能否在战略上产生期望的回报。

（3）分析自己的资源和能力。根据前面两个环节的分析，企业战略管理者必须有针对性地分析自己的资源和能力是否足以支持自己发动进攻或者实施反击，是否足以支持自己与竞争对手进行长期和全面的一系列互动。企业战略管理者必须根据这种内部的分析来决定企业是否值得介入这样一场动态竞争互动。

2. 选择竞争对手

在全面和仔细推演了竞争互动中的各种可能的战略选择和相应的结果之后，企业需要根据竞争态势和内部资源与能力的分析，明确自己的战略意图。在此基础上，企业战略管理者需要根据自己的战略意图去分析和选择竞争对手。在分析和选择竞争对手的时候，企业战略管理者特别需要关注以下两个变量。

1）分析互动双方的市场和产品共同性

如果我们把一个具体的市场区域和具体的产品都作为企业之间竞争互动发生的"点"，那么所谓企业之间的市场和产品共性就是指两个企业在多少个市场和多少个产品上存在着互动的可能性。可互动的市场点和产品点越多就说明市场和产品的共性越高，反之则越低。研究表明，两个企业市场和产品共同性越高，那么发生正面和直接对抗的可能性就越低，因为受攻击的企业可以选择在其他市场点或者产品点进行反击，这样的策略即可以保护自己，又可以抑制对手的进攻行为。相反，两个企业市场和产品共性越低，那么发生正面和直接对抗的可能性就越高，因为受攻击的一方缺乏抑制对手的手段，无法有效保护自己。研究还表明，市场和产品共性高的两个企业之间所发生的多点竞争，有利于降低而不是提高双方的竞争强度，有利于双方相互了解、相互学习和达成某种默契。而市场和产品共性低的两个企业之间所发生的竞争，更容易导致竞争强度的提高，因为竞争的一方具有多点竞争的优势，而竞争的另一方只有多点竞争的劣势，所以具有劣势的一方没有其他的选择，只能与竞争对手进行正面和直接的对抗。

企业战略管理者必须根据自己的战略意图，在市场和产品共同性高的对手与市场和产品共同性低的对手之间作出选择。例如，如果一个企业具有多点竞争优势，那么它在进入一个新的市场或者新的行业的时候，会选择谁作为对手呢？如果它选择市场和产品共同性高的对手，那么其竞争对手可以在与其相同的其他市场区域或者产品上作出反击，此时其多点竞争的优势的发挥就会受到抑制。反之，如果它选择市场和产品共同性低的对手，那么其竞争对手就没有在其他市场和产品上进行反击的可能性，反而它还可以将其他市场点或者产品点的利润投入到这个市场或者产品上，导致其竞争对手陷入价格战。在美的与格兰仕、华帝以及其他若干单一经营的小家电企业的竞争中，美的就是选择了这些具有多点竞争劣势的企业作为竞争对手，从而导致这些在单一产品上具有很高市场占有率的企业立即陷入被动，它们既没有办法抑制美的的多点进攻，又没有办法保护自己的市场，只能被迫采用对自己非常不利的价格战或者自己并不擅长的行业多元化发展。

2）分析互动双方的资源相似性

研究表明，企业一般不会针对具有反击能力的企业发起进攻，因此，具有相似资源的企业更不容易陷入正面和直接的竞争互动。这不仅是因为具有相似资源的企业相互更了解，而且是因为双方对竞争互动不利结果的预测不会鼓励它们进行恶性竞争互动。但是资源相似性低的企业之间更容易发生正面和直接的竞争互动。资源优势明显的企业认为小企业没有反击能力，因此总想对小企业发起进攻，而资源优势不明显的企业认为资源优势明显的企业也"有大的难处"，主动出击好过被动等死。

企业战略管理者必须根据自己的战略意图，在资源相似性高的对手和资源相似性低的对手之间作出选择。例如，一个资源相对比较少的企业，希望通过降低价格去扩大自己的市场占有率。此时，企业战略管理者应该选择谁作为竞争对手。如果选择资源相似的企业作为对手，那么其竞争对手有可能作出性质相同的反应，结果可能导致市场价格下降。在市场价格下降的情况下所提升的市场占有率既没有很大的意义，也不具有可保持性。如果选择资源不相似的企业，例如，大企业作为对手，那么大企业首先是不会迅速作出反应，因为大的企业动作慢；大企业也不可能迅速作出降价回应的行动，因为它们的市场占有率很高，采取创新性回应行动的可能损失更小。如果一个企业想要对资源相似性高的企业发起进攻，可以考虑利用一些误导竞争对手的竞争策略，先将对手的资源引至非主攻方向，然后再在主攻方面发起进攻，从而使得竞争对手没有办法作出快速的反击。

3. 分析先动与跟进者的优势和劣势

在竞争互动之中，企业既可以选择先动者的角色而成为进攻方，也可以选择跟进者的角色作为反击方，但是，也有一些企业长期选择滞后者的角色。面对行业重大的发展机遇，先动者和后动者各有优势和劣势，但是滞后者一般没有任何优势可言。在认真分析战略态势和选择竞争对手的基础上，企业战略管理者必须了解在一场具体的竞争互动中先动者和后动者的优势与劣势，并且对自己将要扮演的角色作出选择。

（1）先动者优势。取决于竞争行为的性质，动态竞争中的先动者一般在下列四个方面具有所谓先动的优势：第一，由于先发制人，有可能取得战略上的主动权，也有可能在竞争对手尚未跟进的情况下享受独占市场优势；第二，由于先入为主，有可能在顾客的关注度和忠诚感上建立竞争优势；第三，作为先动者，有可能通过建立行业规则而获得建立优势；第四，有可能获得建立进入障碍的主动权。同时，先动者也具有一些潜在的劣势。例如，作为一个新产品的开发者，很可能会因为在研发上的投入太大而没有足够的市场开发投入，无法形成规模化制造、无法完善产品品种系列，甚至有可能在初期阶段面临产品性能、质量和供应方面的问题。

（2）跟进者优势。取决于竞争行为的性质，跟进者在动态竞争中一般具有与先动优势对应的劣势，但是，它们也有可能获得一些竞争优势。一般来说，跟进者有可能根据先动者的劣势而将资金集中于投入生产和营销，建立营销和生产上的优势；有可能在深入考察先动者产品和营销缺陷的基础上，推出性能、质量和系列程度更完善的产品，形成产品上的竞争优势。

（3）先动者与跟进者优势的转化。企业战略管理者必须从动态的角度去分析先动者和跟进者的优势与劣势的大小，因为先动者和跟进者的优势与劣势会受到跟进者跟进速度的影响而发生重大逆转。如果跟进者跟进的速度非常迅速，那么先动者的优势就可能被削弱，甚至变成劣势。相反，如果跟进者跟进的速度很慢，那么先动者的优势和后动者的劣势都会被极大地强化。因此，作为先动企业的战略管理者必须知道，推迟竞争对手的反应具有重要的战略意义，值得企业采取一些策略性措施去麻痹、误导竞争对手和推迟竞争对手的反应。相反，作为后动者企业的战略管理者必须对竞争对手的战略行为保持高度关注，贻误战机的后果很严重。

4. 预测竞争对手的反应

无论是对于进攻方还是反击方来说，有效的动态竞争战略应该是能够成功预测和控制竞争对手竞争行为的战略。因此，企业战略管理者选择了自己在动态互动中的角色之后，必须掌握预测竞争对手的方法。一般来说，下列四个变量可以用于预测竞争对手的行为。

（1）竞争行为的性质。企业之间的竞争互动行为被划分为两种性质不同的类型，一种类型是战略性行为，专指那些投入大、影响大、实施困难，当然调整起来也会损失巨大的行为。例如，开发重大新产品、收购兼并、扩大产能、销售模式或者分销渠道的改变等，一般可以被视为战略性行为。另一种类型是战术性行为，专指那些投入小、影响小、实施容易，当然调整起来比较容易的行为。例如，与价格调整、广告促销、售后服务等有关的竞争行为，一般被视为战术性竞争行为。一般来说，企业一般不会对战略性竞争行为采取性质相同的竞争行为作为反击，而一般都会对战术性竞争行为采取性质相同的竞争行为作为反击。例如，在一个供求基本平衡的市场，两个企业的市场占有率均为50%。如果其中一个企业决定采取将现有生产能力扩大一倍的方式对另一个竞争者发起进攻，那么一般情况下另一个企业不会采取相同的方式进行反击，它会认为风险其实是在发起进攻的一方。但是，如果一个企业以降低产品价格或者增加产品促销的方式发起进攻，那么竞争的另一方就会毫不犹豫地跟进，因为采取这种反击方式不会承担过大的风险。

（2）参与者的声誉。一般来说，一个声誉好的企业，例如，行业领导型企业，其竞争行为更容易导致其他企业的跟进和模仿。与此相反，声誉不好的企业，例如，过于冒险或者偏好价格战的企业，其竞争行为更不容易被其他企业所跟进和模仿。企业战略管理者必须特别注意竞争对手可能在竞争互动中利用其声誉来误导自己的竞争行为，声誉好的企业也有犯错误的时候。同时，也不能完全忽略那些声誉不好的企业，如果它们做对一次，其先动的优势可能由于没有企业跟进而变得非常明显。同样，企业战略管理者也可以考虑通过自己的声誉去影响和控制竞争对手的反应性行为。

（3）市场和产品依赖度。与市场和产品的共同性相关，如果受攻击的企业高度依赖一个市场，那么它就很可能对进攻行为迅速作出反击。相反，如果受攻击的企业并非高度依赖一个市场（而是有多个市场），那么它一般不会迅速采取反击行动。例如，同样受到全国性或者跨地区性啤酒企业的进攻，当地的啤酒企业可能会迅速作出反击，但是同样在当地市场上的另一个全国性或者跨地区性啤酒企业就不一定会在这个市场上作出反击，而更大的可能是在另一个市场上作出回应。如果受攻击的企业高度依赖一个产品，那么它一般都会迅速地作出性质相同的反击行为，而不管它所受到的攻击是战略性的还是战术性的。由此，我们不难理解，当年在遇到美的利用产品多点优势而降价进入微波炉市场的时候，格兰仕的反应为什么那么强烈，因为格兰仕当时只有微波炉一个产品。

（4）资源的可利用度。在预测竞争对手行为的时候，企业战略管理者不仅需要考虑竞争对手的资源相似性，而且还需要具体分析竞争对手资源的可利用性。虽然竞争对手的资源很多，但是在这次竞争互动中能够利用的资源也许并不多，相反的情况也可能存在。对于资源有限的企业来说，如中小企业，一般更容易对战术性进攻作出反击；而对战略性进攻则更可能采取战略联盟的方式来作出反击。因此，企业战略管理者必须尽量了解竞争对手资源配置及其可利用情况，同时又要尽量阻止竞争对手了解自己的资源情况。

5. 了解竞争互动中关键成功因素

在企业间多点和快速的竞争互动中，企业战略管理者在制定竞争战略的时候还需要把握竞争互动中的关键成功因素，这不仅有利于预测竞争对手的行为，而且可以提高战略决策的有效性和实施中的策略水平。

（1）质量仍然是企业能够参与竞争互动的基本条件。在完善的市场经济条件下，无论它是作为发起进攻的一方，还是作为作出反击的一方，没有达到基本质量要求的企业是不具备资格参与正常的竞争互动的。

（2）规模在动态竞争中具有相互矛盾的作用。一方面，规模大的企业的速度和创新能力比较低，从而在动态竞争中具有明显的劣势；另一方面，规模大的企业一旦先动起来，其影响力和竞争力仍然是竞争优势的来源。因此，大规模企业的战略管理者要注意克服"大企业病"，而中小企业也要善于发现和利用大规模企业的弱点。

（3）速度在动态竞争中具有越来越重要的作用，这不仅体现在先动的优势方面，而且体现在跟进者的反应方面。因此，企业战略管理者不仅需要敏锐的洞察力，而且需要具备快速地决策能力和执行能力。

　　（4）创新在竞争优势难以保持的情况下成为企业竞争优势的主要来源。环境变化、对手的学习和模仿已经使竞争优势的保持变得非常困难，因此，对待竞争优势，企业战略管理者既要争取保持竞争优势，又要能够"自灭自新"；不仅要立足于保持竞争优势，而且需要通过连续的先动来不断创造新的竞争优势。

6. 判断优势可保持性

　　经过一个竞争互动的过程，企业战略管理者必须判断自己所获得的竞争优势是否具有可保持性，是一种暂时优势还是长期优势？具体可能保持多长时间？这种判断具有非常重要的战略意义（图 5-11）。根据这种判断，企业战略管理者要决定哪些竞争优势可以作为企业长期竞争战略的依据，哪些竞争优势只能迅速发挥而获取应有的经济效益；在什么情况下巩固和发挥竞争优势，在什么情况下需要主动放弃现有的竞争优势。企业战略管理者对"自灭自新点"的把握至关重要。没有到这个点，企业主动放弃尚未被侵蚀的优势就是一种浪费；过了这个点之后，竞争优势可能已经被模仿和学习，或者因为环境的变化而不重要了，那么，继续巩固和发挥这种被侵蚀的优势就可能错过创新的机会。

　　在判断竞争优势可保持性的时候，企业战略管理者需要考虑以下因素：第一，战略性行为所产生的竞争优势具有相对更长的可保持性，而战术性行为所取得的竞争优势则具有相对比较短的可保持性；第二，如果行业领导型企业学习和模仿了自己的竞争行为，那么所取得的竞争优势具有更长的可保持性；第三，在快周期行业中所取得的竞争优势可保持性低，而在慢周期行业中取得竞争优势可保持性更高。行业周期的快慢不仅与行业的自然特点有关，而且与行业的垄断程度有关。

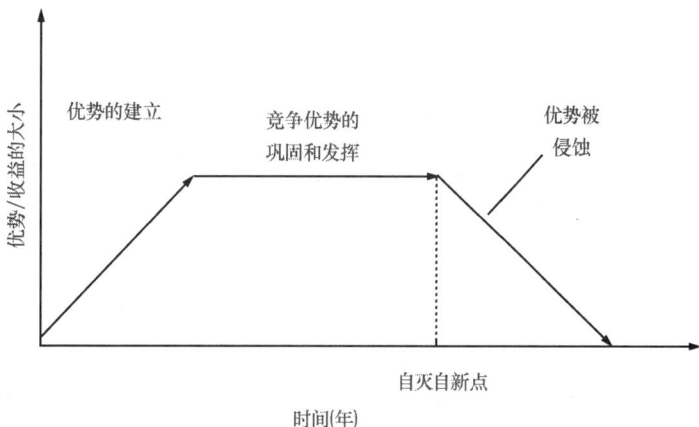

图 5-11　竞争优势的建立、发挥和丧失的模型[6]

7. 竞争优势发挥的战略选择

　　在对竞争优势可保持性作出正确判断之后，企业战略管理者需要考虑如何发挥所获得的竞争优势。对于所获得的短期竞争优势，企业战略管理者需要发挥企业家精神，快速和大胆地将这些优势发挥出来，然后再用所获得的收益去实施建立新的竞争优势。例如，如果一个企业取得了某项技术创新，并且估计这种优势的可保持性可能就是一、两年。那么企业战略管理者就可以选择通过迅速推广来回收投资，以进行新技术的研发。等到其他企业学习和模仿了这种技术的时候，企业已经可以推出更新的技术。对于所获得的长期竞争优势，企业战略管理者可以考虑对其采取巩固发挥的方式，以充分利用这种竞争优势来获得和保持某种特殊的市场地位与影响。

本章要点

1. 经营级战略是指一个企业为了在一个特定的行业或者市场区域发挥自己的竞争优势而为顾客创造最大的价值和建立新的竞争优势所采取的一系列决策和行动。

2. 经营级战略的主体是指从事某个行业或者业务（无论是产品还是服务）的经营单位。这个专门从事某个行业或者业务经营的单位有可能是：①单一行业或者业务的独立法人企业；②多元化经营企业中独立子公司或者非独立的事业部。

3. 鲁梅特从企业如何实现经营规模增长的角度，将经营级战略划分为三种：①市场渗透战略，即在现有市场上增加现有产品的销售；②市场开发战略，即扩大现有产品的销售区域；③产品开发战略，即在现有市场增加产品系列或者类型。

4. 迈克尔·波特从经济学的角度提出企业要想持续获得高于行业平均水平赢利的基本战略只有两种：一是在全行业中占据成本领先的位置；二是在全行业中占据差异取胜的位置。所以，迈克尔·波特提出的基本竞争战略也被称为定位战略。

5. 成本领先战略是一种在广泛市场上通过建立和发挥成本优势或者占据成本领先位置的战略。实施成本领先战略有可能获得高于行业平均水平的收益，并且在外部环境恶化的情况下，其竞争定位和竞争优势具有可保持性。

6. 差异取胜战略是一种在广泛市场上通过建立和发挥差异优势或者占据差异取胜位置的战略。实施差异取胜战略有可能获得高于行业平均水平的收益，并且在外部环境恶化的情况下，其竞争定位和竞争优势具有可保持性。

7. 独特性定位就是将竞争战略的重点放在发现、满足和保持独特目标市场、产品和经营方式上，目的是选择不同的顾客诉求而建立独特的竞争优势，就像各个运动员选择了不同的道路。具体来讲：①重新强调应该将市场、特别是顾客需求，而不是效率作为企业制定竞争战略的关键；②提出如果能够发现独特的顾客诉求，那么企业就可以摆脱定位战略在成本和差异之间的简单取舍，基于顾客诉求的满足去整合低成本和高差异两组竞争优势；③将发现、满足和保持独特的目标市场作为避免竞争战略同质化的关键。

8. 为了支持企业上述独特的产品或者服务设计能够有效的实现和运行，企业还需要对企业的整个价值存在活动体系（或者说价值链）进行重新调整，从而使它能够同时支持企业在价值链的恰当环节上，以不同的方式创造来自低成本的价值和来自差异化的价值。

9. 战略的本质不在于选择"取"什么，更在于选择"舍"什么。企业必须作出取舍主要来源于三个方面：一是来源于企业形象与声誉的不一致性；二是来源于目标市场、产品组合和价值创造活动体系之间的不一致性；三是来源于企业价值创造活动体系与其资源整合和管理模式之间的不一致性。

10. 持续创新的必要性来源于：①产品和服务的设计需要动态的改进和完善；②价值创造活动组合的整合需要长期的磨合；③资源整合方式和管理模式需要反复的调整；④目标市场、产品和服务的设计、价值创造活动体系、资源整合模式和管理模式之间的匹配需要企业持续的努力。

11. 动态竞争程度的测定主要是依据企业竞争优势可保持性的大小：①环境动态化是指企业在越来越动态的经营环境下竞争。经营环境的动态化正在越来越明显地从外部威胁着企业竞争优势的可保持性。②竞争互动的动态化是指企业之间多点和快速互动的趋势越来越明显，竞争对手之间的博弈、学习、模仿和创新已经导致企业竞争优势的发挥和保持受到了威胁。③竞争动力学是指创新和速度正在代替规模而成为企业竞争优势的主要来源。

12. 动态竞争的特点主要表现在以下几个方面：①动态竞争是以高强度和高速度的竞争为特点的，其中的每一个竞争对手都不断地建立竞争优势和削弱对手的竞争优势。②竞争对手之间的战略互动明显加快，竞争互动成为制定竞争和营销战略的决定因素。③任何企业的先动优势都是暂时的，都有可能被竞争对手的反击行动所击败；任何竞争优势都是暂时的，而不是可以长期保持的。④竞争战略的有效性不仅取决于时间在先，更主要的是预测竞争对手反应和改变需求或者竞争规则的能力。

思考题

1. 如何理解企业经营级战略的内涵及适应范围？
2. 如何理解波特提出的成本领先战略和差异领先战略，以及企业的价值活动设计？
3. 独特性定位战略制定的依据是什么？
4. 如何分析独特的目标市场或者顾客诉求？
5. 导致企业经营环境日益动态化的因素有哪些，环境的动态化对企业竞争优势产生什么样的影响？

6. 动态环境下，如何确定竞争对手并分析竞争对手的优势及劣势？

能力拓展

请查找宝洁、DELL、APPLE、中集集团等企业的网站或相关资料，研究这些企业是如何确定其独特性目标市场或者顾客诉求的，企业为了实现在独特性目标市场的竞争优势，是如何设计企业的价值活动的。

参考文献

［1］Rumelt R P. Strategy，structure and economic performance. Boston：Harvard University Press. 1974.

［2］迈克尔·波特. 竞争优势. 陈小悦译. 北京：华夏出版社 . 2005.

［3］迈克尔 A. 希特，R. 杜安·爱尔兰，罗伯特 E. 霍斯基森 . 战略管理—竞争与全球化（概念）. 原书第八版 . 吕巍等译. 北京：机械工业出版社，2009.

［4］蓝海林 . 企业战略管理理论与技术 . 广州：华南理工大学出版社，1993.

［5］蓝海林 . 动态环境下的战略思维模式 . 销售与市场，1999，（9）：19～21.

［6］Richard A，Aveni D. Hyper-Competition：Managing the Dynamics of Strategic Maneuvering. New York：The Free Press. 1994：18～196.

公司级战略

6

『本章学习目的』

1. 理解公司级战略的内涵及其性质。
2. 认识多元化战略创造价值的方式，以及总部创造价值的方式。
3. 理解并掌握公司级战略管理的基本模式。
4. 了解纵向多元化、共享型相关多元化和不相关多元化三种战略创造价值的途径。
5. 了解促进中国企业进行多元化战略的刺激因素和动机。
6. 认识不同多元化战略的组合管理模式。
7. 掌握多元化战略实施的时机、速度、方式，以及实践中企业多元化战略的动态调整趋势。

美的集团：多元化扩张下的"再回归"之路

美的集团（以下简称"美的"）的前身最早可以追溯到1968年。在何享健的带领下，由23位顺德北滘居民每人集资50元，另通过其他途径筹得资金近5000元，创办了"北滘街办塑料"生产组，利用简陋的手动设备，生产塑料瓶盖等小型塑料制品。1980年11月，生产出第一台40厘米金属台扇，取名"明珠"牌，美的自此正式进入家电业。

1. 围绕"白色家电"的规模扩张

20世纪80年代，当顺德几乎所有风扇企业都在赚钱之际，何享健于1984年力排众议，进入投入巨大、尚属"奢侈品"的空调行业，成立美的空调设备厂。次年10月，美的开始组装窗式空调机，成为当时国内最早生产空调的企业之一。5年后，美的斥资6000万元引进国外先进技术和设备，兴建了新的厂房，开始自行开发和生产分体式系列空调，并拿出当年约1/4的销售收入用于新产品的技术引进和开发，这在当时的乡镇企业、甚至国有企业中都不多见。1998年，美的收购安徽芜湖丽光空调厂，为美的挺进华东、辐射全国建立了一个重要生产基地。同年，美的从万家乐集团收购了经营困难的东芝万家乐制冷设备有限公司和东芝万家乐电机有限公司各40%的股份，再次通过注入管理使企业当年赢利。随后，又受让了日本东芝20%的股份，成功进入空调压缩机行业。至此，美的通过纵向一体化和同业并购构建了一条纵横两线深度发展的空调产业链条。2004年，美的与东芝开利签署合作协议，并先后收购荣事达、华凌，使制冷产业的实力全面提升。2005年，收购江苏春花，2008年4月，收购江苏小天鹅，并与已收购的荣事达资产进行全面整合，建立完善

的洗衣机产业链。2011年，收购开利拉美空调业务，成立美的-开利拉美空调合资公司，加快推进国际化进程。

在微波炉项目上，美的也沿袭了这一产业扩张策略。2001年10月，为继续拓展纵向一体化的产业战略，美的收购日本三洋的磁控管工厂，进入微波炉核心部件——磁控管领域，构造美的第二条产业链。随后，美的又实现变压器的生产，延伸了微波炉配套的产业链条。

2. 机会主义的不相关多元化尝试

如同大多数中国家电企业一样，美的集团也曾经有过不相关多元化的经历。家电作为劳动密集型产品，早已进入微利时代。一方面，通过规模扩张降低生产和营销成本是必然之路；另一方面，当家电主业利润空间有限时，通过多元化寻找新的利润增长点成为许多家电企业的不二选择。美的是最早进入房地产的家电企业，1992年就成立了房地产公司，此后，房地产业的暴利吸引了更多家电企业的加入；2000年3月，美的、海尔、春兰集团不约而同地宣布进军电子商务，由此将"家电战争"从大卖场转移到互联网领域；2003～2006年，美的先后收购了湖南三湘客车、云南客车厂和云南航天神州汽车有限公司，进入了汽车制造业。然而事实证明，对于家电企业而言，互联网只是错觉（美的损失2000多万元后退出，后来逐步低调地完善围绕家电销售的电子商务），汽车梦并不美（2008年美的汽车停产，损失十多亿元后，从业务中全面剥离），而房地产业的春天也已经过去（随着"限购"等调控政策出台，房地产业竞争日益激烈，暴利时代已经过去）。回忆这些"冒进"的经历时，何享健坦言："当时的投资思路的确不够清晰，进

入我们不熟悉的行业更不靠谱……幸好悬崖勒马，在主业上振作起来"。

3. 美的集团的"再回归"之路

通过在白色家电领域的一系列并购及业务整合，目前美的已经成为一个以家电业为主，涉足物流、房地产等领域的大型综合性企业集团。旗下拥有美的电器（SZ000527）、小天鹅（SZ000418）、威灵控股（HK00382）三家上市公司，四大产业集团（制冷家电集团、日用家电集团、机电集团和地产发展集团①），及美的、小天鹅、威灵、华凌、安得、正力精工等十余个品牌。产品包括：家用空调、商用空调、大型中央空调、冰箱、洗衣机、微波炉、电风扇、洗碗机、电磁炉、电饭煲、电压力锅、豆浆机、饮水机、热水器、空气能热水器、吸尘器、取暖器、电水壶、烤箱、抽油烟机、净水设备、空气清新机、加湿器、灶具、消毒柜、照明等家电产品和空调压缩机、冰箱压缩机、电机、磁控管、变压器等家电配件产品。现拥有中国最完整的空调产业链、冰箱产业链、洗衣机产业链、微波炉产业链和洗碗机产业链，以及中国最完整的小家电产品群和厨房家电产品群。

然而，在以"白色家电"为主的多元化扩张中，美的集团仍面临着两大困惑，分别体现在其行业组合战略及组合管理模式上。

首先，美的将规模扩张看得很重，是否有必要将规模做得这么大？对现有业务是否需要再聚焦？当面临市场机会时，美的在产业调整上做了一些尝试，如进军房地产、互联网和汽车业务，一旦发现行业不适合，立刻剥离了汽车业务。但房地产和IT业务的调整则困难得多。对于房地产业务来说，美的围绕产业基地发展房地产的做法始终存在成本和售价上的矛盾，到了2012年下半年，最终决定将地产业务从美的集团全面剥离；对于IT业务来说，美的高度依赖线下传统渠道，难以像苏宁那样大规模、坚定地发展电子商务；而对于自己的核心主业——白色家电来说，美的堪称家电行业的"全能王"。在"规模第一"的指导思想下，过去5年，美的集团通过并购和自建在全国建立了近20个工业基地，销售渠道不断扩张，员工从原来的7万人增加到20万人。2010年还制定新规划："5年再造一个美的，2015年销售收入超2000亿元"。然而，从2011年6月起，空调节能补贴政策、家电下乡政策、以旧换新政策相继到期，整体经济环境陷入低迷，加上楼市调控导致的成交量萎缩，大大降低了对家电产品的刚性需求。不得已，美的在2011年11月进行了精简和收缩，砍掉了一些处于亏损状态的培育类产品，如爆米花机，希望改变高密度投资、规模制造带来的低成本增长模式，借助产品结构改变、品牌提升来带动企业增长及毛利率提升。①

其次，美的该如何调整其组合管理模式，来为整个集团创造更大的价值？为了应对企业的多元化发展，美的于1997年进行事业部改造，一举颠覆"集权"式管理体制。后来又发起了全面推进事业部制公司化及事业部管理下的二级子公司运作模式。由于一些事业部发展过快，美的将产品类型比较接近的事业部集中到一起，如小家电系列产品，设立二级管理平台来处理事业部层面的经营管理问题。尽管美的采用一种鼓励和分权的方式做起了事业部，但在业务之间的协调上，母公司所做的并不多，这种"子强母弱"的态势弱化了美的集团的内部协同能力。而竞争型的组织结构使各事业部经理利润压力很大，再加上高额奖金激励，使事业部经理的短期行为较多。

资料来源

作者根据美的官方网站http://www.midea.com.cn/zh/app/pressreleasecategory/268及相关资料整理。

---

① 2012年下半年，美的集团正在进行组织结构调整，集团总部与二级产业集团职能合并，由总部直管事业部，地产业务不再纳入美的集团范围。

当一个企业从专注于一个行业开始进入多个行业的时候，其战略就从经营级战略扩大到公司级战略（corporate-level strategy）。与经营级战略相比较，公司级战略在战略管理的主体、目标、价值创造方式和战略管理模式等各个方面都发生了变化。如开篇案例中所介绍的美的集团，就是通过一系列的并购（或合资）逐步发展成以白色家电业（制冷家电和日用家电）为主体，机电为配套，并适当进入电子商务、房地产等行业的多元化企业。由于美的集团在几个不同的独立产品市场上运营，其总部需要制定公司级战略。

6.1　公司级战略的性质和特点

公司级战略是：多元化经营企业的总部为建立和发挥多行业组合优势而采取的一系列决策和行动，这些决策和行动的主要目的是实现行业组合效益的最大化，即多个行业性经营单位组合管理的经济效益要大于它们独立经营的经济效益之和，也就是$1+1>2$。为了理解公司级战略的性质和特点，我们首先要了解行业多元化与公司总部之间的关系。

多元化与企业总部的出现　　多元化发展并不是企业成长过程中的必然阶段，也不应该被看成是企业成功的标志。但是，作为企业成长的一个重要方向和方式，多元化发展是企业战略意图和宗旨的重大改变。当这些改变发生到一定程度之后，又将进一步引发企业组织结构和管理模式的相应改变。回顾国内外企业多元化发展的历程，我们可以看出，企业的组织结构和管理模式与其多元化发展共同演化，而总部及其所制定的公司级战略就是在这个演化过程的某一特定阶段上出现的。

1. 多元化与企业总部的出现

20 世纪 20～40 年代是美国企业多元化经营的起步阶段。随着企业多元化的发展，与之相适应的管理模式也发生了变化和创新。阿尔弗雷德·钱德勒（Alfred Chandler）教授最早对这方面的变化和创新进行了研究，他的研究表明，多元化经营的企业如果仍采取职能型结构，将会加大企业管理者的负担和失误。杜邦公司的经理们为了应对 1920～1921 年的经济衰退，通过设立事业部制组织结构（multidivisional structure）来应对多元化发展所带来的管理挑战。随后通用汽车公司、美国橡胶公司、通用电器公司、标准石油公司等企业也先后采用事业部制结构对多元化业务进行管理[1]。这些企业发现，当进入越来越宽泛的行业和市场领域时，为了避免管理超载，必须实行分权化管理。由此引入了事业部或多分部结构，将经营级战略与日常业务的管理责任（由事业部一级的管理层承担）同制定公司级战略并进行资源分配的职责（由总部承担）区别开来。而总部则是组织结构分部化的产物。

中国的企业多元化开始于 20 世纪 70 年代末和 80 年代初，第一批开展多元化经营的中国企业是"军转民"企业。党的十一届三中全会确立了以经济建设为中心的国家新战略,军品生产的订单剧减,迫使一大批军工企业转向多元化发展。20 世纪 80 年代中后期,国有大中型企业开始实行多元化发展战略,如首钢、中信总公司、广州万宝集团、深圳赛格集团、上海高桥石化公司等。为了适应这种战略调整,一些多元化企业开始放弃原先高度集权的职能制组织结构,逐步向事业部制结构转变,总部则在这个过程中产生。

2. 事业部制与多元化的高潮

第二次世界大战后,全球市场的形成、新兴市场的兴起以及美国反垄断法的修正等,为美国企业的多元化发展提供了强大动力。随着工业技术开发能力的明显提高,通信技术的运用以及事业部制组织结构的推广,多元化企业的跨行业经营管理能力逐渐增强,这反过来又推动了多元化企业的进一步跨行业扩张。导致 20 世纪 50 年代,美国企业出现了多元化发展的热潮,并于 20 世纪 60 年代末至 70 年代初达到顶峰。

邓小平南行讲话后,中国企业出现了多元化发展的第一次高潮。受市场机制的带动,国有、集体、股份,以及民营企业,如青岛海尔、广东太阳神、深圳赛格和深圳特发等,都开始尝试多元化发展。这一时期,在"政企分开"的改革下,大量企业由政府部门转制,或者由政府主导进行重组而形成了多元化企业。随着组织结构向事业部制的转变,一些企业的总部对下属事业部控制力减弱,导致在事业部层面的进一步多元化。

3. 多元化失控与组合管理

随着越来越多的企业实施多元化,特别是不相关多元化战略,导致大量的多元化企业出现了不同程度的问题,如战略失控和资本结构恶化。当竞争激烈或者发生金融危机时,这些企业将面临破产重组。例如,在西方(特别是美国),20 世纪 70～80 年代出现了"资产重组,回归主业"的浪潮。而中国在改革开放以后,也先后出现了两次多元化发展的高潮。第一次发生在 90 年代初期到中期,在市场机会多且资金严重缺乏的情况下,许多国有或乡镇集体企业热衷于多元化;第二次发生在 21 世纪初,在"抓大放小"和"国退民进"政策引导下,为了获得更多优惠、把握更好的行业机会,许多民营企业成为多元化发展的主体。但之后,随着企业进入越来越多的异质性行业,对新业务的认知风险逐渐加大,资源分散,管理开始失控。在这种情况下,企业逐渐意识到多元化组合管理的重要性。

4. 回归主业与企业重组

20 世纪 70 年代后期,在复兴的欧洲大企业和新型的日本大企业两面夹击下,美国企业在若干领域节节败退,这一现象引起了美国工商界和学术界对企业多元化经营的反思。1982 年,彼德斯(T. J. Peters)和沃特曼(R. H. Waterman)出版了《追求卓越》一书,通过对 75 家优秀公司的研究表明,企业应当回归根本,坚持主业[2]。哈佛商学院的波特(M. E. Porter)教授对 1950～1986 年美国 33 家大企业多元化发展历程的研究也表明，采取混合并购进行不相关多元化的失败率是最高的。波特强调，选好核心业务是企业战略的基础[3]。而英国学者马凯兹（C. C. Markides）进一步将 20 世纪 80 年代以来美国战略变化的新趋势总结为"归核化（Refocusing）"[4]。

20 世纪 70 年代末期至 80 年代初期，越来越多的股东和基金经理认识到多元化程度与经济效益之间的关系后，开始在资本市场上低价抛售采取高度多元化经营公司的股票，高价买入那些相对集中经营公司的股票，使高度多元化企业成为收购和重组对象。由于西方并购市场相对发达，西方企业能够以很高的效率完成资产重组，纠正高度多元化的错误并实现回归主业。然而，中国仍处于经济转型过程中，其并购市场、资本市场不够成熟，直到现在为止，仍然有相当一些大企业长期承受着过度、过快和盲目多元化所带来的痛苦。

企业总部价值的创造方式　　公司级战略管理的主体通常被称为多元化企业的总部。在不同国家和地区，企业总部也可能被冠以各种不同的名称，如集团公司、总公司、母公司、控股公司等。这类企业（或企业集团）主要从事行业或市场多元化实业经营，一般具有产权连接的母子公司结构，拥有共同的认同感和整体意识。相比单一主导行业的企业，这类企业往往具有双重委托-代理关系：股东委托总部高层管理者管理下属各个业务组合，以获取组合效益最大化；总部高层管理者委托子公司经理人管理各业务单位，以通过有效的竞争在各自领域获取竞争优势并实现利润最大化。例如，开篇案例中的美的集团，曾在一段时期内下设二级产业集团，更是具有多重委托代理关系。

由于多元化企业通常在多个不同的独立产品市场上运营，因此至少拥有三个层次的战略：①公司级战略（企业总部的战略），关注的问题是总部如何使整个企业作为一个整体来创造价值，以实现行业组合投资效益的最大化；②经营级战略（行业经营单位的竞争战略），关注的问题是各行业性经营单位如何通过低成本/高差异/集中化/独特性定位，在各自领域获取竞争优势并实现利润最大化；③职能级战略（职能部门的战略），关注的问题是怎样提高一个职能部门工作的有效性与效率。

公司级战略需要通过创造价值来帮助企业获得高于平均水平的收益。但如开篇案例中所指出的，美的集团总部要想为下属事业部开发协同效应往往遇到诸多困难。由于家电企业外协采购量大，成本刚性强，供应链管理复杂，它的利润必须来自内部共享基础设施、资产高效利用、技术平台化和反复使用，以及内部高效交易、成本费用合并或消减，这些都需要集团内部高度协同。如果美的总部不能战略性地设计公司基础建设平台，以及各子公司之间的内部交易，帮助下属企业获得协同效应，那么总部创造的价值将大打折扣。这说明，公司总部的存在有可能创造价值，也有可能摧毁价值。公司总部存在的理由不应该是因为它投资拥有了其他子公司（况且有的总部出现在子公司之后），而应该能够创造净价值；多元化企业总部所制定的公司级战略，必须以能够提升企业总部的价值创造能力为目的，同时减少部分进入组合后的损失和总部运行的成本。

公司总部价值创造的方式主要包括下列三个方面：①受股东委托，对两个以上的行业进行投资或者重组，通过集团发展形成最大化创造价值的行业组合。从这个意义上来讲，多元化企业的总部是一个投资中心；②受股东委托，以产权关系为纽带，对多元化经营的单位通过单线联系行使股东权利，包括财务、资产、投资、战略和重要的人事管理等。从这个意义上来讲，多元化企业的总部是资产管理中心；③受股东委托，对所拥有的行业组合进行有效管理，包括开发纵向业务的链状联系、提供职能与后勤服务、在相关业务上共享资源和能力，以达到组合效益最大化，例如，降低组合内部的交易成本、扩大组合内部的规模经济和范围经济效益等。从这个意义上来说，多元化企业的总部是组合管理中心（图6-1）。国内外企业多元化发展的历史表明，多元化企业的总部能否有效地发挥上述三个中心的作用，并且创造出净价值，主要取决于行业组合相关性的高低以及与之相匹配的管理模式[5]。

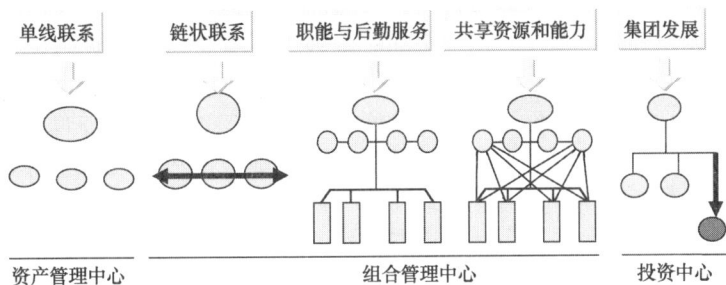

图 6-1　多元化企业总部创造价值的方式

公司级战略管理的基本模式

为了实现总部创造价值的最大化，多元化企业的总部在战略上采取了层级管理来解决发展中面临的局部与整体、分权与集权的矛盾。多元化企业总部负责公司层级的战略管理，目的是实现行业组合投资效益的最大化；各个行业性经营单位负责经营层级的战略管理，目的是获取竞争优势并实现利润最大化。因此，公司级战略在本质上是一种多元化组合投资和组合管理战略，其核心是通过行业组合和组合管理模式的动态调整，来实现组合优势和投资效益的最大化。下面将对公司级战略管理中涉及的主要概念进行介绍。

第一，行业组合战略。为了实现组合效益的最大化，多元化企业总部需要根据内外部环境及其变化趋势，建立并保持适当的行业组合。与建立和保持适当行业组合有关的战略决策主要涉及四个内容：①组合的构成，决定进入或者退出什么行业才能达到行业组合潜在效益的最大化，以及进入或退出某个业务对现有行业组合的影响；②资源整合方式，选择利用和发挥组合效益的领域和方式，如合资、参股等；③组合调整方式，决定采取什么方式实现行业的进入和退出，如自建、并购、合作，或精简、收缩、杠杆收购等；④资源配置方式，利用业务组合规划技术（如波士顿矩阵）决定资源在行业组合内部和外部的配置。

第二，组合管理模式。为了实现组合优势和组合效益的最大化，多元化企业总部需要根据发挥行业组合效益的需要，建立匹配的组合管理模式。行业组合管理模式主要由五个要素构成：①高管的精神图；②企业的组织结构；③企业内部的集分权关系；④企业的激励机制；⑤企业的控制机制。

第三，组合优势或者哺育优势。按照以市场为基础的观点，多元化企业总部在决定行业组合战略决策的时候，主要基于外部发展机会的大小，包括组合中各个行业的潜力和可能产生的组合效益，以及可能进入或者退出的行业对组合效益的影响。按照以资源为基础的观点，多元化企业总部在决定行业组合战略决策的时候，主要基于内部的资源，尤其是组织性资源，包括企业现有的行业组合是否与现有的管理模式相匹配，新进入或者退出的行业会对目前管理模式产生什么样的影响。整合上述两种观点，行业组合战略与组合管理模式的匹配构成了多元化企业总部竞争优势的主要来源，而建立、发挥和保持组合优势（或者被称为哺育优势）就成为公司级战略的决策重点。

第四，公司级战略管理的基本模式。在进行公司级战略决策时，其基本思维模式如下：①根据外部和内部环境分析以及环境的未来发展趋势，评价行业组合战略的合理性；②评价组合管理模式的合理性；③对行业组合与组合管理模式的匹配程度，即组合优势进行评价；④根据上述判断，决定采取什么样的战略去建立和发挥组合优势。这包括三种可能选择：一是稳定行业组合，调整组合管理模式；二是稳定组合管理模式，调整行业组合；三是同时调整行业组合和管理模式，使行业组合与管理模式达到新的匹配（图6-2）。

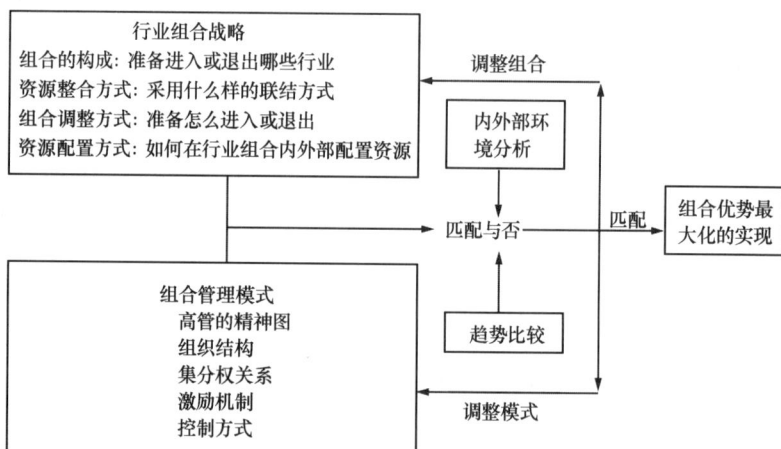

图6-2　公司级战略管理的基本模式

6.2　行业组合战略

值得注意的是，公司多元化战略组合包含多种可能（图6-3）。企业有可能同时进入多个国家/地理市场、多个行业或多个产业价值链环节进行经营，也可能只在某个方面进行了多元化。当企业跨越多个国家/地理区域进行经营时，我们认为该企业采取了国际化战略，将在第 7 章专门论述。本章后续内容均围绕行业多元化及产业链多元化问题展开。

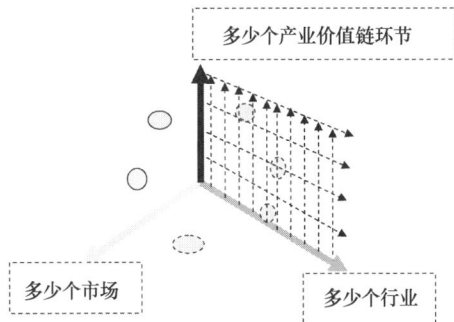

图 6-3　多元化组合的各种可能性

多元化的类型和程度

单一行业经营的企业可以基于多种原因选择行业多元化战略，但是长期以来，行业多元化主要归类为增长型战略。在企业发展的过程中，企业可以选择三种多元化战略：①相关多元化战略，即通过进入具有实质性相关的行业实现增长目的，包括纵向相关（纵向多元化），通过产业链活动的垂直整合来加强核心产业，以及职能活动相关（共享型相关），采用这种战略的企业所进入的行业之间存在着某种可以共享的相关性；②不相关多元化战略，即通过进入不具有实质性相关的行业实现增长目的。例如，总部位于广东顺德的科龙电器①，早期主要从事冰箱及模具、配件的生产制造，利用纵向一体化获得了发展。后来，实施相关多元化进入冷柜、空调的生产制造，并在配件上进行共享。到了第二阶段，则主要通过不相关多元化进入了商业制冷（包括大型中央空调和商用冷库设备）、房地产开发和高新技术产业，逐步形成了以制冷家电、商用制冷、房地产、高新技术为主的行业组合；③混合多元化战略，即所进入的行业不存在可以全部共享的相关性。例如，其中几个业务之间可能是纵向相关，另几个业务之间可能存在共享型相关，然而这两组相关业务之间又是不相关的关系。

多元化类型的划分主要取决于各业务之间的相关性（战略聚焦一），例如，本书将多元化分为相关多元化（包括纵向多元化和共享型相关多元化）、不相关多元化，以及混合多元化这三种类型。而多元化的程度与类型之间既有联系又有区别。从单一行业经营向多元化的转变是一个过程，在这个过程中，单一业务在企业总收入中的比例和所进入行业的相关性都会发生变化。因此，有关学者就提出根据采取这两个指标来衡量一个企业的多元化程度。根据这个测定方法，可以将企业多元化组合按照程度划分为：低度多元化、中度多元化和高度多元化。

———————
① 2006 年年底，科龙电器被海信收购，成为海信科龙电器股份有限公司。

多元化的类型与程度

多元化类型的划分主要取决于各业务之间的相关性，相关性指多元化企业不同业务活动相互支持、相互补充的程度，如业务单元之间资源/活动（原材料、生产设备、产品、流程技术、人力资源、品牌、营销渠道等）的共享，在相似业务之间转移核心竞争力，或通过强大的计划、协调、内部交易控制上下游产业链。这里介绍两种判断相关性的方法——主观判断法和客观判断法。前者指主要依据研究者的个人判断和管理者感知来辨别业务组合相关性的方法；后者指主要依据标准产业分类代码（SIC）对多元化进行分类的方法。

中国 2002 年修订的《国民经济行业分类》国家标准（GB/T 4754-2002）中对行业/产业的定义为："从事相同性质的经济活动的所有单位的集合"，该标准将行业分为门类、大类、中类、小类四级（表6-1），通常情况下，从门类到小类之间在技术、市场等方面的关联或相似度依次增强，每一小类所包含的产业活动具有同质性。客观判断法认为业务间的相关性可以通过各业务的 2 位或 3 位 SIC 代码来反映，具有相同 2 位或 3 位 SIC 代码的业务属于相关业务，而具有不同 2 位 SIC 代码的业务属于不相关业务。

表 6-1　我国国民经济行业分类代码汇总表（GB/T 4754—2002）

门类	大类	中类	小类
A 农、林、牧、渔业	5	18	38
B 采矿业	6	15	33
C 制造业	30	169	482
D 电力、燃气及水的生产和供应业	3	7	10
E 建筑业	4	7	11
F 交通运输、仓储和邮政业	9	24	37
G 信息传输、计算机服务和软件业	3	10	14
H 批发和零售业	2	18	93
I 住宿和餐饮业	2	7	7
J 金融业	4	16	16
K 房地产业	1	4	4
L 租赁和商务服务业	2	11	27
M 科学研究、技术服务和地质勘查业	4	19	23
N 水利、环境和公共设施管理业	3	8	18
O 居民服务和其他服务业	2	12	16
P 教育	1	5	13
Q 卫生、社会保障和社会福利业	3	11	17
R 文化、体育和娱乐业	5	22	29
S 公共管理和社会组织	5	12	24
T 国际组织	1	1	1
（合计）20	95	396	913

然而，管理者理解的相关性与使用 SIC 代码客观测量的相关性之间存在很大差别。这是因为，使用客观方法测量出的相关性只能算潜在的相关性，或主观臆断的相关性。企业在相关性的利用过程中存在很多困难和障碍，在实际经营活动中不一定能实现。但实践中起作用的是实际的相关性，还需要通过管理者的评价来测量。

对企业多元化程度的划分则不能仅仅通过业务的相关性或进入行业的多少来判断，而是取决于三个方面：①所进入的行业数目，企业进入的行业越多，多元化的程度越高；②不同行业产品产量的分布均匀程度，不同行业产品的产量分布越均匀，多元化程度越高；③所进入行业的异质性，同一企业进入行业的差异越大，或者说各业务在技术、生产、市场等方面的关联性越小，多元化程度越高。

鲁梅特进一步阐明多元化程度和类型之间的关系，按照主业所占比重及业务组合的相关性，将多元化程度划分为低度多元化（包括单一和主导业务）、中度多元化（包括限制性相关多元化和非限制性相关多元化）、高度多元化（不相关多元化）（图6-4）。

低度多元化	单一业务型	超过95%的收入来自于某一项业务	
	主导业务型	70%~95%的收入来自于某一项业务	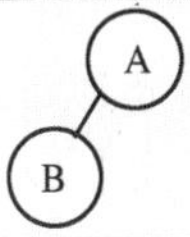
中度多元化	限制性相关多元化	不到70%的收入来自主导业务，所有业务共享产品、技术、分销渠道	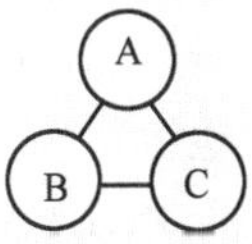
	非限制性相关多元化	不到70%的收入来自主导业务，事业部之间的关联是有限的	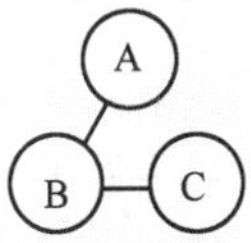
高度多元化	不相关多元化	不到70%的收入来自主导业务，事业部之间通常无关联	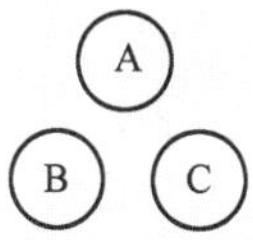

图 6-4　多元化的程度及类型

资料来源

1. Gollop F M, Monahan J L. 1991. A generalized index of diversification: trends in U. S. manufacturing. The Review of Economics and Statistics, 1991, 73: 318~330.
2. Rumelt R. P. Strategy, structure and economic performance. Boston: Harvard Business School. 1974.
3. 韦小柯，多元化业务相关性与企业绩效关系研究，浙江大学博士学位论文，2007年10月.
4. 《国民经济行业分类》国家标准（GB/T 4754-2002），2002年版.

**多元化战略的
经济学解释**　　企业实施多元化战略的动因可以从政治学、社会学等多种学科加以解释，但是最主要和基本的解释还是经济学。在作出多元化战略选择时，企业战略管理者必须从经济学角度去理解不同行业组合背后的组合经济效益，以及为发挥组合效益在管理上存在的难度，由此，他们才可能理性地作出行业组合决策。无论是相关多元化战略还是不相关多元化战略，只要能让企业所有事业部增加收入、降低成本，就能体现出多元化战略的价值。

1. 纵向多元化

纵向多元化（vertical integration）通常又被称为纵向一体化，主要指企业通过自己建立或者并购方式，将与主业相关的价值创造活动纳入企业边界的行为。企业在自己边界内完成产业链上的活动越多，则纵向多元化或者纵向一体化程度越高。如果企业的纵向多元化更靠近产业链起点，即更接近原材料供应商，则其采取的是后向一体化战略。例如，钢铁公司投资新建原料生产基地，卷烟公司并购烟叶生产企业等；如果企业的纵向多元化更靠近产业链的终点，即更接近终端消费者，则其采取的是前向一体化战略。例如，企业进入了流通领域，获得分销商或零售商的控制权。随着网络技术和无线通信技术的发展，电子商务的盛行为企业创造了实施纵向一体化的机会。过去几十年间，对于"应该把价值链上哪些环节纳入企业的经营边界，以及为什么要这样做"的讨论，一直是学术界感兴趣的话题。1937 年，诺贝尔经济学奖得主罗纳德．科斯（Ronald Coase）首先提出了这样一个简单的问题：假定市场能有效地组织独立个体进行经济交易，那么作为一种管理经济交易的手段，为什么市场还会被企业所替代呢？

为了回答这个问题，我们首先看看纵向多元化战略的优点。在外部市场有效性低的环境下，实施纵向多元化的优点有：①作为克服市场不完善性的安排，纵向多元化可以降低交易成本。这主要源于交易中可能存在一些不正当的机会主义行为，例如，交易一方希望购买低价、高质量的产品，却发现拿到的产品比预期要差、价格偏高，或希望在一特定时间接受某种服务，却发现服务被延迟（或提前）兑现。为了降低交易伙伴的投机行为，企业会选择将这项交易纳入企业的边界内，而不是依靠市场来管理这笔交易。②通常，围绕企业核心业务的纵向一体化，可以通过控制产业链上重要的资源和能力，以高于现有价格水平出售产品，或通过削减主要和辅助业务成本降低价格，有助于提高市场竞争力和影响力（market power）。例如，美的集团在空调业务上，已经形成了从最上游的电控件到空调电机、再到空调压缩机、直至空调整机的纵向产业链。在控制核心变频技术，吃尽整个纵向产业链利润的同时，也极大地降低了终端市场价格变化带来的赢利风险。③通过内部整合，防止技术和重要信息外泄。例如，在一些知识产权保护制度不完善的国家和地区，某些跨国公司与当地上下游厂商的合作过程中，为了避免关键的技术、信息被对方掌握，宁可选择纵向一体化经营。

但是，当外部市场有效性提高的时候，纵向多元化反而表现出很大的局限性：①高度的纵向配套会牺牲产业链上各种活动的规模经济，相对承受更高的单位生产成本，而外部原材料供应商的生产成本可能更加低廉；②内部的资产联结和计划管理增加了代理成本与控制成本；③无论是完全内部配套还是部分内部配套，纵向多元化的经营风险相对较高，灵活性较差。一旦决定退出某个特定业务，则退出成本比较高；④由于上述三种原因的共同作用，纵向多元化有可能降低技术创新和应变能力，包括接受新产品和新技术的能力。由此可知，实施纵向多元化能否给企业带来收益和优势，关键取决于企业所处的制度环境、行业、市场以及企业所采取战略的特点。

现在很多企业已经不再试图通过纵向多元化来提高市场影响力了[6]。事实上，分解化战略（disintegration）已经成为大多数制造企业的聚焦点。例如，英特尔、戴尔、福特、通用汽车等都在创建独立的供应商网络[7]。电子商务的发展使纵向多元化逐渐演变为"虚拟整合"（virtual integration）[8]，通过电子手段的整合使供应商与顾客的关系更加紧密，从而提高了供应链管理水平，并降低了加强存货控制时产生的交易成本。这些现象表明，对当今企业来说，虚拟整合可能比实物的纵向多元化更为常用。

2. 共享型相关多元化

当一家企业主导业务的收入占总收入不到70％，而它的各个业务之间在投入、生产技术、分销渠道或客户等方面均存在广泛的协同与共享时，该公司就采取了共享型相关多元化战略。随着存在协同和共享关系的行业数目增加，企业内部各种资源和能力，尤其是核心专长的范围经济效益和规模经济效益都在增加。其中，范围经济（economies of scope）是指企业通过资源和能力由多个产品或行业共享，或将一个部门已有的核心竞争力传递到其他部门所带来的成本节约（表6-2），而规模经济（economies of scale）则是由于共享而扩大规模，使单位产品各种活动成本下降所带来的经济效益。

表6-2 范围经济的不同类型[9]

1. 经营性范围经济	共享活动
	核心能力的传递
2. 财务性范围经济	内部资本市场配置
	重组
	降低风险
	税收优势
3. 反竞争性范围经济	多点竞争
	开发市场影响力

发达市场经济国家企业的实践表明，共享型相关多元化是经济效益最高的多元化战略选择，其主要优点是：

（1）多种活动的共享有可能带来范围经济和规模经济效益。在整个价值链上，企业的基本活动和支持性活动都可以被共享（表6-3），由此产生很大的"资产分摊"、"连带促销"和效率的提升。例如，宝洁公司的纸巾和婴儿纸尿片两项业务，都以纸为主要原料，建立一个纸品制造厂就可以为二者提供原材料。此外，两项业务同属日用消费品，可以共享分销渠道。

表6-3 价值链不同环节可能存在的共享活动[3]

内部物流	共同采购、共同的库存控制系统、共同的仓储设施、共同的库存配送系统、共同的采购需求系统、共同的供应商
生产运作	共同的零部件、共同的装配设施、共同的质量控制系统、共同的保养工作、共同的库存控制系统
仓储和分销	共同的产品配送系统、共同的仓储设施
销售和营销	共同的广告推广、共同的促销活动、共同的交叉销售、共同的定价系统、共同的营销部门、共同的分销渠道、共同的销售队伍、共同的销售部门、共同的订单处理服务
经销商支持与服务	共同的服务网络、共同的售后承诺、共同的应收账款管理系统、共同的经销商培训、共同的经销商支持服务

（2）核心专长的传递和提升。除了经营层面（共享活动）的范围经济之外，相关多元化还能产生公司层面（传递核心竞争力）的范围经济。与共享活动不同，这种联系是基于多元化企业不同业务之间无形资源的共享。得益于学习曲线效应[10]，相关多元化企业可以通过总部，将专有技能、管理知识、经验以及其他核心专长从一项业务传递到另一项业务。尤其是市场营销的专业技能，这种无形的能力竞争对手不容易看到，也不容易理解和模仿。因此，通过跨部门间的传递可以降低成本，增强公司的战略竞争优势[11]。例如，2007年，本田公司改进了发动机设计和制造技术，将其应用到摩托车、割草机、小型汽车、卡车等小型发动机产品中，获得了巨大成功。管理者实施公司层面核心竞争力传递的常用方法是，将某业务的核心人物调到新业务的管理岗位。然而，此举可能会遭到高管们的抵触。一方面，高管们不愿意调动那些积累了丰富知识和经验的关键人物，因为这会使人们认为企业的成功归功于他们的努力；另一方面，高管们也不愿意将其辛苦培育的核心竞争力传递到其他相关业务中。因此，为了提高核心竞争力在各业务之间的传递力度，往往需要外聘一系列管理人员来给予支持，并确立适当机制，使全公司拥有传递核心竞争力的热情，并切实让员工明白范围经济的好处。

（3）增加市场竞争力和影响力。共享型相关多元化企业可以利用产品组合提升打击对手的能力，有三种途径：一是跨市场补贴（cross subsidization），企业利用在一个市场上获得的利润来支持在另一个市场实施掠夺性定价行为[12]。二是相互克制（mutual forbearance），在多个行业或市场相遇产生多点竞争时（multipoint competition），两个竞争者意识到相互间的依存关系而通过默契或条文停止过度竞争[13]。例如，UPS进入了联邦快递的核心业务领域——隔夜送货业务，而联邦快递也购买了卡车等地面运输工具，并进入了UPS的核心业务领域——地面运输业务。此外，欧洲最强的运输公司DHL正试图进入美国市场。当中国加入WTO之后，这三家顶级运输公司又在中国市场展开了激烈争夺[14]。UPS和联邦快递在隔夜交货、地面运输两个业务中，以及三家企业在美国、欧洲、中国三个地理市场中所采取的措施，就形成了多点竞争。三是互惠性采购（reciprocal exchange），大型多元化企业通过相互采购形成自己的圈子，从而将小公司挤出这一市场。

　　然而在实践中，企业要想实现共享型相关多元化的价值创造能力非常不容易，通常面临很大的决策和管理困难。第一，选择具有协同和共享效益的行业并不容易。马凯兹和威廉姆森[4]将鼓吹相关多元化绝对优势的现象称为"夸大的相关性"，提出人们在评价业务单元之间表面的相似性时，会出现"海市蜃楼效应"。第二，协同和共享也会带来很高的成本，包括治理成本、交易成本和其他共享造成的不经济性。例如，降低顾客满意度和市场反应速度等。第三，共享活动和核心专长会增加管理的难度。企业能否在实施共享型相关多元化过程中，使组合效益大于组合成本，关键在于能否有效地建立整合与合作机制，否则将会导致各个经营单位的责任、权力和利益不清。举例来说，如果市场上对某一业务产品的需求降低，那么它就不能获得足够收入来弥补共享设备时所产生的成本，导致行为共享的成功率降低。第四，核心专长，尤其是品牌、渠道的优势有可能被过分分摊。例如，美的想把自己打造成一个宽泛的家电大品牌而不是专家品牌，美的在收购华凌、小天鹅、荣事达之后，其空调、冰箱、洗衣机三大业务都未能成为第一。即使原先销售领先的电风扇、电饭煲、饮水机、电磁炉等小家电产品，也正遭遇一些专业品牌的"围攻"。

　　共享型相关多元化的优点和困难都非常明显，这符合管理中的一个基本原则：要想获得高收益，必须承担高风险。因此，能否实施共享型相关多元化战略，以及在多大程度上实施协同和共享，取决于战略管理者对本企业内部资源，尤其是组织性资源的判断。

3. 不相关多元化

　　不相关多元化组合的价值创造力主要来自于财务上的范围经济性（financial economices），即借助于公司内部或外部投资，通过财务资源的优化配置实现收益的增加和风险的控制[15]。不相关多元化行业组合中并不存在降低交易成本的效益，也不存在扩大规模经济和其他领域范围经济效益的可能，因此其行业组合的效益相对比较低。然而，不相关多元化企业具有两项重要的优势：一是通过有效的内部资本市场配置降低企业风险；二是进行资产重组，在外部市场上低买高卖，获取投资收益。具体来说，不相关多元化战略的主要优点有以下几个方面。

（1）在市场机会多且资金严重缺乏的情况下，不相关多元化企业的总部可以发挥财务杠杆作用而成为"资金放大器"。公司总部的对外负债在不断投资建立子公司和"孙公司"的过程中被一次次放大，在供不应求的情况下，这种融资能力有利于抓住更多的市场和行业发展机遇。

（2）当外部资本市场不完善时，不相关多元化企业的总部可以发挥财务范围经济作用而扮演"企业内部资本市场"。这种内部资本市场配置的有效性主要基于以下假设：第一，多元化企业产生的现金流更稳定，其内部资本市场比股票、债券等外部资本市场更有效。第二，通过内部资本市场筹集资金可以克服信息不对称的问题。对于大型不相关多元化企业，向外披露的信息总是报喜不报忧，这使总部在管理下属各个业务单元的过程中，相比公司股东和外部投资者能够获得更详细的信息，通过内部资本市场决定资金应流向哪个业务单元。利用内部投资实现财务资源的优化配置和成本节约，从而增强企业避开法规限制以及避税等方面的能力。第三，通过内部资本市场筹集资金，总部还可以自主选择投资项目，避免外部不知情的投资人掌握企业的投资决策权，从而提高投资效率。

（3）总部可以利用外部和内部资本市场实施并购和重组，提高企业的投资收益和资产运营效率。在外部并购市场高效率的情况下，多元化企业的总部可以通过并购或者出售企业得到投资收益；而在并购市场低效率的情况下，多元化企业的总部则可以通过内部资本市场对下属企业进行重组，加快资产优化配置。

（4）在不恶化资本结构的前提下，不相关多元化有可能降低企业的非系统风险。企业经营中的系统性风险（市场风险）是无法通过投资组合来分散的。而非系统性风险是产业特有的风险，由于产业特点、产品生命周期、市场需求弹性、产业内的经营状况和财务特点不同，导致不同产业的特有风险也不相同，因此，企业可以通过多元化的业务组合来分散经营的非系统性风险，减少预期收益的波动。多元化投资项目的相关度越低，那么分散风险的能力越强[16]。

（5）多元化的另一种财务范围经济性来源于税收优势。首先，多元化企业可以利用一些业务的亏损来抵消其他业务的利润，从而降低总体税收负担；其次，由于多元化可以降低企业现金流的风险，使企业破产的风险也大大降低，从而提高企业的再融资能力。在负债利息可以税前扣除的政策下，多元化企业可以通过负债提高财务杠杆作用，从而减轻税收负担，尽管这种税收优势可能微乎其微。

目前，西方战略管理学者基本上认为不相关多元化经营是经济效益最低的，并且不愿意再将这种战略作为企业的一种增长战略加以推荐，这是因为：①在市场竞争越来越激烈和资本市场越来越完善的情况下，成熟市场经济国家中的多元化企业总部，作为"资本放大器"的积极作用已经基本不存在了，借助这种资金放大作用反而有可能引发巨大的债务危机，甚至导致多元化企业破产。②在资本市场越来越完善的情况下，企业内部资本市场的效率越来越低于外部资本市场，尤其管理者的机会主义行为和内部治理问题，使企业无法通过内部资本市场有效地进行投资和回收投资。③随着行业组合多元化程度的上升，企业资本运作和重组的效益越来越低。没有对行业和市场的充分了解，并购和重组的失败率越来越高。而且，在并购和重组的过程中，有可能导致关键资源（如人力资源）流失，从而降低投资价值。例如，从2001 年起，海尔集团进行了快速多元化扩张，进入了手机、金融、计算机、药业和家居等行业，但均出现不同程度的亏损，保持高速赢利的仍然是冰箱、洗衣机、空调等白电传统业务。④尽管多元化可以分散非系统风险，但有几个问题需要回答：一是分散谁的风险？多元化降低了管理者的风险而不是股东的风险，因为股东有其他更好分散风险的方法；二是分散什么风险？主要是经营风险，但为此又增加了财务风险；三是分散风险的前提条件是什么？是企业必须具有核心专长，但是，不相关多元化企业不仅很难在每一个具体行业中形成核心专长，而且会削弱主要的核心专长。例如，春兰曾多年位居中国空调业第一，但在它进入摩托车、卡车等行业之后，很快被格力赶上。⑤越是进入股东不熟悉的行业，股东和管理者之间的委托代理问题就越大，股东的委托代理成本就越高。

4. 多元化与经济效益的关系

相比单一或主导业务，尽管不同类型的多元化各有利弊，但收益也很明显。经验研究表明，适度多元化会增加企业价值，然而当多元化达到较高水平时，其边际成本会快速上升，以至于超过边际收益。因此，多元化程度与绩效之间呈现倒"U"形关系，如图 6-5 所示。

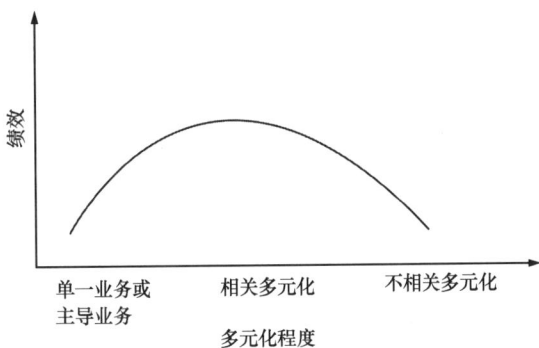

图 6-5　多元化与绩效关系的倒"U"模型[17]

多元化与绩效之间的倒"U"形关系至少暗含了两方面的意思：①相关多元化的绩效优于单一业务。由于单一业务的企业集中于单一行业经营，跨部门调配资源和能力时，没有机会利用部门之间的协同效应和范围经济，也无法通过多种财务流来分散风险。与单一业务相比，相关多元化的企业涉及多个行业，各个业务单元之间可以共享资源、活动，以及跨业务部门传递核心竞争力，可以增强企业的竞争优势。②随着多元化程度的增加，到达某一临界点之后，这些活动会产生更大的成本。例如，各部门越来越多的责任推卸和管理冲突，导致控制不力、合作成本增加以及其他有关组织的管理不经济。更重要的是，股东与管理者之间的委托-代理问题使多元化企业的内部资本市场配置往往无效，CEO和业务经理之间存在信息不对称的成本，业绩差的业务单元通过信息隐藏、扭曲和游说CEO等寻租手段争取更多投资，导致资金流向差的业务部门，降低了公司价值。而这大大抵消了不相关多元化的一些独特优势（财务经济和分散风险），导致高度多元化企业"折价"（conglomerate discount）。

尽管如此，至今仍有一些企业采取不相关多元化战略，在南欧及新兴经济国家中就存在许多大型不相关多元化企业集团，某些企业集团曾一度获得了成功。然而，随着制度转型，有许多集团开始逐步放弃不相关多元化，回归到核心主业上来。

战略聚焦二

新兴经济与转型经济中企业集团的多元化

当大型不相关多元化企业由于低绩效而遭受抨击时，越来越多的学者开始关注新兴市场和转型经济，并发现了一个有趣的现象，那就是采取不相关多元化战略的企业集团往往会取得良好的经济效益。对此，Khanna和Palepu作出如下解释：由于新兴市场国家在产品市场、资本市场、劳动力市场、政府管制，以及合同的强制执行方面存在不同程度的制度空白，因此，多元化的企业集团可以通过内部市场配置优势或充当政府说客，部分地弥补外部市场的不完善，从而获得较高的收益。这表明与多元化企业集团相联系的不再仅仅局限于劣势。

学者们对20世纪70年代到90年代早期智利、印度、韩国企业集团的研究表明，有些（但不是全部）实行多元化的企业集团经营业绩超过了单一或主导业务的公司，并因而形成了多元化的制度理论，认为多元化战略至少在部分上是由操纵战略选择的制度框架所驱动的。

多元化的制度理论表明：在新兴经济或转型经济国家中，投资者、顾客和其他相关利益者极度缺乏信息，因此需要企业进行不相关多元化来充分发挥内部市场的资源配置作用，而且这种情况会因为政府保护而加强。例如，在大部分新兴经济国家（如智利、印度、韩国及中国），要建立一套完整的资本、经理人、劳动力和技术市场并使其规范运作，至少需要10年以上的时间。由于不成熟市场上买卖双方信息不对称，常常导致双方发生冲突。在这些国家中，虽然市场机制发挥了一定作用，但企业的发展在很大程度上仍然依赖非市场体系（如政府控制和社会网络等）来获取资源。由于这些非市场机制往往掌握着资金、人才等通用性资源，可以支持各种经营运作模式，因此，如果企业想最大限度发挥通用资源的作用，必须对不同行业或市场进行再投资，从而出现企业高度多元化的现象。

随着市场化改革的深入，这种"不对

称性"会逐步降低，企业集团的范围和规模就可能变成一种负担而不是力量。尤其当国际贸易、资本、产品和劳动力市场更加透明、开放、具有竞争性的时候，来自国外跨国公司和国内非多元化企业的竞争压力可能增强，如果政府不再向大型多元化企业提供优惠条件和资源，那么这种企业在克服"市场失灵"时所获得的收益就可能降低。另外，如果多元化企业集团的组织规模和复杂性增加了，那么内部行政冲突的可能性将增大，导致总部在内部资源配置上实行"平均主义"，使原先最佳的内部资本配置（资金流向最有效率的业务单元）可能被一种无效率的内部资本配置取代（资金流向低效率的单元）。随着制度转型引起的环境不确定性增加，这种庞大官僚机制成本会不断增加。因此一些学者认为，当新兴经济或转型经济的外部资本市场、产品和劳动力市场变得更加透明、开放、具有竞争性时，随着时间的流逝，企业不相关多元化的收益会降低；当组织规模和复杂性越来越高时，这种收益会进一步降低。

资料来源

黄山，蓝海林. 中国行业机会诱导下企业集团的多元化行为研究. 北京：经济科学出版社. 2007.

企业多元化的动因

企业多元化的动因有很多（表6-4），可能为了增强竞争优势、提升企业价值，也可能由于管理者的机会主义行为，或在某些刺激因素作用下导致企业追求更进一步的多元化。企业多元化的动因由两类因素构成：一类是多元化的刺激因素（incentives），这意味着企业的内外部环境出现了某种变化，这可能是机会也可能是威胁，经理对于是否追求这种刺激具有选择权；另一类是管理者在不同目标函数下追求多元化的动机（motives），即使内外部环境中不存在多元化的刺激因素，管理者也可能出于追求竞争优势或个人利益作出多元化的选择。

表6-4　多元化的动机、刺激因素和资源

增强竞争优势的动机	刺激因素
市场影响力（相关多元化）	外部刺激因素
降低交易成本 内部整合，防止重要信息技术外泄 控制价值链上重要资源和能力 利用掠夺性定价、跨行业补贴、多点竞争阻止对手进入	反垄断条例 税法 制度环境 内部刺激因素 不确定的未来现金流 公司经营状况不佳
范围经济（相关多元化）	支持性资源
经营层面活动共享 由共享、扩大规模使单位成本下降 核心竞争力的传递	有形资产 无形资产
财务经济（不相关多元化）	管理者动机

续表

增强竞争优势的动机	刺激因素
有效的内部资本市场配置 作为"资金放大器"增强融资能力 外部并购和内部重组 分散产业经营风险	增加个人报酬 降低管理的职业风险

1. 多元化的外部和内部刺激因素

西方社会普遍认为，20 世纪 60～70 年代美国的反垄断条例和税法对企业的多元化行为产生了刺激，大量企业通过混合并购成为超大型不相关多元化企业。当时美国关于企业合并（无论纵向一体化还是横向一体化）有严格的法律规定，尤其限制能让企业获得更强市场影响力的合并，这导致许多企业的合并都是不相关的。例如，1973～1977 年，有 79.1% 的合并结果是成立多元化企业集团。到了 80 年代，反垄断法力度减弱，对同业并购的限制放松，才使原先的"巨无霸"企业实施重组，回归到主业上来。

税收对多元化的作用主要体现在税额改变和税法的调整。美国在 20 世纪 60～70 年代，股利要交纳的税比个人收入要多得多，因此，股东们宁可将公司的自由现金流投入到经营状况良好的产业或成立新公司。如果公司股票长期增值，那么股东从中将获得比发放股利更好的回报，因为在当时的资本收益制度下，出售股票所得收益应缴的税比发放股利应缴的税要少得多。此外，1986 年之前的并购大多是为了获得合理避税，因为并购可以使公司的折旧性资产增加，从而减少公司的税前利润。但是 1986 年出台的《税收改革法案》改变了这一情形。个人所得税下降而投资收益税上升，同时出台了限制公司利用多元化乘机避税的税收改革法，这让公司失去了保留自由现金流以发展多元化的刺激。

近年来，面向新兴经济和转型经济国家的研究表明：一方面，一个国家制度环境因素也会对企业的多元化程度产生影响，包括市场化进程、国际化程度、市场监管力度、信息披露与投资者保护的法律规定等，但这些制度因素对企业多元化的影响结果并不确定。例如，随着资本市场日益完善，严格的信息披露制度可以降低投资者与企业之间的信息不对称，更积极地进行投资，从而减轻企业对内部资本市场的依赖，放慢多元化的脚步。另一方面，由于信息披露制度的完善，一些中小企业出于保守商业机密或避税等考虑，宁可选择多元化经营也不进行上市融资。

除了外部刺激因素以外，企业还可能面临一些多元化的内部刺激因素。通常情况下，人们认为经营状况不佳的公司才会想着搞多元化。当一家公司的产品线已经成熟或受到竞争威胁、未来现金流不确定时，多元化就会作为一种自卫手段被实施（尤其当公司还存在资源，可供改变经营方向时）。这在一定程度上也可以解释 2000 年后，中国许多家电企业的多元化行为。经过前一轮的高速发展，家电行业已经趋于饱和，受总体数量和消费结构的限制，产品的扩容难有较大突破，具有资源的企业只好通过多元化寻求新的利润增长点。看起来和西方 20 世纪 70 年代铁道运输市场萎缩而实施多元化的情况类似，实际上，二者有很大的区别。中国的家电企业并非发展到行业成熟后期而多元化，而是由于长期依赖初级生产要素,缺乏核心技术,处于产业链末端所致。从价格战、服务战到概念战,中国家电企业无一不是在中低端的产业层次上竞争,致使产业利润变得稀薄,甚至无利可图。然而要想在专业化上做深形成壁垒,往往需要在核心技术、关键器件、卓越流程等方面长期深入操作,短期效果不明显,从而导致许多家电企业的多元化行为。

由此我们不难发现:若外部存在新的市场机会,例如,技术进步、行业开放等,则企业会呈现出主动性的多元化;若刺激以威胁的形式存在,例如,主要市场需求下降、市场需求的多样性和不确定性、现有产品线成熟、行业生命周期处于衰退阶段、市场集中度高等,则企业往往呈现出防御性的多元化。

2. 支持性资源

公司有了多元化的动力后,还必须拥有一些必要的资源才能使多元化在经济上具有可行性。公司的有形、无形及财务资源都有助于实施多元化。由于各项资源的稀缺性和流动性不同,它们创造价值的能力也不相同。例如,自由现金流作为财务资源有助于公司实施多元化,但由于财务资源具有更大的弹性且非常普遍,它创造价值的能力相比其他资源会少很多,且很难形成企业的竞争优势。只有当自由现金流投入到其他资源(如有价值的研发)中,才有可能造就不易模仿的竞争优势。此外,像厂房、设备一类的有形资源往往缺乏柔性,多余的生产能力只能用于生产一些非常相似的产品,而且要求在生产技术上高度一致。其他诸如销售能力的过剩,使企业更容易进行共享型相关多元化。而无形资源相比有形资源具备更好的柔性,一些隐性知识可以鼓励企业向更广阔的多元化发展。

资源学派认为,企业之所以存在增长机会,是因为拥有一些闲置性资源,这些资源既可用于新业务,也可用于现有业务,因此存在过剩的通用性资源是多元化的必要条件。当一个拥有闲置资源的专业化企业面对无穷大的需求曲线时,它可以将过剩资源再投资到国内现有业务上,或进行国际化扩张;但是,当行业生命周期接近衰退期、受到竞争威胁或面临有限的需求弹性时,对现有业务的再投资会降低价格和利润。这时,企业会有三种基本选择:①向市场上的其他企业出售闲置资产;②进行多元化投资;③通过提高股利或股票回购把闲置资金返还给股东。若闲置的是无形资产,那么在销售时很难签订交易契约,即使是有形资产,当要素市场和金融市场失灵时,也很难获得其应有的价格,于是追逐利润的企业将选择多元化来充分利用过剩的资源和能力,例如,生产能力、管理能力、企业家精神、财务资源和市场等。除了资产的数量,公司拥有资产的性质也会影响到业务范围的大小。专用性强的资源可以创造更大价值,导致公司在专业化的领域越做越深;而通用性强的资源容易被模仿、替代,只能产生较低的经济效益,使公司只能通过开展较宽的业务活动来获取价值最大化。因此,通用性强的灵活性资源(如自由现金流)可以使多元化走向更高层次。例如,娃哈哈集团在拥有大量闲置资金、品牌成熟、存在行业机会的情况下,先是进入了茶饮料、瓜子、方便面、营养品等相关领域,然后进入了与主业无关的"服装"、"日化"等领域。

3. 管理者动机

管理者可能会为了降低职业风险及提高个人报酬而进行多元化，这一动机与刺激因素和资源均无关。20 世纪 80 年代人们见证了公司治理和控制权的爆发性转变。大量争论开始集中在多元化公司的合理经营范围上，以及为什么管理者热衷于建立自己的公司帝国。为了解释这些现象，许多金融经济学家转向了代理理论。

自从 1932 年伯利（Berle）和米恩（Means）开创性地提出公司所有权与经营权分离的命题，"代理人问题"就产生了：当经营者（代理人）不持股或持有少量股份，而股东（委托人）又过于分散时，利己的经营者会通过资产运营，不惜牺牲股东的利益来增进自己的收益。在委托-代理理论的框架下，管理者为了增加个人报酬、提高声望、获得更多在职消费、降低管理的职业风险、拥有更多能自由处置的自由现金流，热衷于建立一个庞大的公司帝国。这种观点主要基于两个重要假设：①管理者报酬与公司规模密切相关，而多元化经营是扩张规模的有效手段，因此经理人为了追求增长最大化而偏离企业的最优投资量，产生过度投资的问题。②尽管股东可以通过投资组合来分散个人风险，管理者却无法通过身兼几职来分散个人的职业风险，因此，管理者会尽量使公司的经营范围向自己熟悉或具有专长的领域发展，使公司对本人的依赖性越来越大，从而形成"套牢"的作用。

出于管理者利己动机而实施的混合多元化或不相关多元化通常被认为是多元化折价的源泉。因此需要内外部监管机制（如董事会、所有权集中、高管报酬、外部资本市场及经理人市场）来确保管理者有效决策，并与股东利益一致。

如图 6-6 所示，对于一家多元化企业来说，良好的经营绩效来源于适当的行业组合、与行业组合相匹配的管理模式，以及正确的实施时机、速度和方式等。另外，资源、刺激因素、管理者动机对企业的多元化行为起到了推动作用，而外部资本市场、经理人市场，以及公司内部治理则会在一定程度上限制企业的多元化步伐。基于这种思想，战略聚焦三描述了中国企业多元化的现状及原因。

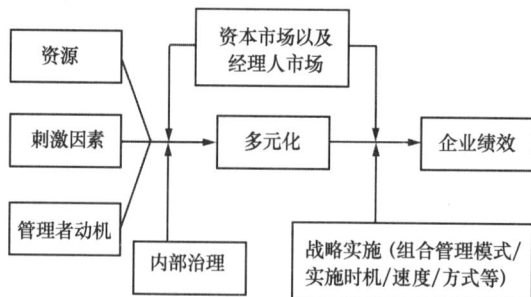

图 6-6　企业绩效与多元化关系的总结性模型[18]

战略聚焦三

为什么中国企业偏好高度多元化

回顾20世纪90年代末到2000年初中国企业多元化的足迹可以发现，从PC开始，房地产、手机、汽车，这些具有暴利特征的行业无一不被涉足。当不相关多元化经营广泛遭受抨击，西方企业开始回归核心主业，在专业领域重构竞争力时，为什么一些中国企业总是偏爱并执行了高度多元化？我们不妨从多元化的主要推动因素和主要限制因素两方面进行考察。

1. 主要推动因素

(1) 市场机会。中国是一个转型经济和新兴市场经济国家，在经济转型的不同历史阶段上，对外开放和经济改革为企业带来不同的机会和威胁，形成了对企业实施不相关多元化的"刺激"，包括：①由新兴行业带来的投资机会。改革开放以来，中国居民的收入、消费水平以及整个轻重工业和服务业都有了极大提高，期间产生了许多新兴行业和新的行业发展机会。政府在立法、财政投入、税收、信贷、开辟风险投资渠道等方面对新兴产业给予大力支持。越早进入新兴行业的企业越能够抓住先发优势和政策扶持等利好条件，从而享受独占市场和获得高额利润的机会，而且规模越大越能够得到政府的重点扶持。②行业逐步开放所带来的进入机会。从20世纪90年代中后期开始，伴随着中国政府"抓大放小，逐步退出竞争性行业"政策的实施，以及加入WTO后进一步放宽了非公有制经济市场准入的门槛，许多非国有企业积极参与到国有企业的股份制改革中，通过控股、参股等形式，进入了基础设施、公用事业，甚至部门寡头垄断性行业，或围绕这些寡头垄断性行业寻找"利基"市场，或为国有寡占企业进行配套性生产服务。③地方保护和市场分割带来的多元化发展机会。中国国内市场受到地方保护的影响而呈现出明显

的市场分割性，从而导致中国企业实施多元化发展比实施横向整合更容易。另外，按照现行的管理体制，地方政府仍然有很大的权力去分配资源和给予政策性优惠，这就导致相当多的民营企业在横向整合国内市场遇阻的情况下，为了向当地政府"寻租"，获得廉价土地或者争取优惠政策，它们大胆地实施了不相关多元化。这类企业在区域上高度集中于本地区，紧密依靠当地政府的地方保护，政府给什么行业机会就进入什么行业，充分享受地方优惠政策。由于这些关系资源和"公关"能力难以向其他地域/市场转移，为了充分发挥这些资源/能力优势，围绕某个地区实施跨行业多元化成为许多企业的选择。但随着地方保护主义趋势下降，这种基于本地的多元化战略将面临着越来越多的挑战。

(2) 金融市场不完善与过剩资源。尽管经历了十几年发展，但目前中国金融体系的开放程度仍然很低，各种金融市场(尤其是证券市场)不发达，银行贷款成为企业融资的主要渠道。在这种情况下，多元化企业的总部作为资金放大器的作用就充分表现出来。一些多元化经营的国有企业通过不断上新项目获得政府拨款或政策性低息贷款；另一些多元化企业总部通过不断与外商合作，利用合资项目吸引外资；而更多企业总部则利用多元化、集团化来扩大自己银行贷款的渠道，从而获得企业进一步发展所需要的资金。另外，管理者拥有过剩的资源和能力也会刺激企业进一步多元化。

(3) 管理者动机。由于中国的资本市场、经理人市场和公司治理机制不完善，导致董事会和外部治理市场对管理者的约束远未发挥应有的作用。一方面，在"政企分开"、"放权搞活"的口号下，企业管

理者实际上掌握了重大投资、人事任免、资金筹措、日常运营等一切权力，形成了真正的"内部人"控制；另一方面，在国有企业集团中，所有者缺位导致缺乏有效的监管机制。虽然企业管理者由国资委等上级主管部门指派并对其负责，但事实上这些主管机构也是一级代理机构，在层层代理的情况下，没有一个人是国有资产的真正所有者，也没有任何剩余索取权，从而失去了对国有资产保值增值有效监督的动力，导致中国企业管理者多元化经营动机更强。

2. 主要限制因素

（1）内部治理机制。研究表明，管理者偏好高度多元化，股东偏好低度多元化，这种差异就是典型的委托代理问题。由于管理者可能出于利己动机进行过度多元化，这将迫使股东耗费额外的"代理成本"[①]（agency cost）来监督、控制管理者的机会主义行为。西方国家一般使用四种内部治理机制，包括所有权集中、董事会、高层管理者的报酬和高层管理者的任免，来防止管理者盲目多元化。在中国企业多元化发展的早期阶段，绝大多数采取多元化发展的企业是国有和集体企业，而不是真正意义上的现代企业。因此，高层管理者多元化发展的动机完全缺乏内部公司治理的约束。在中国企业多元化发展的后期阶段，多元化发展的主力除了国有企业，还有民营企业和上市公司。虽然这些企业的治理结构得到了完善，企业多元化的程度也得到了一定的控制，但是企业内部治理仍然在下列方面需要进一步完善，包括进一步分散股权，发挥独立董事的作用，实施高层管理者的长期激励。

（2）公司治理市场。公司治理市场（market for corporate control）是一种外部治理机制，由一些个人投资者或机构组成，他们希望购买或兼并一些价值被低估或经营不善的企业来分散投资风险。这个过程主要涉及资本市场和经理人市场。有效的资本市场可以保证公司资产定价能够及时反映公司的经营状况，并确保资本交易的有效进行。当经理人无限度追求多元化，导致企业经营不善或价值被低估时，可能面临被接管的风险。这时，原公司的管理层往往会被认为是绩效差的"罪魁祸首"而丢掉工作。因此，在一个完善的资本市场中，效率低下或机会主义的经理人为了避免被收购会适当进行自我约束。有效的经理人市场可以了解并公正地评价高层管理者的行为，迫使这些降低企业价值的经理必须降低自己的收益。直到现在为止，中国的资本市场仍然效率不高，资产定价还不能够反映公司的真实情况，购并过程仍然受到很多的干扰。中国的经理人市场仍然在建立或者形成之中。因此，中国企业管理者的战略决策行为仍然缺乏有效的外部治理机制约束。

资料来源

1. 张书云，王万宾，王坤. 新兴产业的进入壁垒及竞争分析. 经济问题探索，2002，（10）：35～38.
2. 黄山，宗其俊，蓝海林. 中国企业集团行业多元化动因的分析. 科学学与科学技术管理，2006，（8）：108～116.
3. R. Rajan, H. Servaes, & L. Zingales, The cost of diversity: The diversification discount and inefficient investment. Journal of Finance, 2001, 55: 35～79.
4. D. Goldstein, Hostile takeovers as corporate governance? Evidence from 1980s. Review of Political Economy, 2000. 12: 381～402.

---

① 代理成本是指激励成本、监控成本、强制成本，以及公司治理机制不能有效监管管理者而遭受的财产损失的总和。

6.3　公司级战略决策：组合管理

**多元化组合
管理模式的
基本构成**

　　行业组合类型的决策为多元化企业总部获得组合效益提供了可能性，而组合管理模式的决策则为挖掘组合效益提供了现实手段。为了实现组合优势和组合效益的最大化，多元化企业总部需要建立与行业组合相匹配的组合管理模式。行业组合管理模式主要由五个要素构成：①高层管理者的精神图；②组织结构设计；③集权与分权的关系；④评价和激励机制；⑤控制机制。

1. 高层管理者的精神图

　　为了实现组合优势和组合效益的最大化，多元化企业总部的高层管理者必须具备与组合相匹配的知识、经验和价值观，或者说"精神图"，包括以下三个方面：①企业战略管理者的多样化特性。多元化经营要求战略管理者拥有不同的专有技术和知识，通过对团队成员提出不同观点的讨论、争辩来实现高质量的决策及有效的战略制定。②企业战略管理者的合作程度。多元化经营需要战略管理者更加紧密合作。但通常情况下，多元化程度和规模越大，战略管理者紧密合作及有效实施战略的难度就越大，特别是来自不同背景、具有不同认知的高层管理者，其无法形成有效沟通而带来失败风险的概率更高。因此，在多元化企业中，需要建立战略管理者团队的横向协调沟通机制。③企业战略管理者的适应和创新能力。多元化企业遇到的新挑战、新问题更多，战略管理者需要保持更敏锐的信息嗅觉和创新能力。

　　不同类型多元化战略对高层管理团队应具备的知识和经验要求也不一样：①在实施纵向/共享型相关多元化的企业中，要求战略管理者具有非常强的整合能力，通过上下游之间的价值链整合，降低交易成本、提高经营效率和质量，实现成本优势或时间效率优势、质量优势。因此，纵向/共享型相关多元化对战略管理者的专业背景、从业经验以及行业专业知识要求最高，否则可能导致整合失败。②在实施混合多元化的企业中，要求战略管理者不仅具备相关行业一定的专业背景、从业经验和专业知识，还要具备较强的资源整合、优化配置能力和市场洞察力。只有这样，战略管理者才能够对行业机会和风险有清醒的认识，并对从事不同行业的事业部进行资源优化配置，通过在采购、财务、品牌、渠道等方面的活动或者平台共享，实现范围经济和规模经济。③在实施不相关多元化的企业中，对战略管理者行业专业背景的要求较低，不相关业务单元之间的整合要求不高。但是，实施不相关多元化战略要求管理者具有超强的系统战略思维、宏观控制和财务管理能力，能够及时捕捉不相关业务的风险和机会，对市场敏锐度高，能够有效整合财务资源，并培养和发挥不同业务单元的竞争优势。

2. 组织结构设计

　　为了有效实施多元化战略，多元化企业的总部在设计组织结构时必须重点考虑两类问题。

（1）总部职能的设置。多元化企业的总部是股东与事业部之间的一个中介组织。受股东委托，总部要对其下属子公司或分公司行使所有者的权利。因此，针对不相关多元化组合，总部需要设置与行使股东权益相关的职能，例如，财务、投资、战略、人力资源、审计、法律等，而不需要设置如何与组合经营有关的职能，因为这种组合中基本不存在整合或组合效益；针对纵向多元化组合，总部需要在上述股东权益职能之外再增加两个重要功能：一是生产计划与调度，二是内部价格管理部门，否则很难发挥这种战略在降低交易成本方面的作用。针对共享型相关多元化组合，总部需要在上述股东权益职能之外再增加那些能够被"共享"的职能。

（2）事业部制的设计。配合多元化战略最常用的组织结构是事业部制结构（multidivisional structure），又称为 M 型组织结构。这种组织结构由各业务运营部门组成，每个部门代表一项独立的业务或利润中心，并拥有自己的职能层次，公司总部将日常运作和部门决策的权力授予这些部门的管理者。不同公司在定义利润中心的边界时有不同的标准，例如，通用电器根据生产和销售的产品类型来定义事业部（如电子消费产品、核能产品、医疗影像等）；雀巢公司根据业务的经营区域来定义事业部（如北美、南美、亚洲等）；通用汽车根据产品的品牌名称来定义事业部（如凯迪拉克、雪佛兰、别克等）。无论如何界定，M 型组织结构中的每个部门都应该能有效代表某项业务，同时，部门经理也能有效进行管理[9]。事实上，M 型组织中的每个业务部门通常都采用职能型结构，每一业务部门总经理的角色类似于传统直线职能型结构中的 CEO。事业部制结构主要有三大优势：①总部能够更为精确地监控每个业务（产品事业部或者区域事业部）的业绩，简化控制问题；②事业部间的比较更为便利，有助于改进资源配置的有效性；③激发业绩较差的事业部经理去寻求提高本部门业绩的方法。总之，通过事业部结构对业绩的积极监控，有利于增强事业部经理作出符合股东利益最大化决策的可能性[19]。

3. 集权与分权的关系

在企业实施多元化战略的过程中，战略管理者面临着一个突出矛盾就是：对于各业务单位究竟应该集权还是分权。正确的回答是，取决于企业所建立的行业组合是什么类型。如果行业组合中存在明显的整合效益或者组合效益潜力，那么就应该通过集权管理将这种效益挖掘出来。如果行业组合中不存在整合效益或者组合效益，那么就应该分权，从而保持事业部在经营上的自主权和灵活性。由于多元化企业所建立的行业组合不同，战略管理者必须考虑在哪些方面集权，哪些方面分权，什么情况下集权成分应该多一些，什么情况下又需要较多分权。这主要取决于企业所建立的行业组合类型。一般来说，对于不相关多元化组合，总部只需要在与股东权益相关的职能领域集权，尤其是资产、财务、投资、融资、战略和中高层管理者的任免等方面，而在具体行业经营中则需要分权；对于纵向相关多元化组合，总部还需要在生产计划、调度和内部转移价格的确定上集权，以降低交易成本；对于共享型相关多元化组合，总部还应该在需要并能够共享的职能上集权，以实现共享。换句话说，有组合效益，则应该集权；相反，没有组合效益，就应该分权。然而这并非易事，例如，自从美的建立事业部制以来，其组织结构始终在调整，而每次调整都是围绕权力的放与收进行的。由于历史的原因，对事业部的过度分权使美的总部难以在整个集团内部建立和发挥协同效应。

4. 评价和激励机制

在对各事业部绩效进行评估和激励的时候，多元化企业总部应该采取主观还是客观标准？应该按照整体还是按照各自独立的方式进行考核与奖励？这也是战略管理者为企业选择组合管理模式时必须考虑的问题。一般来说，如果企业采取的是相关多元化战略，无论是哪种类型的相关，都应该采取以主观的、以整体为主的考核和奖励方法，这样有利于推动企业内部的资源/能力整合，以及各事业部之间的协同与合作；如果企业采取不相关多元化组合，那么应该采取以客观、单独为主的考核、奖励方法，这样更有利于促进不相关事业部之间的竞争，从而提高整个企业的经济效益。

5. 控制机制

多元化企业总部对其各个事业部的控制方法有三种：战略控制、财务控制和行为控制。所谓战略控制就是，总部需控制各个事业部做什么，包括其经营范围、市场定位以及经营方式等；财务控制指，总部需控制各个事业部经营的业绩，特别是与经济绩效有关的财务指标；行为控制则指，总部需控制各个事业部的经营行为和企业文化等。如果这些方法使用不当，将很可能导致控制不足或者控制过度，必定会影响组合优势和组合效益的最大化。因此，在设计组合管理模式的时候，战略管理者需要根据行业组合的类型选择最匹配的控制方式。针对不相关多元化组合，总部主要采取财务控制，不需要进行行为控制，因为各个不相关业务在经营方式、行为规范和文化上差异很大；针对相关多元化组合，总部主要采用战略控制和行为控制，难以进行财务控制，因为各个事业部存在广泛的协同效应，同时在财务上并不是完全独立的；对于混合多元化组合，则需要同时采用战略控制和财务控制。

组合效益的发挥与管理模式的匹配

行业组合类型与组合管理模式的匹配构成了多元化企业总部竞争优势的主要来源。无论所采取的行业组合类型具有多大的组合效益，如果没有建立与之相匹配的组合管理模式，那么行业组合效益很难被实际发挥出来。

1. 纵向和共享型相关多元化的管理模式

由于纵向多元化需要在公司内部转移中间产品，降低交易成本，而共享型相关多元化的各业务之间存在明显关联，如相似的技术、共同的市场和分销渠道、共同的生产流程等，这些相关业务之间的价值创造活动可以实现共享，因此，不同业务部门之间的沟通和协调显得格外重要，这就要求总部在协调各部门时具有较高的地位和权威。同时，在部门间建立结构性的整合机制也非常重要。例如，在不同业务部门之间设立联络官，针对某个合作项目成立临时团队、任务小组，甚至采用矩阵制组织，以实现部门间的协调。另外，集中化也是整合机制之一，把能够共享的一些组织职能（如人力资源管理、研发、营销、财务等）集中在公司层面（总部），可以在一定程度上支持无形资源和有形资源的合作共享，实现范围经济[20]。

因此，对于实施纵向和共享型相关多元化的企业来说，采用合作形式（cooperative form）的事业部组织结构（图 6-7）可能是较好的选择。在这种结构下，运用水平整合以培养业务部门之间的合作，计划、协调、领导与控制职能都集中在公司总部，而下属事业部在进行各自业务运作的同时，还广泛开展信息交流与知识共享活动。因此可以说，纵向和共享型相关多元化与总部在一定程度上集权的匹配作用对公司绩效有积极的影响。

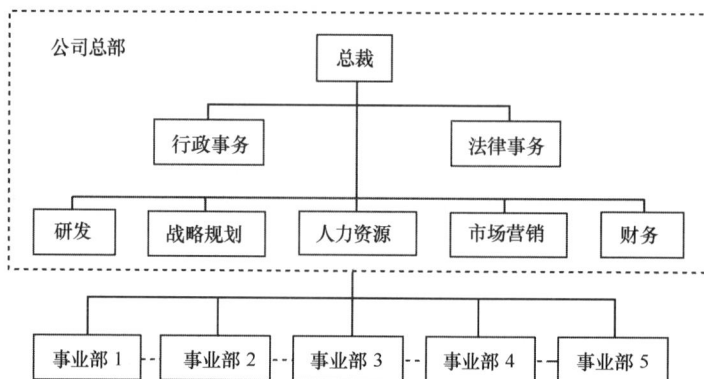

图 6-7　合作型事业部结构

然而，事业部经理并不总是愿意投入到这种组织结构所要求的综合信息处理活动中去，并且部门合作会造成他们之间的业绩难以界定。如果事业部在经营级战略决策上没有完全的自主权，那么在评价事业部业绩时，客观的财务标准就无法传递有关部门效益的清晰信号。某个事业部业绩不好，可能是因为本部门效率不高，也可能是其关联事业部效率低下，或者总部在关键决策上的失误。如果得不到充分信息，追求责任就变得非常困难。在这种情况下，总部可以弱化客观性的财务标准，而强调更主观的战略标准来评价事业部业绩，如变革能力、创新能力、部门间的合作度、劳动生产率、市场份额和增长率等。总部在各事业部之间分配现金流时，也应当以这些标准为基础。

此外，薪酬和激励方案应当侧重于部门间的相互合作，而不是将各事业部视为独立单位进行考察和奖励。只有当事业部经理的薪酬与公司整体赢利能力挂钩，而不仅仅与单个事业部的赢利能力挂钩时，才能提高事业部经理开发利用范围经济的主动性和可能性。

2. 不相关多元化的管理模式

实施不相关多元化战略的企业在各业务上无任何关联，只能通过内部资本市场配置或业务重组来创造价值。因此，竞争形式（competitive form）的事业部组织结构更为有效（图 6-8）。这种结构更加强调部门间的竞争而不是协作[21]，总部机构高度精简，通常包括财务、资产、投资、战略、审计、法律和经理的人事管理等。通常每个事业部都有独立的绩效指标和财务评价方法，目的是促进内部资本市场的有效配置。这种结构有三个优点：①内部竞争带来灵活性。由于进入了不相关行业，总部可以识别出最有潜力的业务，并在资源分配上给予支持，以推动整个公司的成功。②内部竞争是对现状和惯性的挑战。因为事业部经理很清楚，未来的资源分配主要根据本部门的当前业绩，以及在业务组合中未来的竞争地位。③内部竞争能激发事业部经理为获取更多战略性资源

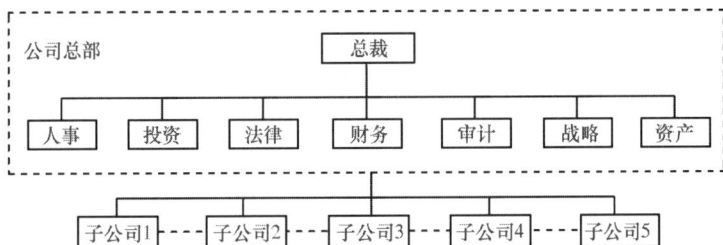

图 6-8 竞争形式的事业部结构

而努力工作的动力[22]。在竞争形式的事业部结构中，分权对于提高公司绩效有着重要影响。由于进入多个不相关行业，总部不可能具备所有业务的充分信息，过多的干预只能导致事业部业绩混淆，出现官僚政治，而使整个企业业绩变得更差。因此，为了强调事业部之间的竞争，总部与各事业部之间必须保持一定距离，实行广泛的分权而不介入事业部内部的具体事务——除非出于审计和更换事业部经理的需要[23]。

此外，在竞争形式的事业部结构中，由于主观性的战略标准会使总部在控制过程中掺杂偏见，导致管理失调和障碍。因此，公司总部应以客观性的财务标准（如回报率）来衡量和监控各事业部的表现，在竞争的基础上分配企业的现金流，而不是将资金自动返还给产生现金流的事业部，这样才能提升各事业部通过自身战略决策和运营追求利润最大化的动力。相应地，由于各事业部是自负盈亏的独立单位，事业部经理的提升机会和任期以所在部门的绩效为条件，因此，激励机制应该与事业部业绩挂钩而不是与公司整体业绩挂钩。

3. 混合多元化的管理模式

首先，实施这种多元化战略的总部在它所建立的组合中可能包括了三种不同类型的多元化组合，即纵向相关多元化、共享型相关多元化和不相关多元化。其次，这种不相关多元化组合的形成都是基于某种关联而建立的，但是它们之间在实际运作上又是不相关的。例如，一个专门

为制药企业代理平面广告的公司，通过广告业务了解了制药行业，而基于知识转移进入了制药行业。在完成制药行业的进入之后才发现，广告和制药行业经营运作是完全不相关的。又如，美的集团的多元化组合从表面上看都是纵向或者共享型相关的，但是经过仔细分析，却发现中央空调与家用空调之间只存在概念相关，而不存在运营相关。对于这种特殊的或者混合的多元化组合，总部可以采取战略经营单位（strategic business unit form，SBU）的事业部制组织结构（图 6-9）。

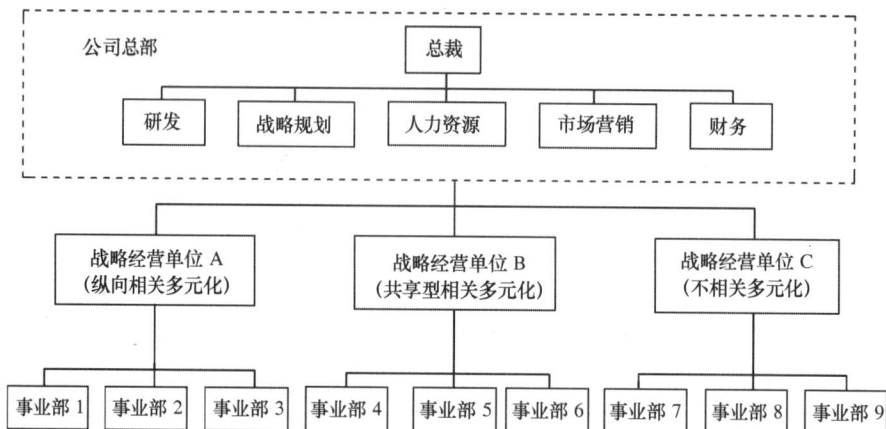

图 6-9　战略经营单位的事业部结构

这种混合性事业部结构至少由三个层次组成。最高层次是公司总部，第二个层次是作为相对独立的战略经营单位，第三个层次是隶属于不同战略经营单位的事业部。一般来说，多元化企业的总部对第二层次的战略经营单位采取竞争形式的事业部制，因为各个战略经营单位之间不存在整合效益，只存在竞争关系，因此实施高度分权。但是，每个战略经营单位对其下属事业部采取何种形式的事业部制和管理体制，则取决于各个战略经营单位的行业组合性质。对于纵向/共享型相关多元化组合采取合作性事业部制，在战略经营单位的层次上通过集权化管理发挥其组合效益；对于不相关多元化组合则采取竞争性事业部制，因为这些事业部之间不存在任何实质性的整合效益。从这个意义上看，战略经营单位就是一个介于多元化企业总部与复杂多样的事业部之间的一个中间组织，各个事业部之间的相关性或者说整合效益都是在这个层次上实现的。如果某个战略经营单位的下属事业部之间没有相关性或者整合效益，那么这个战略经营单位就相当于低一个层次的不相关多元化企业的总部。

由于在战略经营单位之间是竞争关系，而在战略经营单位内部有可能是合作关系或者竞争关系，因此，这种结构需要同时采用财务标准和战略标准进行控制。通常情况下，总部对各个战略经营单位的评估应采用客观性的财务标准，与各个战略经营单位的绩效挂钩；而战略经营单位评估下属事业部的业绩时，应根据组合性质和所采取的管理模式确定，有的按照合作性事业部制，有的按照竞争性事业部制的绩效评价方式。

综合来看，分别与纵向/共享型相关多元化、不相关多元化和混合多元化匹配的管理模式如表 6-5 所示。

表 6-5　分别与三种多元化类型相匹配的管理模式

战略类型	纵向/共享型相关多元化	不相关多元化	混合多元化
高管的精神图	较高的专业性背景，广泛追求整合效益	一般性背景，不强调整合效益	专业/一般性背景，追求中等程度的整合效益
组织结构设计	合作型事业部结构	竞争型事业部结构	战略经营单位（SBU）
集权与分权的关系	由公司总部集权	向事业部放权	总部向各 SBU 分权，而 SBU 内部则视情况决定
评价和激励机制	主观评价，与公司整体绩效挂钩	客观评价，与事业部绩效挂钩	主客观综合评价，与公司、SBU 和事业部绩效挂钩
控制机制	战略控制为主	财务控制为主	战略和财务控制

6.4　多元化战略的实施

通过前面章节的学习我们发现，多元化战略能否获得实施效果，首先，取决于公司总部是否根据内外部环境变化，建立和保持合适的行业组合；其次，由于存在委托-代理问题，需要有效、规范的内外部治理机制来限制管理者的机会主义行为；再次，还取决于行业组合战略与组合管理模式的匹配性，以及总部能否有效发挥组合优势。除此之外，实施多元化战略的时机、节奏和方式也会影响到多元化战略的成败。

实施多元化的时机　　实施多元化发展有两个重要时机必须把握好，否则就会犯"过早多元化"的错误。一是从集中发展向多元化转变的时机；二是从相关多元化向不相关多元化转变的时机[24]。过早多元化的后果是十分严重的，不仅浪费了获取更大收益和市场占有率的机会，还会因为在现有行业没有建立绝对优势，而导致在其他行业的成功机会下降。由于没有积累足够财力资源来巩固未来收益，多元化发展会"起步不高、后劲不足"。许多企业的过早多元化最终导致新的支柱产业没有建立起来，原来的支柱产业却被拖垮了。正如 2001 年，李东生在对外总结 TCL 集团 20 年高速成长和扩张时，谈到的一个重要反思："在实行多元化时准备不足、资源分散、战线拉得过长、真正形成有竞争力的行业不多"。

在把握从集中发展向多元化发展转变时机的时候，要注意从以下几个方面考虑：第一，原来集中发展的行业是否已经进入产品生命周期的后期增长阶段或成熟阶段，即该行业的发展潜力开始下降，否则就会因为多元化而错过在原来的主业做强的机会。第二，通过集中化发展，企业是否已经积累足够的财力、技术和管理人才。过分依赖负债来解决资本不足会增加财务风险，降低进入新行业后的竞争能力，而过分依赖合资、参股和联营方式来克服资本和人才不足也会带来许多副作用，包括增加交易成本、代理成本和控制难度。第三，是否出现了有吸引力的新行业投资机会，且新行业对本企业而言是适合的，即所要进入的行业是全新的或处于早期增长阶段的新兴行业，在该行业中企业有可能建立自身的竞争优势或占据支配性的市场份额。否则，企业的多元化行为就是短期或投机性的。第四，企业是否在原来集中发展的行业中建立了明显的优势和巩固的地位，如果答案是肯定的，则可以考虑多元化发展。为了尽可能地利用范围经济，避免进入不熟悉业务而带来的风险，企业应选择以相关多元化战略为主。

这样我们就不难理解，为什么美的集团通过相关多元化发展，能够不断挑战行业。首先，美的聚焦于白色家电业，相比之下，其主要竞争对手海尔、TCL等的经营领域要宽泛得多。其次，美的选择进入的行业基本上都处于"一家独大"的局面，竞争对手数量很少，避开了竞争激烈的行业，或者说，美的进入的行业存在战略投资机会。除电风扇是起家市场外，美的电饭煲做得最好，因为原市场品牌众多，强者不强；空调、豆浆机次之，位居市场第二，因为有格力和九阳专家品牌挡路；长期以来，格兰仕一直是微波炉领域的统治者，美的微波炉一直处于亏损状态。但近几年美的微波炉的市场份额不断扩大并开始赢利，这主要得益于格兰仕的不断扩展和延伸（先后推出空调、冰箱、洗衣机、小家电等产品）。

然而，美的并非没有失误。在电风扇领域，美的的地位正受到专家品牌"艾美特"的挑战。虽然聚焦于白色家电领域，但"美的"这个品牌被太多产品共享，有空调、洗衣机、冰箱、微波炉、豆浆机和其他小家电，在竞争性市场中很容易被其他专家品牌攻破。如开篇案例中所指出的，美的集团是否需要在白色家电领域再聚焦？是美的总部值得深思熟虑的问题。

此外，美的进入汽车领域也被证明行不通，最终以全面剥离而告终。这说明在掌握从相关多元化向不相关多元化转变时机的时候，同样也需要注意以下几个问题：第一，在相关多元化领域是否已经没有潜力可挖掘；第二，是否在相关行业的拓展已经建立了绝对优势或牢固地位；第三，是否具备进行不相关多元化发展所特别要求的知识、财力、技术和投资管理人才；第四，是否出现了有吸引力的新行业投资机会。

实施多元化的速度　多元化的成功很大程度上受制于企业的资源与能力，其中有形资源可以通过市场解决，但组织性资源和无形资源则必须通过长时间积累才能获得并提升；企业各种能力的形成与提高，需要在与资源结合的过程中不断学习才有可能实现。如果在推进多元化发展的过程中不注意节奏，就算有再好的机会也很难把握得住。如果一个企业一年进入10多个行业，三年进入40多个行业，即便是全部采用收购方式进入也很难获得成功。关于这一点，可以使用波士顿咨询公司提出的四方格模型（BCG模型）加以说明（图6-10）。企业在进行多元化时，不能一哄而起，使自己在不同行业的所有业务都处在"问题"区域，因为处于"问题"区的企业需要在资本投入上给予大力支持，否则将不可能走向"明星"或"金牛"。如果有节奏地进行多元化发展，就会减少资金筹措的压力，降低财务风险，提高多元化的成功率。例如，日本本田公司（HONDA）在 20 世纪 60 年代决定开发本田摩托车的国际市场，当时它的负债与自有资产比率为 1：2。为了实现国际市场的开拓，它大量举债，使负债与自有资产比率上升为 3：1。本田摩托车在国际市场上的成功，使其在 20 世纪 70 年代负债与自有资产比率又恢复到 1：2。这时，本田才开始进入汽车行业，并采用同样做法，再度举债，使负债与自有资产比率上升为 3：1。这个例子充分表明，国外企业在实施多元化战略的过程中，十分关注其资本结构，尤其注意掌握战略推进的节奏。

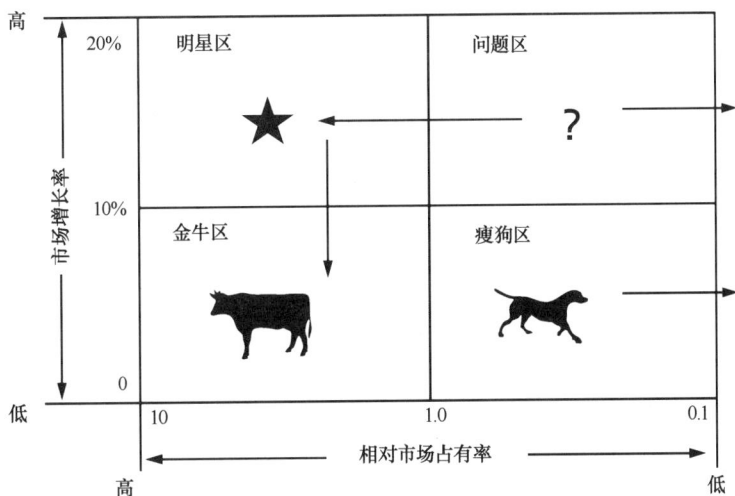

图 6-10　波士顿矩阵（BCG）

实施多元化的方式　　在其他条件相同的情况下，实施方式的选择也会影响多元化战略的实施效果。除了兴建全资子公司或开辟全新业务进入新行业之外，相关并购和混合并购成为企业多元化的常用手段。

企业通常认为，通过市场中已有企业来开发新业务要容易得多，而依靠自身力量进入不熟悉的行业则相对困难，风险更大。因此，企业往往不会通过自己发展新业务达到多元化经营的目的，而是选择并购来发展新业务。很多实例也证明，企业要想进入新行业或调整其投资组合，并购往往是最快的方法。例如，开篇案例中的美的集团，主要通过在核心业务产业链上的一系列纵向并购，以及相关行业并购，进行规模扩张。但并购也是有风险的，过分依赖并购去实施多元化，会导致企业内部创新能力下降，迅速扩大的规模使总部对下属企业失去控制，而且可能面临并购后业务整合的困难。

除了以上方式，企业还可以利用战略联盟，在不并购其他企业的情况下仍然进入新的业务领域。多元化的战略联盟可以带来潜在的协同优势，与并购相比，不存在那么大的风险，也具有更大的灵活性，可以绕过政府对并购的一些限制。即使不成功，对于企业而言，退出一个战略联盟要比消化一个不成功的并购企业容易和经济得多。关于多元化实施方式的选择，具体见第 9 章内容。

本章要点

1. 公司级战略是多元化经营企业的总部为在多个行业的经营中，建立和发挥组合优势而采取的一系列决策和行动。这些决策或行动的主要目的是实现行业组合效益的最大化，即多个行业性经营单位组合管理的经济效益要大于它们作为独立企业经济效益之和。

2. 总部创造价值的方式包括三个方面：①作为投资中心，实现行业组合的最优配置；②作为资产管理中心，对下属战略业务单元进行管理；③作为组合管理中心，实现组合优势和组合效益的最大化。

3. 公司级战略管理的基本模式是：①评价行业组合战略的合理性；②评价行业组合管理模式的合理性；③对行业组合与组合管理模式的匹配程度，即组合优势进行评价；④决定采取什么战略去建立和发挥组合优势。

4. 纵向多元化能够在一定程度上弥补外部市场的不完善并降低交易成本，或通过核心业务的纵向多元化获得市场影响力来创造价值。可能的局限性是：进入价值链多个环节会大大降低规模经济的效益，提高代理成本和控制成本；经营的灵活性降低；增加经营风险。

5. 共享型相关多元化可以通过共享活动、核心竞争力传递来创造价值。此外，还有可能通过掠夺性定价、互惠性购买、多点竞争来增强市场影响力。其局限性主要来自于开发"相似活动"的可行性、高成本、高风险的问题，以及传递核心竞争力的阻碍。

6. 不相关多元化可以通过财务上的范围经济性来创造价值，具体方式包括：有效的内部资本市场配置；收购其他公司并进行重组；利用行业组合分散经营风险；获得税收优势。主要局限性是：委托-代理问题可能导致内部资本市场无效，进入新业务的认知风险大，分散主业精力，控制成本增加，遭遇失败的并购或重组，增加竞争风险，税收优势微乎其微。

7. 企业多元化的原因需要从刺激因素和动机两方面入手进行考察。导致中国企业偏爱高度多元化的原因主要包括市场机会的推动、金融市场不完善与过剩资源，以及管理者动机。然而，经理人不会无限度追求多元化，尤其在公司内部治理机制（所有权集中、董事会和执行官报酬）和外部治理市场（资本市场和经理人市场）相对完善时。

8. 行业组合管理模式主要由五个要素构成：①高管的精神图；②企业的组织结构设计；③企业内部的集权与分权关系；④企业的激励机制；⑤企业的控制机制。不同多元化战略与组合管理模式的匹配构成了多元化企业总部竞争优势的主要来源。

9. 多元化战略的实施必须注意时机、速度、方式的问题，并根据内外部环境变化进行动态调整，才能获得满意效果。

思考题

1. 什么是公司级战略？位于单一行业中经营的企业有公司级战略吗？
2. 简述公司级战略管理的基本模式。
3. 企业在什么条件下选择相关多元化战略？在什么条件下选择不相关多元化战略？多元化战略的类型和程度对企业绩效有什么影响？
4. 简述多元化战略的刺激因素和动机。
5. 当选择纵向/共享型相关多元化战略、不相关多元化战略和非限制型相关多元化战略的战略时，应该采取什么管理模式和组织结构与之匹配？
6. 简述多元化战略实施的时机、速度和方式。
7. 请思考中国近年来宏观环境的变化对企业的多元化战略行为产生怎样的影响？
8. 战略管理的两种基本思维方式分别对企业的多元化行为产生怎样的影响？

能力拓展

1. 根据开篇案例，你认为企业如何才能获得范围经济和规模经济？
2. 简述从开篇案例中得到的经验和教训。什么样的多元化战略才有可能保证成功？
3. 试分析海尔集团的多元化扩张之路，并同美的集团进行比较。
4. 请查找相关资料，进一步探讨在中国国情下，企业对多元化战略的选择与其主业所处的行业生命周期不同阶段有关系吗？
5. 请通过各种渠道（如网站、文献或上市公司年报等）查询，选择一家多元化明显失败的企业案例和一家成功企业的案例，分别解释失败和成功的原因。

参考文献

[1] Chandler A D. Strategy and structure. Cambridge: MIT Press, 1962, 7~8.

[2] Peters T J. In Search of excellence: lessons from america's best-run companies. New York: HarperCollins Publishers. 1982.

[3] Porter M E. Competitive Advantage. New York: Free Press. 1985.

[4] Markides C C, Williamson P J. Related diversification, core competencies and corporate performance'. Strategic Management Journal,

Summer Special Issue. 1994, 51: 149~165.

[5] 迈克尔·古尔德，安德鲁·坎贝尔，马斯库·亚历山大，公司层面战略. 黄一义，谭晓青，冀书鹏等译. 北京：人民邮电出版社，2004.

[6] Kopczak L R, Johnson M E. The supply-chain management effect. MIT Sloan Management Review, 2003, 3: 27~34.

[7] HarriganK R. Strategic flexibility in the old and new economics, Hitt M A, Freeman R

E，Harrison J S. Handbook of Strategic Man-

agement. Oxford，UK：Blackwell Publishers，2001. 97～123.

［8］Subramani M R，Venkatraman N. Safeguarding investments in asymmetric interorganizational relationships：Theory and evidence，Academy of Management Journal，2003，46：46～62.

［9］杰伊·巴尼，威廉·赫斯特里. 战略管理，李新春，张书军译，北京：机械工业出版社. 2008.

［10］Barney J B. Gaining and Sustaining Competitive Advantage. M A：Addison-Wesley，Reading，1997.

［11］Argyres N. Capabilities，technological diver-sification and divisionalization. Strategic Man-agement Journal，1996. 17：395～410.

［12］Berger P G，Ofek E. Diversification's effect on firm value. Journal of Financial Economics，1995，37：39～65.

［13］Gimeno J，Woo C Y. Multimarket contact，economies of scope，and firm performance. Academy of Management Journal，1999，42：239～259.

［14］Kwong R . Big four hope expansion will deliver the goods Financial Times，2007，May 23：15.

［15］Bergh D D. Predicting divestiture of unrelated acquisitions：an integrative model of ex ante conditions. Strategic Management Journal，1997，18：715～731.

［16］Chang Yegmin，Thomas H. The impact of diversification strategy on risk-return perform-ance. Strategic Management Journal，1989，10（3）：271～284.

［17］Leslie E. Palich，Laura B. Cardinal and C. Chet Miller2000，Curvilinearity . in the diversification-performance linkage：an examination of over three decades of research. Strategic Management Journal，2000，21：155～174.

［18］Hoskisson R E，Hitt M A. Antecedents and performance outcomes of diversification：A review and critique of theoretical perspectives. Journal of Management，1990，16：498.

［19］希尔. 战略管理（中国版）——创建企业竞争优势的系统思维. 周长辉等译. 北京：中国市场出版社，2007：456.

［20］Markides C C. To diversify or not to diversi-fy. Harvard Business Review，1997，75（6）：93～99.

［21］Hill H ，Hoskisson. Cooperative versus co-mpetitive structures in related and unrelated diversified firms. Organization Science，1992，3：512.

［22］Birkinshaw J. Strategies for managing internal competition. California Management Review，2001，44（1）：21～38.

［23］Eisenmann T R，Bower J L. The entrepre-neurial M-form：strategic integration in global media firms. Organization Science，2000，11：348～355.

［24］蓝海林. 迈向世界级企业——中国企业战略管理研究. 北京：企业管理出版社，2001. 152～154.

国际化战略

7

『本章学习目的』

1. 理解企业国际化战略的性质及其特点。
2. 掌握分析企业国际化动因的方法和工具。
3. 认识企业国际化优势的来源,掌握国际化优势的分析工具。
4. 理解经营级国际化战略、公司级国际化战略的联系及内涵。
5. 认识行业的全球化潜力特点与企业的管理传统,了解其对公司级国际化战略选择的影响。
6. 掌握企业国际化进入方式的多种类型,理解国际化进入方式选择的依据。
7. 理解公司级国际化战略与管理模式之间的匹配关系。

华为的国际化

华为技术有限公司成立于 1988 年，成立之初是一家香港模拟交换机企业的代理商。经过 20 多年的发展，华为陆续在通信设备制造和电信网络服务的多个细分市场超越了诺基亚、西门子、阿尔卡特、朗讯等著名跨国公司，发展成为一家全球领先的通信设备制造商和电信解决方案供应商。2011 年销售收入为人民币 2039 亿元，其中海外市场销售收入为人民币 1383.64 亿元，占总销售收入的 67％。目前，华为已进入 100 多个国家和地区，产品和解决方案应用于全球 140 多个国家，服务全球运营商 50 强中的 45 家及全球 1/3 的人口，研究开发人员有 6.2 万多名（占公司总人数的 44％），并在德国、印度及中国等地设立了 23 个研究所，与多个全球领先的电信运营商成立了 34 个联合创新中心。华为的产品线是目前面向运营商的所有电信设备供应商中最完善的供应商之一，在移动通信产品中，基于 WCDMA 技术体制的 3G 产品和 LTE（4G 无线接入）、光网络传输产品、下一代交换网络（NGN）产品等领域在全球范围内处于领导地位。2008 年金融危机之时，华为的总销售收入仍增长 46％。2008 年 12 月，华为被美国《商业周刊》评选为年度十大最具影响力企业。华为在一个以往长期被发达国家跨国公司掌控的高科技产业中，走出了一条独特的国际化道路，它被誉为中国"最国际化"的公司。

华为的国际化有两个重要的特征：一是"先易后难"、"农村包围城市"、从边缘到核心的国际化进入战略；二是成本与创新整合的国际化战略。

（1）"先易后难"、"农村包围城市"的战略。华为进入国际市场的战略延续了其在国内市场的进攻路径。在国内市场，从贝尔无暇顾及或不放在眼里的边远落后地区做起，通过不断研发，克服了国外交换机不适用于中国农村市场这一缺陷，打开了中国广大的农村市场；在农村新市场成功后，由于技术性能逐渐接近国际知名跨国公司，且成本较低，华为以"低端进入者"的姿态进入城市市场，最终在国内市场取得领导地位。而在国际市场，先从不发达的亚非拉地区起步，建立办事处，通过驻外使领馆与该国电信部门取得联系，逐步占领市场。1999 年取得也门和老挝的标书，打响了国际市场第一炮，继而在 2001 年，与俄罗斯国家电信部门签署上千万美元的 CTMS 设备合同，随后国外销售增长迅猛，延伸至泰国、印度、巴基斯坦、法国、西班牙等 40 多个国家和地区。2002 年，华为开始倡导"构建端到端、可管理、全线速、全业务智能交换 IP 网络"理念，与成熟的跨国公司合作，包括摩托罗拉公司、3COM 公司、西门子、赛门铁克、Global Marine 等，在高端路由器、无线通信网络市场寻求突破，投入巨资开发第三代移动通信 3G 设备以打入欧美发达国家市场。2010 年，华为超越诺基亚-西门子和阿尔卡特-朗讯，成为全球仅次于爱立信的第二大通信设备制造商。

（2）成本与创新整合的国际化战略。作为通信设备行业的后来者，正如任正非所说："一诞生就在家门口遭遇了最激烈的国际竞争，对手还是拥有数百亿美元资产的世界著名公司"，华为采用了一种成本创新整合的方式，同时选择细分市场以颠覆性技术打破了发达国家跨国公司的垄断。

华为首先充分利用中国的特定优势，以比西方公司低 20%～30% 甚至更大的价格优势，在技术差距不大的产品上取得优势。华为近万名高级技术员工的平均成本是欧美国家同类岗位人员成本的七分之一，这成为华为最为有效的优势来源。与此同时，华为执著于核心技术以及研发的投入。华为每年投入研发不低于销售收入的 10%，近一半的员工从事着产品与解决方案的研发工作。2011 年，华为研发费用支出为 236.96 亿元人民币，近 10 年投入的研发费用已超过 1000 亿元人民币。2011 年华为累计申请中国专利 36 344 件，国际 PCT 10 650 件，外国专利 10 978 件，共获得专利授权 23 522 件，其中 90% 以上为发明型专利。连续多年夺得中国企业专利申请数量第一，近几年华为在全球的专利申请量均居前列，2011 年名列第三。

在通信设备产业的一般领域，通信设备的研发分为三个层次：一是最底层（最核心）的技术开发，类似于英特尔的 CPU、微软的操作系统、诺基亚与高通的核心芯片等独享技术，国内没有一家企业掌握。华为 1996 年开始研究 CDMA 技术时发现，高通已利用专利全面覆盖了核心技术，华为根本无法超越。于是华为把技术优势定位于第二层的非核心 ASIC（专用芯片）的开发。这类芯片的特点是技术难度相对较小，规模经济效应明显。华为每年都重点研发设计出几种主要芯片，再由德州仪器或摩托罗拉等公司进行国外加工，用来替代直接购买的芯片，从而节约出上亿美元的成本。第三个层次的研发是"板级开发"，即利用国内研发劳动力相对低廉的优势，用几倍的人力去降低整个电路板的成本，电路板上每个元器件的成本每降低 1 元就带动增加几千万元的利润。华为重点在第二、第三两个层面坚持持续投入研发，实现了低成本与创新的整合，形成了其早期在电信设备一般市场上参与国际竞争的优势。

华为最重要的竞争优势来自于对 3G 颠覆性技术的前瞻性研发。华为 1995 年才进入无线领域，第一代 GSM 直到 1997 年才投入使用，2000 年底推出 CDMAIX。对于传统的 2G 技术，华为与摩托罗拉等跨国公司有较大的差距，为此，华为将战略重点集中在基于新一代技术的新增市场，希望以此改变竞争格局。从此，华为将主要的精力和资源都投入到 WCDMA 的研发，在俄罗斯、美国的研究所开始对 WCDMA 从芯片到系统的全系列规划，对 3G 的研发投入超过 50 亿元人民币，这被外界认为是华为针对新市场的"赌注"。尽管如此，在 3G 的研发投入中，华为结合产业发展趋势，选择了一个独特的细分市场，那就是从 2G 到 3G 的过渡技术。考虑到 2G 的硬件和软件均被发达国家的跨国公司所掌控，华为实现了采用软件完成从 2G 到 3G 的过渡技术，在降低运营商的建设成本和维护成本的同时，支持 GSM 和 WCDMA，可以使 2G 平滑升级到 3G，而不需要更换硬件。这是一种颠覆性技术，这使得华为以后发者姿态迅速抢占新一代技术的主流市场。2003 年华为独家为阿联酋电信承建 WCDMA3G 网络，这是全球第一个用软交换实现的 3G 商用项目，奠定了华为在这一重要细分市场的相对领先地位。其后，华为获得了马来西亚 TM、毛里求斯 Emtel、荷兰移动运营商 Telfort 等 3G 项目。2006 年，与荷兰皇家电信签署荷兰全境 2G/3G 核心网协议，与德国电信签署合同，承建沃达丰在西班牙的商用网络。同年，华为在 3G 新增市场份额中排名第二，并持续上升。至此，以软交换 3G 网络为突破口，华为开始在主流电信市场建立全球优势地位。

当前，华为正致力于新一轮的战略转型，在"云-管-端"战略指导下，向成为全球领先的信息与通信解决方案供应商（ICT）转型，力图将竞争优势从传统运营商业务领域延伸至企业、消费者业务领域，致力于在电信网络、企业网络、消费者和云计算等领域建立"端到端"的解决方案优势，提出构建"任何地点、任何场景、任何技术、ICT 端到端解决方案交付"的差异化优势，加大在企业业务、消费者业务领域的技术创新投入，同时进行组织结构改革。2011 年，华为正式成立四大业务板块，分别是运营商网络、企业业务、消费者业务和其他业务。华为正在以更加全球化的视野，从主流的核心业务层面应对信息行业正在发生的革命性变化，为新一轮的全球竞争做积极准备和布局。

资料来源

1. 作者根据相关资料撰写，其中数据来自于华为年报。
2. 曾鸣，威廉姆斯 P J. 龙行天下：中国制造未来十年新格局（第一版）. 北京：机械工业出版社 . 2008.

华为在发达国家跨国公司长期控制的信息设备产业走出了一条国内与国外整合、成本与差异整合的国际化道路，以中国的国家特定优势为基础，以颠覆性技术在细分市场实现突破，在成本和创新两个方面建立国际竞争力。华为是中国世界级企业的重要代表。华为的国际化历程和国际化战略既呈现出与西方发达国家企业国际化类似的特点，又具有深刻的中国独特情境特征。在对国际化战略的理解上，华为的案例表明，企业国际化战略是企业经营活动跨越国界之后，为了适应和利用环境的国别差异和变化，而采取的一系列旨在获得国际竞争优势的战略决策；其选择的主要依据仍然是建立、发挥和保持企业的竞争优势，不仅包括企业所在国家的特定优势，还有企业的特定优势；同时，企业国际化战略的选择还受制于企业所从事的行业特点以及其在国内的市场地位和竞争战略。

本章重点介绍企业国际化战略的基本理论，并且对中国企业国际化所面临的问题进行一定的说明。本章的主要内容包括企业国际化战略的性质和特点、国际化动因、国际化的优势、国际化战略选择、进入方式和企业国际化的基本管理模式。

7.1 企业国际化战略的性质和特点

企业国际化的概念　　企业国际化（internationalization）是企业跨过国家边界从事经营活动的战略行为，同时也是一种地域多元化（geographic diversification）的战略行为。一般情况下，企业国际化表现为国内企业参与国际分工和经济一体化进程，企业扩张活动跨越国界进入到不同市场或区域，逐渐发展为一家国际企业或跨国公司的过程。例如，华为从代理商起家，在国内与国外跨国公司竞争到一定程度后，先进入亚、非、拉国家，再进入发达国家，至今已发展成为一家跨国公司。

随着中国加入世界贸易组织（WTO），中国市场已经发展成为全球市场中最为开放的一部分，中国企业在国内和国际市场上面临着越来越大的机遇和挑战，因此，对企业国际化的一些片面认识应该进行调整：过去，中国企业国际化一直被理解为企业产品输出的国际化，相当多企业的国际化只是出口加工或者产品出口，其他活动甚至连国际营销活动都还没有跨越国界。这种将企业出口产品、出口加工等同于企业国际化的理解，暴露出明显的历史局限性。当前，中国企业需要调整对国际化的固有认识。

第一，拓展对企业国际化的理解。其实，企业的任何一种经营活动一旦跨越了本国国界都可以被看成是国际化，包括企业从国外获取原材料、资金、人才，以及在国外从事研发、营销、物流和售后服务等活动都是企业国际化活动。在越来越明显的经济全球化趋势影响下，中国企业迫切需要将企业国际化经营从单纯的产品加工出口向其他领域扩展，从低附加值活动向高附加值活动延伸或扩张。

第二，更全面地理解企业国际化。企业活动的国际化只是一种性质的判断，并没有反映出企业国际化的水平或者程度。事实上，企业国际化从出口加工到自主品牌营销、从产品出口到资本输入和输出、从产品出口到全球化，在国际化水平和程度上存在着巨大差异。在越来越明显的经济全球化影响下，中国企业迫切需要将企业的国际化从初级水平向高水平推进。

企业国际化的进程

企业所在的国家条件不同，会在很大程度上决定这个国家企业国际化的方向和进程。历史上，发达国家企业国际化的进程大体上可以分为以下三个阶段。

（1）国际化初级阶段。企业以利用和发挥母公司的知识和能力来适应各地的不同需要，即企业在其他国家的各种经营活动都是母国意识和能力的输出。因而国际化初级阶段的主要形态就是出口，包括间接出口和直接出口等形式。例如，间接出口主要表现为通过国内的专业外贸公司合作出口；直接出口包括将产品出口给国外经销商、在国外建立办事处、分公司、或者建立合资或全资的销售子公司。为了适应业务扩张的这种变化，企业常常在母国设立专门处理国际业务的职能部门，如出口部或国际业务部，最初可能设在销售部或营销部下面。随着出口的扩大以及企业对提高国外市场反应能力的需要，企业逐步提高国际业务部门的地位，如将国际部从销售部中独立出来。

出口销售的进一步增长和出口产品的多样化，要求企业尽可能减少中间商以及进一步降低在国外经营的成本或绕开贸易壁垒。为此，企业开始以独资或合资方式在海外投资建厂，逐渐将采购、营销、融资、研发、人力资源管理等职能活动转移至海外子公司，海外子公司的管理职能得以健全，对当地市场的经营管理活动越来越深入；同时，企业开始进入多个国家。从此，母公司将逐步实施新的战略调整，包括对海外子公司战略地位的态度、资源分配政策以及组织结构，从而满足海外子公司与当地企业及其他国外企业展开竞争的需要。此时，企业已发展进入到了新的国际化阶段——国际化高级阶段。

（2）国际化高级阶段。企业将出现一种重要的思维转变——不再简单地把企业所进入的市场划分为国内市场和国外市场，而是仅将国内市场看做一个国家市场，国内（即母国）只是总部所在地，但不再是知识和能力的唯一输出地，企业将在其他国家市场上获取新的知识和能力，不断强化企业的整体能力。因此，企业针对在多个国家经营的国际化态势会出现两种不同的国际化战略导向，一种是强调国际化经营中的规模和范围经济效益，通过对各子公司活动的有效组织来使整个企业的利益最大化，并且期望以此为竞争优势，克服不同国家市场差异性问题，这是一种全球化的战略导向。另一种则是重视对各个国家市场差异的地方响应，用分权的管理模式弥补自己在地方反应上的劣势，这是一种多国化的战略导向。两种不同的战略思维将产生不同的国际化战略，以及相应的组织结构和管理模式，而此时的企业往往已成长为跨国公司。

（3）超级国际化阶段。当企业进入更多的国家，开始考虑从全球的角度进行价值活动的布局时，企业会发现，无论是全球化导向还是多国化导向都具有难以克服的局限性，于是开始寻求能够同时兼顾全球效率和地方响应的战略，从此进入跨国化的战略导向。在组织结构上，企业采取兼顾产品事业部和区域事业部的全球矩阵结构；在全球价值活动的布局中，企业既强调发挥规模经济和范围经济效益，也强调保持对各国市场的高度敏感性，充分利用各国资源能力的差异性与竞争对手展开多点竞争；在对海外子公司的态度上，精心设计不同子公司差别化的战略地位，子公司与母公司之间、子公司与子公司之间出现了多维度的知识交流和能力转移。这个时候的企业已经成长为超级跨国公司。

从初级的国际化企业到超级跨国公司，企业经历了国际化思维、战略、组织结构、管理模式等方面的共同演进。斯托普福德（Stopford）和维尔斯（Wells）两位学者提出了一个国际结构阶段模型[1]，呈现出了西方发达国家跨国公司典型的演化过程，如图 7-1 所示。

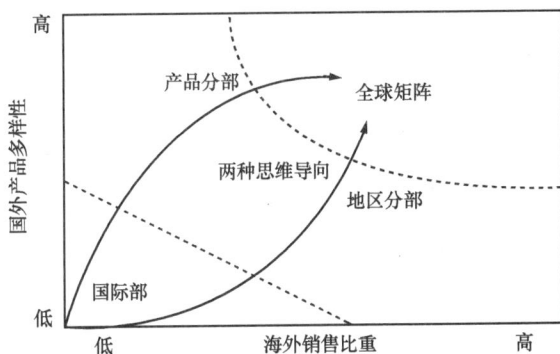

图 7-1　企业国际化中的结构演化过程

中国是一个特殊的发展中国家，中国企业国际化进程表现出了自己的特点。改革开放初期，中国企业大量引进国外企业的生产线、机械设备和生产技术，企业由此形成两条发展路径：一是引进设备和技术，生产的产品在国内销售，面对国内市场，这类企业"不得不"研究国内市场的消费行为和特点，生产符合中国市场需求的产品，这类企业被定义为"内向型企业"，例如，海尔集团的前身——青岛电冰箱总厂就是在1984 年引进德国利勃海尔电冰箱生产技术的基础上发展起来的；海信也是在 1984 年引进日本松下技术和设备生产了第一台 14 英寸彩电。内向型企业为满足国内需求并在国内竞争中生存，在采购、生产、研发、营销、品牌等全部价值链活动中建立自己的能力和核心专长，成为一家全面独立发展的国内企业。在此基础上，内向型企业进行出口活动，建立国际业务部，从而开始了与西方发达国家企业类似的国际化进程。二是引进设备和技术后所生产的产品，在当时或因为产品太先进在国内没有市场，或因为国内根本没有类似需求而纯粹为了服务国外市场，导致产品全部出口，这类企业逐渐依赖国外订单生存，被定格为"出口加工型企业"，又被称为"外向型企业"。这类企业一旦将自己定位于出口加工的角色，便日益依赖于国外订单，而针对终端的研发、渠道管理、营销的功能和能力日益荒废，成为只从事低价值制造加工活动的企业。外向型企业的国际化由于功能简单，国际化进程一直停留在国际部阶段。与内向型企业以及传统西方跨国公司不同，从组织结构上看，这类企业实质上整个企业都是国际部。

同样以引进技术和设备为起点的中国企业形成了两种不同的国际化进程，在改革开放的前20多年，依靠这两类企业的相互分工、相互促进，中国不仅成为世界增长最快和最具潜力的内需市场，而且也成为世界最大的制造基地和商品出口国。然而，在中国加入世界贸易组织（WTO）以来，国内外形势发生了重要变化，内向型企业和外向型企业所分别服务的国内、国外市场的边界越来越模糊。中国企业普遍面临严峻的转型压力，要求企业提升竞争力、加快国际化进程，其中，外向型企业由于相关能力的缺失，转型更为困难。此时，摆在外向型企业面前有两条路径：一是直接跃升到国际化的较高进程，获取独立的营销、研发和品牌等以往缺失的价值活动和能力，例如，直接收购国外品牌企业，但这种道路成功的概率不高；二是先转向国内，在国内培养缺失的研发、营销等能力，再走向国际，进入更高级的国际化。可见，当前大部分中国企业依然处于国际化初级阶段，为了提高国际竞争力，内向型和外向型企业正在出现整合的趋势。

7.2　企业国际化的动因和风险

全球化背景下，企业即使在国内也面临来自国外企业的竞争，因此，企业国际化的动因和驱动力不仅表现为在国际市场竞争中实现特定的战略目标，而且还要在国内竞争中实现类似的战略目标。中国就是这样一个典型的市场，加入WTO后，中国市场已经成为全球市场重要的组成部分，国外跨国企业利用中国加入WTO后所实施的一系列旨在与国际接轨的改革措施所带来的机会，加快了对中国市场的进入步伐，在国内和国际两个市场上分别对中国内向型企业和外向型企业形成了极大地挑战。中国企业迫切需要在国内外两个市场上提高国际竞争力，一方面中国企业需要在国内市场上对抗国外企业；另一方面还需要在国际市场上与国外企业竞争。正因为这样，中国企业的国际化动因必须从国内外两个市场提高国际竞争力的角度来认识。

戈沙尔（Ghoshal）提出了一个广为接受的企业国际化动因分析框架——企业国际化的战略目标与手段。这个分析框架提供了在全球化背景下，企业从国内外两个市场提升国际竞争力的驱动力来源，如表7-1所示。

表7-1　企业国际化的战略目标与实现手段[2]

国际化的战略目标	实现手段		
	国家/区域差别	规模经济	范围经济
提高效率	从要素成本差异中获得效益	在每一个活动上扩大规模效益	多产品/市场分享获得范围经济效益
管理风险	通过市场多元化/国家差异降低风险	平衡规模和经营上的弹性	组合投资降低风险，增加了选择的范围
适应、学习和创新	通过了解组织/过程、制度的社会差异进行学习	通过降低成本和增加创新获得经验和知识	通过跨组织和跨产品/市场/行业分享学习成果

企业国际化的动因

1. 企业国际化可实现的战略目标

企业为什么要国际化？一般来说，企业国际化有三个战略目标：提高效率，管理风险，适应、学习和创新。

第一，提高效率。若将企业看成是一个输入与输出的系统，那么企业的整个效率将被定义为输出价值与输入成本的比值。实现比值最大化的方法是：提高输出价值、降低输入成本、提高运营效率。在国际化中，企业有可能利用国家差异、经营活动扩大和跨国共享达到提高效率的目的。具体而言，以国际化提高效率往往表现在以下几种输入成本降低的方式上：

（1）降低生产要素成本，包括劳动力、土地、资本、原材料等。在20世纪60年代，获取低廉的劳动力是西方发达国家企业在国外建立工厂的主要原因，从那个时期开始，纺织、电子、家电、手表制造以及其他制造产业的一些西方企业纷纷在国外建立生产零部件或产品线的生产基地，特别是进入新兴的工业化国家或地区，如新加坡、韩国以及中国的台湾和香港地区，均出现了明显的制造产业转移。20世纪80年代中国改革开放以后，廉价的要素成本优势以及各种优惠政策吸引了西方发达国家企业进入中国，将制造环节转移到中国。近年来，我国劳动力成本日趋上升，一些西方发达国家又开始瞄准越南、马来西亚、印度等其他劳动力成本更低的发展中国家。

（2）分摊研发成本，提高研发活动的效率。某些需要在研究开发方面作大量投入的行业也往往积极拓展国外市场，分摊研发成本，发挥研发的范围经济和规模经济效益。例如，制药业中的辉瑞、诺华等企业以及其他高新技术行业每年需要投入巨额资金来研发新产品，它们必须进入更多的国家增大销售量，从而支撑研发的持续投入。

（3）其他方面降低成本的需要，如运输成本。由于运输成本高昂，企业放弃在国内扩大生产规模的经济优势而在国外投资设厂，例如，中集集团2003年收购美国HPA MONON CORPORATION半挂车制造商，降低运输成本是其中一个重要的因素。

此外，如果国内缺乏某种资源，或某些资源在其他国家的成本比较低，或某些特定资源在其他国家不可转移，企业也会为了获得这些资源而进行国际化。例如，铝的生产企业需要铝土的供应有保障，石油公司进入中东等地开发新的油田等。这些国际化的动机都在于提高效率。

第二，管理风险。风险是指未来的不确定性对企业实现既定目标的影响。在国际化过程中，企业面临一些新的与跨国经营有关的风险，包括政治、经济、宗教以及竞争等。但是，跨国经营将有利于稳定原材料采购、平衡运营和稳定销售，提高企业分散和管理风险的能力。其中，进入多个国家来稳定生产和销售是其中一种重要的管理风险的方法。在2008年全球金融危机以来，欧美市场需求持续疲软，许多中国企业转而加速进入新兴市场国家和其他发展中国家，包括俄罗斯、巴西及中东等国家，以稳定出口量和出口额。

第三，适应、学习和创新。在国际化的过程中，企业必须适应更多样化的经营环境，并且在适应中得到更多的学习和创新机会。一旦企业在一国获得的经验、知识或能力可以转移和应用到另一个国家，就可以带动整个企业的创新。例如，宝洁公司（P&G）在1985年推出的新产品"汰渍"就是一个多国学习的结果。"汰渍"的新配方来自于多个国家研发人员的相互学习与创新：能使水中脏物质悬浮的新成分来自于宝洁美国辛辛那提总部附近的研发中心，液体汰渍清洗媒介的配方是由日本的宝洁技术中心开发的，而处理硬水中存在的矿物质成分则来自于宝洁公司在比利时布鲁塞尔的研究中心。这是因为，欧洲的清洗用水比美国的多两倍含量的矿物质；日本清洗媒介技术特别先进是因为日本消费者洗衣服用水的温度比美国和欧洲消费者要低，而这对清洗媒介的清洗能力提出了更高的要求。作为跨国公司，宝洁在多个国家适应的过程中学习和创新，从而产生多样化学习的能力以及创新产品。

发展中国家企业进入发达国家的国际化往往是以学习为主要的战略目标和动因，通过在当地经营获取知识和能力，转移回母公司，能够提高企业整体的国际化经营经验与能力。例如，中国企业近年来积极进入发达国家市场，被认为是为了学习和提高能力。

2. 企业国际化可利用的手段

有三种手段可以帮助企业实现战略目标，从而建立国际竞争优势。这三种手段是：国家差异、规模经济和范围经济。

第一，国家差异。不同国家的自然禀赋不同，产业特点不同，要素条件和成本也不同。不同国家的社会制度、政治状况、经济水平、市场需求和社会文化都存在很大的差异。利用国家差异，企业可以降低要素的成本，提高要素的质量，提高产品的价格，控制和管理风险，以及在适应中学习和创新。例如，跨国企业通过全球采购、跨国投资而在全球最优地获取和配置资源；通过全球化经营而达到平衡和控制风险的效果；通过各个国家子公司的适应、学习和创新获得竞争力的持续提升。

第二，规模经济。规模经济效益是指由于经营活动规模扩大导致单位活动成本下降所带来的效益。单位活动的成本随规模扩大下降得越多，则规模经济效益越大。在国际化的过程中，经营活动规模的扩大会提升企业在安排和调配经营活动上的弹性，降低内部运营中的经营风险；还会导致专业化水平和学习效益的提升。

第三，范围经济。范围经济效益是指由于基础活动平台被多个经营单位共享而导致平台成本下降所带来的经济效益。范围经济效益主要来自多产品或者多市场经营对某种资源或者能力，尤其是核心专长的共享，例如，共享物理资产、外部关系、研发、渠道和品牌等，如表7-2所示。因此，范围经济有利于降低基础平台的投资和运行成本，提高企业效益；有利于企业降低平台的投资风险；有利于企业将重要的知识进行跨市场经营；有利于企业的学习和创新。

表 7-2　产品多样化与市场多元化的范围经济[2]

	范围经济的来源	
	产品多样化	市场多元化
共享物理资产	柔性生产自动化，生产不同的产品（如福特公司）	全球品牌名称（如可口可乐公司）
共享外部关系	不同的产品采用共同的分销渠道（如松下公司）	世界范围服务多国客户（如花旗银行）
共享学习	共享研发的计算机与通信系统（如NEC）	共享不同市场中建立的知识（如宝洁公司）

总之，企业国际化动因可以总结为：运用国家差异、规模经济、范围经济等三种手段，来达到效率、风险和世界范围业务同步学习的最优化。国际化战略成功的关键是不同目标和手段的互动与匹配。

企业国际化的风险

企业在国际化中会面临许多不同类型的风险，包括经济、政治、宗教以及竞争等各种各样的风险。与国内企业相比，企业国际化更需要关注来自本国以外的风险，包括来自东道国环境变化、国际环境变化而产生的风险。其实，在经济日益全球化的今天，即使是国内企业，往往也需要考虑来自上述两个方面环境变化带来的风险。

（1）政治风险。在东道国面临的政治风险主要来源于东道国政府政策变化的不确定性。如果东道国的政府政策稳定，那么这种不确定性就会小很多；反之，则大大提高了政治风险。宏观的政治风险主要来自于资产被没收或被国有化，即政府无偿地或仅仅以很少的补偿来占有国外企业的资产。微观政治风险主要来自于东道国的产业政策、特定商务活动的税收和国有化法规，它可能影响某些特定的贸易行为或跨国经营行为。这种微观风险在当今世界中时常发生，各国之间的贸易摩擦都会对企业的国际化形成政治风险。另外还有异常事故风险，如战争风险和恐怖活动等。

（2）经济风险。经济风险和政治风险是相互联系的，国际化过程中的经济风险主要指的是汇率变动对企业未来国际经营赢利能力的影响，具体是指汇率变化对企业未来产品价格、成本和数量的影响。汇率变动使企业面临经济风险的例子比比皆是。例如，中国自 2005 年实行人民币汇率形成机制改革，开始实行以市场供求为基础，参考一篮子货币进行调节、有管理的浮动汇率制度，从此人民币汇率不再盯住单一美元，逐渐形成更富弹性的汇率机制。这种汇率形成机制的改革直接影响了人民币汇率的变动，对中国企业而言则增加了国际化的经济风险。在人民币汇率升值的压力下，许多产品出口价格受到影响，特别是中国的纺织、家电、电子等劳动密集型企业。自 2008 年国际金融危机以来，人民币汇率升值压力不断增大，人民币汇率因素已成为推动出口加工型企业转型升级的重要因素之一。

（3）经营风险。经营风险来自于企业对东道国环境，特别是制度环境不熟悉时所产生的不确定性。一国的制度环境包括正式的制度如法律、法规、政策，也包括文化与传统观念等非正式制度。当企业作为外来者（foreigner）进入东道国市场时，对非正式制度的不了解或不适应将为企业带来巨大的经营风险。例如，中国企业在跨国并购发达国家企业后进行整合时，就出现了因对非正式制度环境没有足够的认识，采取某些不具"合法性（legitimacy）"的行为而产生巨大损失的案例，如 TCL 并购汤姆逊视频业务后整合中出现的问题。因这种经营风险具有很高的隐蔽性，中国企业国际化时往往忽视或根本没有意识到这种风险的存在。

战略聚焦一

中国企业国际化遭遇风险的举例

近年来，中国企业由于各类风险导致项目失败或巨额损失的国际化案例越来越多，需要引起战略决策者的高度重视。

因政治风险导致问题的案例如下：

（1）2005 年，中国海洋石油集团以 185 亿美元的价格展开收购美国优尼科石油公司的行动，在美国政府干预的情况下，最后撤回收购。

（2）2007 年，华为和美国贝恩资本试图以 22 亿美元联手收购 3Com 公司，但因美方担忧国家安全而使并购流产。

（3）2009 年上半年，中国铝业注资力拓的项目遭到澳大利亚财政部和商务部等政治势力的阻挠而失败。

（4）2012 年澳大利亚政府以担心来自中国的网络攻击为由，禁止华为技术有限公司对数十亿澳元的全国宽带网设备项目进行投标。

（5）近年来，涉及中国企业人员伤亡或人身安全失去保障的事件有：所罗门群岛骚乱、东帝汶骚乱、俄罗斯警察查抄华商事件、西班牙烧鞋事件、菲律宾大规模逮捕华商事件、法国大规模查抄华商事件，等等。2004 年西班牙鞋商和贸易保护主义者打着保护民族产业的旗号，针对中国鞋发起了多起游行、示威、抗议活动，9 月 17 日，埃尔切市的少数激进分子甚至烧毁了大批中国鞋，酿成震惊世界的"烧鞋事件"。

因经济风险导致问题的案例如下：

（6）2006 年 3 月，中信泰富以 4.15 亿美元收购西澳大利亚两个分别拥有 10 亿吨磁铁矿资源开采权的公司 Sino-Iron 和 Balmoral Iron 的全部股权，该项目总投资约为 42 亿美元。为了锁定美元开支的成本，用澳元、欧元从澳大利亚、欧洲购买设备和原材料，中信泰富签订了澳元累计目标可赎回远期合约、每日累计澳元远期合约、双货币累计目标可赎回远期合约以及人民币累计目标可赎回远期合约四种杠杆式外汇合约。而从2008年7月之后，澳元兑美元迅速贬值，中信泰富只能不断地以高汇率接盘，造成巨额亏损。

（7）2007年11月27日，中国平安保险集团斥资约18.1亿欧元从二级市场直接购买欧洲富通集团9501万股股份，一跃成为富通集团第一大单一股东。2008年金融危机中，富通集团成为受金融危机波及的第一批金融企业，截至2008年9月底，富通集团股价下跌幅度超过了70％，直接导致2008年第三季度平安保险集团季度报出78.1亿元人民币净亏损。

因经营风险导致问题的案例如下：

（8）自1992年开始，连续不断的罢工事件已给首钢秘鲁铁矿公司造成不同程度的经济损失。2004年6月1日，秘鲁铁矿矿工工会781名工人为加薪开始无限期罢工。紧接着，180名以劳务中介形式雇用的合作社工人因要求同工同酬也开始罢工。7月25日秘鲁铁矿宣布停产，在秘鲁伊卡省劳动局和秘鲁内政部的干预下，8月3日恢复生产。据估计，这次大罢工给首钢秘鲁铁矿公司造成直接经济损失达500多万美元。

（9）2004年10月28日，上海汽车工业（集团）总公司以5亿美元的价格高调收购了韩国双龙48.92％的股权。但并购之后遭遇了两个问题：首先，对并购的收益估计过高，双龙汽车虽然拥有自己的研发队伍，在技术和研发上较好，但缺少市场；其次，上海汽车工业（集团）总公司在收购双龙之前对自身的管理能力和对方的工会文化认识不足，乃至于在收购后两个企业的文化难以融合，合作与经营拓展无法真正展开。

资料来源

作者根据各种公开媒体报道整理。

7.3　企业国际化的优势

无论是发达国家的企业还是发展中国家的企业，企业国际化既要面临许多的障碍和风险，也会得到许多提升竞争力的机遇。企业国际化的成功取决于企业如何利用自己的优势和在国际化过程中不断建立新的竞争优势。企业国际化优势的产生有两种类型，分别是国家特定优势和企业特定优势，这两种优势的性质是不同的，有的是区位性的，即随着区位的改变，优势的内容和结构将发生改变，如基于国家的要素禀赋差异而获得的优势；而有的则是非区位性的，优势的内容和结构可以在不同国家和区位之间转移或复制，如企业特定优势。

国家特定优势　国家所具有的某些特殊环境能给企业国际化带来竞争优势[3]，这些特殊环境不仅指自然资源、土地等物质禀赋和投入要素所形成的条件，而且受技术进步、创新、产业结构等方面的影响。迈克尔·波特称这种由国家特定环境为企业带来的优势为国家竞争优势，国家竞争优势解释了为什么有些国家的企业在某些领域能创造并保持竞争优势，例如，德国的印刷机、高级轿车、化工、机械制造产业，瑞士的制药业、巧克力食品与贸易业、钟表制造业，美国的计算机信息通信、电影产业，等等。

国家竞争优势模型是迈克尔·波特提出的专门用于分析国家特定优

势的理论工具。国家竞争优势主要来自四个要素及其相互关系，这四个要素分别是：①生产要素；②需求要素；③关联和辅助性行业；④企业战略、结构与同业竞争。如果一个国家在某个领域或行业中这四个因素都比其他国家更强，那么就能为其中的企业带来国家特定优势。这个国家竞争优势模型也被称为"钻石模型"，如图7-2所示。

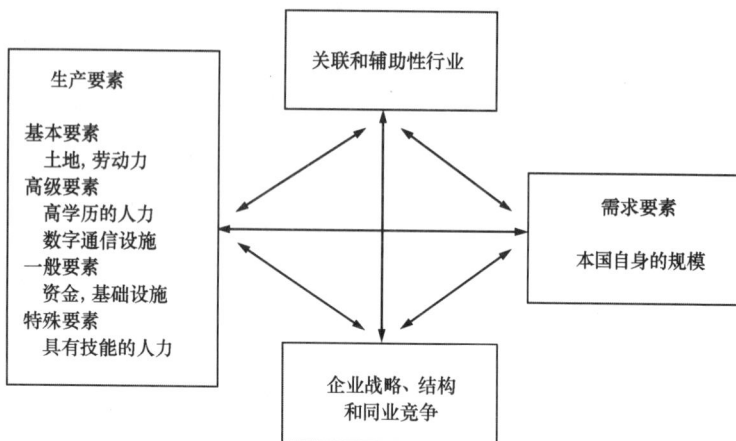

图 7-2　国家竞争优势的模型[3]

（1）生产要素。生产要素是指一个国家的生产要素状况，包括熟练劳动力以及在某一行业竞争所必须具备的基础设施条件。生产要素基本上有两种分类方式：第一种分类方式是分为基本要素和高级要素。基本要素是指自然资源、地理位置、气候条件、普通工人等，其特点是天赋的，是一种给定的先天条件。高级要素是指开发新产品应具备的必要条件，如充足的资金、先进的技术、高素质的人才。基本要素和高级要素的差别在于基本要素是被动继承的或只需要简单投资就能拥有的要素。第二种分类是根据专业程度分为一般要素和特殊要素。一般要素包括公路系统、融资、受过大学教育的人力资源等，这些要素可以被投入在任何一种产业上，而特殊要素则限制在技术型人力资源、先进的基础设施、专业知识领域中某些专门生产要素，例如，专门研究光学的研究机构、汽车模型设计人才等。特殊要素为某个产业提供具有决定性的竞争优势基础。从上述生产要素的分类可以发现，一个国家在某个领域资源要素上的表现可能是不平衡的，优势劣势并存，此时可以通过创新克服劣势。

（2）需求要素。需求要素是指某个行业产品或服务的国内需求性质和市场规模。一个国家消费需求的特性会影响该国企业的国际竞争优势。以本国需求为出发点而发展起来的生产方式、组织形式、营销策略等是否有利于本国企业打入国际市场、建立竞争优势，取决于本国需求状况与国际需求状况比较的相对优势或劣势。如果国内的消费者是成熟、复杂和苛刻的，会有助于该国企业赢得国际竞争优势。例如，第二次世界大战后，意大利建筑陶瓷业的繁荣就来源于复杂的国内市场需要，意大利的人均瓷砖消费量大大高于世界各个地区，意大利消费者要求有不断更新设计和款式的产品，因而意大利的瓷砖公司需要不断改进生产方法和创新设计，两者形成相互强化。此外，一个国家市场潜力的大小也同样会影响该国企业的国际竞争优势。依靠本国市场就可以形成规模的企业，例如，中国、印度、美国和巴西等国家的企业，比较容易在规模成本上建立竞争优势。

（3）关联和辅助性行业。关联和辅助性行业是指国内是否存在具有国际竞争力的供应商和关联辅助行业。关联产业和辅助支持性产业的水平之所以对某一行业的竞争优势有重要影响，其原因包括：有可能发挥集群优势；可能产生对互补产品的需求拉动；可能构成有利的外部经济性和信息环境，例如，形成了专业的人才市场。显然，是否具有发达而完善的相关产业，不仅关系到主导产业能否降低产品成本、提高产品质量从而建立优势。更重要的是，如果这些关联和辅助性行业与主导产业地理邻近，使企业有可能互相之间频繁而迅速地传递产品信息、交流创新思路，这就会极大地促进企业的技术升级，形成良性互动的环境。这种企业与企业之间、行业与行业之间互相促进一荣俱荣的实例到处可见，如美国计算机硬件的发展受益于软件业的不断创新；日本电子业的发展离不开日本半导体产业的领先。

（4）企业战略、结构和同业竞争。企业战略、结构和同业竞争是指国内支撑企业组织和管理的条件以及国内竞争的性质。一个国家同行业企业竞争强度的高低与这个行业的竞争结构和行业中各个企业的战略行为存在着密切的关系。如果企业战略选择恰当，行业结构合理，那么同行业竞争激烈有可能导致这个国家的企业在成本和创新两个方面更具有国际竞争力，当然也会更有开拓国际市场的动机。但是，如果企业战略选择不恰当，行业结构恶化引发价格战，那么最终将难以形成关键的和可持续的竞争优势。中国企业过于多元化已经在客观上导致很多行业的竞争结构恶化，行业内部竞争强度过高，很多行业过于分散难以获得规模经济和范围经济。

国家竞争优势模型强调了一个国家在某个领域或某个行业要取得国际成功，是该国生产要素、需求条件、关联和辅助性行业以及战略、结构和同业竞争强度等四个方面综合作用的结果。而一国在某个行业所具有的国家特定优势能直接为其所在企业带来国际竞争优势。例如，美国信息技术（IT）企业在国际市场上的竞争优势得益于美国在 IT 产业的国家竞争优势。华为充分利用了中国高级技术人员劳动力成本低的国家特定优势。中国的国家特定优势及其变化趋势见"战略聚焦二"。

战略聚焦二

中国的国家特定优势及其变化趋势

在对外开放和经济转型的过程中，中国在制造业领域逐步在生产要素、需求要素、相关和支持性行业等三个要素上建立了其他国家所难以比拟的特定优势。中国

加入世界贸易组织以前，在第一阶段，首先是依靠基本要素和一般生产要素的成本优势吸引外国企业在国内兴办"三来一补"和合资、合作企业，迅速扩大出口创

汇，培育提升了相关和支持产业，带动国内市场需求的扩大。而第二阶段，自20世纪90年代至中国加入WTO以前，则主要是利用相关和支持产业优势、市场规模和需求增长的优势，以市场换取外资，导致外资企业开始以更大的力度和更直接的方式进入中国市场，进一步带动相关和支持产业的发展和生产要素优势的提升，尤其是高级生产要素和特殊生产要素等（如高级人力资源、工业装备水平、产业集群的形成等）方面的改善。在这两个阶段，在第四个要素——企业战略、结构与同业竞争方面，中国形成了明显的内外型企业各自区别经营的竞争结构，中国的国内市场和国际市场之间存在着明显的有形和无形边界，其中，内向企业主要生产国内居民需要的产品，依靠内需的上升和扩大实现了高速发展，外向型企业（包括三资企业和出口加工企业）则主要生产国际市场需要的产品，依靠生产要素上的成本优势扩大出口创汇。依靠两个市场和两类企业的相互分工，相互促进，以及与前三个要素方面所建立的国家特定优势，中国不仅成为世界增长最快和最具潜力的内需市场，而且也成为世界最大的制造基地和商品出口国。

但是中国加入WTO以后，中国企业面临的环境发生了重要变化。在继续建立和提升上述三大国家特定优势的同时，中国在企业战略、结构和竞争要素上愈来愈演变成为明显的劣势。这一劣势限制了中国企业进一步发挥上述三个国家特定优势

来提升国际竞争力，主要表现在：第一，中国外向型企业，尤其是出口加工企业的规模小，市场占有率低，缺乏与外商讨价还价的能力或直接参与国际市场竞争的能力，无法将中国在要素条件上的特定优势转化为合理的附加价值和国际竞争力；第二，中国内向型企业，无法利用中国在市场规模上的特定优势，去获得应有的规模优势和范围经济效益，从而将市场规模优势和其他两种优势一起转化为合理的附加价值和国际竞争力；第三，跨国企业把中国市场存在的结构问题看成是大举进入中国市场的机遇，从在中国建立工厂利用中国的要素优势转向整合中国市场，从而在与中国内向型和外向型企业的竞争中彻底消除成本劣势，在国内和国际两个市场上全面抑制中国企业国际竞争力的提升。因此，中国加入WTO以后，中国企业要克服在战略、结构和竞争方面的劣势越来越具有战略性和急迫性，如果中国企业能够率先和成功地在所在行业中对国内市场实施整合，就有可能全面利用中国的国家特定优势，在成本和差异两个方面提升国际竞争力，发展一大批企业成为"世界级企业"，否则中国发展世界级企业的潜力将会被国外跨国企业扼杀于未然之中。

资料来源

蓝海林，李铁瑛，黄嫚丽. 中国经济改革的下一个目标：做强企业与统一市场. 经济学家，2011，1：99～101.

企业特定优势 在国际化的过程中，企业有一些竞争优势与其所处的位置或国家是没有直接联系的，并且会随着这个企业的国际化而转移到其所进入的国家，这种优势就是企业特定优势（firm-specific advantage）。企业特定优势的建立具有两个重要的作用：一是保证自己能够在国际化过程中建立起相对于本国竞争对手的竞争优势，从而使自己能够在国际化过程中更有利地将国家优势转变为企业的赢利；二是保证自己在进一步国际化的过程中并不完全依赖于母国的国家特定优势。

企业特定优势主要指企业的研发、生产或营销技能、专利、商标、组织能力等资源和能力，它是非区位性的，即可以在不同国家之间转移

和共享。企业特定优势的具体内涵和类型见"战略聚焦三",其本质与核心竞争力基本一致,只是更加强调这是企业所具有的有别于国家特定优势的一种优势。在更高水平的国际化阶段上,只有拥有了这种独特的能力,才能克服由于对当地市场不熟悉或作为外来者在东道国经营遇到的障碍和劣势;同时,企业特定优势同样强调企业的独特能力在东道国市场是有价值的、稀缺的、难以模仿的和难以替代的。因此企业拥有特定优势是获得国际竞争优势的重要源泉。西方跨国公司的发展历程表明,在国际化以前就具备一定的技术专长或独特的销售能力是其在国际化环境中取得成功的关键。但是,企业国际化不仅是一个充分利用已有特定优势的过程,而且还是一个学习、建立新特定优势的过程。

因此,从优势来源上看,企业特定优势可以分为两类:①利用本国优势建立起来的特定优势。当企业进入不同国家时,企业要通过内部转移这些独特能力才有可能在当地市场获得竞争优势,例如,为了适应不同国家顾客的差异化需求,企业必须发挥其已有的技术优势使其产品能够差异化,或通过独特的营销技能使顾客对其产品/服务产生印象等。企业利用在本国已经建立起的特定优势,才有可能在当地生存和发展。②利用国际化而建立起来的特定优势。企业特定优势的形成不仅依赖于母公司,海外子公司也会对企业特定优势的形成与保持产生重要作用,企业往往在多个国际经营环境中获取新资源和共享资源,在相互强化中学习与创新,形成协同效应,从而形成新的核心能力。例如,进入21世纪以来,跨国公司出现了更为频繁、密集的跨国战略联盟行为,这是跨国企业通过国际化建立特定优势的一种体现。而中国企业在发达国家建立研发中心、设计中心等国际化行为也是一种学习行为。中国企业希望在当地的适应和学习中获得创新,从而建立其新的企业特定优势。例如,华为,在国际化中积极与行业领导者、甚至竞争者建立战略联盟,与国外科研机构和大学合作,在海外建立研发中心和实验室等,这些战略行为都是为了在国际化中不断学习和创新,为其建立技术创新方面的企业特定优势打下了重要基础。

战略聚焦三

国际化中企业特定优势的四种类型

1. 技术优势

技术优势是企业独立拥有并能够在生产过程中被直接使用的信息。它通常被称为技术、生产技能(production technique)、专门的管理技术(know-how)和知识等。技术优势分为三种:一是创造、开发和生产新产品的信息;二是用于改善现有产品生产过程的信息,例如,使企业提高生产效率和投入、降低生产成本及提高产品质量;三是在管理员工、组织运作及控制手段等方面所具有的能力和技巧。

2. 消费者认同优势(产品差异化能力)

消费者认同优势是指消费者对企业具有一定程度的特别偏好,这种偏好来自于企业商誉、品牌、商标、服务和对消费者具有吸引力的价格及产品的质量等。拥有此优势的企业能够获得消费者一定程度的忠诚度,因此,即使市场需求出现比较大的波动，该企业的产品销售仍然能够保持相对平稳。

3. 市场优势

市场优势有两种类型：一是企业对其占有的市场的认知或熟悉，如消费者偏好、竞争者战略和其他信息，原料供应商的可得性以及经济、法律和政治环境因素等。二是企业把产品或者服务有效地送达消费者的能力。市场优势的获得程度取决于企业如何成功地通过各级批发和零售降低其分销成本，通过其产品的差异化来增加其垄断能力以及吸引更多的消费者。

4. 投入优势

如果企业具有专门的途径可以获得原材料或中间产品，那么它就具备了超过竞争对手的优势。企业获得原材料可能是由于企业控制了一些原材料（如矿产）或是由于它同资源的所有者（如政府）签订了长期合同。企业对中间产品的控制可能是由于企业已经建立了高度的纵向多元化体系。

资料来源

王林生，范黎波. 跨国经营理论与战略（第一版）. 北京：对外经济贸易大学出版社 .2003.

7.4　企业国际化的战略选择

企业国际化战略决策可以划分为两个层级：一是经营级战略。无论是在一个国家市场还是全球市场，经营级战略主要是决定在已经进入的市场中，采取什么竞争战略，包括选择目标市场、市场定位、商业模式以及相适应的管理模式。二是公司级战略，主要是决定企业如何在多个国家，甚至全球范围内实现营销、生产、采购、研发和投融资活动的配置和管理，从而达到全球效率和地方响应的整合。与行业多元化企业的战略体系一样，市场多元化或者跨国经营企业同时包括上述两个层次的战略。

经营级国际化战略

经营级国际化战略主要解决的是企业在国际市场上的竞争战略问题，包括目标市场、市场定位和商业模式的选择。与单纯的国内企业的经营级战略相比，这种经营级战略可能会由于企业有多个产品业务国际化或进入了多个不同国家市场显得更为复杂，企业要根据"产品-国家"来制定不同的经营级战略。例如，海尔在国际化初期"先难后易"，先以自主品牌的冰箱进入德国（1990 年，海尔首次出口 8000 台冰箱到德国），此时海尔需要考虑冰箱业务在德国市场的经营级战略，之后陆续从单一市场走向多个国家市场，包括其他发展中国家（如印尼），这时需要考虑这一产品在不同国家的经营级战略，如"冰箱-德国"、"冰箱-印尼"；而当海尔有更多不同行业产品（如小家电）进入不同国家时，就需要考虑基于不同业务产品在不同国家的经营级战略，例如，"小家电-德国"、"小家电-印尼"。又如，通用电气（GE）要从"先进材料业务-中国"、"医疗健康业务-美国"等的角度制定经营级战略。

企业在进入国际市场时，与国内经营级战略相类似，同样需要考虑目标市场和顾客价值诉求，有时企业把国内市场与国际市场、多个不同的国家市场看做相同或相类似的，会采取与各个国家市场一致的市场定位和经营级战略；有时企业更关注国际市场中不同国家间的差异性，把不同国家看做多个不同的市场，采取多个不同的定位和经营级战略。因此企业需要回答到底是否一致、多大程度一致？例如，海尔的"冰箱-德国"、"冰箱-印尼"的经营级战略是同样的吗？或有多大程度一致，在哪些方面一致、哪些方面有差异？这些都是由企业的国际化战略思维所决定的，也就是由公司级国际化战略决定的。为了便于理解，本节首先讨论经营级国际化战略，其次讨论公司级国际化战略。

绝大多数中国企业仍然处于企业国际化的初级阶段，在国际化过程中主要依靠的还是以低成本为主要特点的国家特定优势。受国际化所处阶段和所在国家特定优势的影响，中国企业国际化所采取的经营级战略基本上是成本领先的竞争战略，其主要特点是：①大多数出口加工企业是要素成本领先，而不是成本能力领先；②大部分企业基本上仅仅从事单一的加工出口业务，既没有国内市场，也没有其他经营功能。只有少数成功的企业兼有两个市场，并且兼有成本——差异两个方面的竞争优势，例如，本章开篇案例中的华为。随着全球化带来的竞争程度不断上升，当前中国企业需要进一步在规模成本和增加差异两个方面努力提升国际竞争力，这需要先整合国内市场，再加大对研发和国际营销的投入。

（1）国际成本领先战略。国际化成本领先战略通常以取得规模经济效应为主要目标。宜家家具（IKEA）采用了国际成本领先战略不断向全球扩张，并创造了一种独特的经营方式。宜家家具抛开欧洲家具的设计复杂、结构坚实及黑木制造等传统，关注年轻的购买者，制造销售具有简洁的现代设计风格并可拆卸的家具。宜家认为这类消费者对价格敏感，并且愿意购买标准化设计产品。采用了众多创新的经营方式，如在低劳动力成本地区生产、利用过剩的制造能力、采取平板包装、可拆卸的工具包以及把安装成本转移给顾客等方式，建立起优于当地企业的成本优势；通过全球分销整合全球采购、克服全球化的成本障碍；同时寻找廉价的材料，例如，采用栎树材料替代传统的麻栗树和松木，最大限度地利用供应商的剩余生产能力，通过向供应商保证充足稳定的订单来鼓励他们进行投资并削减生产成本等。

当然，实施国际成本领先战略也有风险。中国目前大部分企业采取的是成本领先战略进入国际市场，许多企业以为单纯依靠中国的国家特定优势——主要是要素成本优势，就具有了可以在国际化过程中实施低成本战略的竞争优势。在出口加工业务竞争不激烈和地区发展差异比较大的时候，企业也确实在出口加工业务上取得了巨大成功。但是在中国加入WTO，特别是在最近的金融危机之后，大多数出口加工企业已经非常清楚，这种单纯依靠要素成本的低成本定位战略面临着越来越多的限制，主要挑战是：①如何从单纯依靠国家特定的要素成本优势转变到利用国家特定的其他优势，包括市场规模优势；②在资源和能力两个方面如何从单纯依靠国家特定优势转变到以此为基础建立企业的特定优势，以降低来自国内同类企业的竞争压力；③如何利用企业特定的成本优势，更大地发挥国家特定要素成本优势和在国际化的过程中建立新的成本优势。

（2）国际差异化战略。许多西方发达国家企业采取了国际差异化战略。国际差异化战略的关键在于企业能够把差异化的独特能力从国内转移到国外市场，从而在国际市场上形成差异化优势。星巴克（Starbucks）

咖啡的国际差异化战略主要体现在将其在美国本土形成的美式咖啡文化以独特的方式在世界范围内进行传播,并在文化各异的各国市场得以保留。星巴克把典型美式文化逐步分解成可以体验的元素:视觉的温馨、听觉的随心所欲、嗅觉的咖啡香味等。通过咖啡这种载体把一种独特的格调传送给顾客,并通过一系列营销事件来塑造良好口碑,而不是大量广告。另外,星巴克着力推广"消费教育"来保持自己的独特性。

在中国企业国际化的早期阶段,受中国的国家特定优势的制约,绝大多数中国企业不具有在国际化过程中实施高差异定位战略的竞争优势。经过30多年的经济改革和对外开放,中国的国家特定优势在内容上已经发生了一些变化,例如,国家在技术创新方面的投入越来越大,高水平的技术人才和管理人才越来越多,已经被国外学者认为是中国国家特定优势中的新要素。另外,中国企业,特别是有效利用了国内市场规模优势的中国企业已经具备了相当的资本实力,有可能通过收购兼并而在国际化过程中建立起高差异优势。到目前为止,这种努力主要表现在以下几个方面:①以低成本为客户提供高科技服务;②以低成本提供个性化产品;③以低成本提供特殊商品。总之,一些中国企业在成本与创新的整合上试图寻找提升差异化的有效途径,但同时也面临着前所未有的挑战。

(3)国际聚焦战略。当企业将所有的价值活动集中于一个小的细分市场时,其采取的就是国际聚焦战略。20世纪80年代,意大利的瓷砖业有很多中小企业,主要分布在意大利萨索洛地区。这些企业生产了约占当时世界总量50%的瓷砖,且都选择了国际聚焦战略,例如,Marazzi、Iris、Cisa-Cerdisa和Flor Gres等小企业采取了低成本聚焦战略,它们在技术上大力投资以提高产品质量、美观度和生产率,与设备制造商结成联盟以尽可能降低成本。而另一些企业如Piemme和Atla Concorde等小企业采取了高差异聚焦战略,它们更注重形象和设计,在广告和展览厅演示上大力投资,尽力吸引喜欢某种风格的顾客,形成独特的产品形象。

(4)国际独特性战略。独特性战略不仅可以在国内市场中成功运用,也可以在国际化市场上运用。在国际化过程中,企业也需要对国际市场进行准确定位,发现具有独特性诉求的国际目标市场。随着柔性的制造方法、信息网络和全面质量管理系统等技术的广泛运用,企业能在国际市场上实现这种独特性战略,例如,通过全球布局进行生产制造、研发和采购等活动,企业能够发挥规模经济而实现进一步的成本降低或费用分摊。通过营销的交叉补贴等,进一步发挥各国市场中的协同作用,从而强化差异化。因此,企业在国际市场上实行独特性战略也越来越流行。只是在实施国际独特性战略的过程中,西方跨国企业实施的是差异-成本整合路径,而发展中国家则实施的是成本-差异整合路径。西方跨国企业在主要依靠和发挥本国差异化优势的同时,正在以非常积极的态度利用经济全球化趋势,迅速、直接和深入地进入发展中国家,利用当地的要素成本和市场规模优势,克服自己在成本方面的劣势,对付来自发展中国家企业实施低成本竞争战略的压力。同样,发展中国家,特别是中国的少数企业也在依靠和发挥本国低成本优势的同时,以积极的态度去利用经济全球化趋势，迅速、直接和深入地进入发达国家，利用发达国家的高差异优势，克服自己在差异方面的劣势，对付来自发达国家企业实施高差异竞争的压力。例如，开篇案例讨论的华为，首先以各种手段利用中国的国家特定优势，同时持续地进行技术改进积累技术能力，其后利用通信技术进步带来的行业变革找到独特的目标市场，以颠覆性的、领先的技术创新在3G业务和市场上实现高差异优势。

公司级国际化战略　当国际化进入高级阶段的时候，企业将会有两种不同的国际化思维，这两种不同思维来自于对全球整合/一体化与地方响应的不同态度，这种不同倾向性的态度将决定不同国家之间的经营级战略是否一致或有多大程度的一致/差异。在全球整合、地方响应的不同偏好中，形成了三种不同的公司级国际化战略，分别是多国化战略（multinational strategy）、全球化战略（global strategy）和跨国化战略（transnational strategy），如图7-3所示。

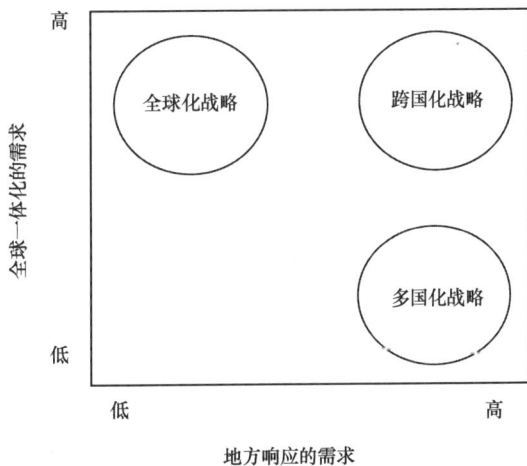

图7-3　公司级国际化战略[4]

地方响应程度很高而全球整合程度很低的战略被称为多国化战略，地方响应程度很低而全球整合程度很高的战略被称为全球化战略，而地方响应程度和全球整合程度都很高的战略被称为跨国化战略。实施多国化战略的企业可以通过提高地方响应能力而取得差异化的收益，实施全球化战略的企业则可以通过提高全球效率而取得低成本的收益，而跨国化战略则试图通过整合全球化战略和多国化战略，同时取得差异和成本两个方面的收益。如图7-4所示的"全球整合-地方响应敏感性分析框架"指出在同一行业，如汽车行业，企业亦有不同的公司级国际化战略选择。丰田公司更倾向于从全球整合中获得竞争优势，采取全球化战略，以集中的、具备全球规模的制造设备，开发并制造产品来降低成本；菲亚特则从地方响应中获取竞争优势，采取多国化战略，在西班牙、南斯拉夫、波兰和其他一些国家，借助于合资企业的合资伙伴和东道国支持，帮助这些国家建立其民族汽车制造工业。

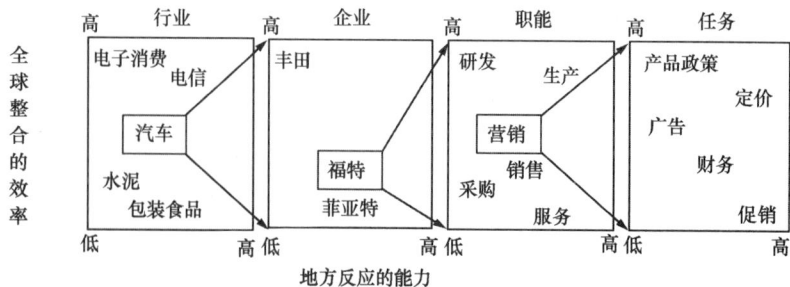

图 7-4　全球整合-地方响应敏感性分析框架[3]

（1）多国化战略。多国化战略假设每个国家或区域的市场是不同的，关注国家之间不同的差别，通过差异化的产品或服务，针对消费者偏好、产业特性和政府法规方面的国别差异作出响应。在多国化战略下，企业根据各国当地市场定制价值创造活动，子公司不仅要识别当地需求，而且要自行运用当地资源对这些需求作出响应，通过本地资源进行本地化的创新，生产出符合当地需求的产品或服务。因此，多国化战略下，总部对各国子公司高度分权，各国子公司之间相对独立，独立从事研发、生产和销售服务，有较强的地方自治权，有较高的决策灵活性。

多国化战略的好处在于地方响应能力强，有利于取得较高的顾客满意度，政治、贸易和汇率风险小。许多以欧洲为基础的公司，如联合利华、帝国化学工业公司、飞利浦、雀巢等，传统上沿用这种多国化战略。这种战略可能的风险在于资源配置过于分散，难以发挥规模经济和范围经济效应，同时也无法利用其他国家的知识和能力，难以发挥协同效应，容易造成重复投资和重复研发。

（2）全球化战略。与多国化战略不同，全球化战略假设全球市场的相似性大于差异性，重视全球化经营中可能产生的规模经济和范围经济效益，因此倾向于为不同国家市场提供标准化的产品/服务。因而，全球化战略要求集中管理、总部控制和集权以提高全球效率，强调规模经济效应，要求跨国界共享和协调资源，通常不会根据当地市场条件改变产品标准，因各国子公司的自主权较低。传统上，日本许多企业，如丰田、佳能、小松制作（日本最大的建筑设备制造商和世界第二大运土设备供应商）、松下等公司都是全球化战略的经典企业，它们总部集权，各国子公司根据总部制定的经营级战略来执行。

全球化战略可能的风险在于在获得全球效率时损失了灵活性和学习能力。例如，集中研发以获取效率可能会扼杀了各国子公司开发新产品的能力；对当地市场反应迟钝等。

（3）跨国化战略。跨国化战略力图同时取得全球化战略的效率和多国化战略的地方响应能力（表7-3）。考虑到多国化战略和全球化战略均有难以克服的局限性，跨国化战略力求创造一个能够整合全球化效率和地方响应的资源配置方式和管理模式。跨国化战略下，总部决定：企业的价值创造活动（包括相关的资源和能力）如何在全球范围内实现最优配置；应该在哪些价值创造活动上集权以保证获得全球效率的最大化，在哪些价值创造活动上分权以获得地方响应的最大化；采取什么样的组织结构、管理机制和企业文化去支撑这种矩阵结构的有效运行。因此，企业采取跨国化战略要创造一个更为缜密而多样化的资产和能力组合，既集中一些资源在母国，又集中一些资源在国外，分配其他资源于另外一些国家。而且，通过其强有力的内部依赖使这些分散而专业化的资源结为有机整体。例如，一家美国跨国公司，基础研究、核心技术和财务职能一起放在母国，生产劳动密集型产品的制造工厂可能建于低工资国家，如墨西哥，一些应用层面技术或独特技术的开发可能安排在日本、德国或美国等国家。如图 7-4 所示，福特把研发活动集中，把销售服务分散。可见，通过复杂的有机组合，跨国化战略的企业能利用比多国化战略企业、全球化战略企业更多的途径来建立竞争优势。

但是，跨国化战略的实施是非常困难的，因为企业既需要强有力的中央集权和协调以达到效率，又必须同时分权增加弹性使产品或服务能够针对当地市场的特点作出响应，这种资产、资源和能力的复杂组合，要求企业必须具备高水平的管理能力使这些分散而专业化的资源整合为有机整体。

表 7-3　采取多国化、全球化、跨国化战略的战略导向与资产能力组合[5]

	多国化战略	全球化战略	跨国化战略
战略导向	通过强大的、随机应变的和开拓性的运营建立灵活性，以对国家差别作出响应	通过集中化、全球规模运营建立成本优势	同时发展全球效率、灵活性和全球范围的学习能力
资产和能力	组合分散化和一定程度的自给自足	集中化和全球规模化	分散化，相互依赖以及专门化

7.5　公司级国际化战略选择的影响因素

企业究竟选择哪一种公司级国际化战略？除了一般意义上的外部环境分析和内部环境分析，有两个重要因素在公司级国际化战略选择中是相当重要的。首先，企业所在的行业特点，具体来说就是由它所在行业的全球化潜力所决定的。如图 7-4 所示，不同产业存在着不同的行业全球化驱动力，有些行业全球化驱动力很强，如信息技术行业，这些行业的领导者往往是全球化战略的企业。而有些行业的全球化潜力不大，如食品行业，这种行业的成功者总是那些遵循多国化战略的企业。可见，为了获得国际竞争优势，企业在选择公司级国际化战略时，需要仔细评估所在行业的全球化潜力，从而决定在全球整合/地方响应中作出怎样的选择。其次，这与企业自身的特点相关，具体来说就是由企业的管理传统所决定。图 7-4 表明，即使都是汽车行业，丰田、福特和菲亚特三家不同的企业，也可以有不同的公司级战略选择。这说明尽管行业特征对企业的公司级国际化战略产生重要影响，但是企业具体会选择怎样的公司级战略往往是路径依赖的，企业的历史与管理传统起着非常重要的作用。

行业特征　　行业特征对企业公司级国际化战略选择的影响可以借助行业全球化潜力模型来分析。行业全球化的潜力是指全球化战略在一个行业内实施所能够达到的有效性与效率，若在这个行业的企业实施全球化战略普遍能实现相对更高的有效性和效率，则这个行业的全球化潜力相对较高，反之亦然。它取决于下列四个因素的共同作用：市场驱动因素、成本驱动因素、政府驱动因素和竞争驱动因素，如图 7-5 所示。例如，20 世纪 90 年代的世界巧克力糖行业具有中等程度的全球化潜力，但是这个总体特征并不能反映出全球化潜力的结构性因素，需要分别予以分析，发现不同因素的具体作用，从而激发有针对性的战略内容。

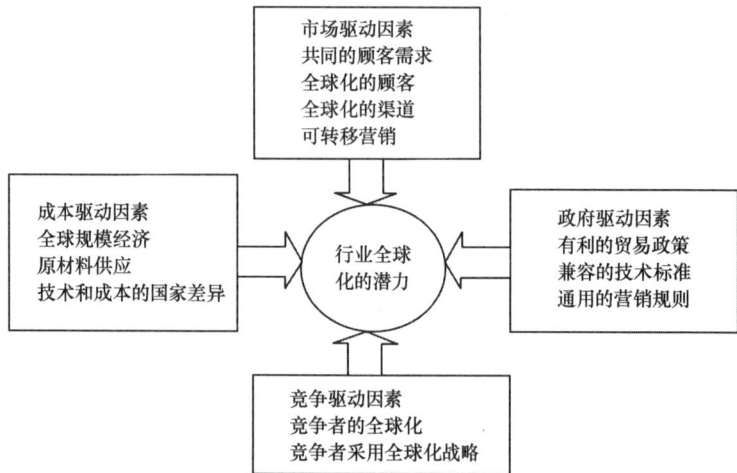

图 7-5　行业全球化的潜力[6]

1. 市场驱动因素

市场全球化驱动因素依赖于顾客行为和分销渠道的结构特性。主要从四个方面考察：世界各地顾客偏好的一致性程度、顾客是否是全球化的、渠道的全球化程度以及营销策略从一个国家到另一个国家的可转移性。

1）共同的顾客偏好

顾客需求和偏好的趋同使产品制造商可以在行业内销售全球标准化产品，因此，企业必须搞清楚产品的哪些部分需要标准化、哪些部分需要根据当地需求进行调整。例如，糖果能够吸引世界所有人群，但是巧克力糖在发达国家是普通消费品，而在落后发展中国家则是一种奢侈的消费品，其消费与收入有很大关系，因此顾客偏好和消费行为有明显的国别差异。但是进入 21 世纪后，出现了一些共同的顾客偏好，这使一些全球标准化产品获得了很大成功，如吉百利（Cadbury Schweppes）的牛奶巧克力棒和玛氏（M&M）著名的 Mars Bars 开始在世界范围内销售。

2）全球化的顾客

全球化的顾客有两种内涵：单一国家的全球顾客和多国的全球顾客。单一国家全球顾客是指全球采购、一国使用的顾客，即在全球范围内寻找产品供应商，但只在一国范围内使用。多国的全球顾客是指全球采购、全球使用的顾客，即在全世界范围寻找供应商，在许多国家里使用。因此，对于多国使用的全球顾客，它们的采购要求更高，需要建立一个全球客户系统来支持购买行为。所以，两种不同的全球化顾客类型，将导致企业采取不同的物流、营销体系，企业也将形成对全球化的不同认识。例如，巧克力糖制造商的顾客有两个：一是终端消费者，各国分散；二是各种零售商和渠道商，也就是渠道，有集中（如沃尔玛），也有分散。

3）全球化的渠道

与全球化的顾客相似，全球渠道商是在全球范围内以低价在一个国家采购再以较高的价格将商品在另一个国家出售，它们的存在使得企业必须更加审慎地实施全球定价。目前，全球渠道并不多见，而地区性渠道的数量在不断增加。因此，从这个意义上说，全球或地区分销渠道的存在促使制造商建立统一的全球营销。例如，巧克力糖的主要分销渠道——杂货店、便利店、药品店、百货公司、超市、糖果/烟草专柜、自动售货机——几乎都具有地方或国家特征。所以，巧克力糖制造商没有必要统一全球营销，然而一些渠道的国际化和全球化行为已经开始出现。例如，1989 年美国 A&P 食品连锁商收购了英国的第三大零售商，另一个美国连锁商在加拿大、英国、德国和沙特阿拉伯设立专卖店，沃尔玛不断深入其全球化进程。这些全球化的渠道在减少分销渠道数量的同时也扩大了巧克力糖制造商的国际范围。

4）营销的可转移性

如果购买行为取决于诸如品牌、广告这样的市场营销元素，而这些元素很少要求特别定制以适应不同地方的要求，那么这种营销就具有可转移性，企业就可以应用统一的营销战略进入不同国家和地区。所以，致力于全球经营的企业必须注重品牌和广告活动的可转移性，往往一开始就使用一个全球品牌或广告，但是这样做的风险在于统一的品牌或广告在一些地方可能不具有吸引力，企业需要把握这其中的变化趋势。例如，由于各国文化的差异，巧克力糖制造商针对大多数不同国家市场的产品仍采用不同的品牌名称和包装，但是随着经济全球化趋势愈加明显，进入 20 世纪 90 年代，巧克力糖制造商开始认识到全球统一品牌名称的必要性，如 M&M Mars（玛氏）公司 90 年代后期把它在英国市场的品牌名称 Marathon 改为与美国市场一样的品牌名称 Snickers。

2. 成本驱动因素

任何行业全球化的成本驱动力都取决于独特产品的成本经济性，能否降低成本以及获得规模经济和范围经济是主要的考虑因素。

1）全球规模经济

有时候单个国家的市场可能不足以让一个本地企业获得所有可能的规模经济和范围经济，因此企业必须寻求进入其他国家市场以扩大规模，同时促进学习和经验的积累，发挥学习曲线效应。例如，巧克力糖生产制造是高度自动化的，需要有大型设备以及至少几百万英镑的初始投资，因此发挥生产规模经济的要求比较高。

2）原材料供应

原材料的集中采购可以极大地降低成本，一个行业的原材料供应如果很容易在全球运输和调配，将有利于这个行业内企业的全球化。例如，在巧克力糖行业，因为原料运输的成本很高，所以大多数公司都在原料供应地附近设厂，从美国到日本的运输成本巨大，必须通过大量生产的规模效益来抵消。

3）技术和成本的国家差异

要素成本总是因国家而异，特定技术的可获得性也因国家而异。国家之间如果某些行业在技术和成本方面存在很大差异，可能不利于企业的全球化，行业的全球化潜力就可能比较低。例如，巧克力糖的生产既不是劳动力密集型的，也不需要很高的技术，主要的原材料——牛奶也可以在许多国家获得，这意味着巧克力糖制造商在选址设厂上有很多选择。

4）产品开发成本

在任何行业，如果产品开发成本很高，就会促使企业集中精力研发少量的全球产品以降低开发成本，而不是研发多个适应不同国家的定制产品，并且在不同国家的重复开发也会造成浪费。例如，巧克力糖产品能够开发出受广泛欢迎的新配方是非常难的，消费者测试和整个营销策略（定位、品牌名、包装、价格、广告主题、执行）的失败率都很高，如英国糖果公司能得利（Rowntree Macintosh）公司，1988 年它被雀巢（Nestle）收购，但在此之前的 40 年时间里仅成功开发了三种新产品。这就促使主要的制造商尽可能把现有的品牌全球化，而不是在每一个国家建立一个新的配方和品牌。

3. 竞争驱动因素

竞争驱动因素主要受到竞争者选择的影响，竞争者可以改变本行业的全球化潜力以及刺激企业对全球化战略的需要。如果这个行业内的主要竞争者都是全球化的，或都采用了全球化战略，那么就可能改变这个行业的全球化潜力。

1）竞争者的全球化

随着经济全球化的日益深入，跨国公司变得越来越全球化。一些大型的同业跨国并购加速了一些行业全球化的进程，例如，1996 年波音公司同麦道公司的并购、英国电信公司同美国微波通信公司的并购、1998年大众汽车公司收购劳斯莱斯公司、奔驰与克莱斯勒公司合并、美国埃克森石油公司和美孚石油公司的合并，等等。跨国并购使竞争者不得不采取全球化战略来应对。在巧克力行业，1990 年，四大巧克力糖制造商之一祖哈德（Jacobs Suchard）被美国烟草公司菲利浦·莫里斯（Philip Morris）（"万宝路"卷烟的生产商）收购，就产生了一个全球市场竞争者。事实上，进入 21 世纪以来，在多个行业，竞争者的全球化步伐日益加快。

2）竞争者使用全球化战略

越来越多的竞争者采用全球化战略，这种全球化战略影响了全球产品、销售、一体化的竞争行动、活动定位，以及全球市场份额，这就要求其他竞争者也必须适应这种变化。例如，雀巢销售收入的 98% 来自国际市场，是排名全球第一大食品公司，其采取的全球化战略以及不断提升的市场地位，导致其他主要竞争者（玛氏、好时等）亦不断趋向全球化。

4. 政府驱动因素

政府对行业全球化的驱动力取决于一国政府关于贸易、外国公司活动和销售规则等政策和法律规定的有效性。

1）贸易政策

贸易政策可能在很大程度上影响企业的全球化战略，尤其是涉及产品在什么地方制造等。东道国政府通过关税壁垒、非关税壁垒、出口补贴、国产化要求、对外汇和资本流动的限制，以及对技术转移的要求等政策和规则影响着行业全球化的可能性。例如，美国政府的一些政策包括关税、配额、保护性措施等，使得日本的汽车制造商放弃了在日本集中生产的计划，被迫在美国开设工厂。但如果政府限制放松则可能导致行业的全球化潜力提升，例如，欧盟对银行和金融服务的管制到 1992 年才进行调整，允许资本在盟国内自由流动，这使得欧洲金融机构纷纷重新进入欧盟市场；德意志银行通过收购美利坚银行的 100 个分支机构而进入意大利市场；美国 J. P. 摩根、瑞士银行和英国 S. P. 沃伯格集团都通过并购的手段扩大了它们在欧洲主要市场的份额等。在巧克力糖行业，关税对巧克力糖制造商来说是一个相对显著的政策影响，关税的微小变动是影响价格敏感型消费者决策的主要因素。进入 21 世纪，巧克力糖行业的贸易壁垒趋于降低，推动了企业对全球化战略的决策思考。

2）技术标准的兼容性

在技术标准方面的差异对任何行业的全球化都是一个障碍，尤其是政府强制性标准将会限制产品标准化的程度，而各国技术标准的制定往往带有保护性质，例如，摩托罗拉进入日本市场时发现，它的很多电子产品总是因为操作频率高于允许的范围而被限制于日本市场之外。又如，在巧克力糖行业，日本禁止销售含有 BHT 和 TBHQ 添加剂的巧克力，但是美国却没有这种限制，这样的规则对竞争的影响是很明显的，企业在规划全球行动时必须加以考虑。

3）销售规则

不同国家特有的销售规则影响着企业是否能使用全球统一的营销手段，这些规则有些是政府规定的政策法规，而有些规则是当地经营"约定俗成"的规范或习惯。例如，在巧克力糖行业，英国的电视广告禁止出现孩子要求父母为其购买产品的情景，而货比货的广告、抽彩票送奖品的广告在很多国家也是禁止的。

企业的管理传统

企业的管理传统是一个相对比较宽泛的概念，主要是指与企业原有战略相匹配的管理模式，包括组织结构、管理机制和企业文化。企业的管理传统是在企业成长的历史中形成的，一旦形成就表现出很强的惯性。例如，以欧洲为总部的企业，包括联合利华、帝国化学工业公司（ICI）、飞利浦、雀巢等企业都是在相对比较分散的欧洲市场上成长起来的，因此逐步形成了以分权为主的管理模式，主要的活动、资产、人员和权力分散于各个国家的子公司，因此在它们进入世界其他市场的时候，就基于原来的管理传统而选择了多国化战略。相反，依靠国内市场发展起来的日本企业最初都是家族企业，由此形成了以集权为主的管理模式，主要的活动、资产、人员和权力都集中于本土的产品事业部，因此它们在国际化的过程中就基于原来的管理传统而选择了全球化战略。

虽然经济全球化的趋势和跨国企业之间的竞争已经越来越明显地表明，上述两种国际化战略都存在着明显的局限性。但是，尽管实施多国化和全球化战略的企业可能相互"爱慕"，却很难模仿对方，或者实施跨国化战略。究其根本就是因为企业的管理传统具有很强的惯性，这些企业还是选择了符合自己传统的国际化战略，并且在此基础上试图逐步克服自己的短处。而从现实情况来看，直到现在为止，欧洲企业的集权化改革、日本企业的分权化改革大多都举步维艰，依然分别保持着分权和集权的管理传统。

7.6 国际化进入方式及其选择

企业开始出现国际化意图后，首先考虑的问题就是如何进入国外市场，这就是国际化的进入方式选择问题。国际市场进入方式是企业将其产品、技术工艺、管理以及其他资源投入到国外市场的一种规范化部署。国际化进入方式主要的类型有：出口、许可经营、战略联盟与合资、跨国并购和建立新的子公司。这几种国际化进入方式代表了企业对进入某个市场不同的进入深度、资源承诺程度（resource commitment）、风险性、控制程度等。企业需要认识到，国际化进入方式是企业有效转移和获取资源、知识的渠道，只有有效管理这些渠道，才有可能获得协同效应进而取得竞争优势。因此，在选择进入方式的时候，企业需要明确回答以下问题：企业如何将自己的资源和技能从一国转移到另一国？

国际化的进入方式

1. 出口

出口通常被认为是投入少、风险低、速度快的国际化进入方式之一，因此也被认为是企业国际化进程中最理想的初级进入方式，尤其是在进入那些高度不确定性市场的时候。出口的优点主要体现在初始投入少，灵活性强，缺点在于关税与非关税壁垒可能导致出口产品失去与当地产品价格竞争的优势，运输成本高，产品到达当地市场的时间过长，难以保持对当地代理商和当地市场需求的监督等，并且对产品在国外市场的市场营销和分销控制较少。例如，大部分中国企业的国际化行为主要是以出口的方式进入国际市场的，利用展会（如中国进出口商品交易会，即"广交会"）获得外国采购商的订单，组织生产，最后出口交货。

2. 许可经营

许可经营（licensing）是企业通过与目标国家的法人之间订立长期的、非投资性的无形资产转让合作合同而进入目标国家的方式，属于一种"非股权安排"（non-equity arrangement）。企业通过订立可转让协议对每件生产和销售的产品收取一定许可费，被许可方承担风险并投资设备生产、营销和分销产品或服务。通常转让的内容包括各种工业产权（如专利、商标、技术管理诀窍、工艺技能、营销技能等）和版权。例如，在电信行业普遍存在的专利许可协议，微软于 2012 年 4 月与台湾和硕联合签署专利许可协议，授权台湾和硕在其生产的电子阅读器、智能手机和平板电脑上使用 Android 设备有关的专利，并收取许可费。

许可经营的主要优点有：①绕过东道国所设置的进口壁垒，由于许可经营是无形资产的贸易，不受进口壁垒的限制；②能实现以最少量的资本投入即在国外市场开展经营活动；③投资风险低；④充分利用本企业不再使用的技术，有偿地转让出去；⑤当国外市场太小不足以维持最低规模的制造生产时，为了充分利用技术本身的价值和分担企业研发的高昂费用，技术许可经营是最佳的方式；⑥许可协议也是扩展已有创新的一种方法。比如，索尼和飞利浦共同发明了音频 CD，它们共同授权其他公司生产 CD，对每片销售的 CD 收取 5 美分的许可费。

但是许可经营也存在不足，最主要的缺点是：①由于投入有限，对被许可人的产品生产、质量管理和市场营销活动缺乏有效的控制，许可技术或无形资产是否能有效利用取决于被许可方的努力程度。②许可经营容易培养新的竞争对手，而且被许可方有意无意地泄漏专有技术秘密，不仅会造成专有技术的失效，而且也会引起新的竞争风险。

与许可经营相类似的另一种"非股权安排"方式是特许经营（franchising），特许经营基本上是一种专业化的许可协议。在该协议下，特许不仅把自己的无形资产（通常是商标）转让给被特许人使用，而且还要求被特许人遵守严格的经营规则。特许人经常为被特许人的连续经营提供帮助。因此，特许经营与许可经营最大的差异在于特许者需要对被特许者进行经营监督。麦当劳快餐（McDonald）、肯德基炸鸡（Kentucky Fried Chicken）、必胜客（Pizza Hut）等都是特许经营的典型。

3. 战略联盟与合资

20 世纪末以来，国际战略联盟成为国际扩张的主要方式。战略联盟是企业与竞争者、供应商、消费者、分销商或相似行业甚至不同行业企业之间通过合作以开发、生产、分销或销售一个产品或一种服务的战略方式。在国际化进程中，国外企业寻求当地企业结成联盟，希望通过当地企业的合作来克服进入的障碍，包括有形和无形的障碍，而当地企业也可以通过合作而获得国外企业的资金、技术和管理。

国际战略联盟包括资产型战略联盟和非资产型战略联盟。其中国际资产型战略联盟就是我们常常遇到的国际合资，即企业将资本、管理、技术转移到目标国家，与当地企业建立控股或者参股的企业。国际资产性联盟的好处在于：①有利于突破市场进入的政策障碍；②能够在一定程度上（取决于控股和参股的程度）保持控制；③能够节省运输成本、海关关税等，最终导致产品成本的降低；④有效提高产品对当地市场偏好的适应性；⑤在文化冲突与协调中更直接地获得国际营销经验。其弊端在于：①不同国家合资各方有可能发生冲突，如经营目标上的冲突、利益分配上的冲突、销售市场上的冲突等；②对财务、管理等方面资源更大的承诺，风险大；③因投资回报的时间较长而导致初期成本过高；④缺乏灵活性。

国际非资产型联盟则是以合同（而不是以资产）为纽带的合作形式。在国际航空业中存在很多这样的国际战略联盟，成群的航空企业组成营销和运营联盟，如 Star 联盟是一个包括美国联合航空、德国汉莎航空、中国国际航空等航空公司的联盟，目前已有会员 27 家[①]，会员企业在销售、运营支持和提供后勤服务等方面合作，为航线运行提供便利。日本三菱公司与德国戴姆勒－奔驰公司（与美国克莱斯勒公司合并以前）的战略联盟涉及 11 个合作项目，包括在轿车、航空和综合线路等方面。索尼与众多中小型高科技美国公司、欧洲公司在过去 15 年建立了多个战略联盟，索尼与它们共享研究人员、生产设备甚至商业计划以开发特定产品等。国际非资产型联盟与资产型联盟相似，也会遇到因合作目标不一致以及冲突所带来的风险。

4. 跨国并购

随着自由贸易在全球市场的扩展，跨国并购（cross border merger & acquisition）的数量也在猛增。跨国并购为进入新的市场提供了捷径。事实上，跨国并购可能是国际扩张最快最方便的方式。例如，2004 年年底联想集团成功收购 IBM 的 PC 机业务，一跃成为年收入超过百亿美元的世界第三大 PC 厂商。2009 年，中国浙江吉利控股集团有限公司以 15 亿美元收购沃尔沃汽车公司。

尽管收购已成为进入国际市场的流行方式，但是其成本非常高昂。跨国并购有着与国内收购一样的缺点：并购的费用很高且常需要借债融资，例如，联想集团以总价 12.5 亿美元收购 IBM 的全球 PC 业务，具体支付方式包括 6.5 亿美元现金和 6 亿美元的联想股票。此外，跨国并购的谈判通常比国内收购更加复杂，目标公司所在国家的法规限制以及能否获得谈判所需的准确情报也是企业需要面临的问题。例如，中国海洋

---

① 资料来源：www. star alliance. com/，2011-08-24.

石油集团对尤尼科公司的收购失败案例（见战略聚焦一）说明跨国并购的复杂性，企业还需要充分考虑政治风险。

最后，跨国并购后的整合也比国内并购复杂得多。整合不仅要考虑不同的企业文化，还包括潜在的不同社会文化和习惯。例如，TCL并购汤姆逊视频业务之后遇到了整合上的巨大挑战，而吉利收购沃尔沃之后，如何在业务、技术、市场上整合，从而实现战略意图是吉利需要重点解决的关键问题。因此，尽管通过国际收购能快速进入新的市场，但企业往往需要承担相当大的代价和风险。

5. 建立全资子公司

新建全资子公司是指在目标国投资建立全资企业。这种方式要花费更多的时间和精力去研究市场及投资回报，这种方式具有三个方面的优势：一是企业具有独占所有权，不和其他投资者分享利润；二是没有合作伙伴，不会存在利益、目标等方面的冲突问题，子公司的战略与企业的整体战略更容易有机整合；三是企业采取这种最直接的方式进入国外市场，可以更直接地、更全面地积累国际经营的经验。例如，为进入美国市场，华为2002年在美国德克萨斯州成立全资子公司FutureWei，向当地企业销售宽带和数据产品。

这种方式的局限性表现在：①企业投入的资金多、风险大，为了建立新公司，企业需要获取当地市场的知识和专业技能。②东道国政府和公众可能不欢迎外来独资企业，不能很好地得到当地合作者的帮助等。

国际化进入方式选择的依据与影响因素

企业对国际化进入方式的选择受到多种因素综合影响。这些因素大体上可以分为外部因素和内部因素，如图7-6所示。在外部因素中，目标国家市场因素包括目标国的市场规模及潜力、目标国家市场竞争结构等；目标国家生产因素包括基础设施、生产要素的成本、质量与可供应性以及外部采购、销售等方面的协作条件等；目标国家环境因素包括目标国家的政治、经济、社会文化等特征，与本国地理上的距离等。本国因素主要指本国的市场、生产和环境因素。在内部因素中，企业产品因素主要考虑企业产品的要素密集度、差异性、技术内涵与年龄、地位、服务性；企业的资源包括企业在管理、资金、技术、生产工艺、营销技能、国际市场经验等方面的资源以及在国际市场上资源承诺的程度，这在一定程度上显示了在国外市场的战略、国际市场地位、管理者的态度等。

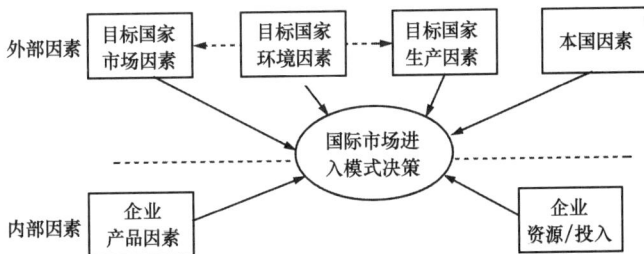

图 7-6 国际化进入方式的影响因素[7]

综合上述内部和外部因素的分析，国际化进入方式选择的依据在于企业要考虑如何发挥优势和克服劣势。这些优势和劣势同样分为两个层面：一方面，来自于国家层面的优势和劣势；另一方面，来自于企业特定的优势和劣势。上述外部因素和内部因素的评估可以帮助企业确认进入该东道国市场在两个层面的优势和劣势。如果企业在资源不足的情况下可以选择成本较低的进入方式，出口就是其中的方式之一。如果进入市场的风险很大，企业则可以考虑合资的方式来降低风险。如果企业进入市场是为了学习和创新，则可以选择国际战略联盟或跨国并购的进入方式。考虑到中国企业仍然处于国际化的初级阶段，中国与其他国家在制度和文化上差异很大，因此，中国企业在选择国际化进入方式的过程中应该将学习和创新作为重要的考虑因素。例如，华为在进入美国市场时，就充分考虑了电信设备行业在美国市场发展的成熟程度，主要竞争对手——一些著名的电信设备商如爱立信、思科等企业在美国市场的战略，自身的资源能力情况以及优势和劣势，最终选择集中于 3G 技术及产品，以新建全资子公司、技术战略联盟（建立与著名电信公司合作的研发中心）和出口等多种方式打入美国市场。

7.7　企业国际化的管理模式

企业国际化经营中，由于企业的组织结构对管理过程的影响极大，企业需要通过组织结构上的设计来实现全球一体化，或地方响应，或两者的整合。因此，在不同公司级国际化战略下，企业要采用与战略相匹配的管理模式。

多国化战略的管理模式　实施多国化战略的企业主要采取以区域为中心的分权化管理模式。整个企业就像由若干独立区域（主要是国家）子公司组成的松散联合体，各个区域子公司主要关注它们各自的国家市场，如图 7-7 (a) 所示。历史上这种组织结构的典型代表是欧洲跨国公司在 20 世纪 20～30 年代国际扩张时所采取的结构，如飞利浦公司。20 世纪 50 年代以前在组织结构上都是各国子公司直接向最高管理层汇报，整个企业是一个由独立地方子公司组成的松散联合体，各国子公司对当地市场的反应超出了营销的范围，特别是利用当地资源建立子公司自己的技术能力，如加拿大子公司发明制造了飞利浦的第一台彩色电视机，澳大利亚子公司发明制造了第一台立体声电视机，而英国子公司发明制造了第一台具有文字电视广播功能的电视机。

全球区域事业部结构是与多国化战略匹配的组织结构。如图 7-8 所示，这种企业的国际性经营被划分为若干区域经营单位；区域事业部在上，产品事业部在下，区域事业部经理对该地区所有子公司，包括产品事业部的经营具有很大的决策权。全球地区结构的优点主要有：①决策权力下放到各个区域总部，当地响应灵活、快速；②更加强调各国子公司作为"利润"中心的地位，有利于各子公司的独立发展；③促进企业获得解决问题、开拓市场的地区性方式,一个国家的策略和技术可以转移到另一个国家;④管理层级清楚,有利于简化高层管理者的管理工作。尽管如此,全球区域事业部结构可能带来的缺点是:①用区域导向的管理方式来协调产品方面的各种活动时会产生很多困难,如同一产品在不同国家的定价策略往往要经过组织内部多个层级才能得到协调;②新产品开发成果在国家与国家之间转移遇到困难;③层次式的地区结构可能会降低正式和非正式渠道沟通、信息流、知识共享和组织学习的效率,如同一产品的使用知识无法快速在不同国家中交流等。

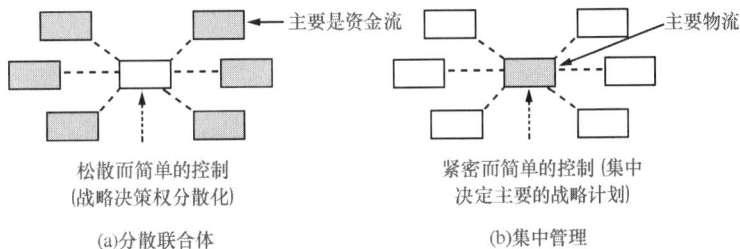

图 7-7   国际化管理模式[5]

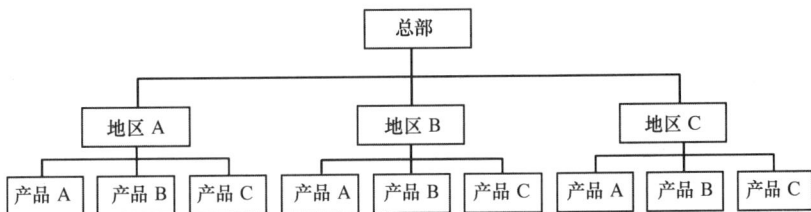

图 7-8   全球区域事业部结构示意图

全球化战略的管理模式   全球化战略的企业常常形成以产品为中心的集权化管理模式,如图 7-7(b)所示。历史上采取这种组织结构最为典型的就是日本跨国公司,它们在 20 世纪 60～70 年代进行国际扩张时就是采取这种管理模式的。例如,松下公司,1985 年的组织结构中有 36 个产品事业部,资源和能力都集中在总部,对产品开发、采购和制造实行严格的集中控制,而日本企业的文化价值观也非常支持这种集中管理机制的组织结构。

全球产品事业部结构是与全球化战略相匹配的组织结构。如图 7-9 所示,这种企业国际化经营首先被划分为若干产品事业部;产品事业部在上,区域事业部在下,产品事业部经理对该产品所进入的所有国家子公司具有很大的决策权。全球产品事业部通过产品决策权集中而实施全球产品标准化,实现全球化效率。全球产品事业部结构的优点主要有:①技术和产品知识能直接从产品分部门流向海外子公司;②以产品为重心,致力于满足全球顾客需要而开发产品,鼓励全球性产品策略的实施;③保证产品从信息到生产技术的统一沟通,消除企业内各地分支机构的矛盾;④在资源、劳动力成本、技术水平、关税、运输成本等方面有利于跨国家之间生产设备的协作，生产出低成本高质量的产品。尽管如此，全球产品事业部结构同样可能存在以下缺点：①可能会发生设备和人员在同一地区的重复建设，例如，同一地区的不同产品可以共享采购，但由于它们分处于不同产品事业部，导致共享变得十分困难，甚至可能各自建立独立的渠道系统，造成重复建设；②更重视增长区域，而忽视具有潜力的区域；③限制产品部门之间的沟通、信息流动、知识交流和组织内的学习，产品经理可能各自为政。

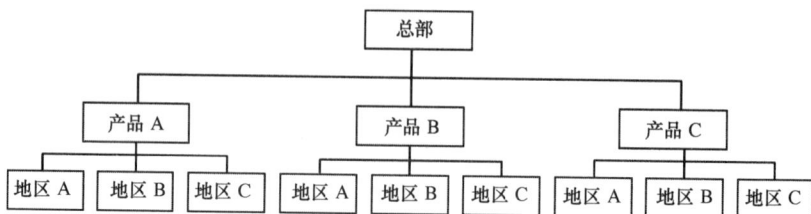

图 7-9　全球产品结构示意图

跨国化战略的管理模式　　从上述全球区域事业部结构和全球产品事业部结构可以看到，区域事业部结构在国家层面上分权，经营决策流向区域经理；产品事业部结构在产品层次上分权，经营决策流向产品经理。企业制定跨国战略后，就需要建立同时兼顾区域维、产品维的矩阵结构和整合的管理模式（图7-10）。

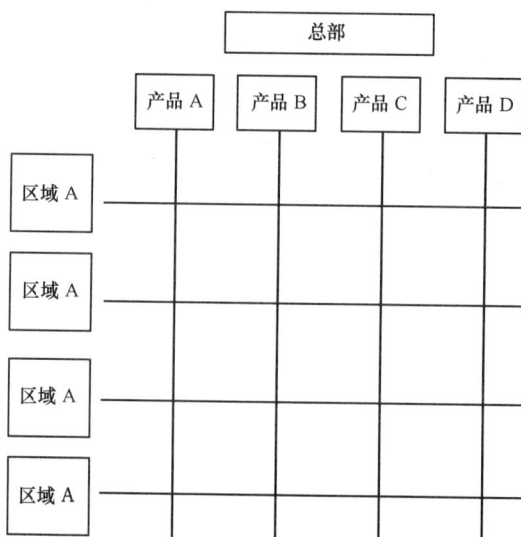

图 7-10　全球矩阵结构示意图

全球矩阵结构中，企业选择两种维度——产品和地区来建立事业部，因此产生了双重权力关系。海外子公司同时向两个事业部经理汇报，产品和地区经理都拥有一定的直线权力来管理各自的部门。在矩阵结构中，命令统一性原则不存在，取而代之的是高效的协调机制。与全球区域事业部结构和全球产品事业部结构比较，全球矩阵结构的优点有：①全面考虑产品和地区的市场竞争压力大小，而采取不同的组合，并随着情况的变化而进行调整；②对外界环境的变化和压力具有高度的适应能力；③有利于知识在组织内部流动：产品之间转移、国家之间转移，以及促进正式和非正式的沟通，有利于从多重视角看问题。

但同时也存在明显的不足，主要有：①结构复杂，多重报告导致管理混乱；②管理决策者常陷入处理部门冲突问题之中，有时产生责权不清现象；③多维视角看问题可能导致决策时间过长，影响执行效率；④当距离、文化、时间和语言等复杂因素进入国际经营时，矩阵结构的有效运行将相当困难。正如彼得·德鲁克所说："矩阵结构……绝不可能永远是最优的结构，因为它包含的困难让人难以置信"，但是"任何从事多国业务的管理者都必须了解这种结构，这样他自己才能有效地工作。"这从另一个角度表明，复杂的、整合的管理机制的运行需要相当高水平的组织管理能力。在实践中，全球领先的电力设备制造商 ABB 公司是建立矩阵结构的典型代表，20 世纪 90 年代中期建立了由地域（不同的国家和地区）和行业（65 个业务领域）形成两维的矩阵结构，管理遍及全球的 1300 个独立子公司，以及约 5000 个独立自主的利润中心。

开篇案例的华为，2011 年在实施朝综合设备商（ICT）转型的战略转型过程中调整了组织结构，转型前的组织结构是适应针对单一客户（运营商）而形成的多产品、多地区的组织结构；调整后，正式成立四大业务集团（运营商网络、企业业务、消费者业务和其他业务），并调整各个业务单元的组织架构、人事任命与管理制度。可见，调整后的组织结构以产品维为主。

本章要点

1. 企业国际化是企业跨过其国家边界从事经营活动的战略行为。企业的任何一种经营活动一旦跨越了本国的国界都可以被看成是企业国际化，包括从国外获取原材料、资金、人才，以及在国外从事研发、营销、物流和售后服务等活动。

2. 企业所在国家的条件不同会在很大程度上决定这个国家企业国际化的进程。发达国家企业国际化的进程经历了国际化初级阶段、高级阶段和超级阶段。中国作为一个特殊的发展中国家，中国企业国际化进程表现出了自己的特点，但总体上看，当前大部分中国企业依然处于国际化初级阶段。

3. 国际化战略是企业在国际化进程中为了适应和利用环境的差异和变化而作出的一系列旨在获得国际竞争优势的战略决策，包括职能级战略、经营级战略和公司级战略。

4. 企业国际化的动因可以总结为利用三种手段来实现三个战略目标，这三种手段分别是利用国家差异、发挥规模经济和发挥范围经济；三个战略目标分别是提高效率，风险管理，适应、学习和创新。

5. 国际化的风险主要有政治风险、经济风险和经营风险。

6. 企业国际化优势的产生有两种类型，分别是国家特定优势和企业特定优势。其中，国家特定优势主要来自四个要素：生产要素、需求要素、关联和辅助性行业，以及企业战略、结构和同业竞争。企业特定优势主要指企业的研发、生产或营销技能、专利、商标、组织能力等资源和能力，它可以在不同国家之间转移和共享。

7. 经营级国际化战略主要解决企业在国际市场上的竞争战略问题，企业要根据"产品-国家"来制定不同的经营级战略。基本的经营级国际化战略分类为国际成本领先战略、国际差异化战略和国际聚焦战略以及国际独特性战略。

8. 公司级国际化战略的核心是解决经营活动进入到多个国家区域市场时全球整合与地方响应的矛盾，分为多国化战略（multinational strategy）、全球化战略（global strategy）和跨国战略（transnational strategy）三种类型。

9. 公司级国际化战略的选择，受其所在行业的全球化特征、企业的优势与管理传统所影响。其中，行业的全球化特征可以借助行业全球化潜力模型来分析，该模型指出行业全球化潜力取决于下列四个因素的共同作用：市场驱动因素、成本驱动因素、政府驱动因素和竞争驱动因素。

10. 国际化进入方式是指企业将其产品、技术工艺、管理以及其他资源投入到国外市场的一种规范化的部署。主要类型有：出口、许可经营、国际战略联盟、跨国并购和建立新的子公司。

11. 企业对国际化进入方式的选择受到多种因素综合影响，包括外部因素和内部因素，国际化进入方式选择的依据在于企业要考虑如何发挥优势和克服劣势。

12. 在不同公司级国际化战略下，企业要采用与战略相匹配的管理模式。多国化战略通常需要建立松散联合体的管理模式以及全球地区结构。全球化战略通常需要建立集中的管理模式以及全球产品结构。跨国化战略通常要求建立跨国整合的管理模式，以及矩阵结构。

思考题

1. 如何理解企业国际化的内涵？
2. 企业国际化进程中发达国家企业与中国企业有什么样的差异？
3. 如何理解企业国际化的动因？可实现的战略目标与手段是什么关系？
4. 企业国际化优势的类型有哪两种，各自的特点是什么？
5. 如何理解国际化经营级战略与公司级战略的关系？经营级战略和公司级战略分别有哪几种类型？
6. 公司级国际化战略主要受哪两个因素的影响？如何分析一个行业的全球化潜力？
7. 国际化进入方式有哪几种？进入方式选择的依据是什么？有哪些影响因素？
8. 当选择多国化、全球化和跨国化战略时，应该分别采取什么管理模式和组织结构与之匹配？

9. 经济全球化条件下，中国企业应该如何建立国际竞争优势？

能力拓展

1. 查阅一些中国著名企业国际化的资料，例如，海尔集团、TCL、联想集团、华为、中集集团等，讨论这些中国企业国际化的动因，采取了什么国际化战略，获得了怎样的国际竞争优势？采取了哪些国际化的进入方式。

2. 查阅一些中国出口加工型企业的资料，讨论它们采取了什么国际化战略，获得了怎样的国际竞争优势？

3. 查阅一些著名跨国公司的网站，了解其国际化战略与组织结构，例如，飞利浦、松下、GE、西门子等。

4. 思考 2008 年金融危机以来，中国企业的国际化优势发生了怎样的变化？

参考文献

［1］Stopford J M，Wells L T. Managing the multinational enterprise-organization of the firm and ownership of the subsidiaries. New York：Basic Books. 1972.

［2］Ghoshal S. Global strategy：an organizing framework. Strategic Management Journal，1987，8：425～440.

［3］迈克尔·波特. 竞争战略. 陈小悦译. 北京：华夏出版社. 1990.

［4］迈克尔·A. 希特，R. 杜安·爱尔兰，罗伯特·E. 霍斯基森. 战略管理：竞争与全球化（概念）（原书第 8 版）. 吕巍等译. 北京：机械工业出版社. 2009.

［5］克里斯托弗·A. 巴特利特，休曼特拉·戈歇尔. 跨国管理. 赵曙明主译. 大连：东北财经大学出版社. 2000.

［6］Yip G S，Counouriotis G. A. Diagnosing global strategy potential：the world chocolate confectionery industry. Strategy & Leadership，1991，19（1）：4～14.

［7］Root F R. Entry strategies for international markets. New York：Lexington Books. 1994.

战略的
推进方式

『本章学习目的』

1. 了解战略联盟、战略性外购、收购、兼并、重组的概念。
2. 理解战略联盟的本质、产生原因，了解如何防范战略联盟中存在的风险。
3. 了解战略性外购对企业的作用，以及采用该方式的原因。
4. 了解收购、兼并发生的原因，以及可能的后果。
5. 了解重组的原因，以及重组可以采取的形式。
6. 理解上市公司退市私有化的动机和原因。
7. 了解企业在制定战略后，可采用哪些市场手段来推进和实现战略目标。

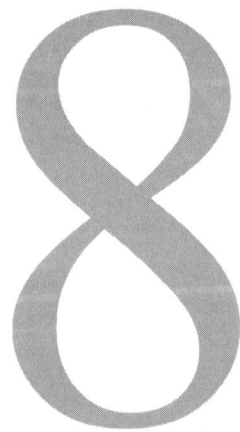

8

联想集团的战略推进

联想集团是中国最优秀的 IT 企业之一，在发展过程中，联想集团经历了多次的战略选择，有力地实施了所制定的战略，通过战略明确发展目标，通过战略调整来纠正失误。

1984 年，联想（Lenovo）在一间小平房里开始创业，经过 20 多年的发展，联想已经成为中国最优秀的企业之一，并成为中国市场 PC 产业的领航者。在 20 多年的发展中，联想经历了"贸——工——技"的发展路线，并于 1998 年成功在香港上市。2001 年，联想拆分为联想集团与神州数码集团，杨元庆从柳传志手中接过了联想集团的帅旗。同年，联想斥资 500 万人民币请麦肯锡（McKinney）为其量身定制三年的战略发展规划，最终制定了联想转型战略：进入 IT 服务业，构建 IT 服务、服务器和 PC 事业部三角支撑的发展战略休系。

基于该战略，联想在 2001 年收购汉普，成立 IT 系统集成服务事业部，自建服务器事业部，收购厦华手机成立无线通信事业部，实现了从单一的 PC 生产，向 IT 服务和服务器、移动终端等多个领域的多元化发展。联想希望通过向多个领域的进军，改变自己在大众心目中"PC 生产商"的印象，树立起"全方位 IT 服务提供商"的形象。但是被寄予厚望的 IT 服务、服务器以及联想移动等业务并未给联想带来理想的收益，反而成了企业的包袱。

2001 年，全球的 IT 行业步入"冬天"，联想也因此受到打击。同时国外品牌进一步争夺中国市场和国内竞争的同质化，PC 行业的利润不断摊薄。2001 年，联想个人电脑产品利润率下降了 2.4 个百分点，同期的 Dell 则由于采用直销模式，毛利率高出联想 50％。2002 年，联想 IT 服务事业部亏损 6140.5 万元，2003 年亏损 5800.9 万元，2004 年上半年亏损 4040 万元。而联想的主营业务 PC 业务市场份额从 2001 年的 30％跌至 25.1％[1]。杨元庆在总结中也承认："集团实际上对多元化业务拓展的经验及管理能力不足。"

面对主营业务持续下挫的危机，联想开始果断地调整战略，剥离非核心业务。2004 年 10 月联想通过换股方式，作价 3 亿元人民币置换 IT 服务事业部获得亚信 15％的股权；2004 年服务器事业部进行战略性大裁员；2008 年出售联想移动。2004 年 12 月 8 日，联想宣布收购 IBM 的 PC 事业部，正式回归 PC 行业，同时也借此收购行为开始海外扩张，推进其国际化战略。

2004 年，联想成为国际奥委会第六期奥林匹克全球合作伙伴，赞助金额为 6500 万美元。联想作为第一家成为国际奥委会全球合作伙伴的中国企业，为 2006 年都灵冬季奥运会和 2008 年北京奥运会独家提供台式电脑、笔记本电脑、服务器、打印机等计算技术设备以及资金和技术上的支持。

2007 年第三季度，联想计算机出货量仅次于美商惠普与戴尔计算机，是全球第三，但在宏碁（Acer）计算机完成收购美商捷威（Gateway）后，第三名落入宏碁手中，联想成为第四。

然而，联想回归 PC 业务及其国际化战略也并非顺利。2009 年 1 月 8 日，联想公告宣布，截至 2008 年年底的三季度财报，公司业绩出现重大亏损，同时联想还宣布了包括全球裁员 2500 人在内的人力资源调整方案。柳传志也不得不在 2009 年重新"出山"，担任联想集团的董事长，杨元庆接替阿梅里奥担任首席执行官，罗里·里德（Rory Read）被任命为新设立的总裁兼COO。经过一系列的调整之后，2009年7～9月，联想集团实现销售额41亿美元，同比减少5%，环比增长19%；实现净利润5300万美元，全球市场份额创新高，费用率亦达到并购以来的最佳水平。截止到2009年9月30日，集团的净现金储备为18亿美元。

2009年11月29日，联想集团宣布以2亿美元收购其于2008年3月以1亿美元出售的联想移动，再度进军高速增长的中国移动互联网市场。2011年1月27日，联想和NEC成立NEC联想日本集团。2011年6月1日，联想以2.31亿欧元（近26亿港元），向Medion（德国消费电子品牌）大股东Gerd Brachmann（GB）收购Medion的36.66%的股权。2011年9月27日，联想和仁宝电脑股份有限公司共斥资3亿美元成立合营公司，专为联想生产笔记本电脑及相关部件产品。双方将按股权比例出资，联想占合营51%的股权，创下个人电脑品牌与代工厂合资的先例。

依靠在中国市场的持续增长以及在日本、欧洲成熟市场实施的并购战略，联想集团已经保持连续十个季度在全球四大电脑商中增长最快。

资料来源

1. 作者根据相关资料整理。
2. 李新春. 从基于制度到基于市场的战略创业转型-中国大型电子企业联想-海尔-TCL案例研究. 中国制变迁的案例研究，2009：687～688.

从联想集团的战略变化可见，企业在发展过程中，会不断根据自身条件及外部环境的变换，来选择适合的发展战略，并采取相应的行为来推进战略的实现。但是在这个过程中，即便是中国最成功的企业，也不能够总是选择增长战略，有时候也可以选择稳定发展战略，甚至还可以选择收缩战略。一旦企业选定了增长战略，无论是选择集中于一个行业发展，还是选择在多个行业或者多个市场发展，企业战略管理者都必须选择合适的增长方式。在其他条件相同的情况下，战略方向的不同决定了战略实现方式的不同，增长方式的选择将决定增长战略实施的效果。

在决定实施增长型战略之后，企业战略管理者还需要决定是自己单干还是与其他企业合作去实施增长，不管这种增长是提高某个经营活动的竞争力，还是进入一个新的行业或者市场。一旦决定采取合作的方式，企业战略管理者就必须决定应该按照什么方式和比例进行合作。这些问题的回答涉及企业战略管理领域中一个非常重要的内容——战略联盟。

8.1 战略联盟

战略联盟（strategic alliance）是企业合作战略的基本形式[1]。合作战略（cooperative strategy）可以定义为：通过企业间长期和稳定的合作以实现共同目标的一种战略[1]。通过与其他公司的合作，企业可以实现建立和发挥竞争优势的战略目标。有些合作发生于相对次要的领域、出于策略性或者是短期性的考虑；还有一些合作则发生在相对重要的领域，主要是出于战略性的考虑或者这种合作是长期性的，企业战略将后一种合作安排称为战略联盟。

战略联盟的产生　当企业确定战略方向、决定进入新行业或开发某一项新业务之后，就面临如何进入新的市场、新的行业以及如何获取所需要的资源和能力等一系列决策，出于客观环境存在的约束和主观上对风险与成本的考虑，战略联盟通常会成为企业的普遍选择。

1. 战略联盟的概念

所谓战略联盟，就是两个以上的企业在保持自己法人地位的前提下将各自的一部分资源、能力和核心专长以某种形式合作整合，以实现各自的战略目的。例如，改革开放之初，国外企业需要利用中国的廉价土地、劳动力制造产品，但是它们并不熟悉中国，并且有可能承担过大的风险。而国内企业需要扩大出口和外汇收入，但是缺乏资本、技术和管理。于是，中外企业相互需要，取长补短、采取战略联盟的方式进行了长期合作。另外，企业也可以通过与一家或更多的企业之间签订合作协议来获得战略性资源，从而实现企业的战略目标[2]。例如，2001 年，联想宣布进入 IT 服务行业，开始提供 ERP、CRM 等大型软件的咨询及实施服务。但这时联想本身还没有储备足够的相关专业人才，于是联想寻求与 SAP、IBM、Microsoft 等公司进行合作。当这些公司获得订单而人手不足时，联想会派员工加入相关团队合作完成该订单。通过这样的合作，SAP等公司获得了更低成本的人力，而联想则通过合作培训出专业而且高水平的员工。

2. 战略联盟的三种形式

虽然企业合作的方式很多，但是符合战略联盟要求的基本形式只有三种：合资企业、相互持股和非产权战略联盟。

1）合资企业

合资企业（joint venture）是两家企业对等出资建立一家新的企业，联盟投资双方共享收益，同担风险。投资者将各方的优势资源投入到合资企业中，从而实现单独一方无法实现的效益。

2）相互持股

相互持股（equity strategic alliance）是两个或者两个以上的企业通过共同参股建立企业，或者相互持股现有企业而形成的战略联盟。

3）非股权战略联盟

合资企业和相互持股都属于产权战略联盟。非股权战略联盟（nonequity strategic alliance）也称为契约式联盟或协议式联盟，是指两个或两个以上的企业出于对市场预期和企业自身经营目标、经营风险以及共同使用资源等战略考虑，通过各种协议、契约而形成的非股权参与、优势相长、风险共担、生产要素水平式双向或多向流动的一种松散型合作组织模式。其主要形式包括：战略性外购、特许经营、合作开发等。

（1）战略性外购（strategic outsourcing）一般是以外包的形式进行，公司通过与其他企业签订购买协议而获得有价值的资源、产品或服务，从而使自己能更专注于核心能力与核心竞争优势的创造与建立。通过这种战略性的外包，公司更专注于做自己最擅长和最具优势的业务，而把其他业务外包给市场上的其他专业组织。无论是制造企业还是服务性企业，绝大多数价值创造活动都可以实施战略性外包。目前，这种战略性外包还有从制造环节向服务与管理环节扩大的趋势。比如，将本公司的管理信息系统的维护交给专业的IT服务公司，从而节省相应的人员工资、福利等费用，同时还使得企业可以专注于核心业务。企业战略管理实践中，欧派购买神州在线的IT服务，海尔与东软签订IT服务的外包协议等行为就属于这种情形。

战略性外购可以在以下几个方面为企业创造优势：①可以让企业将有限的资源和精力集中于关键领域，建立和强化核心专长；②降低企业的管理费用和维护成本；③可以从其他优秀企业获得更专业化的服务；④提高企业应变和创新的能力；⑤使企业保持更多的资源抓住其他的机会。

（2）特许经营（franchising）是两家独立的企业通过合同确定合作关系，授权一方允许被授权一方销售前者的产品或使用前者的商标进行商业活动。这种情况主要发生在国际化实施的过程之中，例如，市场多元化的麦当劳、肯德基、希尔顿酒店、迪斯尼乐园等，其目的主要是克服市场进入的障碍和加快进入的速度。

（3）合作开发是指企业之间通过协议共同开发市场或技术。例如，在网络浏览器市场，微软与美国 50 家硬件及网络服务厂商组成以销售通路为主的战略联盟。摩托罗拉与东芝在 1986 年组成一个以技术交换为导向的战略联盟，在此战略联盟下，东芝获得当时日本公司一直缺乏的单晶片微处理机关键技术，对日后该公司的整体研发有很大的帮助。摩托罗拉则因此改善其制造技术，不但缓解日本公司在此产品上的价格压力，同时也提升了晶片制造的整体技术。通用电气与法国斯奈克马公司联合生产小型民用飞机的发动机，使斯奈克马公司通过战略联盟获得了高度机密的天然气涡轮发动机的核心技术使用权。

3. 战略联盟的层次

如前所述，企业的战略可以分为三个层次：公司级战略、经营级战略和职能级战略。相应地，企业的战略联盟也可分为两大层次：公司级战略联盟和经营级战略联盟。

1）公司级战略联盟

公司级战略联盟（corporate-level cooperative strategy）是多元化企业总部为了实施多元化战略而与其他企业建立的战略联盟。公司级战略联盟可分为三类：多元化战略联盟、协同效应战略联盟和特许经营。

（1）多元化战略联盟（diversifying strategic alliance）是指企业在实施多元化战略过程中，为了克服行业进入障碍和市场进入障碍而建立的战略联盟。这里所说的行业或者市场进入障碍既包括有形障碍，如政府政策的限制；也包括无形障碍，如缺乏渠道、人才和对当地情况的了解等。比如，当企业希望进入新的市场时，有可能遇到政府的限制和市场障碍，这时企业就有可能通过与当地建立合资企业或者资产性联盟来突破政府限制，加快进入的速度和降低市场的风险。当企业希望进入相关或者不相关行业时，也有可能遇到政府限制或者市场障碍，这时企业就有可能与新进入行业中的其他企业建立合资企业或者资产性联盟来突破政府限制，加快进入速度和降低进入成本。

（2）协同效应战略联盟（synergistic strategic alliance）是指两个以上的多元化企业为了获得规模经济、范围经济和降低交易成本而建立或收购的一个企业，这种合作有可能发生在电子商务、研究开发、销售渠道、物流等方面。例如，为了稳定原材料或者零配件的供应和降低原材料或者零配件的采购成本，两个以上的企业共同组建或者收购一个上游企业。

2）经营级战略联盟

经营级战略联盟（business-level cooperative strategy）或事业部层的战略联盟是指两个单一行业的企业或者事业部为了提高企业在特定产品市场中的竞争优势而建立的战略联盟。企业通过与一个或多个企业的合作，来实现业务互补、减少竞争、应对竞争或降低风险的目的。经营层的战略联盟可分为四大类：互补型战略联盟、竞争反应战略联盟、降低风险战略联盟和减少竞争的战略联盟。

（1）互补型战略联盟。互补型战略联盟是企业之间因为某种竞争需要而将互补性资源和能力整合在一起，从而提高合作双方竞争力的联盟。其中又可进一步分为两种形式：纵向互补战略联盟和横向互补战略联盟。纵向互补战略联盟是在某一产业价值链上的企业通过共享价值链中的技术、资源或能力等要素而形成的合作团体。横向互补战略联盟则是指某一产业价值链上同一环节的企业进行技术、资源等要素的共享，从而形成的合作团体。这一联盟的目的往往是为了保证企业某些产品或技术的长期发展，或共同开发某些产品或服务。例如，2006 年 8 月，全球最大的主板厂商华硕与另一主板大厂技嘉科技宣布合资成立新公司，从事制造主板与绘图卡业务，涉及资本额达 20 亿元人民币。新公司中技嘉占 51％的股份，华硕占 49％的股份。华硕是全球最大的主板厂商，技嘉则是全球第三大主板生产商。新成立的合资公司聚合了双方的优势，无疑将在主板市场拥有绝对的话语权[3]。

（2）竞争反应战略联盟。在高度竞争的市场上，企业往往利用联盟来响应竞争对手的行动。例如，中国电信和微软的 MSN 进行合作，以应对中国移动提供的飞信服务。又如，银行业中，一些关键客户（如在华的跨国公司）是许多跨国银行的重要服务群体，对利润贡献很大。因此，一些跨国银行争相与四大国有商业银行签订合作协议，建立战略联盟来对抗先行进入的国际对手，以留住关键客户、对抗竞争对手[4]。比如，韩亚银行于 2003 年 3 月 3 日与 4 日分别与南京商业银行、宁波市商业银行签署全面合作协议。建立合作关系后，韩亚银行可以通过合作伙伴的服务网络或渠道，向双方的共同客户——韩资企业提供金融服务与新产品①。

（3）降低风险战略联盟。在进入新的市场或新兴国家时，企业可能会因为不了解该国家或地区的法律法规、风俗习惯、政治环境等情况而无法顺利开展业务。这时，企业可以通过与当地企业进行联合来实现对新市场的快速适应，减少失败的风险。比如，20 世纪 80 年代中期，摩托罗拉开始进入日本的移动电话市场时，由于日本市场存在大量正式、非正式的贸易壁垒，使得摩托罗拉公司举步维艰。于是，1987 年，摩托罗拉决定与东芝结盟制造微处理器，并由东芝提供市场营销帮助，此举大大提高了摩托罗拉与日本政府谈判的地位，摩托罗拉最终获准进入日本的移动通信市场，成功地克服了日本市场的进入壁垒。

（4）减少竞争的战略联盟。一般地，减少竞争的战略联盟也被称为共谋战略。通常共谋战略是非法的，有不正当竞争和垄断市场的嫌疑，并在大部分国家和市场受到管制和惩罚，因此企业很少会诉诸显性的共谋。显性共谋战略可以定义为企业间就产出量或价格等要素进行谈判并达成协议，以减少相互间竞争的战略。大部分的企业则会诉诸隐性的共谋战略，即若干公司进行非直接的产量或价格的决策，该决策通常是通过企业间的互相观察并默默响应而实现的。通过减少竞争的战略，企业可以不按市场需求的数量来生产商品，并制定较高的市场价格。减少竞争的战略联盟常常出现在集中度较高的产业当中，如中国的电信行业。

---

① 相关报道见 2003 年 3 月 13 日的《21 世纪经济报道》"韩亚银行进军之道"一文。

战略联盟的动因

　　企业之间进行合作，甚至建立战略联盟的动因是多种多样的，但是总体上与企业所在行业或者市场的特点存在密切关系。根据行业的自然特点和垄断程度，我们可以将市场或者行业划分为静态、标准、动态三种不同的类型。对于不同的市场或行业类型，企业建立战略联盟的原因也是不一样的。

　　对于静态的市场，企业不会或没有必要经常进行战略调整和战略创新，企业战略推进处于相对静止或变化缓慢的状态。这种市场一般存在于垄断程度很高或受到高度管制的行业，如中国的电力、自来水、煤气等行业。在这种市场中，企业进行战略联盟，常常是为了进入被管制的市场或在新的市场建立特许经营。例如，花旗银行为了进入中国银行业，出资购买浦发银行 5% 的股份，但最终却被允许持股 25%。花旗银行成为第一个持有中国的银行股份超过 20% 的外资银行，并由此成为浦发银行的主要股东，这为花旗银行在中国开展业务打下了很好的基础。

　　面对动态的市场，企业必须不断根据市场变化来进行战略调整或制定新的竞争战略。此时，企业战略处于高度变化的状态，企业间的竞争也非常激烈。这种市场一般存在于完全竞争的市场或市场竞争比较充分的行业，如 IT 行业。IT 行业产品或服务的开发、规模化生产和销售都非常迅速，动态市场的特征使身处其中的企业无法保持长期竞争优势。企业需要在利用现有优势创造价值的同时，不断寻求新的竞争优势。对于动态市场的企业，战略联盟有很多的好处，如可以快速获得新技术、进入新市场、分担研发投入、形成行业的技术规范等。

　　在静态与动态市场之间，还存在大量的行业和企业，这些企业的战略变化既不像静态市场中的那么缓慢，也不像动态市场中的那么频繁，而处于中间状态，我们称之为标准市场。表 8-1 列出了动态、标准、静态市场中的企业进行战略联盟的主要原因。

表 8-1　企业战略联盟的原因

市场类型	战略联盟的原因
静态市场	1. 获得进入限制市场的渠道 2. 在新市场建立特许经营 3. 保持市场稳定性，如建立市场标准
动态市场	1. 加快新产品或新服务的开发速度 2. 加快新产品或服务进入市场的速度 3. 保持市场领先地位 4. 形成行业技术规范 5. 分担产品研究开发所需要的大量投入，如铱星电话的研发 6. 减少市场的不确定性
标准市场	1. 争取市场权利 2. 资源互补 3. 规模经济 4. 贸易壁垒 5. 应对其他竞争者的挑战 6. 为大型投资项目筹集各种资源 7. 学习新的营运技术

战略联盟的风险　　战略联盟带来的不仅仅是利益，它同时也会带来风险。有关实证研究表明 2/3 的合作战略在开始的前两年都存在比较严重的问题，70% 的企业战略联盟都以失败而告终[5]。广州汽车厂和法国标致汽车战略合作的失败就是典型的例子[6]。1985 年 3 月 15 日，广州标致成立，而 5 个月之前的 1984 年 10 月 10 日，上海大众才刚成立。当时国内的汽车产业仍然处在计划体制下，整个汽车产业的发展刚刚出现苏醒的迹象。从 1985 年到 1993 年的八年时间里，广州标致一直都是法方出任总经理。过于偏重法国标致利益的法国人，在整个广州标致合资公司未来战略构建上顾此失彼，这是广州标致市场逐步丧失的重要原因。在法方强势的管理下，广州标致一直没能导入先进的车型，当年标致 505 车型实际是法国早在 1987 年就已经停产的车型。在当年广州标致规模小、成本高的情况下，法国人坚持不加大国产化力度，结果导致广州标致在成本和质量上失去市场。到 1997 年，广州标致彻底"破败"，年销量不足 1000 辆，公司累计亏损额达 29 亿元。同年，本田汽车公司买断标致在广州标致的所有股份和债务，与广州合作 12 年之久的法国标致得以抽身[7]。1997 年 10 月 31 日，法国标致宣布正式退出与广州汽车的合作，这一联盟也宣告失败。这个案例表明，尽管战略联盟有可能为合作的企业带来诸如协同效应、资源互补等好处，但是合作双方将各自的资源和能力整合在一起，其实也锁定了合作双方。战略联盟的失败将导致合作的一方或者双方都承受巨大的损失。具体来说，战略联盟的风险有可能来源于以下几个方面：

第一，合作目的的冲突。虽然战略联盟是在合作各方都充分了解合作对方的目的和合作利弊的前提下建立起来的。但是，有些企业所陈述出来的目的和它们的实际目的并不是一致的。因此，一旦合作开始，这种目的的冲突就会表现出来，而且愈演愈烈。这种冲突通常表现在：①一些企业建立战略联盟的目的并不是为了获取联盟所产生的共同利益，而是为了利用合作方的核心技术或其他独特的竞争优势为己所用。②一些企业建立联盟的目的并不是战略性的，而是战术性的，它们并没有长远和明确的战略意图，也没有准备为了实现长远和明确的战略意图而进行足够的投入，甚至承受可能的亏损。

第二，合作合同不完善。虽然在战略联盟建立之初，合作各方就合作事宜制定了尽可能详细和完善的合同，并且希望以此降低合作的风险。但是，合作双方不可能在合作没有开始之前就能够预测到将来所有可能发生的事情，因此合同不可能非常的详细。即使合作双方能够做到这一点，也没有办法在合同中将所有可能的事宜都用准确的语言描述出来，并进行严格地界定。因此，仅仅依靠合同是很难保证战略联盟成功的，战略联盟的成功必须依靠合作双方具有强烈的合作意愿和良好的合作精神。

第三，合作双方的传统和文化冲突。虽然战略联盟是在合作双方已经相互了解的基础上建立的，但由于合资和合作企业的股权过于集中，企业的运作直接受合作双方总部的影响很大。如果合作双方原来的管理传统和企业文化很强，那么就很容易在合资或合作企业的运作过程中产生矛盾。如果合作双方不能在合作中表现出应有的宽容和尊重，不具备必要的适应和学习能力，那么这种传统和文化上的冲突就会最终导致联盟的解体。

第四，双方的投入不对等。在战略联盟中，合作的双方既是合作关系，也是博弈的关系。如果合作的企业有一方进行了专用资产（specific assets）的投资，而另一方没有进行专用资产投资，那么进行专用资产投资的一方就处于劣势，其获得的收益也会受到负面影响。专用性资产是指只有当某种资产和某项特殊的用途结合在一起的时候，这种资产才是有价值的[8]。例如，迪斯尼公司与皮克斯公司（PIXAR）曾合作创作了《玩具总动员》、《虫虫危机》、《怪物公司》、《海底总动员》、《超人总动员》等动画影片，并取得了辉煌的成功。但是，对于迪斯尼公司而言，它对"迪斯尼"这个品牌的投入是巨大的，其公司整体经营对动画片制作的依赖也是巨大的，而皮克斯公司则可以随时更换合作伙伴。这对迪斯尼公司来说非常不利，皮克斯公司为了提高其在合作中分红的比例，会释放出与其他影视公司洽谈的信号，以此来对迪斯尼公司施压。为此，迪斯尼公司曾经在2004年考虑放弃与皮克斯公司的合作。但是，离开了皮克斯公司的迪斯尼随后推出的动画片的票房收入并不理想。在这种情况下，2006年1月24日，迪斯尼公司只得宣布以74亿美元的价格收购了皮克斯公司，皮克斯公司的最大股东乔布斯成了最大的赢家。

由迪斯尼和皮克斯的案例可见，当企业发现它对某项技术和竞争优势的依赖已经不能通过联盟来实现，而需要长期拥有来保持对该竞争优势的足够控制权和支配权时，企业会从联盟进而发展为收购兼并。

8.2 公司并购

第一个让全世界认识到并购价值的，是一位叫摩根的美国人。1901年2月，这位金融大亨以4亿美元收购钢铁大王卡耐基的资产，组建了世界上第一家资产超过10亿美元的股份公司，一举控制美国钢产量的65%。美国商界有这样一句俗语："虽然上帝创造了世界，但在1901年又被摩根重组了一回。"摩根的故事告诉人们，除了自建之外，企业成长还有另一条道路：收购兼并。

在决定实施增长型战略以后，企业战略管理者还需要决定是通过内部挖潜还是通过新增投资实现增长。如果是采取新增投资的方式，无论这种外部增长是扩大原有主业的规模，还是进入一个新的行业或者市场，企业战略管理者都需要进一步在自建还是收购兼并这两种方式中作出选择。自建和并购是企业实现外部增长的两种主要方式。下面我们将从与自建相比较的角度来介绍并购的好处和难处。

并购的概念　　"并购"包括"兼并（merger）"与"收购（acquisition）"两种行为。兼并指两个或两个以上的经济实体，以基本平等的方式组合成一个经济实体的交易。收购是指一个公司购买了另一公司从而获取其控制权的交易，被收购企业有可能独立存在，也有可能被整合进入收购企业之中。兼并和收购的概念存在细微的区别，前者是指两个以上的企业在股权或资产发生交易后形成了新的企业，原来的企业都消失了；而后者是指两个以上的企业在交易后只有一家存留下来成为新企业的主体，其他企业不复存在[9]。但由于很少有被收购方进入后，原有公司不发生重大结构变化的情况，所以人们往往把收购也看做一种兼并[10]。一般我们称发起方为"主并/收购公司（bidder/acquiring firm）"，被收购方称为"目标公司（acquired company/firm 或 target company/firm）"。

并购的类型　　美国联邦贸易委员会 1984 年将并购划分为五种类型，即水平收购、垂直收购、产品扩张型、市场扩张型和混合型。鲁贝金（Lubatkin）则在鲁梅特（Rumelt）对多元化战略分类的基础上，将并购分为单一收购、垂直收购、相关收购和不相关收购[11]。本书把并购的类型分为三类：横向并购、纵向并购和混合并购[12~16]。其中，混合并购战略又分为三种类型：产品扩张型、地域市场扩张型和纯粹混合型并购。这些概念的解释如表 8-2 所示。

表 8-2　并购战略的概念与分类

并购战略类型		概念
横向/水平并购（horizontal）		两个从事同类业务活动的公司并购
纵向/垂直并购（vertical）		处于某项生产活动不同阶段的公司并购
混合并购	产品扩张型并购（product-extension）	扩宽生产线的并购
	地域市场扩张型并购（geographic market-extension）	在不重叠的地理区域内经营的并购
	纯粹混合型并购（pure conglomerate）	既不是产品扩张又不是地域扩张的不相关并购

1. 横向并购

横向并购指在同一产业链中，处于价值链相同环节上企业间的并购。例如，2001 年，惠普收购康柏、2003 年联想收购 IBM 的 PC 事业部，以及 2007 年微软试图以 446 亿美元收购雅虎。一般来说，某个行业内出现大量的横向并购，往往会引发该行业的结构调整，如近年来中国乳制品行业的整合、中国钢铁行业的整合。作为企业实现集中发展的一种方式，横向并购的主要好处在于：①有利于突破区域市场的进入障碍；②有利于迅速提高市场占有率；③有利于在改善行业结构的同时提高自己的赢利水平。

在中国企业努力提升国际竞争力的过程中，推动横向并购具有非常重要的意义。因为通过横向并购，企业可以在不恶化行业结构的前提下，迅速提高市场占有率，扩大规模经济和对市场的控制，从而在成本和价格两个方面提升自己的赢利水平。在此基础上，中国企业可以将更多的资金投入差异优势的建立，从而使自己有可能有效地利用中国特有的市场规模优势，在成本和创新两个方面形成竞争优势，阻止国外跨国企业对中国市场的侵占和提升中国企业在国际市场上的竞争力。

战略聚焦一

中国钢铁行业的横向并购

2005 年鞍钢和本钢整合、2005 年武钢对柳钢整合、2007 年宝钢收购八一钢铁、2008 年宝钢收购韶钢，这些并购都表现为横向并购，其目的主要是为了扩大市场份额，提高产业集中度和行业控制力。这是行业发展到一定阶段的必然选择，我国绝大多数钢铁企业都没有达到国际钢铁产业规模经济的临界点，分散的产业组织结构、无序的市场竞争都在阻碍着企业实现规模经济效益。尤其是近年来，世界钢铁企业的整合并购活动日益活跃，通过一系列的资源整合以达到更经济的生产规模、更合理的专业分工和地理布局，形成跨地区、跨国界的世界钢铁企业巨头。在这种行业环境下，企业兼并收购、重组与战略联盟加速了全球经济一体化的发展，为欠发达国家更加快速地实现产业升级、产业转移和经济扩张提供可能。将企业引入全球范围内竞争，可以冲击垄断企业对价格的垄断，使竞争转移到降低成本、加强研究开发自主创新上来，同时在信息技术的进步对传统产业的管理提供了良好条件的情况下，使得管理更加科学合理。

资料来源

吴伟波，魏金．浅析钢铁行业整合应对金融危机．现代商业，2009，(14)：46～47.

2. 纵向并购

纵向并购是指产业价值链不同环节的企业之间所发生的购并，例如，中国石化近年多次在海外收购石油公司、油田、油砂及油气开采等的权益，来稳定原材料的供应和掌控原料价格，同时在国内收购了大量的加油站，建成了庞大的销售网络，保证企业产品的销售。另一个例子是中国铝业在 2009 年欲斥资 195 亿美元收购澳大利亚的力拓矿石公司，但由于种种原因未果。在中铝并购力拓案之前，中国企业如中国五矿集团已经成功收购澳大利亚 OZ 矿业公司，湖南华菱钢铁集团也成功收购澳大利亚 FMG 铁矿石公司。纵向并购的主要好处在于：①有利于突破行业进入的政策障碍；②可以有效地降低行业进入的成本和风险。随着自然资源和渠道成为战略性资源，以及跨国企业在全球范围内实施纵向整合战略，中国企业有必要实施更多的纵向购并。

3. 混合并购

混合并购是指处于不同产业企业之间的并购，包括相关和不相关的并购。在现实中，混合并购的现象很常见，企业往往为了分散风险或最大化资本收益而进行跨行业并购。例如，新希望集团主业是饲料行业，但在 2002 年新希望旗下的东方希望集团收购信发热电集团 51% 的股份，随后收购多家氧化铝矿石公司的股份，从而进入铝电一体化行业，打造了完整的产业链：氧化铝—自备电厂—电解铝—铝制品。混合并购的好处是企业可以突破行业进入的政策障碍；减少跨行业经营的学习成本；加快行业进入的速度。但混合并购的风险也是明显的，如学习成本非常高、管理模式差异大等，这些风险往往会导致混合并购后企业整合的失败。

4. 跨国并购（Cross-Border M&A）

近年来，随着市场、经济的全球化水平的不断加剧，企业并购越来越多地跨越国境，成为企业并购活动中的一种特殊现象。跨国并购有可能是横向的、纵向的，或混合的，但由于其跨越国界的特性，使得跨国并购具有很多独特的特点，并成为企业实施和推进国际化战略的主要手段之一。

跨国并购是指主并公司（Acquirer/Acquiring Firm）与目标公司（Target Firm）的总部处于不同母国的并购行为（Shimizu，2004）[17]。该并购战略被视为一种进入模式、动态学习的过程和价值创造（或破坏）的战略。同时跨国并购也是企业实现国际化战略的途径，是企业并购战略中的一种特殊现象。企业实现国际化通常有五种方式：出口、许可经营、战略联盟与合资、跨国并购、新建全资子公司①。在通信、互联网等技术发展的支持下，原来难以实现和管理的跨国并购逐渐成为公司成长的另一种选择。1985～1999年的15年间，全球跨国并购的案例从每年197宗增长到959宗，涉及金额从100.9亿美元增长到2721亿美元[18]。

一般地，企业执行跨国并购战略是为了实现协同效应。协同效应是指通过并购整合后的企业价值会大于单个企业价值的简单相加[19]。协同效应的来源主要有三个：

（1）专业技能的转移。当企业拥有的专业技能（专利技术、生产诀窍）在自己母国不能为企业创造更大的价值时，企业会诉诸并购海外公司，通过向海外公司和海外市场输送专业技能，来开发和进一步提高专业技能的价值创造能力。在专业技能的转移过程中，根据转移的方向，可以分为正向国际化（International）与反向国际化（Reverse Internationalization）。

当主并公司的并购目标是向目标公司输送专业技能，并利用目标公司的生产能力或市场创造更大价值时，这一过程称为向国际化。当主并公司的并购目标是为了获得目标公司的专业技能，并利用该专业技能为母国公司/主并公司所在国或所在市场创造更大价值时，这一过程称为反向国际化[17]。近年来，中国企业频频诉诸海外并购，例如，吉利收购沃尔沃，联想收购IBM的PC事业部，目的之一就是获得目标企业的技术专长，是反向国际化的典型案例。

（2）转移过剩生产力。企业在发展过程中，可能会发展出过剩的生产能力。这些生产能力受制于本国市场容量、消费水平、法律法规政策等因素而无法创造更大的股东财富。因此企业会诉诸海外并购，通过并购海外公司，来获得海外市场，从而更充分地利用现有生产能力，创造出更大价值。

（3）降低财务风险。跨国并购使企业拥有多个海外市场，这使企业

---

① 详见本书第7章：企业国际化战略。

具有更高的债务能力和更多的财务优势（如税收政策的优惠）。

战略聚焦二

中国企业的跨国并购

中国企业跨国并购的足迹已经遍布五大洲。无论希望通过并购获得先进技术、高端人才，还是希望得到品牌的提升，都要面对重重困难。他们不仅要应对并购谈判的风云变幻，还要解决并购之后的人事冲突、文化融合、资源整合，跨越政治、法律、媒体等种种障碍。但是这些都没有阻挡中国企业走出去的步伐。自 2001 年中国加入世界贸易组织以来，中国企业跨国并购的规模在不断扩大，并购的领域也在向多元化发展。

中国企业的跨国并购从 2000 年开始逐渐引起世界的关注。这一现象如同 20 世纪 80 年代日本企业大举进行海外并购的再现。1989 年，日本索尼公司的创始人盛田昭夫决心斥资 46 亿美元买下美国影视业的象征：哥伦比亚电影公司。同年三菱地产斥资 13.7 亿美元买下纽约洛克菲勒中心。1989 年 10 月出版的美国《新闻周刊》封面上，自由女神像被穿上了日本的和服。

2011 年 2 月，在并购优尼科①失败 6 年之后，中国海洋石油集团购入了美国"切萨皮克"（Chesapeake Energy）公司"油气项目" 1/3 的权益，迈出了进入美国的第一步。

2001 年 7 月，在洛杉矶的长滩，通过与美国装卸公司（SSA）的艰苦谈判，由中远控股的合资公司终于组建。中远终于拥有了进出美国的最大门户。

2004 年 1 月 29 日，TCL 和汤姆逊走到了一起，合资组建 TCL－汤姆逊电子有限公司。这家简称为 TTE 的公司在全球拥有 10 家工厂，5 个研发中心，29 000 名雇员，TCL 也由此一跃成为全球最大的彩电企业。

2008 年 9 月底，中联重科、弘毅投资、高盛和曼林达基金共同投资方共支付 2.5 亿欧元，正式完成了对 CIFA 公司的全资收购，CIFA 公司成立于 1928 年，行业排名欧洲第一，世界第三。中联重科从全球行业排名第五的位置一跃成为全球最大的混凝土机械制造商。中联重科并购 CIFA 公司的案例，已经被收入哈佛大学经典案例库。

跨国并购是一条发展的捷径。1＋1＞2 的梦想，让无数企业前赴后继。但这条捷径却也充满着坎坷与荆棘，太多的企业没能完成它们最初的梦想。著名的"七七定律"就曾指出，70％的并购没有实现期望的商业价值，而其中 70％失败于并购后的文化整合。"一里不同俗，十里改规矩。"实际上，文化的差异到处存在。一个不经意的举动就可能引来一场误解，一句平常的话甚至可能引发一场冲突，文化的融合对任何经历跨国并购的公司都是一道绕不过去的坎。跨国并购的失败率高达 70％，几乎是风险最高的商业活动。

汤姆逊公司，这家百年老店是法国最大的国有企业，曾经多年占据着全球彩电业霸主位置。它旗下拥有汤姆逊和 RCA 两大国际品牌，而 RCA 的创立者正是赫赫有名的发明大王托马斯·爱迪生。TCL 是中国最大的彩电企业，其业务主要集中于新兴国家市场，而汤姆逊的彩电业务主要集中在欧洲和北美，市场有很强的互补性。但是从并购的第二年，TCL 就经历了

---

① 优尼科（Unocal Corporation）是有一百余年历史的老牌石油企业，在美国石油天然气巨头中排位第九，2005 年，该公司被美国第二大石油公司雪佛龙（Chevron）收购。

巨大的亏损。2005年，汤姆逊出现巨额亏损，付出的成本相当于公司4年的利润。并购汤姆逊的挫折一直伴随着TCL，这期间TCL集团的亏损额累计高达数十亿元人民币。为了走出跨国并购带来的经营困境，TCL用了整整6年的时间。

2010年8月2日，吉利完成了对沃尔沃的全部股权收购。至此，这家全球名列第三、安全技术世界排名第一、拥有80多年历史的豪华车品牌，被只有短短13年造车历史的中国吉利汽车买下。人们把这场并购形象地比喻成"跨国婚姻"，一方是来自东方的农村青年；另一方则是北欧公主。双方地位的悬殊，注定了"爱"得艰辛。

在跨国并购的历史中，有许多马失前蹄的先例。1996年三菱地产作出决定，放弃洛克菲勒中心为期100年的经营合同，以3.08亿美元的价格，搭上8亿美元债务，将它卖给洛克菲勒集团，整个并购损失1500亿日元，以当时汇率计算，超过10亿美元。德国戴姆勒奔驰汽车收购美国克莱斯勒，来自中国台湾的明基收购德国西门子手机业务，宝马并购英国罗孚汽车，这些当初被看好的强强联手最终却演变成了损失巨大的惨败。

然而，跨国并购却打造出一支支跨越大洋的经济舰队，它们穿行在全球经济的版图里，把活力传递给世界，把梦想带向远方。

资料来源

作者根据中央电视台《跨国并购》系列节目整理。

并购的动因　　在实施增长战略的过程中，企业究竟应该采取自己建设的方式还是收购兼并的方式呢？这首先取决于企业在实施战略过程中的特殊障碍和策略考虑，在下列情况下收购兼并可能具有更大的好处。

第一，突破行业和市场进入的障碍。当企业需要进入一些受行业政策限制、地方政策限制的行业或者市场的时候，并购有可能成为唯一的选择，例如，跨国公司要想进入中国汽车、航空、电信等行业。同样，某些地区政府对进入本地区建立新的企业有特定的限制或者不鼓励，但又希望挽救当地企业或者稳定工人就业等，在这种情况下以并购现有企业的方式进入就成为进入企业必须或者能够取悦地方政府的最优选择。

第二，加快行业和市场进入的速度。当企业需要进入一个新的行业或者新的地区市场的时候，通过自己建设的方式可能需要更多的时间，包括购买土地、施工建设、引进和调试设备、培训工人以及开拓市场等。在市场变化比较快的情况下，时间就是机会，此时并购的好处就更明显。例如，在空调市场快速发展的时候，如果通过自己建设的方式建立一个全新的工厂也许需要两年，但是，两年后空调市场可能已经发生了逆转性的变化。

第三，增加市场份额和影响力。在一个供求关系基本平衡的行业中，采用自己建设的方式，将使得整个行业的供给增加，行业结构恶化，全行业有可能在相当长的时期里出现供过于求的状态和价格战。但是如果通过并购则不需要增加供给和打破现有的供需平衡，只是改变现有企业的所有权。因此，行业结构会得到优化，主并企业的市场份额和企业影响力都会更快扩大。

第四，加快新产品和新技术开发速度。相对来说，大企业在新产品或者新技术的开发方面会面临着特殊的困难，例如，官僚主义或者激励不够等。而小企业，尤其是科技创新的小企业则在新产品和新技术开发方面具有特殊的优势，投入小，产出大。因此，国外大型企业就专门采取收购小企业的方法来加快新产品和新技术的开发。在这种情况下，并购就成为企业外部创新的重要方式。

第五，克服多元化的难处。当企业通过多元化而进入自己不熟悉的行业时，采用自己建设的方式通常会在获得人才、渠道、技术以及上下游和地方关系等方面遇到特殊的困难或者需要支付大量的学费。虽然采取并购方式购买到的资产不一定完全符合要求，但是可以让企业迅速整合和利用现有的人才、渠道和各种关系，大大提高进入的速度和减少过程中的风险。

在实施增长战略的过程中，企业究竟应该采取自己建设的方式还是收购兼并的方式呢？这取决于特定的市场情况。例如，在西方国家遇到金融危机的时候，一些中国企业就可以乘机收购一些国外企业，从而以远远低于自己建设的投入来获得这些企业的品牌、渠道和研发能力。再如，最近中国政府一直鼓励在一些行业实行整合、优化行业结构、降低竞争强度。在这种特殊情况下，并购就成为企业实现增长的更好选择。

成功实施并购

虽然每年都有大量并购事件发生，但大多数并购，特别是对主并公司而言，并没有达到预期的效果。这是因为从开始到最后的并购过程，都存在很多障碍、风险以及整合的困难。从这个角度来说，自己建设又有其特定的好处。希特（Hitt）曾经针对并购中存在的问题，提出了成功并购的七个要素：业务互补、善意并购、严格筛选、重视创新、低负债、保持灵活性和适应性[1]。考虑到中国企业面临的实际情况，成功地实施并购应该注意以下问题：

第一，精心选择和合理评价目标企业。在实施并购之前，主并公司必须有明确的战略目的，非常清楚自己的战略需要，不能为了并购而并购或者盲目并购。在确定需要采取并购而不是自己建设来满足战略需要之后，一定要主动、全面和精心地寻找目标企业，不能总是被动地收购那些"自投罗网"的企业。在锁定可能的选择目标之后，要认真的评价两个企业的资源和能力的互补性，互补性越高的企业，并购的成功率就越高。在这个过程中，主并企业战略管理者一定要客观地评价并购所带来的范围经济和规模经济，同时关注并购可能产生的不经济性。

被誉为全球第一 CEO 的杰克·韦尔奇，在执掌通用电气的近 20 年中，通用电气共完成了 993 次兼并，市值从 130 亿美元一路攀升到最高时的 5600 亿美元。在每一次并购前，他优先考虑的就是两家企业的文化能否融合。韦尔奇说，他们试图利用好两种文化，但同时也需要确保在财务和人力资源体系方面，对方需要适应他们的方式。如果两个企业的文化差异太大，杰克·韦尔奇的答案是迅速扔掉。

第二，全力争取友好并购。能否成功地收购一个企业主要是看股东，但是能否成功地整合一个企业就要看管理者、员工以及所有利益相关团体。企业并购的最终目标是什么？是只想成功地实现收购，还是要在收购之后成功地整合目标企业？针对不同的并购目标，主并企业必须相应选择正确的方式去接触正确的人，并且给他们以正确的并购理由。这是一个目标企业愿意友好接受并购的前提。在整个谈判的过程中，主并企业千万不要对目标企业的缺点横加指责，这不是你要买它的理由；如果目标企业是你可以得到的最佳并购对象，也千万不要在谈判的细节上纠缠过多，这些"伤感情的事情"会给并购后的整合留下难解的疙瘩。

第三，并购和整合要留有余地。并购成功的关键不在于报价和签约，而在于交易完成后的整合。因此，在整个并购和整合的安排上一定要"留有余地"，否则会影响整合过程中的态度和耐心：①不需要把收购的进程安排得太紧，事前沟通比事后沟通要好；②主并和目标公司的负债率不能太高，否则整合的压力太大；③不需要立即改变品牌，甚至企业的名称，感情转变需要一个过程；④不要对外宣布整合工作的时间表，否则所有的人都会希望你超时；⑤不需要把原来的管理团队换掉，进来以后再"折磨"会更好；⑥不要想一天就改变所有的事情，欲速则不达；⑦注意信息披露，千万不要将友好收购形容成"某个企业落入你的囊中"。

第四，"己所不欲，勿施于人"。凡是当过"俘虏"的企业战略管理者都会相对容易地成功完成并购整合的工作，原因就是他知道当"俘虏"的滋味和心情。只要他不存在心理障碍，他就会按照"己所不欲，勿施于人"的原则来善待"俘虏"。企业战略管理者必须把自己当做"俘虏"，然后认真回答下列问题：除了个别高层管理者之外，目标企业的其他管理者和员工是否应该对企业被并购承担责任？并购前后，目标企业的管理者和员工心里最担心的是什么？选派什么人才能将应该要的人带回来，或者是选择什么人才能将不需要的人赶走？应该提前多少天告诉目标企业的管理者和员工等待他们的是什么安排？目标企业的管理者和员工在进入主并企业的时候是否需要某种形式的"宣誓效忠"？为了整合目标企业，是否应该或暂时对"俘虏"比对自己的员工还要好一些呢？

第五，不要并购成瘾。与自己建设的方式相比较，采取并购方式更快也更有成就感，当然也更容易上瘾。国内某个著名企业仅仅在 1997 年就收购兼并了 47 个企业，目前这个企业集团下属的企业现在正在被别的企业逐个并购。过分依赖收购去实现企业的增长战略容易出现几个问题：①如果将并购作为一种外部创新的话，那么过分依靠外部并购会导致企业内部创新投入和能力下降；②如果依靠并购去实施多元化发展，那么就会导致企业总部失去对投资企业的战略控制，越来越不知道自己买了什么，当然也就不关心它们在做什么；③过分依靠并购会导致规模迅速扩大，应变和创新能力下降。

战略聚焦三

成功并购的法则——德鲁克法则

20 世纪 80 年代，管理大师彼得·德鲁克提出了成功并购的五个原则：

(1) 收购必须有益于被收购公司；

(2) 必须有一个促成合并的核心因素；

(3) 收购方必须尊重被收购公司的业务活动；

(4) 在大约一年之内，收购公司必须能向被收购公司提供上层管理；

(5) 在收购的第一年内，双方的管理层均应有所晋升。

8.3　企业重组

　　任何一个企业都不可能持续增长而中间没有暂时的停顿，甚至于收缩。重组（restructure）就是一种收缩，尽管很多企业战略管理者不愿意公开承认这个事实。那些增长太快、多元化程度过高和过分依靠并购的企业通常需要重组，需要通过重组来减少业务范围、减少管理层次和减少企业人员。过去，重组往往被视为大事，现在，伴随着企业经营环境的动态化，重组越来越被一些大企业视作经常发生的常规事件了。为什么那些大企业需要经常重组呢？答案很简单，即使你自己不做，那么市场上也有专门的公司"帮助"你做。因此，与其被动的被别人重组，还不如自己主动地和经常性地重组。

重组的类型　　重组指的是公司对其业务架构或财务体系进行改变的战略[1]。企业会因为内部或外部环境的变化而实施重组，或者为了纠正前期某些战略行为（常见的如并购）而进行重组。通过重组，企业能使公司的定位更为恰当，从而为股东创造更多的回报。常见的重组战略有三种：人员精简、业务收缩和杠杆收购。

1. 人员精简（down size）

　　针对企业持续增长之后出现的人员过多、效率下降以及劳动力成本过高等问题，企业可能会采取人员精简的方式进行重组，其具体含义就是在不对企业经营范围进行重大调整的前提下，减少企业的雇员人数。具体的裁减方法有三种：一是"先进先出"，这种方法会严重伤害企业员工的忠诚度；二是"后进先出"，这种方法会影响企业的长期发展和创新；三是"按照绩效"，这种方法会给企业中低层管理者带来机会，最终让一部分可能对他们构成威胁或者具有创新能力的人离开了企业。这种以人员精简为核心的重组方式在短期内可以迅速地降低劳动力成本，但是从长远来看存在两个副作用：①失去人力资本，尤其是优秀人才会流失，因为裁减员工会被认为是企业经营状况不佳或者前途存在问题。②长期绩效会受到负面影响，因为裁员总是会伤害企业员工的忠诚度。

2. 业务收缩（down scope）

　　针对企业持续发展中存在的多元化程度和债务负担过高的问题，业务收缩的主要任务是以业务范围的调整和压缩为主要内容，同时可能相应地减少人员和企业的债务。从短期来看，业务收缩对企业的影响更为正面。第一，通过收缩，企业可以提高对留存业务的战略控制，将有限的资源和精力优先用于核心业务的培育，建立或增强独特的竞争优势。第二，通过收缩，企业可以减少债务，控制财务成本和财务风险。但是，为了在收缩中减少而不是增加债务，企业在收缩经营范围的时候，应只压缩亏损业务，而不调整赢利的业务，否则短期债务可能会进一步上升。

从长远来看，上述两个重组战略都具有一定的积极效益，其中业务收缩对企业长期发展有利。

3. 杠杆收购（leveraged buy-out，LBO）

在业务收缩的过程中，多元化企业的总部可以采取不同的方式处理不同的业务单位，有的可以出售给其他公司，有的可以直接破产清算，还有一种方式就是杠杆收购。杠杆并购有三种形式：管理层并购（MBO）、职工并购（EBO）和整体公司并购。**杠杆并购**是一方为了将公司私有化而买下公司全部资产的一种重组战略。管理层或其他收购方一般通过债券、银行贷款等"杠杆"，以较少的自由资金就可以完成并购"大业"。

采取这种方式的好处就在于：①战略控制加强。企业管理者比较了解自己所管理的企业，相对比较容易成功；②解决了代理成本问题。管理者变成了股东。但是，管理者在收购过程中，管理者对外负债比较高，从长远来说，具有比较大的风险。

杠杆并购完成后，一些曾经公开募集资金的企业（上市公司）将不再上市公开交易，该现象也被称为**私有化**或**退市**。表 8-3 列出了近年来美国完成私有化的知名上市公司。这些公司中有些是被公司管理层进行收购，有些则被大型投资公司或顾问公司收购，从而退出公开市场。

表 8-3　近年完成私有化的美国公司

私有化企业	原代码	主要业务	收购方	公布总价值/万美元	公司网站
Mediacom Communication Corp	MCCC. NA	有线电视运营	管理层	362 359	http：//mediacomcable.com/about_us.html
M&F Worldwide Corp	MFW. NY	甘草制品和账单产品生产	麦克安德鲁斯与福布斯控股公司	231 081	http：//www.mandfworldwide.com/
Quest Software Inc	QSFT. NA	企业系统管理软件制造	Insight Venture Partners	186 014	http：//www.quest.com/
99 Cents Only Stores	NDN. NY	折扣零售	多重买方	109 690	http：//www.99only.com/
Venoco Inc	VQ. NY	油气生产	管理层	38 280	http：//www.venocoinc.com/
Benard Chaus Inc	CHBD. OB	女性服饰设计生产	Camuto Consulting Inc	1 196	http：//www.bernardchaus.com/
Natural Resources USA Corp	NTRC. OB	自然资源	Green SEA Resources Inc	1 005	http：//naturalsoda.com/

战略聚焦四

上市公司的私有化与退市

1. 退市与私有化

退市分为主动退市和被动退市两种。私有化属于主动退市，就是上市公司选择主动退出股票市场，通常是由控股股东提出，以现金或者有价证券的方式从其他小股东手中将市场上的所有流通股购回，从而使上市公司就此摘牌退市，成为私人公司。

"私有化"源自美国，其第一次大规模涌现可以追溯到20世纪70年代的大萧条时期，当时许多在牛市上市的公司为了利用股票价值被低估来获利，开始回购公众股东持有的股票，从而有了"私有化"一说。更有私募股权投资（private equity，PE）利用举债或其他金融工具把价值被低估的上市公司私有化后，孵化成长，再行并购或重新上市，从中发现并缔造新的价值。

被动退市主要是因为公司现状已经不符合上市标准（在美国被动退市的原因主要有：股价长期处于1美元之下、无法满足信息披露等要求、财务遭质疑等）。被动退市后，投资者仍旧持有公司股权，股票会被转至低级别的证券场外交易市场继续交易。

2. 中国海外上市公司的私有化风潮

2010年，中国企业赴美上市的数量达到历时最高纪录45家，融资额高达38.86亿美元，甚至出现了一周之内5家中国公司挂牌美国市场的盛况。然而到2011年，大部分中国概念的股票股价低迷，被腰斩的比比皆是，更有一大批沦为1、2美元的垃圾股，面临被摘牌的困境。2011年，赴美上市的中国公司锐减至11家，第四季度更是一家也没有。

2011年也是中国概念股票私有化，退出美国股票市场最为显著的一年。2011年在美国已经或正在进行私有化的中国公司股本总额达到78亿美元，已经被管理层、投资公司或私募股权基金收购的达到35亿美元，另外还有43亿美元正在进入被收购或托管程序。

ChinaVenture投中集团的CVSource[①]数据显示，截至2012年2月，已有超过25家在美上市的中国企业正在实施或已完成私有化交易。其中，同济堂、康鹏化学、中消安、盛大网络和环球雅思等10家已经完成私有化交易并退市，而近期仍在进行私有化交易的，有亚信联创、中房信、国人通信等。

在美国，私有化是和上市一样常见的商业行为。企业私有化的原因，也不再像大萧条时期那样单纯为了获利，而更多的是重组并购等商业运作需要。这股私有化风潮并不仅仅是只发生在美国市场，在中国的香港和新加坡，也有不少中国上市公司正在或者已经完成私有化交易，其中还不乏阿里巴巴和小肥羊等"行业指标性"企业。尽管有泛华保险等私有化失败案例，但总体而言，私有化已取代IPO，成为近期中国企业在境外资本市场活动的主要议题。

3. 企业私有化的动因

上市时，企业大都抱有相似的目的和诉求；而退市时，却是各有各的苦衷和打算。China Venture投中集团CEO杨伟庆对《中国经济周刊》分析，海外上市的中国公司进行私有化的动因主要有四个方面：

一是公司市值被严重低估，交投清淡

---

① CVSource是ChinaVenture（投中集团）旗下专业的金融数据库产品。

无法有效融资，但又要支付大量费用和接受严格监管，还不如在回购成本较低的时候进行私有化，也可以防止潜在竞争对手或其他投资者进行敌意收购。

"大连绿诺、多元印刷、中国高速频道、东南融通等30余家中国企业因为财务舞弊、夸大订单、虚假陈述等问题被美证监会勒令退市。做空机构也频频对部分中国企业的赢利模式和财务数据发出质疑。"美国中国企业上市协会会长王宇龙告诉《中国经济周刊》人员。一时间"中国概念"神话破灭，"中国奇迹"变成了伪概念。在这种背景之下，美国资本市场出现了一股做空中国概念股的风潮。从2011年3月开始，浑水（Muddy Waters）、香橼（Citron）、Geo Investing、OLP Global等机构频频做空中国概念股，他们的"围猎"致使多家中国在美上市企业股价暴跌，甚至被停牌摘牌。这轮"猎杀"也有不少中国概念股"被误杀"，股价一落千丈，寻求退市的企业也逐渐增多。目前，仍有70多家中国企业股价不到2美元，20多家中国企业股价不到1美元。数据显示，不少中国概念股的市盈率已经跌至3~4倍，好一些的也就在十几倍，这与国内创业板和中小板动辄三四十倍的市盈率存在巨大差异。即使在香港市场，市盈率也普遍能够达到二十几倍。既要面对已经基本失去了融资能力的美国资本市场，又要承担高额的融资成本和接受严格的监管，不如豪赌一把，从美国退市，回到估值更高的内地股市或港股再重新上市，就成为很多企业的更好选择。

二是有一些公司考虑进行PPP（Public—Private—Public，即上市、退市、再上市），从低迷的海外市场退市，回到估值较高的国内或者其他市场重新上市，市值可能会因此增长好几倍。

三是上市公司身份不利于长期业务开拓。出于中长期战略需要而选择私有化退市，盛大和阿里巴巴都是这种情况，公司发展到一定阶段，资金已经不是迫切需求，而是考虑长远竞争力，还不如暂时成为私人公司，安安心心地做企业。为了方便集团管理而选择私有化的企业还有华润微电子和环球天下。2011年9月，华润微电子私有化提议在法院会议及股东特别大会上获得通过。在股东大会上，支持率高达99.99%。环球天下总裁张永琪说："我们可以借此实现承诺，将股东价值最大化。"

四是私有化也可能是一种纯粹的套现行为，如2009年申请退市的香港上市公司电讯盈科，发行价10元钱，退市时只有2元钱，大股东们通过私有化可以套现很多钱。

资料来源

孙冰，李小晓. 逃离华尔街——中国概念股私有化退市风潮. 中国经济周刊，2012，411（11）.

重组的结果　　　不同的重组战略从短期和长期来看，会对企业产生正面或负面的结果。图8-1展示了人员精简、业务收缩和杠杆收购对企业的影响。

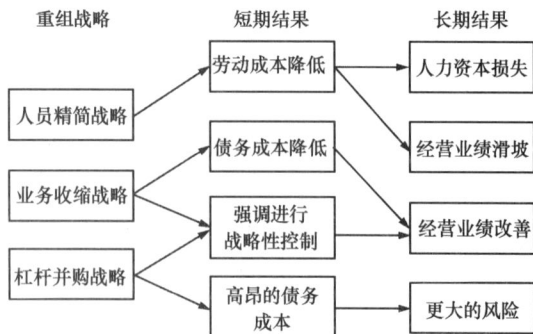

图8-1　重组战略及其结果

人员精简，也即裁员，是企业经常应用的手段之一。小规模的人员精简是企业优胜劣汰的日常管理方法之一，但是大规模的人员精简，虽然短期内迅速降低了企业的运营成本，但是随着时间的推移，往往会给企业带来负面影响。例如，在2001年前后的IT行业，很多大公司如西门子、联想都曾裁员达到数千人。人员精简会导致公司优秀人力资源的流失，经验丰富员工的流失会给公司造成知识的断层和真空。

因此，业务收缩战略无论在长期还是短期都会比人员精简的后果要好。通过剥离非核心业务，例如，联想2003年剥离其IT系统服务事业部、2004年剥离服务器事业部，企业可以重新专注于其核心业务，减少公司多元化程度，集中注意力于公司更为熟悉的业务，从而提高公司整体运营的效率，提升竞争力。有时，企业会同时进行业务收缩和人员精简，这种综合的方式会比单纯的人员精简效果更好。例如，日本夏普公司2012年宣布计划裁员11 000人，同时剥离27.4亿美元的资产。

杠杆并购是第三种重组战略。通过杠杆并购，一家企业会变成私人所有（退市）。杠杆并购经常会涉及大量的融资，从而让企业背上沉重的利息负担，增加了企业的财务风险。一般地，管理层并购由于有明显的激励作用，在三种杠杆并购中效果最好。

如何有效实施重组战略　要想成功实施重组战略，并不能依靠"拍脑袋"、"一刀切"、"硬着陆"的方法，重组往往意味着公司战略发生重大变革，因此必须谨慎，并做好准备。一般地，企业至少要从如下四个方面做好充分的准备。

1. 明确企业发展的核心竞争力

企业实施重组战略应遵循核心能力扩张的原则。核心能力是一个企业的内在的、不易被竞争对手所模仿的具有企业特性的能力。企业的战略重组需要建立在自身核心能力的基础上。企业首先必须找出自己主业成功的核心优势，不断复制主营业务成功的经验和能力，在短期内迅速建立起重组后的相对比较优势和核心能力，才有可能成功。亚信总裁丁健曾经说过："任何的业务多元化一定要和自己的核心竞争力挂钩，不能'原地起跳'，没有任何'助力'。我们一定要借助自己已经跑了这么长时间，积累下来的助跑的速度，再去跳跃新的领域，否则就等于拿自己的劣势跟别人的优势去拼。比如说，某企业可以在新进入的行业中，直接使用现有主业的比较完善的销售渠道，与新进入行业的竞争者竞争。"

2. 重塑价值观

当企业进行重组时，企业原有价值观会受到质疑。例如，联想2003年重回PC主业，其原先在公司内部倡导的"服务是我们的DNA"等口号就不适合以硬件为主的企业形象。同样的，IBM从PC行业转型为IT服务企业，其原先"一流主义"的精益求精的价值观也面临挑战。因此，要应对企业新转型的行业，企业也必须根据行业特点重塑价值观，并引导企业员工树立新的工作态度和价值理念。

3. 企业文化变革与创新

企业的价值观改变了，企业文化自然要跟随改变。当企业通过重组回归某些行业，甚至通过杠杆并购更换了新的 CEO，企业的文化就必然需要变革，甚至是彻底的创新。

4. 人力资源体系的变革

企业重组无疑伴随着大量的人员和岗位变动。为了减少重组过程中优秀人力资源的流逝，企业的人力资源部门就必须转变以前单纯的人力资源管理观念，而向人力资本观念转型。建立战略性的人力资源管理能够有效帮助企业开源节流。从业务创新到收入增长，人力资源管理帮助企业在员工队伍转型、投入和价值回报上达到卓越。

实施重组战略的企业，必须从识别核心竞争力、重塑价值观、创新企业文化及进行人力资源改革等方面都作出保证，才能保证重组战略的效果达到管理者的预期，企业才能真正实现战略的成功。

战略聚焦五

IBM 的转型与重组战略

自从 IBM 在 2003 年决定将其 PC 事业部完全出售给联想（Lenovo），它向人们表明了 IBM 致力于 IT 服务的坚定决心。在 IBM 公司的一本小册子中写到："IBM 是世界上最大的服务企业。"

今天，IBM 已成为全球 IT 服务产业的巨头，它拥有 20 万名专业的服务人员。IBM 提供产品支持、专业咨询等各种服务，很多公司将其 IT 职能完全外包给 IBM，因为 IBM 能够提供比这些公司自己做更好的服务。2001 年，IT 服务为 IBM 带来 480 亿美元的收入，这个数字占了 IBM 年收入的一多半（其他收入为软件和硬件的销售收入）。公众及其竞争对手惠普（Hewlett-Packard）、甲骨文（Oracle）和思科（Cisco）都见证了 IBM 从计算机制造向 IT 服务进行战略转型的巨大成功。

IBM 曾经是世界上最大的计算机制造企业。它有着制造业独特的文化："一流主义"。因此当 IBM 决定将其未来的发展重心放在服务上时，可想而知它所面临的困难。这不仅是对公司自身业务的重组和整合，更是对公司以往文化、思维、工作方式、人力资源管理等的挑战。毕竟卖有形的计算机和卖无形的服务有着巨大的不同。

在 IBM 宣布转型的 1998 年，IBM 作为个人计算机的先驱，已经在个人及商用微型计算机领域奋斗了 17 年，并取得了辉煌的成就，市场占有率、品牌知名度、利润率、管理水平和技术水平等，长期盘踞全球 PC 业第一，位列 IT 领域前茅。可以说 IBM 在宣布转型之时，就已经为新进入的 IT 服务业在资金、客户、技术、管理等方面打下了坚实的基础，然后，在通过对一系列专业 IT 咨询服务公司，比如，普华永道等的收购来迅速地充实自己在 IT 服务业的竞争优势。由于根基深厚，IBM 的原有 PC 部门业绩并没有受到多大影响，虽然受到一些冲击，但还是稳坐全球 PC 业第三把交椅，位列戴尔（DELL）、惠普（HP）之后。直到 2003 年，IBM 全球 PC 销售额达到了 115 亿美元。从 1998 年宣布进军 IT 服务领域，到 2003 年年末 PC 部门被出售给联想，IBM 的战略转型用了整整 6 年的时间。在此期间，IBM 的 IT 服务取得的收益和利润在整个集团中的比重不断攀升，相比之下，IBM 的 PC 部门的销售业绩和利润率在集团中所占比重却日益下滑，最终形如鸡肋，将它从 IBM 主营业务中剥离也就顺理成章。

就 IBM 而言，在 1998 年宣布进入 IT 服务业之前，它已经是全球最具规模的个人及商用 PC 生产制造商，甚至可以说是现代计算机的鼻祖。因此 IBM 在 PC 以及 IT 领域具有极高的知名度和美誉度，拥有全球具有价值和最广泛的 PC 销售网络和渠道，以及客户忠诚度。而与其欲战略转型的行业——IT 服务业之间，也有着非常大的共享空间——品牌忠诚度、相似的目标客户、高科技含量等。这些都为 IBM 顺利进入 IT 服务业打下了坚实的基础。IBM 凭借自身在目标客户以及技术上的雄厚的积累，在 IT 服务领域迅速抢占了自己的位置，并一举成为 IT 服务业的领头羊和 IT 服务的代名词。

2003 年，IBM 进行了近 100 多年来第一次对价值的重新审视。通过这次 72 小时全球内网上的价值大讨论，IBM 人共同定义了公司的核心价值观，它指导 IBM 的员工代表公司所作出的一些行为和选择。这些价值观包括成就客户，创新为要，诚信负责。

"IBM 之道"——"尊重个人、竭诚服务、一流主义"是 IBM 从创始人沃森父子以来一直强调的文化理念。而在 20 世纪 90 年代初，持续的成功使 IBM 的企业文化出现了偏误，IBM 成了昂贵和傲慢的代名词。"一流主义"也使 IBM 演变为以自我为中心。IBM 的转型首先对企业文化进行了再造。

第一，IBM 确立了"服务用户、方便用户、以用户为导向"的服务宗旨，建立了 360 度客户服务的理念。

第二，树立了合作共赢的观念，强调与竞争对手和上下游厂商的合作。

第三，改变了业绩文化。郭士纳明确提出，IBM 优秀员工应当从三个方面衡量，这就是 IBM 的 PBC 考核系统（personal business commitment）：一是 Win，力争制胜。胜利是第一位的，无论过程多么艰辛，到达目的地最重要。二是 Executive，执行力。不要追求完美，快速而有效地做事是所有成功的前提，执行本身反映了员工的素质，因为执行构成了非常重要的过程监控。三是 Team，团队精神。在 IBM，必须学会以一个完整的 IBM 而不是一个人或一个部门在行动，必须在全公司范围内合作。

通过上面一系列的改革，IBM 最终从世界一流的 PC 企业，转变成了世界一流的 IT 服务企业，这与 IBM 能够准确认识自身优劣势，勇于放弃旧优势，创造新优势的强大战略执行力分不开。

资料来源

Zeithaml V A，Bitner M J，Gremler D D. Service marketing：integrating customer focus across the firm，5th edition. 北京：机械工业出版社 . 2011.

本章要点

1. 战略联盟是企业通过与一家或更多的企业之间签订合作协议来获得某种战略性资源，从而实现企业战略目标的行动。其本质上是一种合作战略，企业通过与其他企业联合，获得竞争对手所无法掌握的优势资源或核心竞争力，从而获得竞争优势。战略联盟可以分为公司级的战略联盟和经营级的战略联盟。

2. 企业在相对静态的市场和竞争激烈的动态市场中，进行战略联盟的原因是不同的。在静态市场，企业进行战略联盟往往是为了进入受管制的市场或在新的市场中建立新的特许经营。在动态市场，企业进行战略联盟则是为了快速获取某一新产品或进入某个新领域、保证市场的领先地位、分担开发风险、减少市场未来的不确定性等目的。有些市场的竞争环境介于静态市场与频繁变化的动态市场之间，这些市场中的企业也会为了争夺市场地位、形成规模经济或资源互补等原因而进行战略联盟。

3. 理论上，战略联盟可以为合作的企业带来协同效应、资源互补、增加市场竞争力等好处，但现实中想要成功实现战略联盟却很不容易，其执行的风险主要来自三个方面：联盟企业之间会产生矛盾、文化差异和缺乏专用性资产投资。

4. "并购"包括"兼并"与"收购"两种行为。兼并是指两个或两个以上的经济实体组合成一个经济实体的交易。收购是指一个公司购买了另一公司从而获取控制权的交易。兼并和收购的概念有细微的区别，前者是指两个以上的企业在股权或资产发生交易后形成了新的企业，原来的企业都消失了；而后者是指两个以上的企业在交易后只有一家存留下来成为新企业的主体，其余企业不复存在。

5. 并购可按照企业原有业务与被购企业现有业务之间的相关程度，划分为横向并购、纵向并购和混合并购。

6. 一般地，战略联盟会存在一些风险，这些风险会导致联盟中的一方企业发起并购，收购联盟中的其他企业。战略联盟的风险包括：合作目的冲突、合作合同不完善、合作双方的传统和文化冲突、双方投入不对等。

7. 重组有三种方式，精简人员或部门、收缩业务范围与杠杆收购。

思考题

1. 企业为什么要进行战略联盟，而不是自建新工厂或分公司呢？
2. 促使企业发动并购的原因很多，在一宗并购案中，是一种原因起作用，还是多种原因共同起作用而促使企业最终诉诸并购行为？
3. 重组意味着人员精简、业务收缩，甚至被人收购，那么企业为何还要采取该战略？

能力拓展

寻找一家中国上市公司，研究该公司通过战略联盟、收购兼并及重组等方式来推进公司战略发展的全过程，了解不同战略在企业发展不同时期所发挥的作用。

参考文献

[1] Hitt M A, Ireland R D, Hoskisson R E. 战   略管理——竞争与全球化（第 6 版）. 北京：

机械工业出版社 . 2006.

[2] Channon D F. The blackwell encyclopedic dictionary of strategic management. 北京：对外经济贸易大学出版社 . 2000.

[3] 佚名 . 华硕与技嘉宣布成立合资公司 . http://it. sohu. com/20060808/n244688720. shtml. 2010-10-11.

[4] 莫扬，张诚 . 论我国金融服务业的战略联盟：一种客户竞争中的寡占市场反应 . 南开大学跨国公司研究中心 . http://cts. nankai. edu. cn/html/yjry/zhc4. pdf. 2010-10-11.

[5] Hambrick D C, li J, Xin K, et al. Compositional gaps and downward spirals in international joint venture management groups. Strategic Management Journal, 2001, 22: 1033~1053.

[6] 佚名 . 广州汽车崛起的故事（广州标致）. http://gzzdf. blog. sohu. com/81239258. html. 2010-10-11.

[7] 佚名 . 中国第一个退市的合资品牌车：广州标致 505. http://auto. 163. com/09/0901/08/5I447A85000836P0. html. 2010-10-11.

[8] Klein B, Crawford R G, Alchian A A. Vertical integration, appropriable rents, and the competitive contracting process. Journal of Law and Economics, 1978, 21: 297~326.

[9] Foerster S, Fortier D. A note on mergers and acquisitions valuation. Richard Ivey School of Business, University of Western Ontario, 1995, Case 95~B023.

[10] Chatterjee S, Lubatkin M, Schweiger D M, et al. Cultural difference and shareholder value in related mergers: linking equity and human capital. Strategic Management Journal, 1992, 13 (5): 319~334.

[11] Lubatkin M H, O'Neill H M. Merger strategies and capital market risk. Academy of Management Journal, 1987, 30 (4): 665~684.

[12] Weston J F, Chuang K S, Hoag S E. 兼并、重组与公司控制 . 唐旭等译 . 北京：经济科学出版社 . 1998.

[13] 冯根福，吴林江 . 我国上市公司并购绩效的实证研究 . 经济研究, 2001, (1): 54~68.

[14] 金成晓，王锦功，张林华 . 企业并购的类型与相应模型 . 数量经济技术经济研究, 2001, (2): 69~71.

[15] Shimizu K, Hitt M A, Vaidyanath D, et al. Theoretical foundations of cross-border mergers and acquisitions: a review of current research and recommendations for the future. Journal of International Management, 2004, (10): 307~353.

[16] Seth A, Song K P, Pettit R R. Value creation and destruction in cross-border acquisitions: an empirical analysis of foreign acquisitions of U. S. firms. Strategic Management Journal, 2002, (23): 921~940.

[17] Bradley M, Desai A, Kim E H. Synergistic gains from corporate acquisitions and their division between the stockholders of target and acquiring firms. Journal of Financial Economics, 1988, 21 (1): 3~40.

[18] Seth A. Value creation in acquisitions: a reexamination of performance issues. Strategic Management Journal, 1990, 11 (2): 99~115.

[19] Zeithaml V A, Bitner M J, Gremler D D. Service marketing: integrating customer focus across the firm, 5th edition. 北京：机械工业出版社 . 2001.

战略实施

『本章学习目的』

1. 理解战略实施的重要性及其与战略制定的关系。
2. 领会企业战略实施过程的特点与要求。
3. 掌握战略实施的类型。
4. 认识战略实施的一般过程。
5. 掌握战略实施的计划体系。
6. 理解战略实施的职能支持系统。
7. 把握公司治理的内涵。
8. 认识战略领导的作用。
9. 了解企业不同发展阶段组织结构的特点。
10. 认识激励机制在战略实施中的重要性。
11. 认识企业文化在战略实施中的重要性。

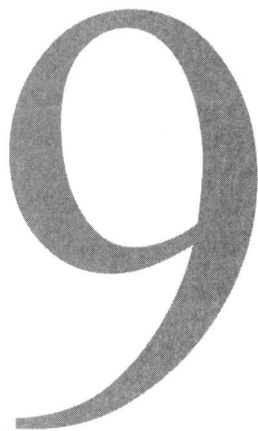

IBM 的转型

1999 年，美国《时代》周刊评出了当今世界的 50 位数字英雄，时任 IBM 公司 CEO 的郭士纳获选，并被称为"电子商务巨子"。正是这位依靠经营香烟和快餐起家，计算机行业的门外汉将 IBM 从生死边缘拉了回来，并有了今天的辉煌。

1. 把 IBM 从生死线上拉回来

20 世纪 80 年代末，IBM 开始陷入困境，1991～1993 年连续三年亏损，亏损金额一度高达 81 亿美元，有媒体甚至悲观地报道称："IBM 一只脚已踏进了坟墓。"正是在这种情况下，郭士纳临危受命，于 1993 年 4 月 1 日正式接任 CEO 一职。上任伊始，郭士纳就发现，尽管 IBM 拥有世界上最优秀的技术精英和研究院，但却存在很多不合时宜的东西：官僚习气盛行，机构臃肿；现金状况急剧恶化；员工过于关注技术战略，而忽视市场需求；压抑的气氛充满公司的每一个角落……IBM 亟须变革。

经过为期三个多月的考察，郭士纳公布了其上任后的四个关键决策：①保持公司的完整性，因为一个完整的 IBM 能够通过整合产业链的各个环节更好地为顾客创造价值，所以郭士纳毅然否决了股东关于拆分公司的提议。②重建公司经济结构：一是将股东的年底分红减半；二是通过大规模裁员等方式削减开支 89 亿美元。③业务流程再造，比如，对运转中的库存系统、财务系统、执行系统以及配送系统进行了修改。④出售包括高档办公楼、精美艺术品在内的大量非生产性资产，从而回笼大量流动资金。

上述措施成功为 IBM 这头遍体鳞伤的大象止住了血，郭士纳的下一步动作就是进行内部整合以重建其造血系统，他主要从四个方面入手：战略领导、组织结构、品牌形象和薪酬体系。

加强战略领导。1993 年年末，郭士纳开始了对战略领导班子的重组，他首先废除了"管理委员会"，取而代之的是"公司执行委员会"，并创建了一个"全球管理委员会"，以鼓励和推动公司业务部门之间的沟通和交流，随后又成功改组了董事会。

再造组织结构。郭士纳对 IBM 原先地域分割、各自为政、效率低下的二元结构进行了改造。他以客户为基础，将公司划分成了 12 个集团：包括 11 个行业集团和 1 个涵盖中小企业的行业集团，组建了拥有全球性行业团队的全球公司。"尽管我们是在 1995 年年中就已经开始执行新行业结构战略，但是，至少是在三年以后，该战略才完全得到接受。"

重振品牌形象。1993 年 6 月，郭士纳聘用阿比·科恩斯塔姆担任 IBM 市场营销负责人，以整顿公司混乱的广告系统。阿比将 IBM 分布于全球的独立广告部门都集中起来，并聘请奥美广告公司作为其唯一的广告代理商。1994 年，奥美公司以"四海一家的解决之道"为题发动了第一次广告战役，向世人重申了一条重要信息：IBM 是全球的，我们将坚决团结在一起，成为一个世界级的集成者。

改革薪酬体系。郭士纳还对公司脱离现实、缺乏激励的薪酬体系进行了彻底的改造：首先，扩大股票期权的授予范围，首次向数万名 IBM 员工授予股票期权；其次，高级经理年终奖与 IBM 公司整体绩效挂钩；再次，引进浮动工资制；最后，废除家长式福利制度。郭士纳希望这些改变能传达这样的信息："我们需要像一个团队一样团结在一起。郭士纳不是在开玩笑，他是真的希望我们能够实现我们整合公司的战略。"

最终,IBM 这头笨重的巨象还是从濒临死亡中走了出来,慢慢焕发了生机。

2. 重回行业领导者地位

郭士纳任职 10 个月后,IBM 已经"停止了流血、取消了公司分立计划",但这是远远不够的,其终极目标是"将我们的公司重新拉回行业领导者的地位上来"。为此,郭士纳作了一系列重要的战略决策,其中最重要的莫过于以下两个。

(1) 转型成一家服务主导型公司。一直以来,IBM 都拥有一个隶属于销售部的服务单位,但它所提供的传统服务完全是与产品联系在一起的,即只为购买 IBM 产品的公司服务。但郭士纳敏锐地意识到,提供整体解决方案的服务是未来客户所需要的,必将为公司带来价值。郭士纳很快就行动了,并一步一步地推进。他做的第一项工作就是花大量的时间与其团队一起培养服务人员和销售人员间的相互依赖感。然而,当服务单位开始为客户提供包括竞争对手产品在内的整体解决方案服务时,矛盾还是出现了,遭到了许多产品主管和销售负责人的抗议。对此,郭士纳毫不动摇,坚持进行下一步行动,对全球范围内的所有服务单位进行了整合,并引进外包制度和全球网络化服务机制,但仍隶属于销售部门。最终在 1996 年,郭士纳将 IBM 的服务单位从销售部门中分离了出来,成为一个独立的机构,即今天的 IBM 全球服务部。截至 2001 年,公司的年收入增长的 80% 是服务业务带来的,大约占 2001 年全年总增长收入 250 亿美元中的 200 亿美元。

(2) 进军电子商务领域。1995 年,面对互联网的汹汹来势,郭士纳看到了网络技术突破带给 IBM 全方位解决方案的机会——数字信息和在线商业接入服务。为帮助人们理解这一业务,IBM 公司创造性地提出了"电子商务(electronic commerce)"这一概念,并大胆斥资 50 亿美元进行电子商务概念的营销、教育、传播和企业内部交往,其时人们对互联网还知之甚少。奥美公司制作的广告系列"——办公室情景剧"发布后取得巨大成功,使人们看到了互联网如何增加价值,尤其是 IBM 如何帮助企业在网上开展业务。此举使 IBM 大获成功,为大量希望将业务转型为以网络为中心的"电子商务"的客户提供了产品和服务,时至今日,它依然是该领域的全球领导者。

3. 公司文化的艰难变革

以前的 IBM 处在一种霸权式封闭的文化之中,"不关心客户,而只注重内部争权夺利;只要一声令下,公司的所有项目就会立即停止运营;各自为政,而不是鼓励合作;管理团队的职能是主持工作,而不是实际地采取行动;甚至还拥有自己的内部语言体系。"在郭士纳看来,这样的组织文化是不可能使企业持续发展的,为此,他对 IBM 的组织程序进行了 180 度的大转变,"所有高绩效的公司都是通过原则而不是通过程序进行领导和管理的。"1993 年 9 月,郭士纳起草了八个原则,后来逐渐浓缩为三个简短的词:力争取胜、快速执行、团队精神。然而,要触动 IBM 原先形成的根深蒂固的文化是何其艰难,郭士纳在位的 10 年里巧妙利用种种动力杠杆来推动 IBM 的文化改革。让郭士纳欣慰的是,他的努力发生了作用,IBM 的员工又恢复了久违的活力、动力和激情,力争取胜、快速执行、团队精神已经成为 IBM 新文化的核心内容。

至此,郭士纳已完成他人生中最完美的一笔,他将 IBM 这个曾经叱咤风云半个多世纪的商业巨头从死亡路上拉回来,又高瞻远瞩地完成了战略转型和文化变革,最终使 IBM 重获行业领导者地位。

资料来源

作者改编自《谁说大象不能跳舞》和《IBM 蓝色基因,百年智慧》。

IBM 成功摆脱危机的经验告诉我们，制定合适的战略很重要，但有效地实施战略更为重要。战略实施是一项系统工程，涉及企业的方方面面，对实现企业战略目标有着至关重要的作用，成功的战略实施犹如拳击手打出的漂亮"组合拳"。开篇案例中，郭士纳为拯救 IBM，从战略领导、组织结构、组织文化等方面多管齐下进行改革才取得效果。在本章中，我们将对战略实施进行详细的阐述，首先介绍战略实施的性质、特点及重要性，其次再叙述战略实施的计划体系、职能支持系统和实施过程中的决策保障机制。

9.1　战略实施的性质、特点及重要性

战略实施的性质与重要性

战略实施是指将组织的战略计划转变成行动，最终实现战略目标的过程。实施战略与其说是一门科学，还不如说是一门艺术，战略实施能力很多来自于过往的经验。首先，战略实施是一个过程，一个持续进行的行为，而不仅是产生特定结果的一个重要事件，因此，它需要具备严谨的科学性，并且有必须严格遵守的思想与原则；更重要的是，战略实施是一个动态性的过程，它与组织内外部环境紧密相关，所以战略实施需要有弹性，能够对外部与内部压力产生反应，即战略实施要求对环境作出灵活应变。亨利·明茨伯格认为战略管理者应该将更多的时间花在实施战略而非制定战略上，因为战略实施才是战略管理过程中最困难的阶段。战略实施要求企业纪律严明，员工具有牺牲精神，还要求战略管理者有协调各方积极性的能力，这与管理者的管理艺术息息相关，因此其更强调战略管理者们的艺术性而非科学性。在本章的开篇案例中，IBM 战略转型的掌舵者郭士纳就意识到 IBM 战略转型的实施是一个长期的动态性过程，其过程可能是 10 年甚至更长。因此郭士纳在将近 10 年的任期内一直致力于 IBM 的战略转型工作，终于使 IBM 起死回生，即便在距离郭士纳离职 10 年的今天，IBM 仍然走在向整体解决方案提供商转型的道路上。

本书前面的章节，都是围绕战略制定而展开的。但是，制定了好的、合适的战略并不一定就意味着成功。任何蓝图离开行动都将成为空想，迈克尔·波特曾经说过："任何战略莫胜于执行。"战略制定与战略实施的过程是密不可分的，只有将合适的战略正确地付诸行动，企业战略才能真正获得成功。对于两者的关系，简单来说，战略制定是决定做什么的过程；战略实施是执行所有计划里必须做的活动的过程。

关于企业战略实施的重要性，美国管理学者托马斯·波奈玛（Thomas V. Bonoma）是这样说的："一个合适的战略如果缺乏有效的实施会导致整个战略失败。然而，有效的战略实施不仅可以保证一个合适的战略成功，而且还可以挽救一个不合适的战略或者减少它对企业造成的损害。"表 9-1 就是他提出的一个反映战略制定和战略实施关系的理论模型。

表 9-1   战略制定和战略实施的关系[1]

		战略制定	
		合适	不合适
战略的执行	有效	成功	挽救或及时放弃
	无效	麻烦	失败

尽管战略制定与战略实施两者关系密切，但是两者间又存在着本质的差别，对此，弗雷德·大卫进行了描述（表 9-2）。

表 9-2   战略制定与战略实施的区别[2]

战略制定	战略实施
行动前安排力量	行动中控制力量
侧重效果	侧重效率
主要是思维过程	主要是行动过程
需要具备良好的直觉与分析技能	需要具备特别的激励与领导才能
对少数人进行协调	对许多人进行协调

战略实施的特点

1. 战略实施需要具备严格性

企业战略管理者必须明确，无论企业所处的经营环境和竞争对手的战略发生什么样的变化，企业的战略意图和宗旨陈述中所表达的战略承诺和价值取向是不能轻易改变的，这些承诺和原则对企业战略管理者在战略实施过程中所作出的经营决策具有严格的约束和宏观指导意义。

在开始实施新的企业战略之前，企业战略管理者，甚至企业内部的所有管理者，都应该明确战略意图、宗旨陈述、经营目标和企业战略之间的关系。在战略实施的过程中，企业一般不应随内外部环境的变化和竞争对手战略的变化而改变自身的战略承诺，如战略意图、宗旨等。尽管决策要科学，行动要迅速，但是决策科学和创新的要求不应该成为企业高层管理者在战略实施中轻易改变企业战略承诺的理由。例如，不能因为多数竞争对手在产品中添加了有害或者过量的"三聚氰胺"，企业的战略管理者就可以在战略实施中随意就作出"跟进"的决策，这不仅违背了企业经营目的、经营方式、社会责任和商业伦理等构成的制度约束，还直接伤害了包括顾客、股东、政府等利益相关团体的利益。再如，因为行业竞争激烈，经营越来越困难，一个企业的战略决策者能否在战略实施的过程中就随意作出改变行业或者经营方式的决策呢？显然不行，除非向董事会或者股东大会提出并获得批准后方可更改企业的战略意图和宗旨。一般而言，增加企业经营范围、商业模式和竞争定位更改的难度，有利于建立竞争优势。如果中集集团在遇到连续多年的亏损后就随意更改主营业务的范围，那么它也就不会成为集装箱行业的"世界级企业"了。

在战略实施过程中，企业战略决策者决策和行为的严格性就在于承诺是不可以随意更改的，但兑现承诺的方式是可以动态调整的。要想艺术地处理好这种目的和方式的关系，企业战略管理者必须对企业战略意图和宗旨具有深刻的理解和执拗的坚持。因此，在战略实施之前，企业战略管理者应该在企业内部针对如何理解企业的战略意图和宗旨进行大规模的培训，以确保在战略实施的过程中能够有效地处理好以下三者之间的关系：承诺坚定、决策科学和行动迅速而富于创新。

2. 战略实施需要具备应变性

企业战略实施是一个动态决策的过程，可以用"流动的河水"来比喻战略管理的过程[3]。如图 9-1 所示，在已经确定河水基本流向和宽窄的河床中，当遇到障碍（A 点）时，很难确定 A 点之后河水流动的具体路径。与此类似，在动态环境下，企业战略管理者只能事先制定企业的战略意图、宗旨、定位和相对比较宽泛的目标，至于战略实施过程中的一些应变和博弈性的决策，例如，A 点之后河水流动的具体路径，则被留给了实施过程中的战略管理者。实施过程中的管理者需要在理解企业事前决定的战略意图、宗旨、定位和相对比较宽泛的目标的基础上，结合"当时和当地"（A 点）的具体情况动态地作出决策。

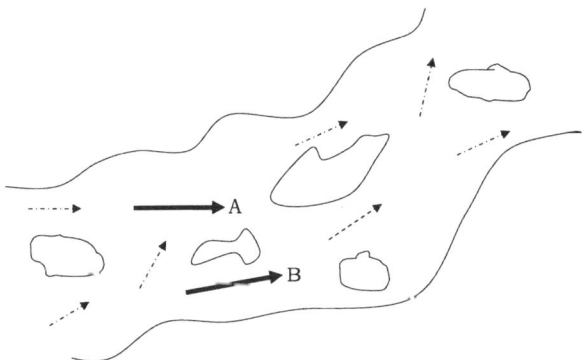

图 9-1　战略管理的动态模式示意图

在相对静态的条件下，企业战略管理者可以准确地预测企业外部和内部环境的变化，也可以在进行战略决策的时候预先决定企业所有的战略目标和行为，包括计划、行动方案、行动程序、预算，甚至是应急计划。但是，在相对动态的条件下，企业战略管理者很难准确预测企业外部和内部经营环境的变化，自然也很难预先决定企业所有战略目标与行为，尤其是具体的目标和行为。随着环境从相对静态朝相对动态逐渐转变，企业战略管理者越来越不可能事前就预先决定所有的战略行为，因而不得不逐步增加一些事中反应性的行为以应对内外环境和对手的突然变化。从这个意义上来说，战略的实施并不等于战略的实现，其中还包括实施过程中的创造性适应和改变。在新的环境条件下，企业战略管理者在战略制定阶段应该决定什么？应该将哪些具体决策留给实施过程中的战略管理者？在什么情况下应该严格实施事前决定的战略，什么情况下应该给予实施中的战略管理者以多大程度的应变和创新的空间？这是企业战略管理者在战略实施过程中遇到的一个挑战，即图 9-1 中 A 点上的战略管理者有多大的空间作出应变和创新。

在动态环境下，企业战略管理者在战略实施过程中的决策越来越难以采用理性方法，而必须借助于主管的价值判断。这种情况下，企业战略管理者应该追求战略决策的速度与创新，因为速度与创新已经成为越来越重要的优势来源，即企业战略管理者在战略实施过程中必须重视"应变性"。

3. 战略实施需要具备恰当性

动态环境下，评价企业战略实施有效与否的标准并不是企业是否一成不变地执行了事先制定的战略，而是企业是否能灵活有效地实施战略，使企业适应环境、赢得竞争。在环境发生剧烈变化时，企业可能需要进行战略调整甚至是转型了，但是在大多数情况下，环境的改变是连续的、微小的，并不需要重新审视企业的战略。因此，企业需要清楚了解环境变化的程度，并作出针对性的战略或战术调整，即强调了战略实施的"恰当性"。

在图 9-1 中，当企业处于 B 点时，只需要作出少许的调整，即可避开岩石，而不需要剧烈的深层次的组织变革；而当企业处于 A 点时，则必须要进行战略层面的调整或转型了。企业的战略管理者们必须具备卓越的管理艺术，在环境发生变化时准确地作出判断，究竟企业是处于"河流"中的 A 点还是 B 点或者其他位置，以决定企业下一期的战略实施。因为，如果环境的变化程度并不需要企业作出战略层面的调整，如处于 B 点，而战略管理者们却错误地放大了危机，就会导致组织资源的浪费以及适应新战略的时间损耗，甚至可能会由于新战略无法匹配当前环境而导致失败。反之，如果企业处于 A 点，却无法及时且准确地进行转向，就会一头撞向"岩石"。开篇案例中 IBM 之所以遭受失败，濒临破产边缘，就是因为在市场环境发生巨大变化时没有及时作出反应。当今市场环境的动态性要远远强于以往的任何时代，在这种背景下，企业战略管理者应该采取什么方法保证战略实施过程中的决策能够快速而准确呢？或者说，采取什么机制能够保证决策的速度和恰当性的平衡呢？这是企业战略管理者在战略实施过程中遇到的又一个挑战。

面对环境和竞争动态化给企业战略实施所带来的挑战，企业战略管理者，不仅包括企业的董事会或者高层管理团队，而且也包括企业的中层管理者，都需要认真理解和明确企业战略对实施的具体要求，灵活运用静态和动态条件下战略实施的方法，并且将战略实施的重点放在保证企业战略管理者动态决策的有效性，以及优化行为恰当性的保证机制上。

战略实施的类型

企业在实施战略过程中，必须清楚地认识到自身将要发生的变化，企业战略的变化可以分为原有战略、常规战略变化、有限的战略变化、彻底的战略变化和企业转向五种类型[4]。本书第 1 章中介绍了企业可选择的战略类型，基于新旧战略之间的差异，战略实施可以在性质上划分为战略维持、战略调整、战略转型三种。战略实施的性质不同，所要求的实施方法也不同。一般来说，以推进企业战略转型为目的的战略实施难度最大。

1. 战略维持

战略维持，是指企业继续执行上一个计划期内执行的战略而不作出改变。在相对静态环境下，两个计划期间的行业环境与市场状况几乎没有改变，企业能够通过严格执行原有战略继续获得成功。由于该情境下的战略执行不需要新的技能与业务，企业应该更为强调战略实施的"严格性"。选择战略维持的企业，必须以企业对环境的分析与上一计划期战略执行状况为基础，以了解这种战略实施方式是否适合企业目前的经营状况。因此，虽然战略维持是战略实施三种类型中最简单的一种，但是企业必须通过充分的研究与分析才能作出战略维持的决策。特别地，由于社会经济环境的动态性越来越强，几乎没有企业能够处于绝对的静态环境中，一个战略的有效实施周期也变得更为短暂。

自 2001 年成立以来，小尾羊经过数年发展，成为国内大型餐饮集团，并于 2008 年作出了近年内上市的战略决策。随着 2009 年金融危机的爆发，企业纷纷采取了收缩战略，许多企业的上市计划也被迫中断。但是小尾羊的决策者们清楚地认识到金融危机虽然使服务业整体下滑，但对餐饮业并没有造成很大的冲击，于是继续维持上市的战略决策。虽然由于餐饮业上市难度大的原因，小尾羊推迟了餐饮上市的步伐，但是施行战略维持还是使得小尾羊在金融危机中逆流而上，获得了又一次巨大的发展机会。

2. 战略调整

战略调整，是指企业在不改变总体战略方向与目标的情况下，对实现战略目标的途径进行有限调整。战略调整是企业战略实施过程中的常规战略变化，是针对环境变化对企业资源配置进行的局部变化。动态环境中的企业更为强调战略实施的"应变性"与"恰当性"，此时，能够灵活且恰当实施战略的企业才能适应环境，赢得竞争。例如，制造企业发现消费者偏好发生了改变，就应该通过及时改变销售分配，调整生产活动，改变宣传方式来实现战略调整。

企业进行战略调整，就像航向确定目的地的帆船，遇到了风向和风力的改变，就需要及时调整船帆，使其始终向着既定目标前进。但需要注意的是，许多状况下企业只需要对当前的生产经营活动进行微小的改变，而有些情况下则需要企业作出彻底的改变。战略调整只是对战略实施方式进行微调，而不是目的地的改变，企业必须对内外部环境有清楚的认识，避免过度乐观或盲目转向的情况出现。1988 年，宝洁进入中国市场，20 世纪 90 年代初期是宝洁在中国的黄金时期，其突出的品牌溢价能力使其在中国高端市场独占鳌头。但是，随着其他日化巨头，比如，联合利华，以及中国本土日化品牌的崛起，竞争对手逐渐以价格优势对宝洁的各线产品形成合围之势。面对残酷的竞争局势，宝洁中国区总裁态度坚决："价格是宝洁策略转换的起点。"于是，宝洁迈出了战略调整的步伐，通过降价与收购中低端品牌来调整其战略布局，并逐渐收到成效。但正如美国营销专家汤姆·艾格豪夫所言，宝洁降价只是一种适应市场变化的战略调整，等通过降价培养了更多的忠诚顾客后，宝洁可能会再次提高自己的价格。

3. 战略转型

战略转型是企业战略的彻底改变，它包括企业在战略方向（增长、稳定和收缩）和方式（每一种类型中间的各种方式）上的转换。由于战略转型的剧烈性与困难性，企业必须谨慎行事。

企业战略管理者必须清楚，越是在某个行业、目标市场和商业模式上已经建立了核心专长的企业，实施战略转型就越困难。企业的核心专长是来源于企业的资源、能力与其行业性质、目标市场、价值创造组合之间的匹配。例如，松下和飞利浦两个跨国企业都是实施国际化战略，前者实施的是全球化战略，并且建立了相应的核心专长；后者实施的是多国化战略，并且也建立了相应的核心专长。两大跨国公司多年来相互学习，希望能够实现优势互补从而都走上跨国化战略的道路，但至今仍无法完成这种战略转型。与此类似，目前国内一些在出口加工领域做得很好的企业，因为已经习惯于从事 OEM，并形成了强烈的管理认知和相应的管理模式，这些知识能力构成了出口加工的核心专长，这些企业在由出口加工转到国内营销的过程中，大多数都举步维艰，也正是这些核心专长导致了这些企业的"外战内行，内战外行"。某年出口额达 7 亿美元、年利润达 3 亿元人民币的出口加工企业，即便该企业的实力和水平都很强，但在经过五年的努力之后，仍然无法实现从出口加工向国内营销的成功转型。

仔细分析战略转型成功与失败的案例，我们可以发现战略转型的最大难处并不在于选择什么行业、目标市场和价值创造组合，而在于怎么认识和理解原来的核心专长，怎么改变原来的管理模式和企业文化。其中管理模式的改变可能会涉及公司治理、高层管理团队、组织结构、管理机制、控制方式等一系列核心内容的改变。在实施新战略之前，企业战略管理者必须清楚实施新战略可能要求企业进行什么样或者说什么层次的改变及这些改变的推进具有什么特点。例如，科林·沙曼在推进英国毕马威公司在 20 世纪 90 年代战略转型的时候就深知，要将这个公司从地区性转变成为全球性、单一业务转变为多业务、合伙人导向转变为顾客导向，将会涉及整个企业从战略意图和宗旨一直到企业文化的全面转型；也深知这种根本和深刻的战略转型在毕马威这样一个成功的企业、关系型企业与人才密集型企业中推进的难度。因此，在实施战略转型之前，科林·沙曼并没有将战略计划全部公布，也没有提出战略转型的时间表，没有自上而下的强力推进，他进行了一场员工看似无转型整体计划、无转型终极目标、无时间进度，由市场和员工自发引起的一场自发式变革，经过十多年的努力，他获得了巨大的成功[5]。

战略实施过程　　一般地，企业从战略制定转向战略实施，需要实现责任与目标从战略管理者向职能管理者的转移。在转移的过程中，规模越大、层级越多的企业，战略管理者所制定的战略往往越难被中、低层的职能管理者所理解与执行。因此，让职能管理者参与到战略制定过程显得尤为重要，同样的，战略管理者也需要在战略实施中发挥重要作用。

由于战略管理者与职能管理者之间对战略和目标存在理解上的差异，因此企业在战略实施中必须特别重视将战略目标分解为更为具体的目标，并根据目标在各部门间分配资源、制定预算，辅以政策支持。此外，战略实施绝不是一个一蹴而就的过程，在战略实施的过程中，原本设计完美的战略有可能会渐渐变得不那么适宜，甚至严重影响企业战略目标的实现。这可能是企业内外部环境不断变化造成的，也可能是企业战略制定或实施过程中出现了偏差。因此，战略实施过程中的战略评价对企业而言至关重要。

动态环境下，战略实施过程中的许多战略决策容易受到非理性因素的影响，为了保证战略实施过程中的决策正确、行为恰当，企业还必须建立一套战略实施的决策保障机制。图 9-2 给出了战略实施的一般流程图。

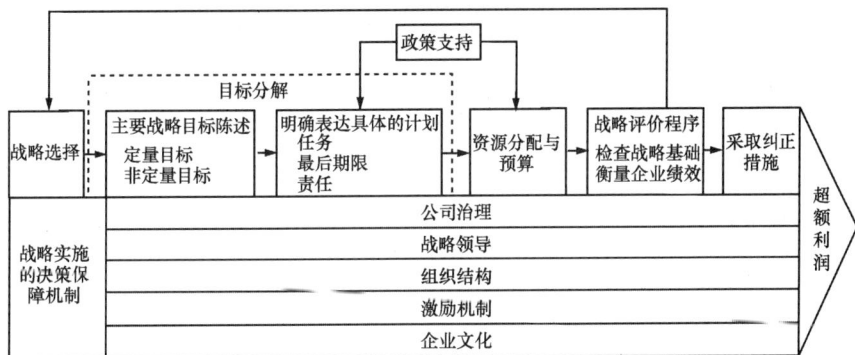

图 9-2　战略实施流程图

1. 目标分解

确立了企业的战略后，就需要把企业战略细化，转化为各个指标，这就需要建立企业的目标体系。建立目标体系的过程，就是将企业战略进行目标分解的过程，它需要综合考虑企业的财务、客户、研发、管理等各方面的协调发展。目标分解的第一个步骤是确立企业的年度目标，这是企业战略管理者的职责所在；目标分解的第二步是将企业年度目标进行分解，这是一项企业全员直接或间接参与的活动。

企业战略目标的分解是一个系统思考的过程，因为一项目标的形成，除了考虑目标自身因素之外，还要联系不同层次目标的纵向一致性以及同一层次目标间因果联系的横向一致性。例如，若营销部门无法将更多的产品销售出去，那么生产部门就算完成了年度目标，也只会造成产品积压，对企业毫无价值可言，甚至加重了企业的生产成本负担。因此，企业的目标分解必须形成一个相互关联的目标体系，将各类竞争要素有效组合起来，实现资源的合理配置，才能确保企业的良性发展。

2. 资源配置

成功的战略实施离不开各种资源的支持，但是资源是有限的、稀缺的，因此就存在资源配置的问题。资源配置是战略实施中的一项重要管理活动，弗雷德·大卫认为，所有企业都拥有至少四种组织资源用来实现预定目标，分别是财力资源、物力资源、人力资源和技术资源，随着信息技术（IT）在企业战略管理中发挥越来越重要的作用，IT能力作为一种重要的组织资源也日益受到关注。

但是，将资源分配到特定的事业部门与职能部门并不意味着战略就能够成功实施。理查德·林奇认为，资源配置必须遵循以下三个准则才可以获得成功[6]：

（1）进行配置的资源必须能够发挥充实企业行动与远景的功能。企业总部在配置资源的过程中，必须引导资源远离那些无法实现企业战略目标的地方，而趋向有利于组织目标实现的领域。

（2）进行配置的资源必须对关键战略形成支持，即把资源分配到最关键、最能实现战略价值的地方。由于资源总是稀缺的，因此在可以充实企业行动与远景的领域依然需要作进一步的选择。具体地说，主要是对企业核心能力的支持与价值链的增加两方面。

（3）需要考虑与特定建议相关联的风险程度。这一准则需要考虑企业的风险接受程度。

IBM的传奇CEO郭士纳在帮助公司成功度过了20世纪90年代初期的艰难时期后，重新规划了IBM的战略愿景，即成为一家服务主导型的企业，致力于为客户提供整体解决方案。郭士纳认为，未来的IT行业，能为客户提供整体解决方案和整合技术流程的企业将获得更高利润，赢得竞争。基于新的战略愿景，IBM开启了新的资源配置流程：保留了个人计算机业务，但是将大多数个人计算机开发和制造业务卖给了第三方；退出了网络硬件和DRAMs业务领域，因为它们并不符合IBM的发展愿景；招聘和培训了5000名软件销售专员，并在2001年扩充至1万人；投放资金连续实行了软件公司购并活动，使IBM的软件集团成为世界第一；在电子商务的营销和交往活动中斥资50亿美元，这为IBM的品牌与市场地位带来了不可估量的回报。截至2001年，IBM实现了130亿美元的年收入，一系列重新配置资源的活动收获了初步成果。

3. 政策支持

战略是企业未来一段时期内的发展蓝图，但是并未具体到规范每天的日常工作。战略实施过程中存在着许多重复出现的事件与问题，企业需要通过制定相应政策以解决这类事件与问题，避免人力、物力、时间的重复浪费。政策是战略实施的工具，它指的是为保证既定目标的各项工作顺利完成而制定的具体方针、规范与程序。企业政策为各种对企业目标实现有好或坏的影响的活动进行鼓励或禁止，为这些活动设置了界限，规范着各部门与员工的日常工作。企业制定合理的政策存在诸多益处，以下列举几点：

（1）有利于约束员工共同向着企业战略的方向前进，从而提高战略实施的效率。

（2）有利于战略管理者进行战略控制，更方便地协调各企业单元间的关系。

（3）可以减少重复性事件的决策时间。

（4）有利于明确各部门与职员的具体工作[2]。

企业制定的政策并不是零散、无规律的，合格的企业政策应该是一套完整的政策体系，它包括支持企业总战略的公司级政策以及适用于具体职能部门的部门政策。需要注意的是，政策应当形成文字，以具象的形式进行表达，加强企业执行政策的决心与力度。表 9-3 是某企业为实现战略目标而制定的一系列支持政策。

4. 决策保障机制

在战略实施阶段，企业战略管理者的主要任务就是将计划好的战略完整和准确地变成现实的战略。为此，企业战略管理者需要对战略目标进行分解，构建战略实施的计划体系（包括中间计划、行动方案、各种程序和预算），制定相应的职能战略，提供必要的管理支持，包括组织、机制、人员和文化上的支持。战略实施的决策保障机制包括合理的公司治理、有效的战略领导、匹配的组织结构、合理的激励机制和良好的企业文化五个部分，本章 9.4 将对该部分内容进行详细介绍。

表 9-3 企业政策层次示例[2]

企业战略目标：收购一家连锁零售店，以保证公司实现销售增长和获利目标						
支持政策： (1) 所有商店营业时间为早上 8 点至晚上 8 点（有利于增加商店零售额） (2) 所有商店必须呈交月度控制数据报告（有利于控制销售费用率） (3) 所有商店必须按月营业额 5% 的标准上交赢利，支持公司的宣传工作（有利于树立企业品牌）						
事业部 1 目标：年销售收入由 1000 万美元增至 1500 万美元					事业部 2	事业部 3
支持政策： (1) 事业部的销售员必须呈交包含区域销售信息的周工作总结（确保各区域销售的协调） (2) 事业部将增加 5% 的员工奖励预算（有利于提高员工生产率） (3) 推行即时生产方式，降低 30% 库存水平（有利于减少库存成本，合理配置资金）						
研发部门	生产部门目标：年产量从 3 万件提高至 5 万件		营销部门	财务部门	人事部门	
	支持政策： (1) 员工可以资源选择上限为 20 小时的工作加班（有助于降低雇佣工人费用，同时增加产量） (2) 增加 100 美金的全勤奖金（有利于减少缺勤，提高生产率） (3) 采用租赁方式引进新设备（减轻赋税，增加流动资金）					

5. 战略评价

　　出于以下几个方面原因的考虑，战略实施中的战略评价是十分必要且重要的：企业可能制定了不合适的战略；企业没能有效地实施战略；企业内外部环境发生了变化。可以说，战略评价是企业实施战略调整或转型的基础。战略评价无法证明一个战略是否是最佳战略，但它可以帮助企业发现战略中存在的缺陷。鲁梅尔特提出了战略评价的四个标准，如表 9-4 所示。

表 9-4　鲁梅尔特的战略评价四标准

外部评价		内部评价	
一致性	协调性	可行性	优越性
战略中不应存在不一致的目标与政策	既要考察个体事项的发展趋势，又要综合考察总体发展趋势	战略必须做到既不过度耗费可用资源，也不造成无法解决的难题	战略必须能够在特定业务领域为企业带来和保持竞争优势。竞争优势来自企业三方面的优越性：资源、技能和位势

　　一般来说，战略评价包括三项基本活动，分别是检查战略基础、衡量企业绩效和采取纠正措施[2]。

　　1）检查战略基础

　　该活动主要承担了审视企业是否具备战略实施条件的任务，如果企业制定了不适宜内外部条件的战略，则需要及时进行调整。具体来说，检查企业的战略基础主要包括以下两个方面：一是检查企业内部的关键战略要素，一般包括企业研发、生产、营销、财务、人力等各职能的资源配置情况以及企业的品牌声誉、创新能力等；二是检查企业外部的关键战略因素，主要包括竞争者行动、需求变化、技术变化、经济环境改变和政策变化等。以上这些因素都会对战略的适宜性与战略实施的效果产生重大影响。

　　2）衡量企业绩效

　　该活动主要通过对比实际的战略实施绩效与所制定的战略目标间的偏差，对战略实施的效果进行评价，找出产生偏差的原因。衡量企业绩效的标准因企业而异，制定一套适合本企业的评价指标是困难的，不仅需要有科学的计量工具，也需要企业家具备高超的管理艺术。虽然每个企业的具体情况不同，企业绩效通常都是从定量与定性两个方面进行衡量。定量指标既包括投资收益率、市场占有率、销售增长率等常规财务指标，也包括诸如人员流失率、新产品开发周期、次品率等涉及各个职能部门的测量指标。对于企业绩效的定性评价，西摩尔·蒂尔斯提出了以下六个关键问题：

　　（1）战略是否与企业内部条件相一致？

　　（2）战略是否与企业外部环境相一致？

　　（3）战略与可利用的资源是否相匹配？

　　（4）战略设计的风险程度是否可以接受？

（5）战略实施的时间与进度是否恰当？

（6）战略是否可行[2]？

3）采取纠正措施

这是战略评价的最后一项活动，发挥了反馈与调整的作用。针对战略基础与企业绩效产生偏差的原因，战略管理者可以采取的纠正措施有以下三种，见表9-4。

（1）企业制定了不合适的战略。那么企业必须从企业实际具备的内外部条件出发，重新修订或制订战略计划，使其符合企业实际。

（2）企业没能有效地实施战略。这种情况下，企业需要改善企业战略与具体工作间的联系，并从日常的职能活动入手，加强监管控制，确保各项工作都指向企业的战略方向。

（3）企业内外部环境发生了变化。这时的企业需要根据环境变化的程度，充分发挥战略管理者们的管理艺术，在环境变化不大时，对相应的职能战略与各项政策进行微调，使其与环境动态匹配；如果环境发生了重大改变，那么战略管理者们可能需要领导企业进行战略转型，改变战略方向以适应新的环境。

战略聚焦一

战略实施工具——平衡计分卡与战略地图

1. 衡量战略的工具——平衡计分卡

1992年，哈佛商学院教授罗伯特·卡普兰（Robert S. Kaplan）与复兴方案公司总裁大卫·诺顿（David P. Norton）基于"衡量未来组织的业绩"这项课题的研究成果，建立了一套全新的绩效评价体系——"平衡记分卡"（balanced score card,

BSC）。简单地说，BSC就是通过建立一整套财务与非财务指标体系，包括财务、客户、内部流程、学习与成长四个方面，对企业的经营业绩和竞争状况进行综合、全面系统的评价（图9-3）。它与企业战略紧密联结在一起，再经由战略性奖酬制度，与部门和个人目标的设定，最后形成一个组织完整的战略性管理机制。

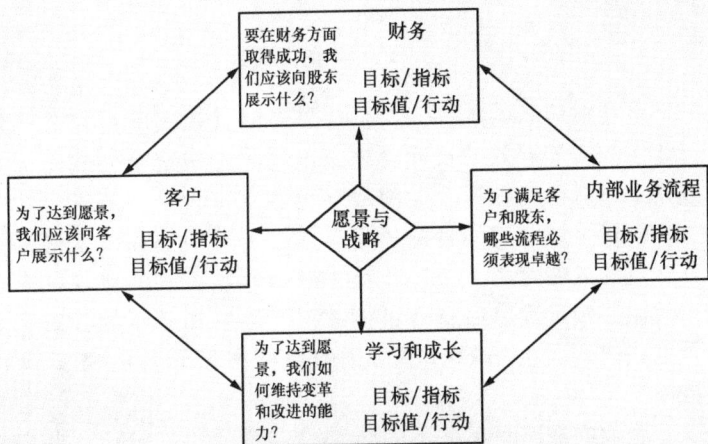

图9-3 平衡计分卡示意图

在 BSC 的管理框架中，管理层在确定市场和客户目标后，以内部流程和创新学习的观点来探究达到目标的具体做法。这个过程中也许能找到一些创新和改善之处，这是传统评价体系所无法提供的帮助。因此 BSC 就要求管理者从四个方面将原本只有管理者才能理解的企业远景与战略，转化为员工实际工作的测评指标，让员工清晰认识到自己在实现组织战略目标过程中的工作与角色。这些都是实施 BSC 所能产生的特殊价值。

2. 描述战略的工具——战略地图

正如卡普兰先生和诺顿先生所言："不能描述，就不能衡量。"要想用好 BSC 来"衡量战略"，首先要学会"描述战略"，因此，两位大师推出了战略描述工具——"战略地图"。

战略地图是在平衡计分卡的基础上发展来的，与平衡计分卡相比，它增加了两个层次的东西，一是颗粒层，每一个层面下都可以分解为很多要素；二是增加了动态的层面，也就是说战略地图是动态的，可以结合战略规划过程来绘制。它以平衡计分卡的四个层面目标（财务层面、客户层面、内部层面、学习与成长层面）为核心，通过分析这四个层面目标的相互关系而绘制的企业战略因果关系图，具体可参见《战略地图——化无形资产为有形成果》一书。

资料来源

罗伯特·卡普兰和戴维·诺顿，《平衡计分卡——化战略为行动》与《战略地图——化无形资产为有形成果》。

9.2 战略实施的目标和计划体系

企业实施其实就是企业管理者运用计划、组织、任用、激励和控制等管理职能对战略实施全过程进行管理。在相对静态的条件下，由于环境可预测性高、决策方法科学、战略行为可以预定，因此战略实施的关键问题就是执行战略的严格性问题。在这种情况下，企业战略管理者为了严格地实施企业战略，通常会高度重视战略实施的计划活动和控制活动。通过制定更加具体化、可操作和可测定的目标和计划，企业战略管理者可以提高评价、激励和控制活动的有效性，以此保证战略实施的严格性或者准确性。尽管今天企业所面临的经营环境越来越动态，但是在相对静态条件下所采用的战略实施手段仍然是基本的，仍然具有一定的适用空间。

战略实施的目标体系　在相对静态的条件下，企业战略的有效实施可以通过建立有效的目标体系和实施有效的目标管理来推进。在制定企业战略的过程中，企业战略管理者已经根据企业的战略意图和宗旨，制定了企业的目标，但是这个阶段上所制定的目标还是总体性、长期性和关键性的目标。为了保证企业的战略意图、宗旨和目标能够得到有效的实现，企业战略管理者在战略得到批准以后就将目标逐项、逐层和逐年的分解和落实，构建一个完整的、层次化的和序列化的目标体系作为战略实施的第一项有力措施。

企业的战略目标并不完全都是定量的，也包括一些定性的目标。在建立战略实施目标体系的时候，企业战略管理者需要将这些定性的目标尽可能地转变成为一些相关的定量指标。例如，某个企业提出了要在5~10年成为所在行业的世界级企业，其战略管理者必须进一步明确企业将在哪些或者哪个指标上进入世界前几名，是总产量、总收入、市场占有率，还是市场价值等，因为它必须在至少一项上达到这个水平才有可能被称为"世界级"的企业。

企业的战略目标通常是综合性的，如 ROE、ROI 等。在建立战略实施目标体系的时候，企业战略管理者需要这种综合性的目标进行分解，变成一组综合性的目标。如图 9-4 所示，作为一个综合性经济效益目标，ROE 可以被分解成为若干个二级，甚至三级子目标，因为只有当这些目标都能够被达到，那么企业的综合性目标才能够被实现。从这个角度上说，企业战略实施的目标体系是复杂性的。

企业的战略目标通常是全面性的或者比较宏观的，例如，是整个多元化企业总部需要实现的目标。在建立战略实施目标体系的过程中，企业战略管理者需要将这个全面或者宏观性的目标分解到各个主要的业务或区域层次上，取决于这个企业是行业多元化企业还是市场多元化的企业。当然，按照行业或者市场设立的事业部还会将分配给它们的目标进一步细分每个职能部门或者经营单位上，直到落实到每一个具体的业务单元为止。如图 9-5 所示的战略实施目标体系就是具体的实例。从这个角度来看，企业战略实施的目标体系是层次性的。

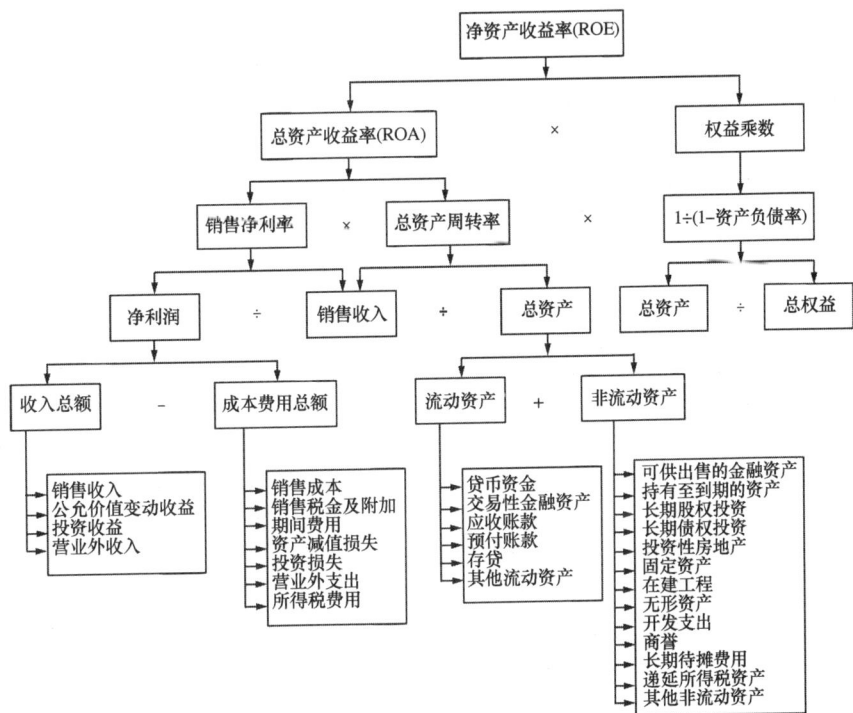

图 9-4 杜邦财务指标体系示意图

企业的战略目标通常是中、长期的目标，例如，三年、五年目标。

在建立战略实施目标体系的过程中，企业战略管理者需要将这些中、长期目标细化成为每个阶段，甚至年度的经营目标。这样，每个经营年度目标的实现就会最终导致中、长期目标的实现。从这个角度来看，企业战略实施的目标体系是序列化的。

战略实施目标体系的建立为企业在实施战略过程中采取目标管理（manger by object，MBO）的方法创造了条件。在相当长的一段时期里，目标管理是企业实施战略管理的最有效的方法之一，它将目标、考核和激励有效地结合在去保证企业整个目标体系的实现，以至于在许多企业中目标的制定和目标体系的建立曾经代替了战略的制定和战略管理体系。

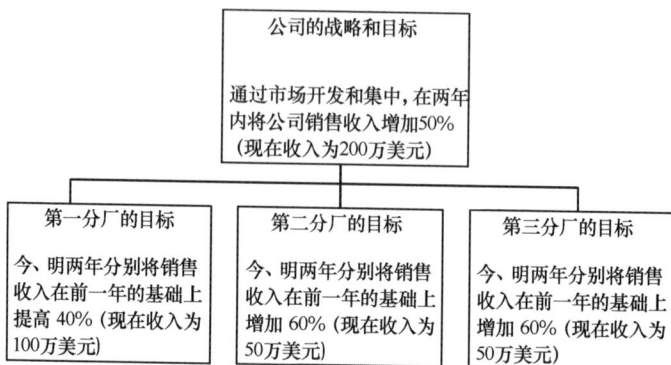

图 9-5　斯特摩思公司的目标体系[1]

战略实施的计划体系　　战略不仅是一种计划，而且还是一种较为抽象的长期计划，因此战略的实施还需要依靠计划，而且是不同层次和形式的计划。由于这些不同层次和形式之间存在着相互配合和强化的关系，从而构成了一个比较完整的战略实施的计划体系。

1. 中间计划（intermediate plan）

在制订战略实施计划的过程中，一般有两种可能的"中间计划"。一种是介于长期战略计划和行动方案之间的计划，有时又称中、短期计划；另一种是介于不同层次的组织之间的一种计划，例如，介于总部和职能部门之间的事业部或者子公司的计划。从企业战略的时间序列来说，中间计划的时间跨度一般是1~2年，制订中、短期中间计划的目的是使长期战略在时间上阶段化，使整个战略实施变成一个既有阶段性、又有连续性的过程。从企业战略的层次结构来说，制订中间计划的目的是使总部与具体运营单位之间在战略上可以衔接，从而使整个公司的战略变成一个有机的整体，这样各分公司和各部门中间计划的实现必然导致企业总战略的实现。在大型、多元化企业制订出企业战略以后，企业战略管理者要为其每一个具体的经营单位制定这样的中间计划。虽然各个企业的中间计划在内容、时间、详细程度等方面有所不同，其目的都是要对企业战略的总目标进行分解或具体化。就以美国通用汽车公司为例，在该公司制定出企业发展战略之后，它的产品战略要通过中间计划变成对其各个分部的要求；而各个分部的产品战略又要通过中间计划变成对该分部在世界各地的分厂的要求；各个分厂的战略又通过中间计划变成对其各个职能部门的要求。计划就是提出实现目标的步骤和方法。中间计划在战略实施过程中的作用就是将公司的宗旨、目标、战略变成对每一个战略经营单位及其部门的具体要求，从而保证公司战略能够有效地得以实施。

2. 行动方案（program）

行动方案是完成某一项具有战略意义的，通常有可能是跨年度和跨部门活动的具体安排，而不是某一段时间内的活动安排。在这种活动的行动方案中可能包括行动的目的、意义、内容、途径、资源的配置、人员的安排和进程的安排等，但是其核心内容是活动的创意。这种行动的方案通常是跨部门小组编制，并且需要多个部门共同努力去完成的。一般来说，如果企业战略中涉及下列行动，那么制订具体的行动方案就成为必要：①企业寻求上市的行动；②企业的收购兼并行动；③企业异地搬迁或者建立新的生产基地；④企业实施综合性管理活动，例如，通过质量认证体系的认证工作等；⑤企业的重大技术改造，例如，工厂自动化或者连锁商店的更新活动等。

3. 工作程序（procedure）

为了保证战略实施的有效性和效率，企业战略管理者需要为一些重要的工作制定工作程序，尤其是那些需要跨部门协调的复杂性工作。例如，企业新产品开发的工作、零配件采购工作、投资决策工作、重大的广告促销工作等都需要有明确和科学的工作程序的指导。一般来说，企业的工作程序主要包括工作步骤、岗位职责、工作方法和具体要求等内容。

4. 预算（budget）

中间计划、行动方案和工作程序编制完成之后，企业内部所有经营单位和职能部门的工作计划和职责就已经基本确定，在此前提下，企业内部的各个职能部门需要根据企业年度计划做出各种经营预算（有些也许是跨年度的预算），包括销售预算、营销预算、生产预算、采购预算、研究开发预算、人力资源预算、融资预算等，也需要针对一些重大的投资、技术改造、产品开发活动作出预算。预算是一种以货币语言陈述的计划，由于预算的过程就是资源分配的过程，因此各个经营单位和职能部门会在预算过程中对每项活动的必要性、投入产出的效果以及参与活动的各个单位和部门的职责进行反复的讨论和协商，因此做预算的过程就是落实战略和计划的过程，也是整合企业内部行动的过程。企业内部各个经营单位和职能部门围绕预算所进行的沟通将会大大地促进企业内部资源和行动的一体化过程。因此，企业战略管理将预算看成是一种促进和提升企业一体化的工具，而不完全是一种计划方式。

5. 应急计划 （emergency plan）

　　无论企业战略的制定、实施和评价如何仔细，像原材料涨价、政府的新规定、竞争对手的新战略等不可预测的事件，也会使企业战略变得难以实现。为了减少这种潜在威胁的不利影响，企业把制订应急计划看成企业战略实施计划体系中的有机组成部分，是"在某些关键事件没有按预期发生时可以采用的替换计划"。企业高层管理者不应该也不可能为每一可能发生的事件制订应急计划，只应制订应急计划以应付那些可能对企业产生重大损失的意外事件。应急计划也应该按照正式计划的要求来制订，以便在需要的时候能够及时地发挥其作用。一般地说，通过以下六个步骤，企业高层管理者可以制订出有效的应急计划：第一，找出可能影响企业战略的有利或不利事件或变量；第二，规定在什么条件下应该采用应急计划；第三，评价每一突发事件可能产生的影响，预测其好处或坏处是什么；第四，制订应急计划，要保证应急计划与现行战略的相关性和可行性；第五，评价各种应急计划之间的相互影响，了解每一应急计划会对利用机会或减少损失产生什么影响，只有这样做才能将每一应急计划的潜在价值确定；第六，突发事件一般都有预警信号，企业高层管理者可以利用这段超前的时间重审应急计划。

9.3　战略实施的职能支持系统

　　从前面的叙述中我们知道，战略实施分为三种类型：战略维持、战略调整和战略转型。当企业在一定时期内根据内外部环境，采用某种战略实施类型时，也要对各个职能支持系统作出相应的调整。如果企业在战略实施中采用战略维持或者战略调整，意味着当前战略与原来的战略差别不大，那么，各职能支持系统也应该按照原来的战略要求进行维持或者进行微调。这种情况是在静态环境下才出现的，实际上，当今企业面临的环境是复杂的、动态的，企业新实施的战略与原来的战略有着很大的差异，相应的职能支持系统也要作出较大的调整。

　　因此，实施战略转型的企业在制订战略实施的计划体系之前，其职能部门的管理者就必须先根据新战略的要求，对本部门职能级战略进行相应的调整，从而建立支持新战略的职能管理系统。制定职能级战略的核心原则就是"权变"，职能管理者需要在认真理解新老战略的性质差异的基础上，根据实施新战略的要求制定与之匹配的职能级战略，其核心内容就是需要解决两个问题：为了实施新的战略，本部门的基本职能是什么？从事这些职能的基本思路和方法是什么？考虑到越来越多的其他管理学科在向企业战略靠拢，本教材难以对各个职能级战略具体内容做全面的介绍，只是从战略实施的角度重点介绍当前中国企业正在或者将要推进的三类战略转型对职能级战略调整的要求。

公司级战略转型对职能支持系统调整的要求

随着市场竞争的激烈程度上升、资本市场的完善以及公司治理机制的健全，目前，中国多元化经营企业正在经历从高度多元化向低度多元化，从高度分权向相对集权转型的过程，部分优势企业通过先横向整合，做强国内，再整合成本和创新两个优势，有效地提升国际竞争力。在实施上述战略的过程中，多元化企业的总部有可能直接将自己从以资本经营为中心的多元化投资和管理主体"降格"为以产业经营为中心的单一业务投资和经营的主体，也有可能让自己专门从事行业、资产重组工作，而将主业横向做强的任务交给某个事业部，使之成为行业单一而市场"多元化"（将在国内和国际两个市场上拓展空间）的企业。无论是哪一种情况，从行业多元化向市场多元化的战略转型所面临的主要问题是如何在将整合效益（包括降低成本和扩大规模与服务经济）最大化的同时，克服地方差异和地方保护，保持高效的地方反应能力。为了支持企业在公司级战略上的这种转型，企业总部的主要职能部门必须对职能级战略作根本性的调整，具体的调整内容和方向具有以下特点：

第一，在实现集中经营和横向整合的过程中，总部需要调整与行使所有者权益相关的职能级战略。与行使所有者权益相关的职能活动，包括资产管理、财务管理、投资管理、战略管理和人力资源管理。在企业从多元化向集中经营、从地区经营向全国和全球化经营转变的过程中，上述与行使所有者权益相关的职能级战略需要从资产经营为主向以产业经营为主转变，凸显出贴近主业的特点；需要从分权化管理向集权化管理，实现资源优化配置和整合；需要从关注行业差异向关注区域差异转变，提高跨地区进入、跨地区竞争和跨地区控制的能力。

第二，在实现集中经营和横向整合的过程中，总部需要在提升主要经营活动组合效益的同时，保持良好的地方反应能力。为了最大限度地发挥横向拓展和整合所产生的效率，包括降低交易成本和扩大规模与范围经济所产生的效益，总部需要在主要经营职能上采取集权，包括统一营销、统一采购、统一生产、统一物流、统一研究与开发，等等。但是与此同时，企业总部有可能失去对区域市场差异性的关注、失去顾客的满意度以及与区域竞争中需要的快速反应能力。为此，上述主要经营职能部门在实施一体化战略的过程中，必须根据行业和市场的特点，妥善处理好集权与分权的关系。例如，市场营销部门必须决定哪些营销活动应该集权，哪些营销活动应该分权；采购部门必须决定哪些原材料和零件需要统一采购，哪些可以由区域工厂当地采购；研究与开发部门需要决定哪些产品需要标准化，哪些产品可以有区域工厂进行本地化的调整，等等。郭士纳在整合 IBM 全球业务时，为了给全球客户提供一个统一的品牌形象，将原先分散凌乱的广告代理统一为一个，这是在整合中的营销职能上集权的表现。

经营级战略转型对职能支持系统调整的要求

随着中国居民收入水平的整体上升、收入差别扩大，消费者对产品与服务需求差异化日益明显。绝大多数面向国内市场的企业，无论是以广大的市场还是以狭窄的市场为目标市场，为取得竞争优势，提高其赢利能力，在竞争战略上需要实施从成本领先向差异取胜的转型。

20 世纪 90 年代中期，亚洲其他国家廉价劳动力输出扩大，韩国三星公司为避免削弱其低成本优势，董事长李健熙决定进行从低成本向高差异战略转变。针对这种经营级战略转型，三星主要作了以下调整：精简产品部门，调整成本结构，突出研发的重要性，集中资金投入研究与开发，研究与开发从之前的产品模仿为主转向以引领创新为主，通过差异化取得竞争优势，最终成功实现了战略转变。以新产品开发速度为核心的商业模式也帮助三星公司领先于其他竞争对手。为了支持企业在经营级战略上的这种转型，不仅研发部门，而且企业内部的主要职能部门也必须对职能级战略作根本性的调整，具体的调整内容和方向如表 9-5 所示。

表 9-5　经营级战略转型对职能支持系统调整的要求

职能支持系统	经营级战略转型对职能支持系统调整的要求
售后服务职能	售后服务职能在态度上要从被动转变为主动，在内容上要从简单转变为复杂，在方式上要从标准化转变为顾客化，从而让顾客对所享受的服务有高质量、高体贴和特殊化的感受
市场营销的职能	市场营销职能要实现三个方面的改变：一是扩大市场活动范围；二是全面加强自身市场细分、营销策划和创造概念的能力；三是市场营销部门将成为企业最重要的经营决策部门
物流管理职能	整个物流管理实现从靠节约创造价值到为靠提高顾客满意度而创造价值的转变。企业的物流管理必须在关注质量基础上，做到及时、准确和专业
生产管理职能	企业在生产设施、设备、工艺的选择上要根据新的战略进行调整，生产管理人员要从关注成本转向关注质量
研究与开发职能	企业研究与开发要从关注降低生产成本转向关注产品的性能和质量，从以应用性研究开发转向应用基础和基础性研究开发，从以产品模仿为主转向以引领创新为主
采购管理的职能	采购部门要从原来的成本导向转变成为性能与质量的导向。采购部门需要从外部推动企业实施创新和利用创新，从而保证顾客能够享受高性能和高质量的产品
人力资源的职能	人力资源部门要改变企业的招聘机制、用人机制、激励机制、管理方式和企业文化，从而获得激励和保持大量高级及创造性人才
信息系统的职能	企业的信息系统将从以内部成本控制为主转向以外部环境（包括市场和竞争对手）分析为主，从以跟踪和记录为主转向以服务于经营决策为主

外向型企业战略转型对职能支持系统调整的要求

随着跨国企业进入中国、其他经济转型国家竞争力的提升以及中国要素成本上升越来越明显，中国出口加工企业的国际化经营级战略普遍面临着转型升级和提高附加价值的压力，具体来说，需要实施从委托加工向自主经营，从被动地加工出口向主动国际营销转型。现阶段大部分的出口加工企业是以少数大客户为导向，根据客户的委托，被动地加工生产产品，其附加值低的根本原因在于：这种企业所从事的都是处于"微笑曲线"最低端的、被动而简单、创造性低的价值增加活动。为了支持企业在经营级战略上的这种转型，企业内部的主要职能部门必须对其职能级战略做根本性的调整。

第一，国际贸易的职能要向国际营销的职能转变。在典型的出口加工企业中，国际贸易或者出口部门主要是寻找中间客户，将中间客户的要求转移到企业内部，通过商务谈判获得订单，对订单的完成情况进行跟踪和反馈，最终办理好各种与出口有关的手续，将产品送到客户的手上。为了配合上述战略转型，国际贸易部应该在名称和内容上都转型为国际营销部，因为营销才是"微笑取向"中最具有价值创造力的一端。没有国际营销就没有主动权，就没有附加值提高的潜力和保证。国际营销部门不仅需要找中间客户，更重要的是要找自己最终消费者；要能够将研究市场、细分市场、选择顾客，并且将顾客的诉求转化为自己的产品；要能够通过有效的营销策略，包括渠道、定价和促销策略，将自己品牌的产品送到最终消费者手上。如果企业成功地实现了这种职能战略的转变，那么其原来的客户可能就变成了自己的批发商或者零售商，而其原来国际贸易部也许将来就只是国际营销部中的一个或者两个科室。

第二，研究与开发的职能要从 OEM 转向 ODM，从服务客户向服务自己转变。在典型的出口加工企业中，产品的研究与开发部门主要是根据中间客户提供的产品要求，通常是样品进行开发，其核心目的是以最低的成本和最快的速度开发出中间客户满意和企业有利可图的产品。为了配合上述战略转型，研究与开发部门应该与国际营销部门配合，不是根据中间客户的要求，而应该是根据目标市场和顾客的诉求产生产品开发的动机，同时，还需要基于所从事的基础或者应用基础研究，将技术创新的成果用于产品的开发，从而开发出能够满足最终顾客需求的产品。研究与开发是"微笑曲线"的另一端，如果研究与开发部门能够将自己的研究与开发活动向最终顾客和基础研究延伸，那么其主动权和价值创造力就更大。

除了上述两个主要职能部门的战略需要根本转变以外，整个企业国际化战略转型还要求企业的其他职能战略进行相应的调整，其调整的基本方向与成本领先战略向差异取胜战略转型所要求的职能级战略转变是基本一致的。中国出口加工型企业的转型升级其实面临着三个可能需要同时推进的转变：一是从一个功能不全的企业向功能齐全企业转变；二是从一个外向型企业向国际化企业转变；三是从成本领先定位战略向差异取胜定位战略的转变。

9.4　战略实施过程中的决策保障机制

建立战略实施的计划系统和职能支持系统是企业在相对静态的环境下提高战略实施有效性和效率的两大主要措施。如果企业战略制定与战略实施是完全分离的两项工作，即企业战略决策者在战略开始实施之前的"某一个时间点上"就已经做完了所有的战略决策，预定了所有战略行为，战略实施就只需要将计划好的战略变成"严格地"现实，就不需要过程中的应变或者创新，那么正确使用上述两种战略实施的保证措施就够用了。但是，在相对动态的环境下，企业战略制定和战略实施越来越难以清楚地加以划分，因为企业战略决策者在战略实施开始之前是作了一些纲领性的决策与承诺，他们在战略实施的过程中还需要针对环境和竞争作出一些具体的、反应性和创新性的战略决策，企业最后实现了的战略是企业战略决策者在一系列时间点上作出的决策和行动的结果。由于战略实施过程中的那些具体的、反应性和创新性的战略决策很容易受到非理性因素，包括决策者自身利益、行为模式、认知模式、决策方法的影响，企业战略管理者更需要设计和建立一种旨在保障过程决策正确和过程行为恰当的机制。

战略实施的保障机制主要由五个方面的内容所构成：①合理的公司治理；②有效的战略领导；③匹配的组织结构；④适当的激励机制；⑤良好的企业文化。

公司治理　　公司治理是指存在于企业的利益相关团体，尤其是股东和高层管理团队之间的一种结构关系及其由此决定的制度安排，这种结构关系和制度安排将主要用于控制代理成本，决定和控制一个企业的战略和绩效。合理的公司治理将有利于保证股东对企业予以足够的关心，并且能够通过代表合理构成的董事会，认真和有效地行使作用，使企业高层管理者有意愿作出最有利于企业长期发展的战略决策。公司治理的主要目标是确保高层管理者的利益和股东利益一致[7]。公司治理可以分为外部治理和内部治理，考虑到企业战略管理者可以发挥作用的范围，本章主要介绍公司的三种内部治理机制对战略实施过程决策的影响。

在现代企业的发展过程中，所有权和经营权的分离无疑是一个非常重大的历史进步，它给了现代企业无限的发展潜力。但是，所有权和经营权的分离也同时造成了代理问题。因此所有权和经营权的分离也是（这是）导致企业战略实施过程中出现战略失误和行为不恰当的最重要的原因。只要企业战略管理者要想做不利于股东的事情，他们总是可以想出办法，只要企业战略管理者不想为股东利益最大化而尽力，他们随时可以找到足够的理由。因此合理的公司治理必须注意处理好以下几个问题，从而从公司治理结构的安排上降低企业战略管理者"谋私"、"不作为"的可能和所造成的代理成本。

1. 股权结构

　　根据《公司法》，股东代表大会是公司的最高权力机构，并且依照《公司法》将行使对企业战略选择和经营绩效具有重大影响的若干职权，包括决定公司的经营方针和投资计划；选举和更换非由职工代表担任的董事、监事，决定有关董事、监事的报酬事项；审议批准董事会、监事会或者监事的报告；审议批准公司的年度财务预算方案、决算方案；审议批准公司的利润分配方案和弥补亏损方案；对公司增加或者减少注册资本作出决议；对发行公司债券作出决议；对公司合并、分立、解散、清算或者变更公司形式作出决议；修改公司章程以及公司章程规定的其他职权。

　　研究表明，股权结构过于集中，例如，股权 100％ 的集中在一个股东手上，并不是合理的公司治理安排。企业各个相关利益团体之间缺乏制衡机制、股东个人利益和局限难以得到控制，企业管理者很难有效发挥职业经理的作用。但是，股权过于分散，例如，股权高度分散于几百万个股东手中，也不是合理的公司治理安排。股权的过于分散会导致股东并不关心企业，并不惧怕风险，很容易被企业管理者所主导。因此，合理的公司治理安排必须让股东对企业予以足够关心，各个利益团体的利益形成制衡，股东能够对管理者的战略决策予以足够的监督和参与。考虑到证券市场的有关规定，越来越多的企业希望引入机构投资者，在保证公司股权适度集中的同时，有效的利用专业投资机构的知识和能力。

2. 董事会

　　董事会是公司股东大选举产生、代表股东大会行使权力的公司经营决策和管理机构。董事会的主要职责是：负责召集股东会；执行股东会决议并向股东会报告工作；决定公司的生产经营计划和投资方案；决定公司内部管理机构的设置；批准公司的基本管理制度；听取总经理的工作报告并作出决议；制订公司年度财务预、决算方案和利润分配方案、弥补亏损方案；对公司增加或减少注册资本、分立、合并、终止和清算等重大事项提出方案；聘任或解聘公司总经理、副总经理、财务部门负责人，并决定其奖惩。

　　一个企业董事会能否有效运作将在很大程度上决定企业战略决策的有效性和效率，因此，世界各个国家，尤其是中国上市公司，一直致力于：①增加董事会成员的构成和知识背景，使之不仅是能够代表各个相关团体的利益，又能够汇集企业战略决策所需要的知识和经验；②增加董事会成员的知情权，使董事会成员了解企业情况。企业有责任向董事提供所要求的信息，同时董事必须主动了解有关的信息；③加强对董事会，尤其是外部董事参与企业决策活动的监督和记录。只有一个成员结构合理、内外信息对称，愿意尽职尽责的董事会才更有可能保证企业在战略实施过程中的决策正确和行为恰当。开篇案例中，郭士纳发现 IBM 原有董事会共有 18 名董事，其中 4 名是 IBM 的老员工，他认为，这样的董事会规模过于庞大，且公司董事会内部的人员也太多，特别是这些内部董事还都是公司现任和前任的在执行委员会中具有主导地位的人员。

郭士纳决定改组董事会结构。经过一系列运作，共 9 名董事先后于 1993 年和 1994 年离开了董事会，与此同时，公司大量引进外部董事，包括查克·奈特——埃默生电气公司兼董事长、麻省理工大学校长查克·维斯特（Chuck Vest）、福特汽车公司董事长兼 CEO 埃里克斯·特罗特曼（Alex Trotman）等。郭士纳顺利地解决了董事会的结构问题。

通过对 IBM 原董事会结构进行重组，一方面减少变革的阻力；另一方面也对 IBM 的重大决策起到了客观监督和公正建言的目的。同时，在加强内部管理和财务控制系统，建立并持续运用正式的流程评估董事会的绩效方面都起到了十分重要的作用[7]。

在企业战略决策中，董事会与高层管理者的关系也是一个非常重要的公司治理问题。如前所述，虽然董事会与高层管理者在企业战略决策中的分工有所不同，但是，高层管理者的作用"略大"可能是更为合理的治理安排。董事会既不能够不积极参与企业的战略决策，但是又不能够过于积极参与企业的战略决策，董事会的主要职责首先是形成企业的战略意图与宗旨；其次是要将合适的人放在企业高层管理者的位置上，并且通过合适的激励和监督去保证他们能够和愿意提出正确的计划和方案；最后还需要具备相应的信息和知识去判断企业高层管理者所提出的计划和方案是否正确。

3. 高层管理者的激励机制

所有权和经营权的分离客观上形成了股东和管理者之间的委托代理关系，由于作为委托人的股东和作为代理人的管理者所追求的利益往往是不一致的，这就容易产生代理问题。例如，股东一般希望企业相对集中经营，而管理者为追求短期业绩和管理权力的扩大等则会选择高度多元化经营，而从长期来看，管理者的这种选择不仅可能会导致股东收益下降，甚至可能会威胁股东的财产安全。解决好这一问题对企业的长远发展有重要意义，但即使是在相对静态的环境中，代理问题也难以根除。而随着环境动态化程度越来越高，股东对企业管理者决策正确性和行为恰当性的监督也越来越难，这是因为：第一，高层经理所作的战略决策通常非常复杂并无规律性，所以仅仅通过对执行官的直接监控并不适合于判断他们决策的质量。第二，执行官的决策对公司财务状况的影响好坏要在一定时期后才能表现出来，特别是由于公司战略决策对公司长期业绩的影响要大于其对公司短期业绩的影响，从而造成很难评估现有决策对公司未来业绩的影响。第三，在高层经理的决策及行动和公司的实际表现之间的关系还受到许多不确定因素的影响，如不可预见的经济，社会或法律的变动（见第 2 章）使洞察决策的效果变得很难。可以说，动态环境下的企业代理问题更为突出。

激励为主、惩罚为辅的方法是解决股东与管理者代理问题的有效手段。首先，董事会要确定企业高层管理者的工资待遇和办公条件方面的待遇，这种待遇主要是与其占据的"位置"有关，包括位置的价值和相应的工作及生活待遇，其目的是希望企业高层管理者基于对"位置"的珍重，而善待股东和其他利益团体的利益。其次，董事会要考虑给予企业高层管理者一定的奖金，这种激励是与企业的短期绩效（一般是年度）的超预期增长挂钩。由于这种激励容易导致企业管理者在战略决策中的短期行为，故不应该让其成为管理者收入的主要部分。再次，董事会还会考虑给予企业高层管理者一些长期激励，例如，股权、期权激励等，目的是使高层管理者在决策过程中多考虑企业和股东的长期利益。除此之外，股东可能还会给企业高层管理者很高的退休金或者退休以后的其他社会或者福利方面的待遇，同样是希望将管理者个人的长久幸福与企业、股东的长期利益挂钩，避免因个人利益而作出有损股东价值的行为。

管理者的激励问题不仅存在于高层管理者之中，也同样存在于企业的中层管理者之中，例如，产品事业部或者区域事业部的管理者。如果企业进入的行业或者区域是自己不熟悉的或者难以控制的，那么企业董事会同样应该考虑给予他们一定的长期激励，因为这些管理人员需要在董事会不了解的行业或者市场上进行管理，需要大胆而富于创新地作出很多重要的战略决策。如果不能够让他们与股东的利益挂钩，那么他们就很难具有作出这些重大决策的长远考虑和创新精神。

战略领导力　　战略领导力是指一种可以进行预期、想象，能保持灵活性并促使他人创造所需要的战略改变的一种能力。

在相对动态的条件下，企业战略实施的有效性和效率在很大程度上取决于战略领导的水平和构成，取决于环境和竞争互动的情况，企业战略管理者有可能需要在实施的过程中调整实施的方法和进度，有可能修正企业的战略，还有一种很罕见的可能就是需要调整企业的战略意图和宗旨。在这种情况下，企业董事会在正确的时间选择出正确的战略领导就成为至关重要的保证因素。

通过战略聚焦中中集集团的案例，可以说明企业战略的有效实施要求企业任用合适的战略领导者。这包含两个方面的内容：一是企业高层管理团队的结构要与企业的战略匹配；二是战略领导者的能力要与企业的战略匹配。

战略聚焦二

战略领导的作用

中国国际海运集装箱（集团）股份有限公司（简称中集集团），是一家为全球市场提供物流装备和能源装备的企业集团。经过 30 多年的发展，中集集团已经成为根植于中国本土、在全球多个行业具有领先地位的企业，但是又有几个人能够想到，成立之初的中集不过是一个只有 59 名员工的不知名小厂，这一切很大程度上要归功于公司现任总裁麦伯良先生及其领导的高层管理团队。

早在 1990 年，麦伯良总裁就敏锐地意识到中国将成为全球集装箱制造中心，于是公司的发展思路和定位非常明确：做集装箱制造业的世界第一。然而在当时，公司却缺乏用以扩张的资金，即使是 1993 年中集集团上市也没有在股市筹到足够的资金，公司的发展面临着巨大的挑战。考虑到公司所处的位置和集装箱行业发展状况（全国主要集装箱厂都在亏损），如果管理层决定进行多元化发展应该是无可指责和极为正常的战略选择。但是麦伯良和公司其他高层管理人员并未被困难吓倒，依然不改初衷，在资源有限的情况下采用"先承包经营、后并购"的方式，从1993年起，就这样顺着中国沿海在青岛、大连、天津、上海、南通、新会等地兼并了10多家集装箱企业，到1996年占据了全球干货集装箱20%的市场份额，随后不断扩展产品门类和提高产品技术含量，成为世界集装箱制造领域产品门类最全的生产商。

2000年，中集集团已经在全球集装箱行业连续五年保持第一，市场份额达到50%，也正是在此之后的几年里，麦伯良总裁和他的团队成员们，开始思考中集的未来。基于公司的核心优势在于"中国制造"，管理层对公司进行了重新定位：为现代化交通运输提供装备和服务。新定位大大扩展了公司业务领域，这导致公司后来涉足一系列的交通运输设备，如道路运输车辆以及能源、化工、食品等罐式装备。而这些业务与原来的集装箱业务有着密切的联系，能够极大地发挥企业原有竞争优势，最终定位的准确和战略的有效实施使得中集集团在这些领域都成为全球领导者。

资料来源

1. 尤茂庭，张海鹏. 志在颠覆：中集集团总裁麦伯良专访. 麦肯锡季刊，2008-05.
2. 杨果. 中集战略回忆录. 中集月刊，2012，总第199期.

从图9-6中我们可以看到，有效的战略领导可以发挥三个方面的作用，一是形成战略意图和宗旨，二是提出具体的战略计划，三是有效实施战略。在本章战略聚焦提供的材料中我们可以看到，中集集团的高层管理者是三个作用都发挥了，不仅在关键的时刻形成了战略意图和宗旨，而且制定和有效地实施了正确的战略，因而取得了成功。

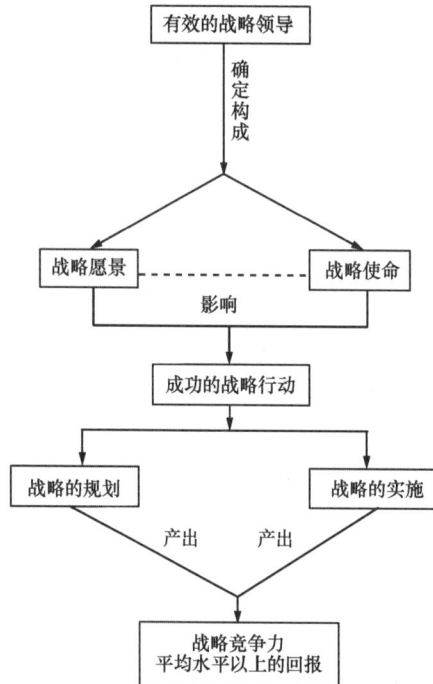

图9-6　战略领导者与战略管理过程[7]

1. 高层管理团队的构成

企业董事会在意识到需要调整战略或者正式批准新战略的同时就应该意识到这个战略的转变可能需要更换企业的高层管理者团队的构成。面对本章9.1节所涉及的三种战略转型,董事会都可能需要果断地作出调整高层管理团队的决策,多数情况下,原来的高层管理者团队既然提不出正确转型战略,也就无法领导成功的转型。图9-7为企业董事会调整高层管理者团队提供了有意义的指导。此模型从高管团队构成和经理人市场来源两个方面来描述高管团队构成对战略变革的影响。IBM在面临销售额急剧下降,现金流恶化,企业内部机构臃肿,员工忽视市场,重视技术的状况下,聘请了郭士纳这位非技术出身但很有管理经验的CEO,这是外部聘任异质的领导者,以适应IBM即将到来的战略变革。

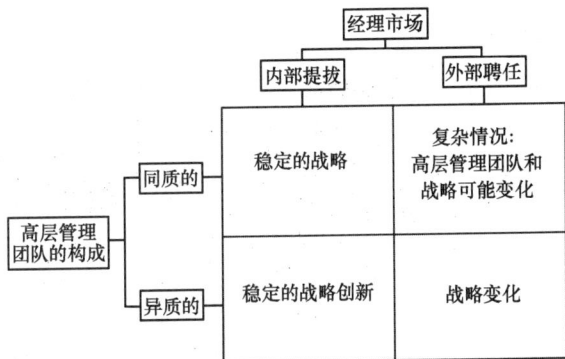

图 9-7 首席执行官的选拔和高层管理构成对战略的影响[8]

2. 战略领导能力

有效的战略领导能力是成功实施企业战略的基础,因此董事会需要为不同的企业战略配备具有不同能力的战略领导者,GE的"九方格经营模型"(GE business screen matrix)阐明了这种权变的观点。如表9-6所示:"最佳"或者最合适的战略管理者要与公司所处的环境和战略相适应,并且有不同的经验和组织能力。

表 9-6 管理不同战略经营单位或企业的不同类型的管理者

		竞争位置		
行业吸引力	高	投资和全面增长 成熟的企业家	投资和有选择的增长 计划型企业家	控制/推迟投资/不投资 善于扭亏为盈的企业家
	中	投资和有选择地增长 周密的计划者	维持/保护 赢利的计划者	出售/不投资 能扭亏为盈的企业家
	低	维持/保护 专业化管理者	出售/不投资 有经验的降低成本专家	出售/不投资 清盘专家
		强	一般	弱

组织结构　　企业的组织结构是企业内部各种角色、职位之间的正式关系,其中主要包括信息沟通、职权、工作活动方面的正式关系。

战略确定以后，有效的战略领导必须明确战略的实现需要相应的组织结构的支持。这种支持并不是来自于图形上的匹配，而是代表人员、资源、技术、知识、信息、责任、权力等全方位的落实。战略和结构的有效匹配既可以为当前的竞争优势的发挥提供保障，同时也具备了获得未来优势的灵活性[7]。在毕马威公司 20 世纪 90 年代所进行的战略转型中，科林·沙曼就提出要实施三大战略，即在业务上实现多元化，从会计向审计、财务、投资和管理咨询等业务延伸；在区域上从欧洲向美洲、亚洲以及全球其他地区扩展；在客户上从电力向航空、通信等几大行业集中，因此，科林·沙曼就是在随后的 10 年中将毕马威公司组织结构从原来的职能性结构变成了两维矩阵，再从两维矩阵变成三维矩阵，从而在业务、区域和行业三个维度上都建立了若干相应的经营单位，也就是典型的超矩阵结构。为了说明组织结构与企业战略之间的匹配关系，我们可以借助钱德勒所提出的"企业发展三个阶段"的理论（表 9-7），说明企业在生存、发展和多元化三个阶段上分别采取的三种不同的基本组织结构。

表 9-7　企业发展三个阶段理论

变量	第一阶段	第二阶段	第三阶段
问题	在处理短期经营问题中求生存和发展	增长、正规化和资源的夸大，适当地注意产品问题	大量、日益增长和多样化的资源的投入，管理和控制分析和纠正各分厂的问题
目标	个人和主观的	达到各种绩效指标和预算	投资利润率、利润、每股赢利
战略	个人的、含糊不清的，注重企业家本人发现眼前机会	围绕一个产品获服务进行集约化经营	通过多样化发展，抓住一切可能的机会
组织结构的主要特点	一个人的单位"一个人的表演"	一个单位，各职能化团体	多单位的组合、高层管理者领导和分权经营的分部
关键绩效评价指标	个人的因素、与雇主的关系、操作效率、解决经营问题的能力	职能化和内在的因素，如销售、完成与预算情况、团体中的地位、个人关系、团体的大小	非人化或客观化指标，如利润、市盈率、市场份额。生产率、个人发展，雇员态度，社会责任
奖惩制度	非正式、个人的、主要的，只拿小部分收入奖励关键人员	很大程度上依据既定政策，更加正式化	根据政策以各种方式进行的奖惩。这些决策很少被例外的严格地执行

1. 企业的生存阶段

在这个阶段上，企业通常是由一个或几个具体的企业家所创立，由所有者来管理的。企业所面临的主要问题就是生存，企业的发展目标受制于企业家个人的价值追求，企业的战略主要受短期机会的带动，并没有清楚的取舍。受经营规模的限制，在这个阶段上的企业还没有明确的分工、稳定的岗位、客观的绩效评价和激励机制，可以说采取的是典型的简单型结构。企业家本人就是这个企业"最杰出的全才"，他作每一项决策，参与每个活动，依据个人主观的判断直接评价每一个员工的绩效。这种企业的好处就在于活力强、感情高、弹性大，但是其缺点是效率低。

2. 企业的发展阶段

在这个阶段上，企业家的管理职能将被一组职能管理者所替代。企业所面临的主要问题不再是暂时的生存，而是长远的发展，企业的发展目标仍然受个人价值追求的影响，但是战略上的取舍比较清晰，一般是希望在自己的主业上做强做大。为了发展，企业家意识到需要提高管理的有效性和效率，并且开始注意分工、专业化，然后进一步部门化，并且从简单型结构向职能型结构转变，其中的关键就是职能专家的引进和威信的确立。职能专家的进入，导致企业开始向制度化、正规化转变，因此评价企业员工的表现就有章法和标准，从而导致奖励和惩罚越来越客观。职能性结构的有效性和效率很高，企业又可能依靠这种结构发展成为行业领先的大型企业。但是在职能型结构中真正职责清晰的管理者只有一个人——总经理，因此职能部门的管理者容易出现相互推诿的情况。

由于企业在单一业务或者行业的发展上可以选择两种基本的定位战略，那么其所采取的职能结构也有不同的特点。其中与成本领先战略匹配的职能结构更强调集权化管理，追求效率，并且重视生产和工艺部门的重要性。而与差异取胜战略相匹配的职能型结构更强调分权化管理，追求创新，并且重视营销和研发部门的重要性。

3. 企业的多元化阶段

在企业发展的这个阶段上，企业需要基于投资收益率的提高而选择新的行业或者新的国家市场，即通过行业或国际化战略实现发展。这个阶段上的主营问题是建立什么样的行业或者市场组合才能提供最大的组合效益，以及什么样的管理模式才能将存在于组合中的效益发挥出来。多行业或者多市场经营的企业总部继续保留了若干职能部门，主要目的是行使所有者的权益，同时发挥组合效益（包括降低交易成本、发挥规模和范围经济效益），但是开始将与行业或者市场有关的决策权下放给行业或者市场经营单位，即行业或者区域事业部。关于不同类型的行业多元化战略和国际化战略需要匹配什么样的事业部制，本教材已经在第6章和第7章分别作了详细的介绍，在此不再重复。

激励机制　激励机制是管理者依据法律法规、价值取向和文化环境等，对管理对象的行为从物质、精神等方面进行激发和鼓励，以使其行为继续发展的机制。战略实施过程中，只有组织单位和个人都能支持和赞成战略的实施，战略才能得到真正实施与全面执行。管理层需通过设计和使用有效的激励机制，采用合理的激励措施以获得员工持久而充满热情的支持，从而保障战略顺利实施。

薪酬（工资、奖金、股票、股票期权、晋升等）是激励机制的核心部分，战略实施者同时还可充分使用这些措施：员工感兴趣的任命、富有吸引力的升职、工作自主决策权。有效率的战略实施者更注重使用使员工获得更大自我满足感的激励措施。战略实施过程中创造性地运用各种激励和奖励措施，应特别注意使其直接和顺利实施战略所必要的绩效结果相联系。良好的激励机制是管理层在有效地实施战略方面能够获得员工强有力支持的、唯一的、最有力的工具。只有灵活地、有力地利用这一工具才可以保障战略有效实施和执行。

1. 建立有效的激励制度使员工全心支持企业战略的实施

成功的战略实施者需要通过有效的制度设计以激发员工的积极性，使员工在工作中竭尽所能；使员工接受战略并支持他发挥作用；使员工凝聚成团队或工作小组以促进思想交流，创建一种相互支持的环境；使员工参与到工作决策中，并努力使工作变得有趣和令人满意。应注意的是，管理者要根据内外部环境的变化及时调整激励方式并有效贯彻以支持战略的实施[8]。

2. 将薪酬制度与战略实施过程中取得的相关业绩挂钩

为促进战略的良好实施，建立一种与战略实施过程中取得的相关业绩挂钩的薪酬制度显得非常必要。薪酬系统由两部分组成：绩效评估和反馈，奖励。这需要考虑战略目标对不同部门和人员的要求，并针对相关业绩进行评估和奖励，比如，根据销售增长情况来奖励销售人员，根据质量和成本控制情况来奖励生产与采购人员，根据顾客服务方面表现来奖励售后服务人员。战略实施过程中，应慷慨地奖励那些达到业绩目标的个人和部门，而对那些没有达到目标的个人和部门坚决不予奖励[8]，从而使员工的注意力集中到有效的战略实施和达到业绩目标上来。如果公司的战略是成为一个低成本的供应商，就必须奖励那些使成本降低的行为与成果；如果公司在质量和服务上追求差异化，那么必须奖励那些提高产品和服务质量的行为与成果，例如，产品合格率提高、顾客抱怨数量减少，以及加快订购过程和发货速度；如果公司追求产品的创新，奖励应与创新成果相联系。

如开篇案例中所提到的，为实现 IBM 整合战略，郭士纳在薪酬方面进行了一系列改革：第一，扩大股票期权的授予范围，首次向数万名 IBM 员工授予股票期权；第二，高级经理年终奖与 IBM 公司整体绩效挂钩；第三，废除家长式福利制度，引进浮动工资制。这些措施将公司从原先的以平等、共享为原则的工资待遇制度转变为以绩效为导向的差别工资制。这些措施也将工作绩效与工资薪酬更好地联系了起来，使员工团结在一起，从而为 IBM 的起死回生提供了保障。

企业文化　　企业文化（corporation culture）是指企业员工所传承、分享和偏好的行为规范与价值取向。企业文化的形成源于企业所处的成长环境与成长路径，其特点与企业对行业的选择、目标市场的选择、价值创造活动的特点和关键竞争优势密切相关，与企业管理模式形成了内在的匹配关系。托马斯·怀特森是 IBM 的前总经理。他说："IBM 的哲学主要包括三个简单的信念，其中我认为最重要的是：我们注重对个体的尊重"。美国麦当劳公司的企业文化可以用四个概念来表示：质量（Q）、服务（S）、清洁（C）和价值（V）。

企业文化的好坏是相对的，取决于它与所处的环境、所选择的行业、市场、价值创造活动组合以及需要建立的竞争优势是否匹配和匹配的程度。例如，一个长期实施成本领先定位战略的企业形成了特定的企业文化，只要这个企业不准备向差异取胜定位战略转变，企业文化就是合适的。同样，一个长期从事出口加工的企业也形成了自己特定的文化，并且对这个企业在出口加工的发展过程中发挥着重要支撑作用，而一旦其进行战略转型，如发展自主品牌、开拓国内市场或要实现更高水平的国际化战略，原有的组织文化就会与新战略产生冲突。与其他组织性资源相同，企业文化具有很强的惰性。即使企业所处环境、行业发生巨大变化，或者企业所选择的目标市场、价值创造活动组合，以及所需要的竞争优势发生了根本性的改变，企业文化也很难随之改变。也就是说，企业在建立与战略相匹配的文化的过程中也为文化的变革设置了障碍。因此，成功的企业战略管理者决不轻易选择与企业原有文化相矛盾的战略。

在经营环境和竞争越来越动态化的趋势下，建立与企业战略相匹配的企业文化，对实施有效的战略管理具有非常重要的意义，具体表现在以下三个方面：①有利于企业坚持战略承诺。企业战略性承诺（主要体现在战略意图和宗旨陈述中）的确立和坚持既是理性选择，更是价值选择。企业文化（企业战略管理者的价值取向）实际上帮助企业忽视、拒绝了许多有可能导致企业放弃或者改变战略性承诺的"诱惑"，这就是为什么许多成功企业坚持需要用"不够敏感、不够聪明和不够理性"来解释的原因。②有利于企业迅速作出恰当地反应性决策。随着速度在企业战略决策和行动中重要性的上升，企业战略管理者的价值选择在战略决策中的重要性也相应地提高。正是在这个意义上，战略管理的非理性主义学派强调企业战略决策不仅是一种机会，也是一种模式和愿景，从而对行动导向或者价值驱动型的战略决策方式作出了理论上的解释。③有利于企业在战略实施过程中协调和整合企业内部的各种行动。在执行力越来越重要的情况下，企业内部各个部门能否在战略实施过程中表现出行动上的协调性和一致性，不仅与企业在正式计划、组织、任用、领导和控制方面的水平有关，而且在很大程度上取决于企业内部员工能否传承和分享共同的行为模式和价值观。因此，无论企业采取低成本还是高差异的战略定位，若没有与之匹配的企业文化，都将是很难坚持和有效实施的。

因此，在企业战略管理者开始实施新战略之前，不仅需要了解新旧战略之间的差别以及克服这种差别对战略实施的要求，而且需要相应地了解新旧企业文化之间的差别以及克服这种差别对企业整个管理模式和系统改变的要求。企业文化的改变绝对不单是文化问题，而在本质上是企业管理模式、制度和机制的改变问题。企业文化的改变是需要一些形式主义的"措施"，但是更需要的是"内容"上的改变。公司治理、组织结构、控制机制（包括激励机制）和战略领导的调整，都会对企业文化的改变产生重要的影响。因此，企业战略管理者在变革上述因素时，必须考虑其对企业文化的影响，以建立与新战略匹配的文化。换句话说，企业员工会从公司治理、组织结构、控制机制和战略领导的改变中，体会到企业行为模式和价值导向的转变，感受到企业文化改变的信号和要求。新战略实施所想要的行为模式和价值观一定要在新的公司治理、组织结构、控制机制和战略领导的改变中得到实际和持续地鼓励和强化，新的企业文化才能形成。在 IBM 战略转型过程中，郭士纳认为"从终极意义上来说，管理不是让管理者去改变文化，而是去邀请员工自己来改变文化。正是从这个意义上说，新的企业文化就是在员工的感受和行为的强化中实现的。或许在这一过程中，最难啃的一块骨头就是让 IBM 的员工接受这个邀请。"企业文化的改变绝对不是"群众文化"的改变，而是管理者文化的改变；企业文化改变绝对不是"群众运动"，而是"运动管理者"；企业文化改变不可能从"群众运动"开始，而应该从"管理者运动"开始。只有那些能够引导企业文化改善的管理者才能够被称为真正的领导和有效的战略实施者。

本章要点

1. 战略实施是指将组织的战略计划转变成行动，最终转变成结果；实施战略与其说是一门科学，不如说更是一门艺术，战略实施的最佳依据来自于过往的经验。

2. 战略制定是决定做什么的过程；战略实施是执行计划里必须做的活动的过程。两者既密不可分，又相互区别。

3. 战略实施必须具备严格性、应变性与恰当性：企业战略意图与宗旨不能轻易改变，但在动态环境下，企业实施战略的过程中必须做到灵活应变，跟随环境而作出恰当的调整。

4. 战略实施的类型包括：战略维持，是指企业继续执行上一个计划期内执行的战略而不作出改变；战略调整，是指企业在不改变总体战略方向与目标的情况下，对实现战略目标的途径进行有限调整；战略转型是企业战略的彻底改变，它包括企业在战略方向（增长、稳定和收缩）和方式（每一种类型中间的各种方式）上的转换。

5. 战略实施是长期、动态的过程，需要企业坚持不懈地投入。战略实施的一般过程包括目标分解、资源分配、制定政策、战略评价、采取纠正措施等步骤，并且需要建立保障决策正确的机制体系。

6. 战略实施的计划体系：战略就是一种计划，是一种较为抽象的长期计划，因此战略的实施还需要依靠计划，而且是不同层次和形式的计划。

由于这些不同层次和形式之间存在着相互配合和强化的关系，从而构成了一个比较完整的战略实施的计划体系。

7. 应急计划是指"在某些关键事件没有按预期发生时可以采用的替换计划"。企业高层管理者不应该也不可能为每一可能发生的事件制订应急计划，只能制订应急计划以应付那些可能对企业产生重大损失的意外事件。

8. 根据各个层次的战略要求，战略管理者逐级建立战略实施的支持系统，包括相应地调整营销、生产、采购、财务、研究开发等职能策略。

9. 战略实施需要建立一系列的决策保障机制。保障战略实施过程中决策正确行为恰当的机制主要由五个方面的内容所构成，它们是：①合理的公司治理；②有效的战略领导；③匹配的组织结构；④适当的激励机制；⑤良好的企业文化。

10. 公司治理是指存在于企业的利益相关团体，尤其是股东和高层管理团队之间的一种结构关系及其由此决定的制度安排，这种结构关系和制度安排将主要用于控制代理成本，决定和控制一个企业的战略和绩效。公司治理可以分为外部治理和内部治理。

11. 董事会是公司股东大选举产生、代表股东大会行使权力的公司经营决策和管理机构。

12. 战略领导力是指一种可以进行预期、想象，能保持灵活性并促使他人创造所需要的战略改变的一种能力。

13. 企业的组织结构是企业内部各种角色、职位之间的正式关系，其中主要包括信息沟通、职权、工作活动方面的正式关系。

14. 激励机制是管理者依据法律法规、价值取向和文化环境等，对管理对象的行为从物质、精神等方面进行激发和鼓励，以使其行为继续发展的机制。激励机制的核心是薪酬（工资、奖金、股票、股票期权、晋升等）。

15. 企业文化是指企业员工所传承、分享和偏好的行为规范与价值取向。企业文化的形成源于企业所处的成长环境与成长路径，其特点与企业对行业的选择、目标市场的选择、价值创造活动的特点和关键竞争优势密切相关，与企业管理模式形成了内在的匹配关系。

思考题

1. 什么是战略实施？
2. 简述战略制定与战略实施。
3. 战略实施具有什么特点？
4. 战略实施包括哪些类型？
5. 简述战略实施的流程。
6. 什么是企业战略的计划体系？
7. 什么是应急计划？

8. 列举战略实施过程中所涉及的主要的经营职能的调整。

9. 简述外向型企业战略转型对职能支持系统调整的要求。

10. 简述战略实施的保障机制。

11. 什么是公司治理？

12. 简述高层管理的构成对战略实施的影响。

13. 简述企业发展第二阶段中所面临的问题、目标、战略及组织结构的特点。

14. 激励机制的核心是什么？

15. 简述企业文化对战略实施的重要作用。

16. 论述在动态环境下，战略管理者如何运用计划体系、职能支持系统、保障机制等措施有效实施企业战略。

能力拓展

查阅相关资料和网站，考察一家中国企业，描述其在新战略实施过程中，所采用的计划体系、职能支持系统和决策保障机制，并分析这些战略措施对新战略目标实现的重要作用。

参考文献

[1] 蓝海林. 企业战略管理理论与技术. 广州：华南理工大学出版社. 1993.

[2] 弗雷德·R. 大卫. 战略管理——概念部分. 李青译. 北京：清华大学出版社. 2008.

[3] 蓝海林. 企业战略管理："静态模式"与"动态模式". 南开管理评论，2007，（5）：31～35.

[4] 徐二明. 企业战略管理. 北京：中国经济出版社. 2002.

[5] 蓝海林. 案例分析：毕马威公司 20 世纪 90 年代的战略转变. 管理学报，2007，4（6）：788～790.

[6] Richard Lynch. 公司战略——《财富》500 强成功经典. 周煊等译. 昆明：云南大学出版社. 2001.

[7] 迈克尔·A. 希特. 战略管理——竞争与全球化. 吕巍译. 北京：机械工业出版社. 2009.

[8] 汤姆森·斯迪克兰德. 战略管理——概念与案例. 段盛华，王智慧译. 北京：北京大学出版社. 2000.

后记

　　本书是华南理工大学中国企业战略管理研究中心所承担的普通高等教育"十一五"国家级规划教材和国家级精品课程建设的阶段成果。本次修订由中心主任蓝海林教授拟定编写大纲，中心成员和毕业于本中心的博士生负责各章初稿的编写和相关工作。李卫宁副教授负责本次修订工作的组织任务。编写的具体分工是：第1章由华南理工大学宋铁波副教授编写，第2章由华南理工大学张平副教授编写，第3章由华南理工大学叶广宇教授编写，第4章由华南理工大学曾萍副教授编写，第5章由华南理工大学李卫宁副教授编写，第6章由广东工业大学黄山副教授编写，第7章由华南理工大学黄嫚丽副教授编写，第8章由华南理工大学李红凯博士编写，第9章由华南师范大学经济与管理学院蒋峦教授和广东工业大学谢卫红教授共同编写。本次修订任务完成之后，蓝海林教授负责了全书的统稿和定稿，李卫宁副教授和黄嫚丽副教授协助统稿和定稿过程中的讨论及相关工作，黄嫚丽副教授还校对了全书的英文专业名词。

　　本书参考的文献都已在参考文献中列出，在此特向这些文献的作者表示衷心感谢！本书中采编了大量国内外企业的鲜活案例和实例，基本上是来自于编写人员的咨询、实地调研或访谈、整理等工作，期间还得到了很多企业的帮助，在此特对本书开篇案例所涉及的企业（苏宁电器、广东TCL集团、深圳中集集团、招商银行、苹果公司（Apple Inc.）、广东美的集团、华为技术有限公司、中国联想集团、国际商业机器公司（IBM））等表示感谢。本书能够得以完成，还需要特别感谢科学出版社王京苏编辑的支持与帮助。

　　在科学出版社的大力支持下，本书的封面和版式还特别邀请了顺德基石工业设计研发有限公司进行了设计，其目的是希望本书能够成为外观美好、阅读顺畅、重点突出、使用方便的新型教科书。该公司的设计团队选择以世界地图和中国围棋为基本元素，并统筹、贯穿全书，恰当反映中国企业经营环境和动态竞争的特点，不仅反映了本书中国情境的视角，而且体现了企业战略的博弈特点；在排版时特别注重"留白"，这不仅是视觉上的美观、心灵上的放松，方便阅读和记录感悟，而且是希望本书的读者不要把脑袋填满，要留有余地，产生创新的思想。在此，我们衷心感谢本书的设计团队在将工业设计的思想导入书籍设计方面所做出的大胆创新和艰苦努力，他们是广东省工业设计协会的胡启志、杨杰，顺德基石工业设计研发有限公司的张建民、陈志杰、朱燕敏、郑鑑星和黎远钊。

由于时间仓促，本次修订仍难免存在一些错漏，恳请各位读者批评指正，并且在此表示感谢。

2013 年 7 月 20 日于广州